中国口腔医学年鉴

YEARBOOK OF CHINESE STOMATOLOGY

2005年卷

主　编　周学东

副主编　俞光岩　张志愿　赵铱民

　　　　边　专　凌均棨　王松灵

四川出版集团·四川科学技术出版社

图书在版编目(CIP)数据

中国口腔医学年鉴.2005年卷/周学东主编.－成都:四川科学技术出版社,2006.10
ISBN 7－5364－6075－9

Ⅰ.中...　Ⅱ.周...　Ⅲ.口腔科学－中国－2005－年鉴　Ⅳ.R78－54

中国版本图书馆CIP数据核字(2006)第113513号

ISBN 7-5364-6075-9

9 787536 460751 >

中国口腔医学年鉴　2005年卷

主　　编　周学东
责任编辑　任维丽　李蓉君
特约编辑　刘世平
责任出版　邓一羽
出版发行　四川出版集团·四川科学技术出版社
　　　　　成都市三洞桥路12号　邮政编码610031
成品尺寸　260mm×185mm
　　　　　印张18.5　字数420千　插页3
印　　刷　四川九州交通印务有限公司
版　　次　2006年10月成都第一版
印　　次　2006年10月成都第一次印刷
印　　数　1－1 900册
定　　价　52.00元
ISBN 7－5364－6075－9

《中国口腔医学年鉴》第11届编辑委员会

序　言

《中国口腔医学年鉴》是由四川大学、北京大学、上海交通大学、第四军医大学、武汉大学口腔医学院等全国48所口腔医学院校和口腔医院共同参与编纂的中国口腔医学领域唯一的一部史记性、综合性、实用性、权威性和资料密集型的连续出版物。自1984年创刊至本卷已连续出版了14卷，全面、客观、翔实和准确地记载了中国口腔医学近百年的发展历程。《中国口腔医学年鉴》所构成的中国口腔医学发展历程的长篇画卷，既是了解和研究中国口腔医学发展史的珍贵资料，也是中国口腔医学界与国际口腔医学界交流的重要平台。

《中国口腔医学年鉴》2005年卷选材时限为2005年1月至12月，设回顾、论坛、优秀博士学位论文摘要、文选·述评、教育、人物、口腔医学组织机构、记事、文献法规和索引等栏目。

回顾栏目对2005年中国在牙体牙髓病学、口腔正畸学、口腔颌面赝复学、口腔颌面外科学、口腔材料学等学科领域的基础和临床方面的研究状况及其成果进行了回顾与展望。论坛栏目对中国口腔医学领域一些新颖的研究课题的研究现状和研究成果进行了全面综述和展望性评述。文选·述评栏目由知名的口腔医学专家精选出2005年度公开发表于中国口腔医学、生物医学、药学以及其他综合医学杂志、高校学报等核心期刊中，能代表中国口腔医学研究最新水平的论著，客观、公正地评述其研究价值和学术水平。教育栏目介绍了2005年度中国口腔医学博士和硕士研究生招生及其培养简况等。人物栏目逐步介绍了部分对中国口腔医学事业做出了一定贡献且有较高学术造诣的资深专家、学者，2005年度中国新增列的口腔医学博士研究生指导教师。口腔医学组织机构栏目介绍了中华口腔医学会口腔医学专业委员会及其学组、内地口腔医学会等组织机构。记事栏目介绍了2005年度中国口腔医学领域发生的主要的重大事件，在中国召开的国际、国内口腔医学学术会议等。文献法规栏目收录了中华人民共和国卫生部2004—2005年度颁布的有关医学，尤其是口腔医学领域的法律法规、政策信息、卫生技术标准以及其他重要文件。

《中国口腔医学年鉴》2005年卷在编纂过程中得到了全国口腔医学院（系）、口腔医院以及众多口腔医学专家们的鼎力支持和热心帮助，在此表示衷心感谢。为进一步办好《中国口腔医学年鉴》，丰富和充实其内容，提高质量，欢迎广大读者提出宝贵的建议和意见。

《中国口腔医学年鉴》2005年卷编辑委员会

2005年8月

目　次

回　顾

牙体牙髓病临床治疗新进展

武汉大学口腔医学院　边专　沈雅

随着生物学、材料学及影像学等学科的发展，口腔医学正以前所未有的速度不断取得进展，新的诊断方法、治疗手段为牙体牙髓病的治疗衍生了新的理念。现就近年来牙体牙髓病临床治疗的研究进展回顾如下。

一、激光去龋及备洞

自 20 世纪 60 年代红宝石激光问世以来，激光在口腔领域中的研究与应用日趋广泛。传统的 CO_2 激光、Nd:YAG 激光由于对组织产生热损伤，在临床应用上有一定局限性。

铒激光具有理想的牙体组织切割特性，它的波长与水的吸收峰值接近，其能量可被水有效吸收。激光照射时其能量传递到同轴的空气-水混合物中，激活水雾和组织中的羟基，当水分子吸收激光的能量后，短时间内汽化，产生可控制的微爆炸以切割牙体硬组织。在此过程中吸收的大部分热能转化为动能，同时由于水雾的冷却作用，不易引起深层组织的热损伤。

在临床应用中，铒激光制洞具有无痛或微痛、震动小、舒适等优点。铒，铬：钇钪镓石榴石（Er,Cr:YSGG）激光是一种新型水动力激光，其最显著的特点是可有效切割牙体硬组织而对牙髓与周围组织无热损伤。Er,Cr:YSGG 激光预备牙本质的特点首先是预备过程不产生玷污层，牙本质表面不需酸蚀即有开放性牙本质小管出现；其次，激光预备不产生脱矿，没有混合层形成；激光预备后形成的树脂突形态与酸蚀后形成的不同，激光形成的树脂突呈圆柱形，密集，有利于增加树脂的结合力。目前研究发现，在激光预备加酸蚀处理后形成的树脂突仍基本为圆柱形，仅根端轻度增粗，有利于抵抗充填体树脂聚合收缩力的作用，同时在树脂-牙本质界面形成混合层。因此，这些因素可能是 Er,Cr:YSGG 激光加酸蚀处理牙本质后增强树脂-牙本质黏结强度，降低微渗漏的主要原因。

二、C 形根管系统的形态和诊断

根管治疗失败的原因之一就是缺乏对根管解剖知识全面系统的了解，因此了解和掌握根管形态尤为重要。下颌第二磨牙的根管系统较为复杂，尤其是 C 形根管的存在使其临床诊断和治疗都较困难。该系统的发生率在不同的人种之间差别很大。在混合人种中为 8.0%，而在纯黄种人（中国人）中则高达 31.5%。用显微 CT 对中国人有融合根的 58 个下颌第二磨牙进行扫描，结果显示，58 个牙中，54 个有 C 形根管系统。有 C 形根管系统的下颌第二磨牙都有带较深纵沟的融合根，且至少有一个根管断面形态为 C_1、C_2 或 C_3 形根管。C 形根管中下段的形态无法通过根管口的形态予以诊断。X 线分类Ⅰ型根管下段多为 C_1 或单个椭圆形根管，而中部 C_1、C_2 形根管较多；X 线分类Ⅱ型和Ⅲ型的根管中部以 C_2、C_3 为主，其中Ⅲ型中部的 C_2 多为Ⅱ型；另外，Ⅲ型根管尖部较Ⅱ型有更多的 C_1、C_2 形根管。因此临床上对于Ⅰ型和Ⅲ型根管的清理预备应更小心。

三、根管的预备和充填

（一）镍钛合金根管器械的使用

镍钛合金根管器械具有超弹性和良好的抗折性，可减少根管内并发症的发生，是近年来备受瞩目的根管预备器械。操作者必须熟悉镍钛根管器械的性能和使用方法方能取得良好的效果。有研究用GT手用锉(GT)与镍钛K锉(NT)联合运用平衡力技术和不锈钢K锉(SS)应用逐步后退技术预备体外牙。其结果显示，在根尖水平，GT组与NT组中心比、根管偏移距离和切削牙本质的量显著低于SS组；在根管中段和冠部，各组间的结果均无显著性差异。

目前市场上有些不同的镍钛器械产品，这些预备系统的刃部设计、尖部形态和器械锥度各有不同。国内临床上使用较广泛的主要是ProFile、Hero642系统和一种相对新的ProTaper系统。ProTaper系统最突出特点是同一器械的刃部具有多种变化性的锥度，这些独特的设计赋予ProTaper系统卓越的柔韧性、切削能力和安全性。临床评价用ProTaper机用器械和不锈钢K锉预备弯曲根管表明，ProTaper预备组无根管偏移、根尖阻塞、台阶形成等并发症，能维持根管的弯曲度和走向，操作时间短，且少有术后疼痛发生。

用ProTaper和Hero642预备磨牙根管的临床评价发现，ProTaper和Hero642预备根管时间短，根管锥度、流畅度好，术后疼痛发生少且程度轻。ProTaper减小根管弯曲度较Hero642明显，但易折断。Hero642操作简单，不易折断。

ProTaper器械有机用型和手用型两种，器械的刃部设计和预备顺序完全相同。机用型需与专用马达和减速手机配合，能有效缩短操作时间。手用ProTaper因可有效降低成本，且具有手感而开始在临床使用。在Branmante模型中，分别用机用Hero642、ProFile和手用ProTaper预备弯曲根管发现，Hero642、ProFile和手用ProTaper在预备弯曲根管时有较小的偏移及良好的中心定位作用，尤其是Hero642和ProFile对根尖和根中段成形能力较佳。

与根管成形一样，根管清理效果对于根管治疗的成败也具有举足轻重的意义。根管清理主要依靠根管预备器械的机械清理和根管冲洗液的化学清理。对手用ProTaper预备后牙根管的清理效果进行评价表明，手用ProTaper器械配合有效的冲洗，在根尖和根中段的碎屑和玷污层较少，具有良好的根管清理效果。

（二）根管充填技术的应用

根管充填是根管治疗的一个重要环节，根管充填的质量直接影响着根管治疗的疗效。根管充填技术主要有侧方加压、垂直加压、固核载体插入和机械产热加压充填技术。冷牙胶侧方加压充填技术是目前应用最为普遍的技术，使用侧压器的目的是为副牙胶尖的插入提供一个通道。但国内在根管充填中经常使用的是不锈钢(SS)侧压器，往往难以进入弯曲根管的深部。有学者研究镍钛(NiTi)和SS侧压器在树脂模拟弯曲根管中的进入深度发现，与SS侧压器相比，NiTi侧压器具有良好的韧性和弹性，在弯曲根管中，NiTi侧压器能顺应根管的弯曲度达到要求的深度，且所要求的压力较小。因此，在弯曲根管冷牙胶侧方加压充填中，根尖部的充填可选用NiTi侧压器，而在冠部可选用SS侧压器。

E-Q根管充填系统(E-Q system)是应用热牙胶充填根管的改良设备，它包括两种充填技术：一种是固核载体插入充填技术，将符合根管大小的带柄塑料轴外涂一层热牙胶后插入根管内达工作长度，去除多余的柄即完成根管充填；另一种是热牙胶旋转推入技术，它是利用一反螺旋的充填针，将热牙胶旋转推入根管。对体外E-Q根管充填系统充填质量和封闭根尖能力的评价表明，E-Q system中的两种充填技术均有明显的糊剂过度充填现象，且有较好的封闭根尖的能力，但X线评价其充填的质量差于侧方加压技术。

垂直加压技术的特点是使充填根管中的根充材料加热软化，进而通过向根尖方向垂直加压，促使根充材料更为致密地充填根管各解剖区域，达到严密封闭根尖孔的效果。评价不同锥度的热垂直加压技术的根尖封闭能力发现，锥度为0.06的热垂直加压技术的根尖微渗漏较锥度为0.10的明显，说明0.10锥度的热垂直加压技术更适合下颌磨牙的充填。

（三）根管治疗术后冠渗漏的评价

冠渗漏是影响根管治疗术质量的关键因素。不完全的冠封闭是临床根管治疗术失败的原因之一，其影响可能比根尖封闭更为重要。冠渗漏的评价有多种方法，颜料渗漏法是一种较为直观的研究方法，但其缺乏定性定量的标准，同时与临床的实际情况即口腔微生态环境也相去甚远；模拟口腔微生态的环境，检测细菌及其代谢产物从冠部沿着未封闭的洞口及暂封或永久性修复材料的边缘微渗漏，而该实验所要求的条件很高，较难达到，且常需特殊设备，价格昂贵；葡萄糖渗漏实验可定量检测出极微量微渗漏的葡萄糖成分，方法简单、灵敏，且葡萄糖的分子质量小，又是口腔微生物的营养成分，有较好的临床相关性。

有学者将Vitapex、Cortisomol和Sealite ultra作根管封闭剂进行根管充填后，用葡萄糖渗漏实验检测冠渗漏情况发现，用Sealite ultra作根管封闭剂时根管充填出现冠渗漏时间较其他两组晚，微渗漏的量也明显低于其他两组，说明根管封闭性能较好，值得推荐。如用Vitapex和Cortisomol作根管封闭剂进行根管充填，建议进行窝洞或人工冠修复。同时对临床上常用的暂封材料磷酸锌水门汀、玻璃离子水门汀和Dyract AP复合体进行冠部封闭性能比较发现，Dyract AP复合体和玻璃离子水门汀可能是远期效果较好的暂封材料。

四、根管治疗并发症的处理

（一）根管穿孔的治疗

保存根管穿孔的牙齿是一个既复杂又棘手的难题。无机三氧化物聚合体（mineral trioxide aggregate，MTA）生物材料的出现，为根管穿孔的治疗取得了突破性的进展。MTA的优点是能在潮湿的环境中操作而本身的性能不受影响，封闭性能强，具有良好的生物相容性和诱导牙骨质再生的特性。但目前关于MTA的研究结果多来源于动物实验或体外实验，MTA的临床应用评价较少。有学者对27例穿孔病例在牙科显微镜下应用MTA非手术方法进行治疗后发现，成功21例，好转5例，1例失败，说明临床应用MTA修补穿孔的恒牙是保留患牙的有效技术手段。

MTA修补穿孔后，对根管进行化学机械清理和成形是牙髓治疗中重要的步骤，无论是机用还是手用器械，均不能在干燥的根管中使用，根管预备必须结合根管冲洗。四种临床常用的根管冲洗剂对MTA-牙本质结合力影响的研究报道，17%乙二胺四乙酸（EDTA）、格兰凝胶和2%氯己定葡萄糖酸溶液改变MTA-牙本质的界面形貌，17% EDTA、格兰凝胶降低了MTA-牙本质结合力。

（二）镍钛合金根管器械的折断

镍钛合金根管器械预备弯曲根管的效果理想，已在国内外得到广泛使用。但镍钛器械在折断前无任何征兆，因此减少和预防其折断的研究是当前的热点之一。

有学者根据临床特征从长轴观察将镍钛

器械折断分为两类：扭转折断和疲劳折断。目前研究表明，对折断器械进行科学的分类必须依靠其断面特征，即断面有疲劳纹属疲劳折断(fatigue failure)；其他则属剪切折断(shear failure)。对临床抛弃的325根ProTaper器械中的122根 S_1(38%)长轴观察发现，在收集的27根折断的 S_1 器械中只有2根属于扭转折断，其他均为疲劳折断。大多数的折断发生在磨牙中。通常每个器械都有超过一个以上的缺陷类型，如器械表面常见碎屑、微裂缝、小窝或切刃的钝化。断面观察显示，有18根器械为疲劳折断，9根器械(包括前面2根归为扭转折断的器械)属剪切折断。折断长度疲劳折断较剪切折断显著长。器械的折断与器械的设计和机械性能密切相关。比较ProFile和ProTaper机用镍钛器械在同一组操作者按照预定的使用频率使用后折断的模式和发生率显示，临床使用后抛弃的166根ProFile和325根ProTaper机用器械，折断率分别为7%和14%；器械螺旋松解变形率分别为5%和0.3%。两种器械的折断大多是由疲劳引起的，ProTaper更容易在没有先兆的情况下折断，ProFile的折断更多出现于刃部螺旋松解。

镍钛合金根管器械的折断与多种因素相关。分析在临床根管预备中折断的根管器械ProFile和NiTi K-file共68根表明，临床上镍钛合金根管器械的折断类型多属疲劳折断，且易发生于磨牙、根管弯曲中段、根管弯曲度大于30°及较复杂根管的患牙。医师的熟练程度与折断概率有关，尤其是机用器械的使用。

折断器械在根管内会阻碍根管的畅通，造成根管预备和清理困难，可能会导致根管治疗的失败，因此，采用正确的处理方法十分必要。器械折断于根管内后常采用保守疗法或外科治疗，以保守疗法为首选方法。若保守治疗失败，再考虑外科治疗。保守疗法包括三种方法：①完全取出折断器械；②在折断器械旁形成旁路通过，即断针通过术；③对根尖区不能取出的折断器械，可作为根充物的一部分留在根管内。

近年来随着显微超声等技术的不断发展，折断器械的取出也取得新的突破。合金器械取出的技术有无水超声取出法、H锉取出法和套管取出法，其取出方法没有标准化程序，超声法是应用最广泛、最有效的手段，临床上常常采用多种技术相结合的方法。折断器械取出的成功与否除了与技术和经验因素有关外，还与折断器械的类型、长度及患牙的解剖结构等因素密切相关。对临床使用镍钛根管器械预备根管时发生器械折断的72例患牙分析结果表明，整个镍钛器械取出成功率为53%，其中ProFile为41%，NiTi K-file为60%。上颌牙取出成功率明显高于下颌牙。在52例磨牙中，28例完全取出或形成旁路。12例前磨牙中，仅2例取出。8例前牙病例全部取出，且6例位于弯曲前段的折断器械全部取出。而折断器械位于“弯曲中段”和“弯曲后段”的取出率为60%和27%。在轻度、中度和重度弯曲的根管中，折断器械取出率分别为100%、43%和43%。在折断长度为短于5 mm、5.5～10 mm和11～15 mm三组中折断器械取出率分别为44%、60%和100%。

因此，尽管镍钛合金根管器械的折断很难避免，但在根管预备之前和预备中采取各种措施预防器械折断是非常重要的。当器械折断后，应尽可能取出或采用断针通过术进行处理；在取断针时应小心谨慎，防止意外，治疗后需定期复诊，必要时应采用根尖手术治疗。

中国颌面赝复学的研究现状与展望

第四军医大学口腔医学院　赵铱民　吴国锋

颌面缺损是严重危害患者身心健康的口腔疾患，其治疗通常采用颌面赝复技术。古代中国是当时少数几个掌握颌面赝复技术的国家之一，早在春秋时期的墓葬中就发现了带有面部赝复体的颅骨，然而近现代我国的颌面赝复技术发展却明显滞后。近年来，我国口腔修复学学者通过深入的学习与研究，已在颌面赝复学方面奠定了良好的发展基础，特别在 2005 年，一些最新手段与技术被引入到颌面赝复领域，更多的口腔修复医师投入到颌面赝复的研究和临床工作中，取得了丰硕的研究成果。

颌面缺损赝复根据其缺损部位的不同，可分为颌骨缺损赝复和颜面部缺损赝复两大部分，前者重在恢复其功能，而后者则重在恢复其容貌，或功能及容貌兼顾。围绕上述特点与要求，我国口腔修复学者在颌骨缺损的种植修复与功能重建、仿真赝复材料的研制以及实现颜面缺损的仿真修复等方面进行了大量扎实有效的工作，某些研究成果已达到了国际先进水平，形势喜人。

一、颌骨缺损赝复

根据第四军医大学口腔医院对颌面缺损患者的分类统计，上颌骨缺损占颌面缺损患者总数的 58.8%，所占比例最高，因此如何实现上颌骨缺损良好修复成为颌面赝复研究的首要问题。围绕这个问题，许多学者进行了大量的基础和临床研究。

国内学者早在 20 世纪 90 年代就开始利用二维光弹法、电测法、机械加载法等生物力学分析技术研究上颌赝复体的设计模式及应力分布，但用上述方法研究的结果均不能准确反映被测物体实际应力情况。2005 年，赵铱民、白石柱等采用多排 CT 和反求工程技术首次建立了高度仿真的全颌骨三维有限元模型，这是目前国内外最精确、最接近真实的三维有限元头颅模型，甚至包括完整的上颌窦模型。该项研究技术手段先进，运用专业的反求工程软件识别 CT 数据并重建上颌骨及颅骨三维模型，并运用最新造型软件将其转化为实体模型进行有限元建模，所得到的有限元模型具有很好的几何相似性。该全颌骨三维有限元模型具有广泛的应用前景，在此基础上应用三维光弹和三维有限元方法可对颌骨缺损后种植修复和咀嚼功能重建的生物力学基础进行研究，能够用于上颌骨在咀嚼力、冲击力、矫形力等多种力系作用下的生物力学行为的数值分析，并为今后最终建立全牙颌组织有限元模型提供了基础。不足之处在于该项研究对模型进行了假设和简化，其中有些与实际情况不完全相符，如假设各种结构之间在加载后不发生相对滑动，将义齿基托与人工牙视为同种材料，骨密质和骨松质都采用单一的弹性模量等。因此，其建立的无牙颌上颌骨及颅骨三维有限元模型有待于进一步完善。

种植体技术的引入是颌面缺损赝复发展史上最有意义的进展之一，香港大学 Tideman 等(1995)最早采用钛网植骨与种植体植入相结合的方法修复一侧上颌骨缺损获得成功。全上颌骨缺失是最严重的颌面部缺损之一，种植体在颧骨区的应用，为解决此难题提供了途径。然而国内尚未见从种植术角度对颧骨区进行测量的专题论述，在颧骨区进行种植手术时，有可能造成颊颞侧骨壁穿孔导致种植体的骨支持及固位力降低，甚至感染。牛学刚等首次完成中国人颌骨、颅骨种植体植入区骨量的精确测量统计，对颧骨区骨性结构进行了测量，建立了中国人颅面部种植修复的基本数据库，旨在为种植手术提供参考依据。该数据库可为颌面部种植提供正确的理论依据，在此研究基础上，筛选出一整套适合中国人体格的种植修复优化设计方案，从而使得颌面缺损赝复具有更强的科学性，改善颌骨种植赝复效果。

随着显微外科技术的不断提高，游离组织瓣在颌面外科临床应用日趋广泛，为颌骨的缺损修复和功能重建开辟了一条可靠的途径。在临床应用中，游离腓骨组织瓣通常包括三种类型：单纯腓骨骨瓣、腓骨骨皮瓣和腓骨骨肌皮瓣。单纯腓骨瓣具有坚硬的骨密质，其形状(长度、大小、厚度等)与下颌骨相仿，且可塑形和植入牙种植体等优点，为下颌骨单纯缺损修复及功能重建开创了新的外科技术，为颌骨缺损外科修复方法之首选。腓骨骨皮瓣是一种复合瓣，它既具有单纯腓骨瓣之优点，又具有皮瓣之优势，为下颌骨及其邻近面颊部皮肤或口底、舌部黏膜缺损修复及功能重建外科治疗之首选。近年来腓骨移植开始被用于上颌骨缺损的修复，可使上颌赝复体获得更加有效的支持。

近年颌骨缺损修复中的另一项重要进展是骨牵张成骨技术的应用。应用此技术，可引导缺损区周围的余留骨组织向缺损区生长，通过调节骨引导的方向，使生成的骨组织达到所需的形状，进而修复骨缺损，为赝复体提供有效的支持。赵铱民、牛学刚等首次成功建立了颧骨牵张成骨修复部分上颌骨动物实验模型，证实了上颌骨缺失时，可充分利用颧骨牵张成骨修复部分上颌骨，为种植区的种植体植入提供基础，进而实现功能性修复。利用该技术已经在动物实验中实现了全上颌骨缺损的颧骨直线牵张成骨，为实现后期的全上颌骨种植功能重建打下良好基础。未来该研究的方向应是努力实现颧骨的曲线牵张成骨，将更具有临床应用价值。

二、颜面部缺损赝复

与颌骨缺损相比较，眼、鼻、耳等颜面软组织器官缺损由于直接裸露在外，会给患者生理和心理带来更大的危害。如何实现颜面器官缺损的仿真修复效果，已经成为当前国际颜面赝复学研究中急需解决的难题。我国学者正以“材料仿真、外形仿真、色彩仿真、功能仿真”为研究方向，努力解决高仿真性能赝复材料研制、快速个性化赝复体造型制作以及个性化肤色再现等关键问题，提高颌面赝复技术的水平。

应用CAD-CAM技术实现颜面赝复体的设计和制作是近年来国际颌面赝复学领域的研究热点之一，国内学者在此方面也进行了富有创新的尝试，部分研究成果已应用于临床。颜面缺损患者面部数据的采集是CAD-CAM的首要环节，面部光学印模的制取，特别是获取患者睁眼状态下的面部数字模型目前国内外尚无良好解决方法，这也是长期制约这一技术发展的瓶颈。采用激光扫描会引起视网膜损伤，接触式扫描无法获取面部的精确外形。潘景光等首次将位相测量轮廓技术引入面部光学印模的制取，利用可见光源成功地获得了患者睁眼状态下的面部光学印模，并在此基础上重建了患者的面部三维数字化模型，为采用CAD-CAM技术制作面部眶部赝复体解决了重大难题，且此方法对人体无任何影响，并有极高精度，不仅对颌面赝复，而且对整形外科、颌面外科等领域都具有重要的研究价值和临床意义。此技术已被第四军医大学口腔医院修复科用于临床颜面赝复体的制作。

2004年，吴国锋等曾利用立体印刷法快速成型技术（stereo lithography apparatus，SLA）首次将设计好的数字化修复体三维模型快速物化为树脂模型。由于树脂模型无法进行包埋替换，故无法直接制作赝复体。如能用蜡做出模型，则可直接用于赝复体制作。2005年，李风兰等利用选择性激光烧结（selected laser sintering，SLS）法烧结新型复合蜡粉（PCP1）进行外鼻蜡型的快速制作，较SLA、层叠法（LOM）更接近临床实际应用，SLS是颜面赝复体CAD-CAM研究的一大进步。在此赝复体蜡型上可以随意进行形态修改、皮纹雕刻等，利用现有口腔修复技工条件可以快速翻制出硅橡胶赝复体。该方法实现了鼻、耳、眶赝复体制作的自动化与快速化，大大缩短了制作时间，使我国成为目前国际上少数掌握此技术的国家之一。目前该研究成果已经成功应用于临床赝复治疗中，并成功完成多例眼眶部缺损、耳缺损和外鼻缺损病例的赝复治疗。

制作出色彩逼真的赝复体所需要的最重要的两个条件是选择适宜的配色颜料和进行精确的配色操作，对这两方面的研究成了实现颜面赝复体“颜色仿真”的重要课题。邵龙泉等通过测定热固化与室温固化的两组试样间的颜色差异，以评估油画颜料在硅橡胶固化温度80 ℃、固化时间90 min过程中是否能够保持色彩性状的稳定性。研究结果显示，两组试样之间的色差为0.3，肉眼不能察觉出两种试件之间的颜色差异，可以认为在热固化的过程中，加入的颜料未发生色彩变化，具有良好的色度稳定性。因此，以油画颜料为配色颜料的硅橡胶赝复体可以采用热固化（固化温度80 ℃、固化时间90 min）的方式进行硫化操作，以缩短临床制作时间。这一结论为今后临床颜面赝复体油画颜料的应用提供了重要依据。

三、新型仿真赝复材料的性能改进

硅橡胶材料一直被公认为是目前最佳的赝复材料，20世纪90年代起第四军医大学相关课题组成功研制出SY系列仿真颜面赝复硅橡胶和相应系列辅助材料，其主要理化、机械和生物学性能接近或超过英、美等国家的产品。但是不同的缺损部位、不同的设计方式对赝复材料的各项性能要求不同，理想的赝复体材料应当是系列的、具有不同机械物理性能的、对缺损部位有针对性的赝复材料。邵龙泉等采用硅橡胶并用的方法，通过调节组分配比，按照适当比例进行SY-1硅橡胶和c型硅橡胶的并用，得到了邵氏硬度分别为18、20、22的低邵氏硬度SY复合型硅橡胶赝复材料，以满足不同的颌面赝复临床需要。比如针对义鼻、义耳或义颊，可以选用不同适宜硬度的硅橡胶，使其接近于真实组织的手感，从而真正达到颜面赝复体“质感仿真”的效果。

赝复体长期暴露在空气中，经常受到光、热、氧、臭氧等外部因素的影响而发生老化。硅橡胶的老化是由多种因素参与的复杂的化学反应，其中热氧老化是最普遍且最重要的一种老化形式。苏方等从SY系列硅橡胶中选取了性能上有代表性、邵氏硬度分别为28和20的两种材料（以下简称为SY-28、SY-20复合型硅橡胶），按照国家标准，以MDX4210硅橡胶为对照，对SY-28、SY-20复合型硅橡胶进行了热氧老化实验，结果表明SY-28和SY-20硅橡胶机械性能优良，同时具有良好的抗热氧老化性能，可满足作为颌面软组织缺损赝复材料的要求。这一研究说明，我国首先研制成功的颌面专用赝复材料——SY-1系列硅橡胶已克服了以往类似材料抗老化性较差的缺点，达到国外同类产品的老化性能要求，可在临床广泛推广应用。

四、颌面赝复研究与治疗展望

由上述基础理论和临床新技术研究可以看出，我国的颌面赝复研究取得了较好的成绩，越来越多的口腔修复医师们正在投身于颌面赝复治疗及研究的工作中。未来的努力方向是真正实现颌骨缺损后的功能重建以及颜面缺损修复的形态仿真、质感仿真、颜色仿真和部分功能仿真。该领域今后的研究，必将是多专业、跨学科的联合攻关，结合现代材料学、工程学、生物学、计算机科学等领域的先进技术成果，制作出更加逼真、更加功能化的颌面赝复体。

口腔正畸学研究回顾

首都医科大学口腔医学院　王邦康　白玉兴

近两年，随着口腔基础医学与口腔相关临床学科的迅速发展，随着材料学、分子生物学、计算机科学等基础学科研究的不断深入，口腔正畸学研究进入了一个新的快速发展时期，在牙颌畸形病因、机制等方面的基础研究以及临床诊断与治疗新技术、新方法的研究与应用方面都取得了显著的成绩。现就近两年来我国口腔正畸学领域的研究成果和进展简要回顾如下。

一、口腔正畸学基础研究

（一）口腔正畸生物力学

各种生物力学研究方法在口腔正畸学领域中得到了更多的应用，其中，三维有限元法仍是口腔正畸生物力学研究方法中的主要研究手段。有报道以三维有限元法建立方丝弓矫治器的力学分析数字模型，获得了下颌牙列及其托槽和平直方丝的三维有限元模型，初步建立了用三维有限元法对固定矫治技术进行全牙列分析的平台。为了探讨摇椅形唇弓作用下下颌中切牙牙周膜应力分布规律，建立了下颌中切牙牙周膜的三维有限元模型。研究结果表明，在摇椅形弓作用下，下颌中切牙有压低、唇倾的趋势，且此趋势随摇椅形弓深度的加深而愈加明显。

应用三维有限元分析方法探讨种植体支抗的受力规律以及稳定性的研究也有报道。有学者建立了微型种植体-骨有限元分析模型，通过分析，表明微型支抗种植体承受近远中或颊舌向力时，应力分布于种植体颈部；在承受与长轴平行的力时，应力分布更均匀，组织更可能耐受。有研究建立了腭部种植体的上颌骨三维有限元模型，探讨腭部种植体在加强后牙支抗时的位移及应力分布情况，研究结果表明，腭部种植体骨界面应力最大处在种植体颈部，上颌第一恒磨牙出现复杂的三维空间内的运动。

（二）牙颌面畸形矫治的分子生物学机制

该部分的研究主要包括体内的实验动物研究以及体外的细胞学研究。

为了深入探讨正畸力及炎性刺激影响牙周组织改建的联合效应，建立了实验性牙周炎大鼠和注射内毒素健康大鼠模型，近中移动两模型的上颌磨牙。结果显示，急、慢性牙周炎症均可阻碍正畸力效应下的牙周组织改建，研究提示对成年牙周炎患者，牙移动应谨慎进行。通过对正畸移动后大鼠牙周炎牙与正常牙整合素 $\beta 1$ mRNA 表达变化的研究，提示整合素 β 与牙移动中牙周组织的稳定和改建有关。

正畸牙齿中牙髓组织变化机制的研究也引起了口腔正畸学界的关注。通过研究观察正畸牙齿移动不同时期大鼠牙髓组织中降钙素基因相关肽（CGRP）阳性神经纤维的变化，表明阳性神经纤维参与了正畸牙齿移动大鼠牙髓组织的反应过程。

动物体外实验的研究主要集中在对不同受力状态下牙周膜细胞、破骨细胞以及成骨细胞相关基因及因子表达的研究。CGRP对体外培养大鼠破骨细胞形成影响的研究表明，CGRP可能直接抑制破骨细胞的形成，在局部骨改建中发挥调节作用。骨缝牵张的分子生物学机制研究是近年来研究的热点之一。有研究表明，Ets-1和核心结合因子（Cbf-α1）在骨缝牵张中对成骨细胞合成分泌骨基质蛋白可能起着不同的调节作用，而它们的功能具有时序性。还有学者应用核素骨显像技术，局部应用rh-BMP/bFGF对加速山羊下颌骨牵张成骨机制的研究。

其他有关正畸的基础研究还有“机械牵张力对成骨细胞碱性磷酸酶及骨蛋白的影响”、“静态牵张应变对人牙周膜成纤维细胞COX-2表达的影响”、“Ⅲ型胶原和基质金属蛋白酶-1在大鼠移动牙齿牙周组织中的表达”等。

（三）错殆畸形遗传机制与流行病学

随着人类疾病相关基因研究技术的迅速发展，有关牙齿、颌骨发育异常相关基因研究也引起了国内很多正畸学者的关注。有研究者通过对中国汉族人群生长激素受体（GHR）基因的单核苷酸多态性（SNP）进行检测和分析，观察SNP在汉族人群中的分布规律，揭示了生长激素受体基因SNP呈不均匀分布，且具有种族差异性的规律。该研究成果得到了国外同行的认同，研究论文发表在国际上著名的《牙科研究杂志》上（2005年第11期）。

为了探讨我国先天性缺失牙患者*pax*9基因突变的特点，应用聚合酶链反应-单链构象多态性（PCR-SSCP）分析方法对4个非综合征性少牙畸形家系和16例散发性牙齿发育不全患者进行基因突变分析，揭示出109InsG和C139T突变扩大了先天性缺失牙患者的*pax*9基因突变谱，为我国先天性缺失牙畸形的基因诊断提供依据。其他还有有关骨性Ⅲ类错殆畸形家族聚集性、遗传流行病学等方面的研究和报道。

二、口腔正畸诊断学研究

在口腔正畸学研究领域中，有关错殆畸形的诊断方法、治疗设计、疗效评价等方面的研究一直是口腔正畸学临床研究领域中的重要部分。

有学者运用先进的数学分析手段，对正常殆的牙弓形态学特征进行了研究。应用β函数，通过比较正常殆的三种牙弓形态，评价其对不同牙弓形态的拟合程度。结果表明，β函数可以较好地拟合正常弓形，对尖圆形牙弓比方圆形牙弓拟合更准确，β函数参数e值大小可以区分方圆、卵圆和尖圆三种牙弓形态。用欧几里得距离矩阵分析法，对安格尔Ⅱ类1分类错殆和正常殆的牙弓形态进行了研究。结果提示，临床上扩展安格尔Ⅱ类1分类错殆的后上牙弓宽度可能是协调上下牙弓形态的重要措施之一。

随着计算机三维模型重建与测量技术的出现，可在数字化重建的三维牙颌模型上进行正常殆牙颌模型的测量分析，为今后深入研究中国人正常殆牙颌特征以及不断开发研究新型国产化的直丝弓矫治体系提供了技术保证。

随着计算机技术的发展，X线头影测量学也逐步进入数字化时代。国内学者根据安格尔Ⅰ类错殆患者X线头颅侧位片的特征，以聚类分析为手段，对安格尔Ⅰ类错殆进行亚类分析，并通过计算机形成代表安格尔Ⅰ类错殆各亚类特征的数字化图形诊断模板。应用数字化模板进行分析，为深入研究其他各类错殆畸形的颅面结构特征提供了新的诊断手段。

三、口腔正畸临床新技术的研究与应用

口腔正畸学临床治疗水平的提高离不开各种新技术的引进、研究、临床应用及自行开发研制，概括起来，主要有以下几方面的进展。

（一）严重骨性Ⅲ类错殆畸形的非手术治疗

骨性Ⅲ类错殆是正畸临床中常见的疑难错殆畸形，多年来在正畸治疗与正颌外科治疗之间一直引起国内外学者的关注和探讨。国内学者应用Begg和Tip-Edge技术，成功地对恒牙期和成人严重Ⅲ类错殆畸形进行了治疗，并进行了深入的研究和探索，取得了实质性的重要突破，研究成果多次在国内外学术会议上报告，研究论文也在国外权威正畸学学术期刊上发表。

（二）正畸种植体支抗技术研究与应用

种植体支抗技术能有效地解决常规支抗方式难以获得的强支抗问题，受到了广大正畸医师的青睐。近几年国内学者进行了更加深入的研究、应用和推广，其具有以下发展特点：①临床应用范围逐步扩大，可以用来进行前牙内收、前牙以及后牙的垂直向控制、磨牙远中移动、上颌前方牵引矫形治疗等；②种植体种类不断增加，从钛板种植体、微钛钉种植体(自攻或者助攻型)到腭部种植体、表面附着型种植体(Onplant)；也有学者研制出正畸支抗用“图钉”样钛合金表面种植体，但该研究还处于实验动物研究阶段，有待于以后的临床应用与评价；③从使用国外的产品到已经开发研制成功具有我国自主知识产权的种植体支抗产品，性能优良而且价格低廉，在国内的市场占有率不断上升；④微型、即刻加载、自攻型种植体成为一个新的发展趋势，而有关种植体支抗的组织学、生物力学、临床研究也在不断深入。

（三）无托槽隐形矫正技术的研制与临床应用

无托槽隐形牙颌畸形矫治技术是20世纪90年代后期首先在美国出现的一种新型牙颌畸形矫治技术，是最新的计算机图像处理和辅助设计技术、快速成型技术应用于口腔正畸领域的产物。在国外，此项技术已广泛应用于口腔正畸临床。

在国内，从2002年起，首先由首都医科大学附属北京口腔医院正畸科与清华大学国家激光快速成型中心对此技术进行研究，经过3年多的研究和开发，已成功研制出具有我国自主知识产权的国产无托槽隐形矫治系统，并在国内口腔正畸临床得到推广和应用。临床初步研究表明，无托槽隐形矫治技术具有美观、舒适、卫生、使用方便、复诊时间少、治疗结果可视化预测等优点。

该技术的出现顺应了人们追求美观、舒适、健康的现代治疗观。可能在目前的技术条件下，无托槽隐形矫治技术仍无法满足人们所有的正畸要求，但相信随着这项技术的不断改进与完善，会有越来越多有正畸需求的人群从中获益。

（四）自锁托槽直丝弓矫正系统的应用

从20世纪80年代开始，随着直丝弓矫治技术的不断应用和发展，一种新型的自锁托槽矫正系统问世并逐步在正畸临床得到应用。该托槽系统由于去除了钢丝或者橡皮圈结扎对治疗力学系统的影响，可极大地减少椅旁操作时间，从不同程度上增加了矫正弓丝在托槽中的自由度，减少了牙齿移动过程中需要克服的摩擦力，使牙齿的移动更加迅速。可以预测，自锁托槽直丝弓矫正系统将在我国正畸临床得到更多的应用，不同的自

锁系统也会相继出现和应用，临床应用的病例也在逐步从简单向拔牙等较复杂的病例发展，而有关自锁托槽系统的生物力学机制研究也是很多正畸学者感兴趣的研究方向之一。

（五）舌侧矫正技术的应用

舌侧矫正技术虽然不是近年出现的新型矫治体系，但随着成人正畸患者的不断增加，也由于人们对矫治器美观性和隐形性提出越来越高的要求，同时，也是由于近年来该技术在托槽定位、托槽结构、弓丝弯制等方面的很大改进，使得该技术在一定程度上得到了一些发展。但是，相对传统的唇侧矫治体系而言，该技术还是受到操作性、舒适性、适应证、价格等诸多因素的影响，限制了该技术的广泛应用与推广。

四、口腔正畸临床治疗与相关研究

（一）矫形治疗的临床应用与研究

在功能矫形治疗学领域中，有关 Twin Block 及各种改良型矫治器、Jasper Jumper 功能矫治器、Forsus 功能矫治器矫治生长发育期骨性Ⅱ类与Ⅲ类错殆矫治机制及疗效的研究有很多报道，也有磁力功能性矫治器的研究和临床应用报道。前方牵引矫形治疗的临床研究结果充分表明，通过上颌快速扩大配合前方牵引矫形治疗可有效地促进前方牵引的效果，矫正生长发育期的上颌发育不足。在上颌快速扩大矫形治疗的研究方面，近年来主要集中于通过加入各类生长因子、中草药制剂及其他生物制剂加速腭中缝的扩大效果、保持疗效、减少复发。随着口腔种植技术的发展，应用各类种植体支抗技术进行上颌前方牵引、进行上颌生长的抑制等研究也有相关的临床报道和实验动物学研究。在牵张成骨技术不断应用于正畸矫形治疗的同时，如何对下颌骨进行骨压缩的实验研究也取得了突破性的进展，为今后临床应用提供了可靠的实验依据。

（二）牙周病的正畸治疗

牙周病的正畸治疗近年来也引起了国内正畸界的广泛关注，《实用口腔医学杂志》和《口腔正畸学》杂志都刊登了有关牙周病正畸治疗的专题讲座，对指导、规范临床治疗及合理选择适应证具有十分重要的意义。

（三）OSAS 发病机制、诊断与治疗

近年来，有关阻塞性睡眠呼吸暂停综合征（OSAS）的病因、诊断和治疗方面的研究仍有很多报道，主要包括儿童、成人无鼾及打鼾人群气道结构的研究、口呼吸方式与错殆畸形发生机制的研究等；在治疗方面，主要集中在应用各种传统及改良式功能矫治器、下颌前伸器、双殆板矫治器、可调式阻鼾器、射频物理治疗等治疗 OSAS 的临床研究及疗效评价。这些研究成果都表明我国正畸学界在 OSAS 病因学、发病机制、临床治疗等方面的研究已经取得了丰硕的成果。

其他临床研究方面，包括牵张成骨技术在正畸学领域的研究和应用、口腔唇腭裂颅面部生长发育及正畸治疗的研究、正畸治疗稳定性的研究、下颌磨牙阻生的正畸治疗、拔除第一磨牙的正畸治疗、复合正畸矫正弓丝的研制与临床应用的研究、各类正畸治疗用磁体材料的研究等，几乎覆盖了口腔正畸治疗的各个领域。

五、口腔正畸新材料、新技术国产化的开发与研究

近年来，正畸新材料、新技术国产化的开发与研究得到了进一步发展。

具有自主知识产权的国产化种植体支抗系统得到了更广泛的推广和应用；各种托槽系统也得到进一步发展，如国产化的差动直丝弓托槽系统、透明陶瓷托槽系统、Jasper-Jumper 等。除此之外，借助于计算机及相关技术而自行开发研制的头影测量分析系统、正畸图像及数据管理系统、牙颌模型及颅面

部软、硬组织的三维重建及测量分析系统等正畸应用软件产品也得到快速发展，其中，基于三维数字化重建技术及激光快速成型技术而产生的无托槽隐形矫治技术也是近几年关键正畸技术国产化的主要代表之一。

回顾过去，可以清楚地看到我国口腔正畸学领域所取得的显著进步和丰硕成果，我国口腔正畸学事业已进入一个相对快速的发展阶段，相信以后的几年，我国的口腔正畸学研究水平必将会有更加飞速的发展，逐步达到国际先进水平。

口腔颌面外科学回顾

四川大学华西口腔医学院 王翰章 郑谦 石冰 胡静 田卫东 李龙江

最近两年我国口腔颌面外科学在基础理论研究和临床诊疗工作方面都取得了较大的进步。在几次全国口腔颌面部创伤、口腔颌面部肿瘤、唇腭裂、正颌外科的学术会议上进行了多方面的成果和学术交流，尤以2005年10月在成都召开的第4届中国国际暨第7次全国口腔颌面外科大会上，总结了我国口腔颌面外科学各方面取得的成果并交流了经验，提出了奋斗目标和发展方向。现就近两年我国口腔颌面外科学领域所取得的成就回顾如下。

一、口腔颌面部肿瘤研究与诊治

（一）口腔颌面部肿瘤基础研究

1. 成釉细胞瘤（AM）的基础研究　近年来在该方面取得了较大进展，建立了永生化AM细胞株。有学者报道基质金属蛋白酶-2（MMP-2）在AM中高表达，其活性及其相关的细胞黏附能力与AM的侵袭能力密切相关。另有学者报道E-钙粘素异常表达与成釉细胞瘤复发密切相关，可能是成釉细胞瘤局部侵袭的机制之一。

2. 淋巴结微转移与口腔癌预后的关系　有学者对50例经病理确诊的舌根鳞癌常规病理检测阴性的淋巴结（pN0）采用免疫组化检测细胞角蛋白（CK）的表达与微转移灶的存在，分析CK与术后复发、生存期的关系。结果显示，淋巴结微转移灶的有无、病理分化程度均可作为独立的预后因素（$P<0.05$）。

3. 血管内皮生长因子-C（VEGF-C）及其受体Flt-4与口腔癌淋巴管分布的研究　有学者发现舌鳞癌组织VEGF-C表达明显高于正常，其表达强度与病理分级、淋巴结转移密切相关，与患者的预后有关，但与临床分期无关。有学者发现口腔鳞癌VEGF-C、Flt-4 mRNA的表达率显著高于正常，VEGF-C、Flt-4 mRNA的表达具有显著相关性。研究表明，过表达的VEGF-C能够诱导癌周淋巴管的增殖和扩张，但并未引起肿瘤淋巴转移，VEGF-C参与的淋巴管增殖只是肿瘤转移的步骤之一。

4. 口腔癌转移颈淋巴结靶向化疗的前期研究　近年来，临床医师开始探索这种治疗淋巴结转移的新方法。将分子质量较小的抗癌药物与大分子物质或颗粒物质结合，行癌周局部注射，选择性地进入淋巴管并引流至区域淋巴结内，达到有针对性、长时间作用于淋巴转移灶的目的。有学者应用活性炭吸附化疗药物实施靶向化疗，应用于临床口腔黏膜鳞癌患者或肿瘤动物模型，结果证明该制剂全身毒副作用和局部刺激性小，对口腔癌颈淋巴结转移灶具有高度的靶向性，并有理想的缓释效能，对转移灶中肿瘤细胞具有强大的杀伤作用。

（二）口腔颌面部肿瘤临床研究

1. 头颈肿瘤治疗　有学者提出"保留颈外静脉、颈神经丛深支和耳大神经的合理根治性颈淋巴清扫术"术式，该术式既保证了颈淋巴清扫手术的彻底性，又最大限度地保存了患者术后生存质量和机体功能，可作为口腔癌颈淋巴结转移和cN0选择性颈清扫术的常规术式。

2. 淋巴显像技术的应用　有学者报道术前淋巴闪烁显像技术结合术中蓝染法可对口腔癌前哨淋巴结进行有效的定位，从而指导前哨淋巴结活检，准确预测颈部区域性淋巴结转移状况。有学者还同时应用了单光子发射-计算机体层摄像（SPECT-CT）同机融合技术。以上研究为制定口腔癌前哨淋巴结活检术的规范提供了依据。

3. 口腔颌面部血管瘤和脉管畸形新的分类和命名　该分类已得到普遍认同，诊断手段更加先进和多样化。用新的分类方法指导临床治疗，对婴幼儿血管瘤的治疗更加保守，对成人血管瘤的治疗一般采用综合疗法。血管瘤和脉管畸形的治疗方法有外科切除、放射治疗、低温治疗、激光治疗、硬化剂注射等。放射治疗效果尚不能肯定，且有致癌的可能，现已很少应用。目前，治疗血管瘤和脉管畸形的方法虽多，但对某些大的血管瘤的治疗问题尚未完全解决。

4. 腮腺良性肿瘤的术式改良　有学者提出"保留腮腺咬肌筋膜、耳大神经和胸锁乳突肌瓣整复"的改良腮腺切除术；另有学者采取改良除皱术切口，转移带蒂颞肌筋膜瓣充填术区缺损。以上术式对预防Frey's综合征、耳垂区凹陷有显著效果。

5. 角结膜干燥症的治疗　有学者报道血管化自身下颌下腺移植治疗重症角结膜干燥症患者89例，腺体成活80例，成活率89.9%。总结了血管化自身下颌下腺移植术后腺体功能的变化规律，并分析了各种干预方法的效果。

6. 组织工程学材料在口腔软组织缺损修复中的应用　目前，组织补片可初步替代自身皮片，已广泛应用于口腔颌面软组织缺损修复，在形态、色泽、质地及柔韧度方面与自身游离皮片无明显区别，有望成为下一代自身皮片移植的代用品。缺点是瘢痕挛缩较自身皮片稍重。

二、口腔颌面部创伤研究与治疗

口腔颌面部创伤研究，尤其是临床诊治研究，近年来取得了快速发展。骨折切开复位，微型或小型接骨板内固定技术已成为颌面部骨折治疗的常规手段，以恢复咬合关系和尽可能恢复面部骨骼解剖形态的功能与外形并重的治疗原则已被普遍接受。颌面骨的正确复位，接骨板的张力带固定等一系列的内固定技术已逐渐被大家所掌握。颌面部骨折的治疗大多获得了良好的效果，但颌面部多发性骨折、鼻眶筛骨折、颧骨粉碎性骨折以及面中部陈旧性骨折的疗效尚不理想。

（一）口腔颌面部创伤基础研究

口腔颌面部创伤基础研究已建立的多种创伤模型，如多功能生物撞击机的二级撞击机系统形成的撞击伤模型；采用球形点爆源建立的爆炸伤模型；在人尸体头颅模型上用模态分析法建立的颅颌面骨骼系统的动力学模型；用Pro/E和ANSYS建立的多种咬合状态下下颌骨骨折内固定的三维有限元模型，为创伤研究提供了更科学的平台。对创伤后骨愈合的研究，已深入到了分子生物学水平，近年来报道了多种因子，如成纤维细胞生长因子（FGF）、转化生长因子-β（TGF-β）、纤维粘连蛋白及其受体整合素β_1、整合素α_5、重组基因骨形态发生蛋白、外源性

*vegf*基因、一氧化氮等，在骨折愈合过程中的作用以及某些外源性因子的加入对骨愈合的影响，为促进骨折愈合探索新的治疗途径。

近年来，三维CT重建立体的骨骼图像，直观显示骨折段在三维空间上的位移和相对位置关系，已被越来越多地应用到骨折诊断、指导骨折复位、设计治疗方案中，并开始利用计算机辅助设计(CAD)，建立直观诊断和进行量化治疗，但三维CT对面中份小而薄的骨折片显示尚欠清晰。有报道电子束CT(EBCT)比普通CT有更高的空间分辨率，可大大提高骨骼的清晰度。该技术可详尽、精确地显示出立体的解剖结构，真实、准确地显示骨折线长度、方向、移位距离、角度，并可在计算机上或胶片上展示多角度的立体图像，任意角度旋转、切割，从不同角度和层面观察，为准确掌握病情和合理制定方案提供了直观、可靠的证据。

(二) 口腔颌面部创伤临床治疗

1. 颌面部骨折的治疗 口腔颌面部创伤的治疗已逐步规范化、程序化。对上下颌骨多发性骨折，以恢复正常咬合关系作为解剖复位的金标准，同时关注张闭口和眼球运动功能。建议复位固定的程序为：下颌骨、上颌骨、颧骨复合体、鼻眶筛部。下颌骨较上颌骨容易达到解剖复位，先恢复下牙弓的连续性，再以下牙列为标准，行上颌骨复位，恢复正常的咬合关系后固定，在维持良好咬合关系的前提下，恢复颧上颌连接和重建眶底结构，最后进行内眦韧带复位固定、泪道再造。对颧骨复合体骨折应恢复颧骨突度，如有旋转移位，应行颧额缝、眶下缘、颧牙槽嵴三点固定；对面中部骨折，应恢复眶下弓、颧弓、鼻弓、上颌牙槽嵴弓四弓外形为其主要目的。对下颌髁突颈骨折的治疗仍有争议，但大的原则基本确立。对儿童髁突骨折，应首先采取保守治疗，多数可获良好的临床效果；对成人髁突骨折，如果髁突移位明显，成角大，升支缩短明显，有学者提出升支缩短大于8 mm，则宜手术治疗。

口腔颌面部骨内固定系统仍以微型钛板的金属内固定系统占主流。近年来采用的自攻螺钉无需电钻钻孔，术者可直接用螺丝刀将螺钉旋入骨内，使内固定操作更加简便。国内开发研制的聚乳酸可吸收颅颌面骨内固定系统，经一系列的动物实验和前期临床试验，获得了与国外同类产品相似的临床效果，即将在临床推广使用。

口腔颌面部创伤治疗的难点在面中份多发性骨折，其疗效尚不理想，颧骨复合体粉碎性骨折和陈旧性骨折，对颧突点位置和外形对称性恢复不佳。鼻眶筛区骨折内眦韧带悬吊位置不易确定，固定不可靠，悬吊点易回弹复发，鼻梁高度难以恢复。面中份多发性骨折连带眶壁移位或缺损导致眼球移位继发复视的矫治效果尚不理想，术后除了采用正颌外科、颅面外科技术重塑面形，恢复咬合关系，尚需加强牙种植技术、正畸治疗等多学科的协调与配合，在治疗前制定出科学、合理的综合性序列治疗方案，方能恢复良好的外形和咀嚼功能。

2. 口腔颌面部的修复重建 重点和难点仍是颌骨缺损的重建，重建颌骨的连续性和面部外形，恢复颌骨的正常位置。重建颌骨的正常高度和厚度，恢复其表面的正常软组织覆盖，为种植体的植入创造良好条件，最终恢复咀嚼功能，达到重建外形和功能的目的。

近年来，一些新的技术和手段已初步应用于临床，提高了颌骨重建的精确度，为功能性重建创造了良好的条件。将医学三维影像与计算机辅助设计与制造技术结合，利用快速成型三维模型帮助手术设计和术中截骨、修整，在计算机上模拟手术切除部分，应用反求技术行缺损修复，应用快速原型技术设计植入体的形态，确定其体积，设计制作与患者自身下颌骨相似的个体化修复体，术后患者可获得良好面部对称性。

组织工程化骨技术一直是骨缺损修复的一大热点，相关研究多集中在提高种子细胞的成骨能力和优选最佳的组织支架材料上。众多的动物实验研究选用具有成骨细胞表型的骨髓间充质干细胞作为种子细胞，将 *bmp*7、*vegf*、*bfgf* 基因转染种子细胞并与多种支架材料复合，如多孔矿化的 Bio-Oss 胶原、HA/PA66、β-磷酸三钙、聚乳酸可吸收支架等，形成各种基因修饰的组织工程化骨，修复颌骨缺损，通过体外和动物体内观察，再进行组织工程化骨的生物相容性研究，成骨活性研究，取得了令人鼓舞的结果。但组织工程化骨技术距临床应用还需进行相当多的工作，种子细胞的成骨活性有待提高，理想的支架材料还需进一步开发。

三、唇腭裂防治研究

近年来对唇腭裂发生机制、遗传因素与环境因素的作用探讨更加深入，按一定顺序，逐步完成各阶段治疗的序列治疗理念已形成共识。唇腭裂序列治疗在全国各高校附属口腔医院及省市大型医院已成为标准的治疗模式，越来越多的基层医院也正朝此方向努力，但完善的序列治疗尚待时日。

（一）唇腭裂基础研究

唇腭裂是一种有明显遗传倾向的先天性疾病，是遗传因素与环境因素综合作用的结果，确切的病因尚不清楚。随着分子遗传学技术的发展，学者们对唇腭裂的遗传因素的研究越来越深入，如应用基因芯片技术筛查致病基因，运用转基因和基因敲除等技术研究候选基因。目前已知导致唇腭裂的基因有多种，但关键基因尚不确定。近两年对候选基因如 *tgf-β*2、*tgf*-2、*bcl*-3、*gabrb*-3、*rfc*-1（还原叶酸载体基因）的多态性与非综合性唇腭裂（NSCL/P）的易感性进行了研究，采用病例对照和聚合酶链反应单链构象多态性分析（PCR-SSCP）方法研究结果表明，*tgf-β*2、*tgf*-2 基因的多态性与 NSCL/P 的发生有关。进行 Wander Woude 综合征家系调查和遗传特点分析，发现所有患者均出现 *irf*-6 基因突变。

在腭裂形成机制研究中，转基因技术成了最有效的工具之一。有学者发现，甲状腺转录因子-2（TTF-2）与腭发育密切相关。通过构建 TTF-2 基因重组表达载体 $P^{BROAD3\text{-}ttf\text{-}2}$，显微注射法寻此目的基因注入小鼠受精的雄原核，得到 *ttf*-2 转基因小鼠，并观察到小鼠产生了腭裂，转基因胎鼠 12、13、14、15 d 腭突 TTF-2 和 TGF-β3 失去了其原有的时空变化规律，认为 TTF-2 高表达，强烈抑制了 TGF-β3 的表达，是胎鼠腭裂形成的原因。

（二）唇腭裂临床研究

在一期的唇裂整复中同时行鼻畸形整复，不会影响鼻翼软骨的发育，让唇、鼻组织在早期即在一个基本正常的构架下生长发育的理念，已被越来越多学者所接受。随着小儿麻醉技术及复苏水平的提高，1 岁至 1 岁半是腭裂整复、恢复语音的最佳时机，小年龄的腭裂整复已广泛开展。20 世纪后期提出的腭裂整复术的“肌肉功能重建”的理念再次受到关注，但肌肉重建技术更精确，更细致，肌肉解剖更彻底。将错位走行的腭帆提肌完全游离出来，重新后退复位，使腭帆提肌收缩形成的软腭“膝点”后移，重建“提肌吊带”，软腭上抬更高，从而获得更加良好的腭咽闭合功能。

Sommerlad 的“腭帆提肌重建术”初步应用已获良好效果，但小年龄腭裂与腭裂术后继发上颌骨生长发育抑制的矛盾仍是腭裂治疗中的一大难题，越来越多的医师在进行腭裂修补时已考虑怎样通过某些术式和操作的改进来减轻对上颌骨生长发育远期的影响。比如，腭裂修补术中在保证无明显张力关闭裂隙的前提下，尽量不作或少作侧方松弛切口。减小硬腭裸露骨面的面积，避免对骨性结构的破坏，不作翼钩凿断，是减轻上颌骨继发生长发育抑制的有效措施。有学者采用聚乳酸可吸收医用生物膜封闭硬腭裂隙，硬腭黏膜可沿生物膜生长，术后4周新生黏膜已将生物膜覆盖。追踪观察6个月，新生黏膜与正常黏膜色、形、质接近。

腭裂术后的规范化语音训练受到了高度重视，在许多医院已成为常规，是腭裂序列治疗中不可或缺的重要措施。腭裂术后患者往往有不良的构音习惯，需加以纠正。重建的腭部肌肉的协调性，需经过训练加以改善。科学的训练方法会获得事半功倍的效果。因此，许多学者对腭裂术后语音特点进行了分析和总结，以便进行个性化的语音矫正。

腭裂伴发渗出性中耳炎的高发率及其对腭裂患者听力和语言学习的影响也引起了更多学者的关注。鼓膜切开置放压力平衡管是治疗腭裂性中耳炎的有效手段，但置管的适应证、置管和取管的时机有待进一步探索。

腭裂术后继发上颌骨生长发育不足而导致的严重反殆，面中份畸形的发生率仍然较高。有学者经犁状孔的缝牵张成骨可快速有效地矫正先天性唇腭裂面中份发育不足，避免上颌逆时针旋转；采用面罩式上颌骨前牵引与正畸的联合治疗，可促进上颌骨发育，增加上颌突度。但有报道，颅外支架式上颌骨牵张成骨术后，腭裂患者的腭咽闭合不全恶化，鼻腔共鸣增加，辅音趋向无力。

今后应积极开展先天性唇腭裂发病机制的研究，为先天性唇腭裂的预防提供有效途径；还应进行遗传因素中候选基因的筛查，关键基因的作用程度及机制和基因的网络调控信号通路的研究，环境因素与遗传因素的相互协调作用关系的研究。在临床治疗中，唇腭裂序列治疗程序虽然与国际基本接轨，但各种整复方案和术式的选择差别极大，治疗效果也参差不齐。尚需制定一个适合我国国情的规范化的唇腭裂治疗程序，特别应加强基层医院的唇腭裂专科医师的培训，以提高我国唇腭裂治疗的整体水平。

四、正颌外科学的发展

近两年，我国正颌外科学在基础研究和临床实践方面均取得了一定的进步，现将其主要研究成果归纳如下。

牵张成骨（distraction osteogenesis，DO）技术更加广泛地渗透到口腔颌面外科的各个领域，尤其是用于矫治复杂牙颌面畸形，如腭裂继发重度上颌发育不足，半侧颜面发育不足，进行性偏面萎缩，重度小颌畸形伴阻塞性睡眠呼吸暂停综合征，颞下颌关节强直，上下颌骨缺损，牙槽突缺失，上下颌牙弓缩窄等。我国学者利用口内外牵张器配合颅外固定上颌牵引等技术处理上述难题已获得成功。这表明我国正颌外科学的发展与国际潮流日趋接轨，研究水平逐渐同步。在牵张成骨术的相关基础研究方面也取得了可喜的成果，国内学者成功建立了鼠下颌骨牵张成骨实验动物模型，并以此为基础进行牵张力诱导间充质干细胞骨向分化的关键调控基因的研究和牵张成骨分子调控机制的研究。上述研究有助于阐明牵张成骨的基因调控和细胞效应机制，确认哪些生长因子或基因对牵张力刺激下的成骨效应起关键调控作用，并为外源性重组蛋白导入和基因修饰治疗等生物靶向干预治疗，加速牵张成骨中骨的形成奠定了基础。

我国正颌外科临床的规范治疗水平进一步提高。根据牙颌面畸形患者的特点和治疗要求，在不断实践、总结经验的基础上，我国已经确立了功能与形态、病理与心理治疗兼顾，外科与正畸联合治疗的牙颌面畸形治疗原则，建立了严格而规范的诊治程序。

牙颌面不对称畸形病因复杂、种类繁

多、矫治难度较大，我国学者进行了临床尝试，包括半侧颜面发育不全畸形、半侧颌骨肥大畸形、进行性半侧颜面萎缩畸形和单侧颞下颌关节强直继发颜面不对称畸形的矫治等。矫治过程强调个体化方案合理选择手术方式并配合术前术后正畸，治疗方案同时涉及软硬组织的修复与重建，硬组织矫治需要灵活组合各类正颌外科手术和牵张成骨术等方法。

口腔颌面部脉管性疾病治疗新进展

上海交通大学口腔医学院　张志愿

脉管性疾病（vascular anomalie）包括血管瘤和脉管畸形（vascular malformation）两大类病损，系来源于血管或淋巴管的肿瘤或畸形。临床上大多数患者为脉管畸形，真性血管瘤比例较小。20 世纪 80 年代以前，国内外学者对于脉管性疾病的研究未予以足够重视，其分类和命名一直比较混乱。认识上的混乱导致治疗方法不统一，各种方法的疗效比较缺乏可信性，学术界难以进行交流，基础研究也停滞不前。因此很有必要对脉管性疾病进行科学分类。

正确的分类和诊断是临床上确定治疗计划、评价治疗效果和推测预后的基础，也为学术交流提供了“共同语言”，使各国、各医疗机构之间在评价各种治疗方法、预测各种影响因素时有共同标准可循。作为专业医师，必须更新观念，以科学理论规范医疗行为，不断提高对口腔颌面部脉管性疾病的诊断、治疗和研究水平。

一、脉管性疾病的分类

1982 年，Mulliken 和 Glowacki 依据血管内皮细胞特征对脉管性疾病提出了生物学分类方法（旧分类法）。他们认为，血管瘤和脉管畸形是两类性质不同的病变，临床上应予以明确区分。旧分类法依照血管病变的组织发生上的不同进行分类：具有血管内皮细胞增殖的为血管瘤，而由不具增殖倾向的血管内皮和衬里组成的血管病变为脉管畸形。1995 年，Waner 和 Suen 在 Mulliken 和 Glowacki 分类的基础上，根据细胞生物学与组织病理学研究的最新成果提出了脉管病变的新分类法并得到国际脉管病研究学会（ISSVA）及国内外同行的广泛认可。在 2002 年和 2004 年召开的中国口腔颌面部血管瘤治疗与研究学术研讨会上，与会专家一致建议采用 Waner 和 Suen 提出的新分类法，《口腔颌面外科学》（第 5 版）教科书也率先采用了这一新的分类法。

新分类法从血管病变发生发展的生物学特性方面区别各种血管病变，对血管病变的诊断、鉴别诊断、治疗方法的选择及判断预后等有更实际的临床指导作用。新分类法认为对于混合病变，要分别单独列出，而不应笼统称之为“混合畸形”。与旧分类法相比，新分类法具有以下优点：①科学性，即基于内皮细胞是否增殖这一循证医学的科学基础；②实用性，将临床表现和病变的自然病程结合起来，便于临床应用；③目的性，对治疗的指导性及可操作性更强，一旦分类、诊断确立，即可采取相应的治疗措施。

依据细胞生物学分类的观点，成人的脉管病损基本上属于脉管畸形，婴幼儿期的动静脉畸形、微静脉畸形、淋巴管畸形均属脉管畸形。高出皮肤的所谓"草莓状"血管瘤自发性消退的可能性较大，一般属于血管瘤。婴幼儿期特别是一出生即有的静脉畸形，其所属类型如何判断，尚需进一步研究。

为了便于理解，请参照脉管性疾病的新旧分类对照(表 1)。必须指出，在新分类中，将过去所称的毛细血管畸形(葡萄酒色斑)命名为微静脉畸形，其组织学证据是由扩张的毛细血管后微静脉组成，因此该命名更为准确。此外，后天因素(如外伤、疾病)等造成的 3 种血管的畸形(又称为获得性血管畸形)也应归入血管病变之列。各类血管病变由于各自的发生发展规律不同，组织学结构亦有区别。

表 1 脉管性疾病的新旧分类对照表

旧分类名称	新分类名称
毛细血管型血管瘤	浅表(皮肤)血管瘤；微静脉畸形
海绵状血管瘤	静脉畸形；深部血管瘤
蔓状血管瘤	动静脉畸形
毛细管型淋巴管瘤	微囊型淋巴管畸形
海绵状淋巴管瘤	微囊型淋巴管畸形
囊肿型淋巴管瘤	大囊型淋巴管畸形
混合型淋巴管瘤	微囊型淋巴管畸形
淋巴血管瘤	混合性脉管畸形(包括静脉-淋巴管畸形和静脉-微静脉畸形)

二、血管瘤和脉管畸形的鉴别诊断

血管瘤与脉管畸形的鉴别诊断见表 2。

表 2 血管瘤与脉管畸形的鉴别诊断

观察项目	血管瘤		脉管畸形
	增殖期	消退期	
内皮细胞	大量细胞成分，^{3}H-胸苷结合率高，内皮下有多层基膜形成	细胞成分少或无，很少摄取^{3}H-胸苷，伴纤维化和脂肪组织沉积	内皮细胞不增殖，代谢率正常
肥大细胞(mast cell)	大量(18.2～54.3)个/高倍视野下(HPH)	正常	正常(0～2.6)个/高倍视野下(HPH)
体外培养	在组织培养中生长迅速，一可形成管状结构		在组织培养基或血凝块中难以生长，不形成管腔
临床表现	婴儿，1/3 出生时即有，出生后第 1 个月最典型，第 1 年内生长迅速，以后逐渐退化，90% 以上可自行消失，累及骨者罕见。 男:女 = 1:3		出生时即有，随年龄增大而生长，不会自行消退，可因动-静脉瘘形成、创伤、感染、激素变化、血管形成或扩张而膨大，35% 侵及面骨。 男:女 = 1:1
动脉造影	界限清楚，腺体样血管肿瘤，含血管和间充质成分，通常为高血流量，偶有动-静脉瘘形成		由异常血管堆积而成的畸形，无间充质成分，以综合型临床多见，可为低流量或高流量
手术效果	易切除，术后不复发		难以彻底切除，大出血、复发常见

迄今为止，两者的鉴别诊断主要还是依据临床表现和定期追踪随访。国外文献报道约有80%～90%的毛细血管瘤可自然消退，笔者的临床资料结果与文献相符，为87.6%。此外，血管瘤的增殖期(即快速生长)也是一个非常重要的鉴别指征。除依据临床表现和动态观察外，建议检测血清雌二醇水平、血清血管内皮生长因子、尿成纤维细胞生长因子等，以帮助准确诊断，选择正确的治疗方法。

三、血管瘤和脉管畸形的治疗

(一) 血管瘤治疗

小儿血管瘤的主要损害不是来自病变本身，而往往来自过于积极的治疗。积极治疗的并发症可达50%，并有30%的复发率。血管瘤的自然消退绝大多数需历时2～3年，急于求成的盲目治疗极不合理。笔者的体会是首先应作数月动态观察随访，以确定有无消退迹象。应该强调，治疗的目的不仅是为消除病变，还必须保持健康的正常组织和容貌美观。对血管瘤病例应进行数年的定期随访观察，即使出现溃疡、出血和感染等并发症，也只需给予局部加压、清洁和抗感染等简单处理。唯有在以下情况时接受激素、加压包扎、激光、手术等治疗：①累及口、咽、颈、生殖器等重要器官，并有生命危险；②血管瘤伴血小板减少综合征；③广泛血管瘤病或内脏血管瘤伴有心功能衰竭；④血管瘤活动性出血；⑤经5年随访无消退迹象。任何治疗后的外观都不能像自行消退那样令人满意。

1. 血管瘤增殖期　当出现上述5种情况中的任何一种时，可给予激素治疗。激素治疗的有效率为30%～90%。有效率与3种因素有关，即治疗剂量、治疗周期和开始治疗的年龄。婴幼儿血管瘤的治疗宜在1岁内，最好在6～8个月时进行。激素仅对增殖期的血管瘤有效，而对停止增生的病变无作用。如激素治疗无效，可试用α-2a干扰素或平阳霉素，抑制间充质细胞增殖。赵福运报道对72例婴幼儿血管瘤采用激素加平阳霉素局部注射治疗，病变消退时间最短3个月，最长治疗时间3年零4个月。结果表明用此治疗方法血管瘤消退周期比自然消退大大缩短。对于四肢、躯干、乳腺等部位的婴幼儿血管瘤，也可采用压迫疗法。

2. 血管瘤消退期　此期的治疗目的是改善外形，治疗时应注意处理：皮肤萎缩、毛细血管扩张及纤维脂肪组织过度沉积。激光光凝术仅对毛细血管扩张有效。

(二) 脉管畸形治疗

1. 微静脉畸形　激光治疗是微静脉畸形的常用方法，其机制为长时间曝光使组织中的红细胞和血红蛋白吸收光热能，造成血管栓塞达到破坏血管的目的。面部微静脉畸形可给予氩离子或氪离子激光光动力治疗，疗效较好。周国瑜和张志愿在488 nm波长氩激光与混合氩激光光动力比较研究的基础上，提出“光敏剂与激励激光匹配理论”，选择与光敏剂PsD-007吸收峰对应的413 nm波长的氪激光，旨在提高光动力效应，降低激光照射的功率密度，以减少由热效应造成的皮肤损伤。应用氪激光开展光动力治疗微静脉畸形70余例，均获得显著疗效。作者认为，氪激光光动力治疗是值得推荐的治疗方法之一，但较严重的病例需经多次治疗。

2. 静脉畸形　静脉畸形的治疗方法多种多样，应根据其部位、大小和回流速度选择。口腔黏膜及浅表部位的畸形可选用Nd:YAG激光、平阳霉素病变内注射等疗法；深部、局限、低回流型畸形，用硬化剂治疗(平阳霉素注射)可获得良好疗效；深部、高回流型畸形，推荐选用无水乙醇及其他硬化剂治疗配合翻瓣激光、手术等综合治疗。对于大范围静脉畸形，目前尚缺乏有效治疗手段，只能采用分阶段治疗和综合治疗。单纯手术治疗，目前尚不能解决根治、复发和美观等问题。

1）硬化剂治疗：硬化剂注射治疗可作为单一的治疗方法，亦可与手术、激光等联合应用。常用硬化剂为5%鱼肝油酸钠、平阳霉素等。为了发挥药物的不同作用或协同作用，减轻不良反应，提高疗效，临床上常联合或交替应用平阳霉素与鱼肝油酸钠。赵怡芳对单一用药与联合用药治疗口腔颌面部静脉畸形的疗效比较证实，联合用药的疗效显著优于单一用药。刘宇等报道联合应用无水乙醇与平阳霉素治疗口腔颌面部静脉畸形，减少了平阳霉素治疗药量，缩短了治疗过程，治疗效果也有了明显的提高。笔者认为，类似文献资料尚少，有必要作较大样本的前瞻性随机对照研究确证以上观点；其次，硬化剂治疗的效果与病变大小、血液流速、硬化剂剂量、质量浓度及其在病变内的滞留时间密切相关。为了增加药物的滞留时间，可增用碘化油乳剂。赵吉宏等用平阳霉素与碘化油混合后对口腔颌面部海绵状血管瘤进行治疗，延长了平阳霉素在瘤体内的作用时间，取得了良好的临床治疗效果。

2）激光治疗及手术翻瓣结合激光治疗：Nd:YAG激光治疗表浅静脉畸形的疗效显著已成共识，但治疗深部病变时激光会被皮肤吸收而穿透力不足。1996年竺涵光等首先报道了手术翻瓣结合Nd:YAG激光治疗静脉畸形，获得良好效果，笔者认为值得推广应用。

3）手术治疗：局限型的静脉畸形可手术切除，范围广泛时，可在注射强化剂后部分切除以矫正外形。术前宜作血管造影或MRI（MRA）检查，以充分了解病变范围及其侧支循环，同时要充分估计失血量并采取相应措施。多个或面积较大切除后的组织缺损，可用植皮或皮瓣修复。

4）大面积静脉畸形的处理：由于大面积静脉畸形累及多层组织和重要结构，是目前临床上的治疗难题。除选用多种治疗方法联合应用外，秦中平等提出根据静脉回流速度，对高回流型静脉畸形选择“无水乙醇缓慢注入回流静脉栓塞治疗”，治愈率为90.9%，总有效率为100%。但该方法操作风险较大，应由经验丰富的专业医师施行。

3. 动静脉畸形 动静脉畸形即过去所称的“蔓状血管瘤”或“动静脉瘘”，是一种高流速脉管畸形，其形成与患者出生前发育、血流动力学作用和其他刺激因素有关。动静脉畸形可与其他脉管畸形同时并存，治疗前必须完善各种检查，包括超声检查、磁共振（MRA）和数字减影血管造影（digital subtraction angiography，DSA）检查。动静脉畸形的根治相当困难。结扎供养动脉将会降低脉管畸形区域的血流阻力，使周围微瘘中的血液反流至大瘘中，反而增加畸形体积。结扎同侧颈外动脉，由于结扎侧动脉压力突然下降，对侧颈外动脉，甚至颈内动脉、椎动脉之间吻合支扩张开放，形成广泛的侧支循环，继而增加病变区域的血供，因而应予以坚决反对。近年来，选择性动脉栓塞术的应用，使动静脉畸形的治疗成为可能。张建国等对11例口腔颌面部软组织动静脉畸形行造影及栓塞治疗效果评价后认为，颌面深部间隙动静脉畸形多含明显静脉池，应行动脉及瘤腔栓塞；浅表动静脉畸形血管多较弥散，宜采用动脉栓塞。

1）相对局限软组织病灶：可采用手术切除或术前行吸收性明胶海绵辅助栓塞后手术切除。

2）颌骨病灶：范新东等采用双重介入永久性栓塞治疗获得良好疗效。弥漫性软组织病灶可采用辅助性栓塞后手术切除，对病变已涉及重要组织器官而无法手术者，可采用硅橡胶球、α-氰丙烯酸异丁酯等永久性栓塞剂栓塞治疗或双重栓塞疗法行永久性栓塞。

3)DSA下导管动脉栓塞术经股动脉穿刺超选择栓塞治疗颌骨动静脉畸形：颌骨动静脉畸形的治疗关键是永久消灭颌骨内的“静脉池”，即将适当的永久性栓塞材料充满颌骨内“静脉池”的中央并使其骨化。对拔牙引起的急性出血病例，透视下紧急行牙槽窝穿刺螺圈栓对非急性出血或可控急性出血的上颌骨动静脉畸形病例，首先采用供应动脉的血管内聚乙烯醇(PVA)栓塞，然后行病变区牙槽骨直接穿刺，螺圈栓塞；对非急性出血或可控急性出血的下颌骨动静脉畸形病例，供应动脉的血管内PVA栓塞后，切开局部黏膜、暴露病变区牙槽骨。

4. 淋巴管畸形 淋巴管畸形即过去所称的“淋巴管瘤”，由淋巴管扩张形成。大多数病变在患者出生后1~2年被发现，好发于头颈部。颈部巨大的淋巴管畸形亦称囊性水瘤。舌、耳、颊黏膜也是好发区域，可形成巨舌症或巨耳症。累及黏膜的病变，可发现许多小圆形疱状突起。其生长速度一般较慢，感染、自发性或创伤性内出血可促进病变生长。根据其结构分为大囊型和微囊型两类。

淋巴管畸形的治疗方法主要有注射疗法和手术治疗两种。①注射疗法：过去认为局部注射硬化剂治疗淋巴管畸形无明显效果，近年来此法得到认可和提倡。应用抗肿瘤药物博来霉素或平阳霉素局部注射治疗淋巴管畸形取得较满意的疗效，完全消退和显著缩小者可达70%。赵怡芳采用平阳霉素和地塞米松联合病变内注射方法治疗口腔颌面部淋巴管畸形，基本治愈率达到80%。淋巴管畸形采用链球菌菌体提取物OK-432治疗，也有较好效果。这些药物弥散进入到窦腔内后刺激产生炎症，使囊壁衬里纤维化从而导致囊腔缩小。大囊型病变的疗效优于弥漫性微囊型病变。由于注射疗法比较简便，对组织破坏少，可使患儿免受手术痛苦，并避免手术后可能出现的严重并发症，故此法可作为淋巴管畸形，尤其是大囊型病变的首选疗法，无效者施行手术。部分类型淋巴管畸形，穿刺无液体，病变无明显腔隙，注射平阳霉素效果不佳，只能行外科整容手术。②手术治疗：由于淋巴管畸形并非真性肿瘤，而是淋巴管先天性发育畸形，与正常组织无明确分界，故近年来主张对各种类型的淋巴管畸形，应在保守治疗无效，或颈部、口底病变已严重影响呼吸、进食时才考虑手术治疗。手术一般只能作局部切除以改善局部外形和功能。

四、展 望

血管瘤基础研究较多的是血管内皮细胞生长因子(VEGF)和碱性成纤维细胞生长因子(bFGF)。Chang等分别检测了增生期血管瘤标本和消退期血管瘤标本中的VEGF及VEGF mRNA，结果发现，两者在增殖期血管瘤中的表达均高于其在消退期血管瘤中的表达，故认为VEGF及VEGF mRNA与血管瘤的血管增生有密切关系。bFGF是一种较为公认的自分泌血管形成因子，有研究比较增殖期血管瘤患者、脉管畸形患者与健康婴幼儿尿中的bFGF发现，增殖期血管瘤患者尿中bFGF水平增高，而脉管畸形患者及健康婴幼儿尿中的bFGF正常。因此，检测尿中的bFGF对于鉴别血管瘤和脉管畸形以及追踪观察都有十分重要的意义。学者们正在建立血管瘤动物模型，特别是大动物模型。Bautch等以分子生物学方法分析患病小鼠的基因结构，证实小鼠多瘤病毒Middle T抗原基因整合到正常小鼠基因序列中，是小鼠患血管瘤的根本原因。笔者正在根据这一理论，将Middle T基因转导至小鼠受精卵，建立可传代的转基因小鼠动物模型。一旦有了可重复的血管瘤动物模型(特别是大动物模型)，就可以反复进行临床治疗试验，从而有望筛选出理想的治疗方法。

进一步的基础研究十分必要。从循证医学角度来讲，对血管瘤各种治疗方法疗效的评价，尚缺少设计严密、大样本的前瞻性研究资料。一些巨大病灶或混合病变的处理仍然十分棘手。期望今后吸收病理科和放射科医师参加治疗小组，共同探讨病变范畴、疾病性质、诊断和治疗评价标准。血管瘤、脉管畸形的诊治研究，仍然需要继续不断地攻关，以期获得更加理想的效果。

口腔颌面外科麻醉学回顾与展望

四川大学华西口腔医院麻醉科 张永明 龙洁

近年来，口腔颌面外科麻醉学科经过不断的发展和完善，现已日趋成熟、规范。作为临床麻醉的重要分支，在大力改进麻醉方法和研发新型麻醉药物的同时，更突出了口腔颌面部麻醉的专科特色。目前，麻醉医师队伍在人员结构和组织管理方面有了根本的改变，其中，包括一些麻醉学专业毕业的优秀人才被充实到了这个队伍中来，几乎所有口腔专科医院均建立了专门的临床麻醉科室。越来越多的医院管理者开始重视麻醉学科的建设，麻醉医师们在临床麻醉与复苏、危重病人的抢救、疼痛的治疗等方面发挥着重要作用。近年来全国各地医院的麻醉工作者对临床麻醉理论和技术进行了积极有意义的探索和研究，发表了大量高质量的学术论著。2005年第6次全国口腔麻醉学术会议的成功召开，更给全国的口腔颌面外科麻醉医师提供了一个相互学习和交流的平台。笔者就近年来口腔颌面外科麻醉的研究进展以及未来学科的发展方向作一回顾与展望。

一、临床麻醉方法与技术更新

（一）全身麻醉方法及术后复苏

由于各种新的吸入麻醉药、镇静药、镇痛药和肌松药的不断问世，颌面外科麻醉的方法近年来有许多更新，麻醉中患者更为安全，麻醉方法更易为患者、手术医师和麻醉医师所共同接受。目前临床上常用方法包括静脉-吸入复合麻醉和全凭静脉复合麻醉(total intravenous anesthesia，TIVA)两种，静脉-吸入复合麻醉的特点是从气道吸入麻醉药的同时可从静脉推注或滴入镇静、镇痛药，两者共同作用以维持术中麻醉的平稳；而全凭静脉复合麻醉是应用镇静药、镇痛药和肌松药经静脉复合使用以维持麻醉深度，该法优点是避免了吸入麻醉药的不良反应和环境污染，同时为长时间的手术提供了稳定的麻醉。目前上述两种麻醉方法在临床工作中均被广泛采用，具体应采用何种方法，应充分考虑手术时间长短、患者年龄及其体质条件等多种综合因素决定。此外，由于基础麻醉存在着诸多不安全因素，目前一致的观点认为在小年龄患者的手术中不推荐使用基础麻醉，提倡全身麻醉，逐渐放弃基础麻醉是目前口腔颌面外科麻醉的发展趋势。

成功的气道插管是保证全麻顺利进行的前提，鼻腔插管一直是口腔颌面外科专科麻醉的特色。目前临床上采用的常规的插管方法是快速诱导明视插管法，这种方法适用于张口度正常且无插管困难的患者，但对于伴有张口受限和气道通气困难的患者来说，只有采用慢诱导盲探插管或引导插管法才能解决。口腔颌面部各类肿瘤和骨折致关节强直的患者大多伴有不同程度的张口受限，因此，熟练掌握气道困难插管法非常重要。此外，近年来一些设计精良的辅助插管设备的应用有效地提高了气道困难插管的成功率，诸如纤维镜引导插管、盲探气管插管装置引导插管、光索引导插管等先进的插管技术在有条件的医院已开始应用。2005 年 9 月在成都召开的第 6 次全国口腔麻醉学术会议的讨论中，与会专家一致认为积极促进插管设备的更新是非常必要的。

口腔颌面外科手术易导致上呼吸道解剖位置的改变，常需切开气管以保证术后气道通畅，过去采用的常规气管切开术存在着创伤大以及术后易致气道狭窄等缺点而逐渐被微创气管切开术所取代。微创气管切开术的操作要点如下：选择第 2 至第 3 气管软骨环之间以 14 号针头穿刺气管，置入导引钢丝，顺钢丝插入扩张器钝性扩张，沿导引钢丝置入气管套管即完成操作。与常规气管切开术相比，该方法优点在于操作时间短，组织损伤小，不易出现术后气管狭窄，而且颈部瘢痕不明显。该法的实施需要使用专用器械，只能由临床麻醉医师操作。

术后安全的拔管标志着全麻的顺利结束，术毕拔管是比较重要的环节，应严格掌握拔管指征。现在术后拔管的指征一般认为应遵循以下原则。①一般患者的拔管：当患者生命体征平稳吞咽咳嗽反射基本恢复、呼吸频率和通气量基本正常、双肺呼吸音清晰、术区无渗血以及断氧观察 5 ~ 10 min 血氧饱和度在 95% 以上时，方可拔出导管；②婴幼儿的拔管：婴幼儿手术后更应严格掌握拔管指征，特别是对呼吸道感染恢复期手术的婴幼儿应特别注意，生命体征正常吞咽咳嗽反射必须完全恢复、呼吸道分泌物完全吸尽、双肺呼吸音清晰、呼吸频率正常、断氧观察 5 ~ 10 min 血氧饱和度在 95% 以上，意识基本清醒或完全清醒时拔管方可确保安全，切忌拔管过早。

目前，麻醉后患者的苏醒恢复越来越受到麻醉医师的关注。过去手术结束后即将患者送回病房进行护理，由于病房条件所限极易出现意外。近来相当数量的医院已专门设立了复苏监护室，在手术结束后，患者可送入复苏室进行苏醒恢复，由专人护理，这样最大限度地保证了患者的生命安全。患者在复苏室经过意识、呼吸、肢体动度、循环、皮肤等五方面的评分达到一定标准并自解小便才表明患者已完全清醒，方可送回病房进行术后治疗。

（二）麻醉中的控制性降压

在手术过程中，可采用药物降低患者的血压以达到减少术中创面出血的目的，这就是麻醉中的控制性降压，当然，只有在保证重要器官充足血流灌注的前提下实施降压才是安全的。由于颌面部血运丰富，控制性降压在颌面外科手术中对于减少术中出血并便于手术操作有重要应用价值。目前临床上多采用复合药物降压的方式进行操作，常用的降压药物有吸入麻醉药、血管平滑肌松弛药、β-肾上腺素受体阻断剂和三磷酸腺苷(ATP)等多种药物以及体位降压。降压的限度以各器官血流灌注能得到有效保障的压力值作为安全指标，一般以肱或桡动脉压力不低于 60 ~ 70 mmHg(8 ~ 9.33 kPa)，老年人不低于 80 mmHg(10.7 kPa)为参考值，如何掌握应根据患者的具体情况灵活应用。当血压降至一定水平，手术区渗血明显减少时则不必继续降低血压。

（三）口腔颌面部手术后镇痛

过去临床医师一直对术后患者创口疼痛的问题未引起足够重视，近年来逐渐提倡对患者进行术后镇痛处理，这是由于口腔颌面部大部分手术多在骨组织区进行，术后疼痛比较剧烈，若不适时恰当地处理，可引起患者机体的应激反应从而导致各系统和器官的功能异常。因此术后对患者进行适当的镇痛是很有必要的，同时这也是对患者进行人性化管理的体现。具体方法如下：

1. 术后药物镇痛 可以通过口服、肌内注射和直肠给药等几种途径给予药物镇痛，但要注意诸如哌替啶等药物的重复使用可使患者产生成瘾性。

2. 区域阻滞麻醉镇痛 口腔颌面部的主要感觉神经是三叉神经，根据疼痛的部位，可用局麻药行相应的神经阻滞。

3. 患者自控镇痛 该方法是基于反馈环路原理，疼痛时患者自行给药，疼痛减轻自行停止给药，其最主要的优点是具有高质量的镇痛效果，镇痛迅速，患者具有自主性。临床上常用的自控镇痛给药方法包括经静脉和硬膜外腔途径，常用药物有芬太尼、舒芬太尼、哌替啶、吗啡等，具体用药量根据患者体重、体质以及疼痛程度而定。

（四）全麻期间知晓

目前在全麻过程中，一般采用呼吸、心率、血压和肢体动度等指标来判断麻醉深度，但研究发现单纯依靠一般监测来判断麻醉深度不一定完全准确，临床麻醉中常出现深肌松、浅镇静和浅镇痛的现象。手术中病人似乎麻醉平稳，而实际上患者还保留对周围环境的感知和记录，由此产生一系列相应的生理、心理反应，出现较长时间的术中回忆，术后患者能清楚描述全麻术中听到的手术室内的声音。患者感到无助、无力和异常恐惧，但由于肌松足够患者却在术中无法表达，这种全麻术中患者对周围环境的感知和记录被称为全麻知晓，给患者带来了极大的痛苦。全麻知晓是当前麻醉学学者研究较多的课题，术中全麻深度浅和术中全麻深度的连续性不够是全麻知晓产生的原因。过去的观点认为手术结束患者即可苏醒是较为理想的麻醉状态，但全麻知晓理论的提出似乎否定了这种观点，因为过早减浅麻醉难免不使患者对手术末期的疼痛产生不良记忆。究竟术后应该尽快使患者苏醒还是为了避免知晓的产生而使患者延迟苏醒仍需进一步探讨。

二、麻醉学基础研究进展

现代麻醉学已成为一门以生理学、病理生理学和药理学为基础的综合性学科，任何麻醉药物和麻醉方法的临床应用都是建立在动物实验基础上的，而我国麻醉学领域的探讨一直以来都是以临床经验总结为主，对于麻醉药物作用机制的相关基础研究相对较少。近年来越来越多的麻醉工作者开始建立麻醉动物模型并进行相关基础研究，有关麻醉的基础研究在过去的一年里有较多报道，特别是对丙泊酚的作用机制有了较为深入的认识，获得了一些有意义的成果。对大鼠的研究表明，丙泊酚可降低不同器官缺血-再灌注后对该器官的损伤，已广泛应用于临床麻醉诱导和维持。

值得一提的是，对高氧液的相关基础研究明确了高氧液的作用效果和作用机制。该液体目前已应用于临床，具有使用方便、制作简单、成本低廉、疗效确切、易推广等优点，特别适用于肺弥散功能障碍、呼吸中枢抑制和战地一线危重伤员的救治。

口腔麻醉学科既往工作重点主要集中于临床麻醉方法的完善与改进，而在基础科研领域的发展相对滞后。可喜的是，在过去的一年里，口腔麻醉学相关基础研究蓬勃开展起来，已成功建立了模拟多种病理状态的大、小动物模型。采用的相关研究手段包括电压钳、膜片钳、脑透析和抗体微探针等生理和电生理技术，免疫组织化学法和原位杂交法等研究技术也已广为应用，而包括PCR、基因替换和基因敲除等分子生物学技术的应用更为研究麻醉药物作用于器官的分子机制提供了先进可靠的研究方法。可以预见，随着麻醉学基础研究的进一步开展，有关麻醉的诸多不明机制将会逐渐被认识。

三、口腔颌面外科麻醉学的发展与展望

尽管临床麻醉程序大同小异，但当患者合并心脏病、高血压和糖尿病等其他器官疾患时麻醉方法又具备特殊性，而如果手术区域涉及颅脑等部位时对麻醉医师要求更高。作为口腔专科的麻醉医师，在处理诸如心脏病患者头颈手术的麻醉时确实有一定困难。此外，近年来由于交通事故及人为因素所导致的颌面外伤日益增多。笔者在临床工作中发现相当数量的患者在颌面部受伤的同时，多伴有颅脑外伤甚至心胸外伤，口腔专科麻醉医师在处理这种复合性外伤时同样感到极为棘手。这就要求口腔专科麻醉医师在精通本学科麻醉技能的同时，更应对患者的基本生理状态和包括心血管、内分泌疾病等病理状态有深入的认识。加强专科麻醉医师的基础理论培养，增进交叉学科的学习和交流，既可提高口腔麻醉医师的业务水平，也是今后口腔麻醉学的发展方向之一。

麻醉过程记录反映了术中麻醉药物对患者生命体征的影响，目前临床工作中仍采用传统的手写记录的方法，这种记录方法的缺点是无法对患者进行全程适时记录，同时也存在人为因素造成的记录误差，使麻醉医师可能无法了解麻醉关键阶段患者的生命体征表现。采用计算机对麻醉实施过程进行全程监控，可以对麻醉进程有全面细致的记录，有利于医师对麻醉方法进行总结与提高，同时在发生医疗纠纷时做到有据可查。目前国外医疗机构大多采用计算机进行麻醉记录，传统的手写记录方法被摒弃。采用先进的麻醉和监护理念，加快仪器设备的更新是今后口腔麻醉学的另一发展方向。

迄今为止，有关麻醉药物的作用机制仍是麻醉学研究中最不明确的问题，已有大量学者开始了对麻醉作用机制的基础研究，但尚处于起步阶段。如前所述，麻醉学基础研究一直是麻醉学科建设中最薄弱的环节。培养一批掌握先进基础研究手段和技能的优秀青年医务工作者，强化口腔麻醉的专科特色，加快麻醉作用机制的基础研究是今后口腔颌面外科麻醉学科建设的重要工作。

我国口腔材料研究与应用两年回顾

上海交通大学口腔医学院　孙皎　沈晴昳

随着口腔医学和材料科学的发展，口腔材料学作为一门与临床修复和治疗效果紧密相关的基础学科，在口腔临床医学中发挥着越来越重要的作用。2004—2005 年两年来我国在口腔材料研制与改性、测试、应用及临床研究等方面都取得了一定成就，现将其主要研究与应用情况回顾如下。

一、口腔材料研制与改性

（一）义齿基托树脂的改性

聚甲基丙烯酸甲酯（PMMA）是目前应用最广泛的义齿基托材料，传统的 PMMA 往往存在机械强度不够，特别是冲击强度较差，易引起基托折裂，以及菌群失调导致义齿性口炎等问题。

1. 纤维增强及等离子处理　采用纤维增强技术可以提高材料抗冲击的能力。有报道将疏水性的 Ribbond 聚乙烯纤维经表面等离子体蚀刻处理后转变为亲水性材料，从而与基托树脂产生化学性结合，并使基托负荷

有效传递至纤维，达到提高PMMA的强度和弹性模量的目的。另外，等离子体表面处理技术具有去除弱边界层及提高材料润湿性的作用，可改善基托与软衬材料的黏结性。比如，采用氧等离子体处理PMMA表面，可使表面接触角明显变小，由处理前的66.3°下降至46.6°。

2. 纳米非晶金刚石镀膜　纳米非晶金刚石薄膜是一种高科技新型材料，具有高透明度、耐磨损、耐腐蚀、表面能低等优良特性。在树脂基托表面镀一层纳米非晶金刚石薄膜后，其表面形貌明显较镀膜前平整，细菌黏附的表面积相对减小，有助于减少变异链球菌和白色假丝酵母菌的黏附量，而且薄膜和树脂基托具有极强的结合力，可进一步保证抑菌的长期性。

3. 复合抗菌剂应用　有关基托树脂的抗菌性问题是近两年比较关注的问题，在树脂中复合抗菌制剂可增强基托的抗菌性。有资料显示纳米载银抗菌剂具有抑菌作用，且纳米颗粒的小尺寸效应可大大提高其抗菌效果，当树脂基托中该抗菌剂的质量浓度达到5 g/L时，体外实验证实该基托对变异链球菌和白色假丝酵母菌有较好的抗菌效果。

（二）金属材料的研制与改性

1. 新型烤瓷支架钴铬钼合金　针对一些基牙条件不佳的患者，需要考虑在整体铸造支架上作烤瓷修复替代塑料牙。有学者通过设计合金的多元配方，研制出一种能同时用于烤瓷修复和可摘局部义齿铸造支架的新型钴铬钼合金(DA9-4)，经调整Mn、Si、W含量，以及相结构的固溶强化和同素异构转变(堆垛层错结构)的强化，使该合金的强度增加，并具有良好的铸造性能和线收缩率，最终显示各项机械性能指标接近或达到国外同类产品的性能。

2. 镍铬合金表面沉积钛　目前镍铬合金是国内最常用的烤瓷合金材料，但该材料在口腔中易被腐蚀，腐蚀产物沉积在龈缘而影响美观。通过溶胶-凝胶沉积金属钛的方法，在烤瓷用镍铬合金与牙龈接触的部位沉积一薄层钛，涂层厚度为20～80 μm，该涂层能与基体合金结合紧密，可起到增强镍铬合金耐腐蚀性的作用。

3. 钛表面沉积氧化陶瓷膜　随着钛烤瓷修复体的广泛应用，对如何改善钛瓷结合的研究日益增多。采用微弧氧化技术，在钛表面形成一层厚度小于10 μm的粗糙多孔的氧化陶瓷膜，可作为钛与瓷间的中间层，增强钛瓷结合强度。瓷层渗入微弧氧化中间层后与钛基体结合紧密，其平均结合强度可达45.84 MPa，接近镍铬合金与瓷的平均结合强度48.35 MPa。

4. 纯钛种植体表面生物学改性处理　目前牙种植体多采用纯钛或钛合金制作，而钛是生物惰性材料，对其表面进行生物学改性处理可以提高其生物活性。运用微弧氧化技术可以在金属表面形成粗糙多孔、耐腐蚀、含有不同比例钙磷元素的氧化层，若再经水热处理可在氧化层上沉积羟磷灰石晶体，这是一种很有前途的牙种植体表面改性方法。此外，采用改进的微弧氧化-电泳工艺对纯钛表面进行表面改性处理，可以在钛表面形成含有钙磷的梯度复合氧化陶瓷层，从而促进成骨细胞的早期附着和功能表达，进一步增强早期骨结合强度。

（三）口腔CAD-CAM系统配套材料

研究与口腔CAD-CAM系统相配套的修复材料一直是口腔修复领域中的一个重要内容。从材料学角度，利用无机材料和有机材料的复合，形成性能优异的复合材料则是解决单一材料自身不足的有效途径，这也是口腔材料发展的一个方向。采用氧化锆纳米粉体(平均粒径32 μm)制备出具有多孔结构的部分烧结体，将预聚甲基丙烯酸甲酯经真空浸渍渗透其中，原位聚合固化，制备出一种新型的聚甲基丙烯酸甲酯-氧化锆有机-无机复合材料。该复合材料具有良好的力学性能和加工性能，经口腔CAD-CAM系统切削可直接获得修复体。

（四）复合树脂的改性

1. 预浸润玻璃纤维强化复合树脂　纤维增强树脂复合材料能显著提高复合树脂的力学性能，其中玻璃纤维透明美观，是最常用的树脂纤维加强体。与早期牙用玻璃纤维相比，预浸润玻璃纤维经过多孔聚合物的预先浸透处理后基质浸润度较高，能更好地承受𬌗力。有实验研究证明，预浸透玻璃纤维强化树脂比一般树脂的弯曲强度和弹性模量平均提高了4.9和2.5倍。由切端顺牙长轴方向垂直加力时，该树脂前牙黏结桥模型的抗折力平均为497 N，远远大于前牙的最大𬌗力值。

2. 纳米金刚石填料　复合树脂中填料微粒对材料的物理性能影响很大。填料粒径越小，复合树脂的耐磨性能越好。应用纳米粒子作为增强体对复合树脂进行改性能提高复合树脂的耐磨性。有报道将纳米金刚石加入Esthet X微填料型复合树脂中，当添加比例在0.020%～0.600%之间，复合树脂的耐磨性能和挠曲强度明显提高。这主要是因为纳米金刚石颗粒填入大颗粒填料间的空隙，增加填料间的延续性，以及纳米金刚石表面的极性基团与树脂基质极性基团发生分子间作用力所致。

（五）代型材料

在渗透陶瓷的制作过程中，如果烧结初期代型材料与氧化铝之间的热膨胀性能不匹配，可产生张应力而使铝瓷产生裂纹。为了解决这一问题，有学者自行研制了低温补偿代型材料（CDS）。通过代型材料在低温阶段的失水收缩来抵消该材料的热膨胀率，使CDS的热膨胀率始终小于相应温度时氧化铝的热膨胀率，两者热膨胀性能匹配良好，还可以大大缩短氧化铝底层烧结的时间，降低成本。此外，氧化铝底层冠第一次烧结后的收缩主要由代型材料凝固膨胀来补偿，CDS在水粉比为0.30时的凝固膨胀率（5.52‰）大于氧化铝底层的烧结收缩率（2.1‰～2.8‰），因此，完全能够补偿氧化铝底层的烧结收缩。

二、口腔材料性能研究

（一）黏结剂的性能研究

随着自酸蚀和牙本质湿黏结理论的提出，自酸蚀黏结系统日益受到人们关注。目前自酸蚀黏结系统使用的有机溶剂主要有丙酮和乙醇-水，这两种溶剂在不同湿度下对黏结强度有很大影响。有研究表明：就乙醇-水黏结系统而言，过多的水分与树脂单体争夺空间，透射电镜下可见黏结界面有水泡和液滴形成；而对于丙酮黏结系统，残留水分可使其中的亲水性单体和疏水性单体出现分离相，在黏结面上产生气泡和树脂球。因此，在过度润湿状态下，两种黏结系统都因无法形成高质量的混合层而影响黏结强度。在干燥状态下，乙醇-水黏结系统的微拉伸黏结强度显著高于丙酮基黏结系统，这是因为胶原纤维网因失去水分的支撑而塌陷阻挡了黏结剂的渗透，丙酮基黏结系统形成的混合层厚度明显降低；而乙醇-水黏结系统中的水分可以使塌陷的胶原纤维网在某种程度上再次水合和再润湿，重新具有松散的网状结构，有利于亲水性的单体的渗透和扩散。

（二）根管充填材料的性能研究

1. 自固化磷酸钙材料　自固化磷酸钙材料（CPC）是近年来用于骨缺损修复的生物材料，将其作为根管充填材料，充入根管后与通过根尖孔和根管壁内渗的微量水分结合发生水化反应，在3～5 d内逐渐固化，最终转化为羟磷灰石（HA）。因此，从理论上讲，即使过度充填也不会引发充填后的不良反应。有学者采用染料渗透实验比较国产 CPC(瑞邦齿泰糊剂)和常用牙胶尖加根充糊剂的根尖封闭效果，结果显示，两者在 2% 品红溶液中保存 1 周和 1 个月后的色素浸入深度无明显差异。由此提示 CPC 具有良好的根尖孔封闭效果。

2. 无机三氧化物聚合体　无机三氧化物聚合体(MTA)是一种目前较引人注目的用于牙髓治疗的新材料，其主要成分为硅酸三钙、硅酸二钙、铝酸三钙和铝铁酸四钙等。将 MTA 充填于根管内，浸泡于模拟体液中5 d后，发现在其表面形成以钙磷成分为主的球状新晶体，且钙磷摩尔分数为1:1.55，与磷酸三钙钙磷摩尔分数相近，由此表明 MTA 具有活跃的生物学活性和形成磷灰石晶体的生物学潜力，这一特性不受材料表层是否充分固化的影响。该结果初步解释了使用 MTA 倒充填后表面牙本质形成的机制。

3. 纳米羟磷灰石-聚酰胺根管充填复合材料　纳米羟磷灰石-聚酰胺根管充填复合材料(nHA-PA66)是一种新型纳米根管充填复合材料，其有机物和无机物的组成比例和力学性能与牙本质相似，具有较好的韧性、力学性能和骨诱导活性。体外实验显示该材料无细胞毒性及基因毒性，生物相容性好，对成骨细胞的生长和功能无不良影响，具有成骨细胞相容性，用于根管充填时对根尖周组织造成刺激的可能性小。

此外，有学者发现将纳米羟磷灰石和聚酰胺混合所制成的复合人工骨不仅与人体骨组织的理化性能相近，而且用于修复犬下颌骨体箱状缺损过程中该材料还具有骨引导及骨诱导作用。

(三) 骨植入材料的生物学性能研究

1. 羟磷灰石-壳聚糖自固化复合材料　壳聚糖具有良好的生物学性能和生物可降解性。有研究将天然羟磷灰石与壳聚糖混合制成自固化复合材料植入兔胫骨缺损处，结果发现在 HA 颗粒表面更有利于活性基团与生物自体组织相互作用，形成高钙、磷离子质量浓度的环境，促进蛋白、骨组织细胞等在材料表面附着和增殖，有利于新骨的形成和改建。

2. 双相钙磷生物陶瓷　双相钙磷生物陶瓷是由羟磷灰石和 β-磷酸三钙(β-TCP)按不同比例组成的硬组织修复材料，通过控制不同的 HA 和 β-TCP 的比例来控制其降解速度，可达到临床应用目的。有学者将大鼠骨髓基质细胞与多孔纳米双相磷酸钙纳米陶瓷材料在体外复合培养，7 d 后细胞在多孔支架的表面上单层生长，14 d 时细胞在材料表面和孔隙内叠层生长，分泌钙化基质形成钙结节，Ⅰ型胶原和碱性磷酸酶免疫染色结果阳性，由此表明该材料具有一定应用前景。

三、口腔材料的应用研究

(一) 磷酸盐包埋材料的应用研究

石英和磷酸盐是磷酸盐包埋材料的主要组成，为了得到更精确的铸件，包埋过程中经常采用硅溶胶作为调拌液，而硅溶胶的质量浓度会直接影响包埋料的膨胀性、气孔率以及强度等性能。有人经对 0% ~40% 不同硅含量的研究发现，当硅溶胶的质量浓度小于20% 时，对气孔率和抗压强度无显著影响，而在 20% ~40% 时，随着硅溶胶质量浓度的提高，凝固膨胀和热膨胀明显增大，抗压强度明显增大，气孔率下降。由此建议：磷酸盐包埋料拟选用 30% 左右的硅溶胶，所得到的包埋料各方面性能都比较优良。

(二) 氧化锆陶瓷的应用研究

高硬度的氧化锆应用口腔 CAD-CAM 磨削成本很高。为了降低氧化锆陶瓷的加工成本，有报道在 1 050 ℃ 条件下对氧化钇稳定四方相氧化锆(Y-TZP)纳米微粉进行预烧结，然后对该预烧结体进行 CAD-CAM 加工形成冠桥，最后完全烧结。通过这三步法制得的陶瓷修复体其机械性能优良、美观性良好、密合度满足使用要求。

（三）钴铬钼高熔合金的应用研究

深冷处理技术是一种在 -130 ℃以下的低温处理技术，而 -130 ℃以下的极低温度条件下可诱发材料内部细微的组织变化和应力重新分布，改善材料的强度、韧性、耐腐蚀性和生物相容性等多种性能。有报道将该技术用于 CW-H 型钴铬钼高熔铸造合金的研究，经 -170 ℃深冷处理后，发现合金的弹性模量提高 28.5%，极限强度提高 8.50%，延伸率下降 29.2%，金相观察也证实合金基体明显得到强化。由此表明深冷处理能显著提高合金的抗拉强度，而深冷加回火处理能使合金的塑性得到改善。

（四）陶瓷材料的应用研究

近年来，随着全瓷修复材料的机械性能不断提高，全瓷修复技术也逐渐普及。而陶瓷材料的透明度对牙冠修复后整体颜色影响较大。有资料表明，采用分光光度计对 3 种常用的全瓷系统底层材料的相对透明率进行检测，其透明度依次为：Ivoclar Vivodent Empress Ⅱ > In-Ceram 氧化铝陶瓷 > In-Ceram 氧化锆陶瓷。同时，不同桩核材料背景色对全瓷底层材料饰瓷后的颜色也会产生影响，饰瓷后 Empress Ⅱ 铸瓷修复体透明度较高，受背景色的影响较大，氧化锆陶瓷基本不受背景色的影响。提示在临床使用中应根据桩核材料的具体情况加以选择。

（五）印模材料的应用

近年来，印模材料的消毒已成为口腔医务工作者面临的重要问题。浸泡消毒方法效果可靠，但可能会影响印模尺寸的稳定性，最终影响义齿制作的准确性。通过将海藻酸盐印模浸泡在 4 种不同消毒液中持续 30 min 后发现，2% 强化酸性戊二醛浸泡组，对海藻酸盐印模的三维尺寸稳定性没有显著性影响，且酸性环境可能更有利于海藻酸盐印模表面的完全固化，从而提高印模的准确性。另有研究报道，缩合型硅橡胶印模经化学消毒剂浸泡 30 min 后均呈现尺寸收缩性变化，其中 2% 强化中性戊二醛和 2% 碱性戊二醛组的印模尺寸改变与石膏凝固膨胀相匹配，可为临床接受。对于改良型亲水性硅橡胶印模材料，经消毒液浸泡后，其表面润湿性降低。总之，不同消毒液对不同印模材料的影响存在差异，临床消毒处理时应注意不同印模材料与消毒液、浸泡时间的合理组合。

四、口腔材料的临床研究

（一）流动性充填材料的临床研究

流动性充填材料的特点是具有一定的渗透性和流动性，利于封闭窝沟，可用于小面积龋损的充填。其中 Dyract flow 流动复合体是用于牙齿细微结构缺损的修复材料，该树脂与牙齿界面结合良好，但在极细窝沟内，由于黏结剂的表面张力阻止了流动树脂的进入，常存在微漏裂隙。有研究结果显示，采用预防性 Dyract flow 流动复合体充填窝沟龋后，继发龋发病率低于银汞合金充填，但其长期保留率较低。同时该材料还存在耐磨性能差、抗折强度低等不足，所以仅适用于牙合面或颊面窝沟龋的预防性充填治疗。

（二）全瓷贴面修复材料的临床研究

全瓷材料用于贴面修复具有美观和生物相容性好等优点，而材料的遮色效果及颜色的匹配性和稳定性则是贴面修复成功与否的关键因素。选用 IPS Empress 全瓷材料同时对四环素牙和非四环素牙制作贴面，经半年、1 年和 2 年的随访，显示该材料对非四环素牙具有良好的遮色效果及颜色匹配性和稳定性，对四环素牙有一定的遮色能力，但修复 2 年后贴面的明度值却显著降低。

论　坛

遗传性乳光牙本质致病基因 *dspp* 研究进展

天津医科大学口腔医学院　赵军

遗传性乳光牙本质(DCI-Ⅱ)致病基因牙本质涎磷蛋白(*dspp*)鉴定的研究成果论文发表于2001年《自然遗传》(*Nature Genetics*)第2期，正如《自然遗传》和《自然》(*Nature*)杂志评论员指出的那样："这一一流文章的发表，表明定位克隆取得成功的故事已不再是西方科学界的专利了。"2001年3月1日《自然》杂志在评论中国生物技术产业发展的文章中再一次引用这一工作成果，并指出这标志着中国致病基因克隆鉴定工作已进入"提速"阶段。2001年2月，国际人类基因组研究发表了人类DNA序列框架图分析结果，人类基因数量大大小于预期的8万~13万。至今已发现的3万~4万个基因如何实现人类复杂的生命活动成为生命科学界目前最关注的热点。一个基因编码多个蛋白质是一个有力的解释，此发现是一个基因突变导致两个蛋白质的改变，并引起人类遗传疾病的典型例证。因此，这一对帮助揭示人类基因功能复杂性方面的发现引起了国际学术界的广泛关注，它意味着中国口腔遗传病致病基因的研究已经位于世界领先地位。

一、遗传性乳光牙本质致病基因 *dspp* 的鉴定

(一) DGI-Ⅱ致病基因 *dspp* 的鉴定成果简介

DGI-Ⅱ是常见的口腔遗传疾病，呈常染色显性遗传方式，单基因遗传病。美国学者报道发病率为1∶6 000~1∶8 000。患者的乳牙、恒牙均受累，且乳牙重于恒牙，牙齿呈珠光白色。牙萌出后不久，釉质大面积剥脱形成釉质岛，牙本质暴露并快速磨损，导致牙齿变短、变小或形成残根、残冠，严重影响患者的咀嚼功能和颌面部美观，使患者的身心健康受到极大影响。

DGI-Ⅱ致病基因的克隆鉴定一直是国际口腔医学和分子遗传学，特别是遗传病致病基因定位克隆研究的热点课题。国外科学家已于1995年将DGI-Ⅱ致病基因定位于人类4号染色体长臂4q12~23。笔者的课题组利用定位候选克隆致病基因的策略，对我国天津塘沽地区一个遗传性乳光牙本质家系的致病基因进行了研究，发现 *dspp* 基因第3外显子编码第45位谷氨酰胺的遗传密码突变为终止密码，导致DSPP蛋白有效合成减少是该家系患者发病的原因。从而在国际上首先鉴定出DGI-Ⅱ的致病基因为 *dspp*。这也是1998年继湖南医科大学夏家辉院士的课题组实现了我国克隆遗传病致病基因零的突破之后，我国科技工作者鉴定的第2个遗传病致病基因。国家科技部2001年5月16日公布的我国"九五"期间医学科学技术重大进展项目也将该发现评为12项重大进展项目之一。这一重要发现对于开发DGI-Ⅱ生物技术诊断、高危胎儿出生前基因诊断和DGI-Ⅱ的基因/生物工程治疗技术具有十分重要的应用价值。本课题组已就基于 *dspp* 基因突变开发的DGI-Ⅱ诊断和治疗技术申报了国际专利的保护(申请号：PCT/CN00/00280)。

(二)DGI-Ⅱ致病基因鉴定研究立项背景

自1974年世界上第一个人类疾病基因

kappa 轻链缺乏症基因被克隆鉴定以来，至1984年的10年中全世界只克隆了15种遗传病的致病基因。1985—1989年则克隆鉴定了91个疾病基因。从1990年国际人类基因组计划实施以来，20多年间全世界克隆鉴定了超过1 400个疾病基因，而其中只有一个遗传性神经性高频耳聋基因是我国湖南医科大学细胞遗传学国家重点实验室夏家辉院士课题组于1998年克隆鉴定的。中华民族占世界人口的五分之一，是医疗、保健大国，有丰富的遗传疾病家系资源。面对激烈的国际竞争态势，如何充分利用国际人类基因组研究的数据、成果以及我国丰富的疾病和遗传资源，在致病基因的克隆鉴定方面加快竞争速度，是中国人类基因组研究计划中刻不容缓的紧迫任务。

笔者等在临床工作中发现并追查到一个DGI-Ⅱ的患病家系，该家系现存活3代36人，有儿童与成人患者共15人。经文献检索，国外科学家已于1995年将DGI-Ⅱ致病基因定位于4号染色体长臂4q12～23，并在此区域克隆和研究了若干候选基因，但一直未找到该病的致病基因。鉴于天津塘沽地区发现的这个家系很可能成为研究DGI-Ⅱ致病基因的绝佳资源，笔者等便与中国医学科学院基础医学研究所、医学分子生物学国家重点实验室沈岩院士和国家人类基因组北方研究中心强伯勤院士取得联系并组建了DGI-Ⅱ致病基因克隆鉴定课题组，于1999年9月开始了DGI-Ⅱ致病基因的研究工作。

（三）DGI-Ⅱ致病基因研究内容

DGI-Ⅱ又称Ⅱ型牙本质发育不全，为常染色体显性遗传疾病，我国尚无流行病学调查资料。在天津塘沽地区一个回族家系5代40人现存活的3代36人中，家系患者均有该病的主要特征，致病基因符合常染色体显性遗传特征。本课题组对该家系中13名家庭成员，其中包括10名患者进行了遗传连锁分析和基因突变筛查。

遗传连锁分析结果表明，该家系的致病基因位点与染色个体4q12～23区域内GATA62A11和DSP(P)遗传标记连锁。这一区域内共有4个与矿化有关的基因：分泌型焦磷酸蛋白-1（*spp*-1），牙本质基质蛋白-1（*dmp*-1），牙本质涎磷蛋白（*dspp*），骨唾液酸蛋白（*ibsp*）基因。

根据对有关研究资料的分析，课题组采用定位候选克隆鉴定致病基因的策略，选择*dspp*作为该病候选基因，在患者DNA样品中进行基因突变筛查，发现DGI-Ⅱ患者*dspp*基因外显子3编码第45位谷氨酸胺残基的遗传密码突变为终止密码（Gln45stop）。这一发现又经该家系另外5名患者的DNA限制性内切酶图谱分析验证和全部10名患者的DNA序列直接测定。而正常随机个体的102条染色体未见上述突变。

上述结果表明，$dspp_{\mathrm{Gln45stop}}$突变是该家系DGI-Ⅱ的疾病原因，*dspp*基因编码牙本质涎蛋白（Dsp）和牙本质磷蛋白（Dpp）2个蛋白质。Dsp和Dpp都是牙本质特有的非胶原蛋白质，在成牙本质细胞中特异性表达，在成釉细胞中也有短暂的表达。Dpp富含天冬氨酸和丝氨酸，占牙本质细胞外间质非胶原蛋白的50%，可作为羟磷灰石晶核参与牙齿矿化。$dspp_{\mathrm{Gln45stop}}$突变将导致该基因编码的Dsp蛋白残缺，而Dpp蛋白减少，使得牙齿矿化和再矿化过程受到影响，牙本质发育不全。

这是国际上首次发现*dspp*基因突变导致DGI-Ⅱ，是国际上报道的第2个牙齿致病基因（第1个是pax_9）。该研究结果为遗传性乳光牙本质致病机制的阐明提供了关键性的线索，是中国启动国际人类基因组计划（HGP）以后在医学遗传学研究中产生的一系列重要突破之一，同时也充分体现了中国参与HGP与新一代科学家创造性工作的结合。

二、牙本质涎磷蛋白的研究

DGI-Ⅱ的致病基因 *dspp* 主要在小鼠成牙本质细胞中表达，在成釉细胞中也有短暂表达，人类的 *dspp* 基因表达也具有牙齿特异性。小鼠 *dspp* 基因或人类 *dspp* 基因被转录成一个转录本后，这个转录本可编码 Dpp 和 Dsp。Dpp 从成牙本质细胞中分泌后，迅速出现在矿化前沿。它富含天冬氨酸和磷酸化的丝氨酸，很容易和钙离子结合，因此 Dpp 蛋白被认为在羟磷灰石晶体的形成中起重要作用。Dsp 蛋白富含糖基和唾液酸，它约占胞外基质中非胶原蛋白的5%～8%，有文献认为 Dsp 蛋白在羟磷灰石的形成中不起主要作用。通过直接测序法发现 DGI-Ⅱ患者的 *dspp* 基因发生突变 Gln45stop，通过限制性内切酶法再次证明 DGI-Ⅱ患者 *dspp* 基因发生了突变，而在正常个体中无此突变。这一突变导致 *dspp* 基因翻译提前终止，突变的 *dspp* 基因的翻译产物除去信号肽后仅为29个氨基酸的短肽，从而严重影响了 Dspp 蛋白的功能。

dspp 基因的突变直接影响到牙齿矿化晶体羟磷灰石的形成。细胞水平研究发现，牙本质的形成经历了两个连续过程，胶质网在前期牙本质的形成以及之后矿化晶体的沉积，作为矿化模板(骨架)的胶质网在牙本质正常矿化中起着重要作用。以往的研究表明，牙本质中的胶质成分是Ⅰ、Ⅲ、Ⅴ型及Ⅰ型三聚体，其中Ⅰ型胶原是构成牙本质基质的主要成分。Ⅰ型胶原在成牙本质细胞中合成并分泌，与成牙本质细胞的表达和细胞的分化程度相关，可反映成牙本质细胞的分泌活性。胶质蛋白通过其与细胞膜受体的相互作用而影响骨架蛋白，并参与纤维粘连蛋白、蛋白多糖和氨基多糖等形成一种复合物而协同作用。有研究报道，*dspp* 基因在编码区的突变可导致遗传性骨生成缺陷等疾病。Dspp 抑制胶原的形态和排列导致了此阶段矿化的缺失。矿化早期基质小泡可能为晶体的形成提供保护性的微环境，并作为载体聚集大分子、酶和其他重要分子。

Dspp 可能通过影响成牙本质细胞正常的分泌功能、胶原纤维的正常形态和排列而直接影响牙胚的生长与矿化以及牙本质细胞的分化。

中国科学院上海生命科学院孔祥银领导的研究小组利用他们追查到的3个 DGI-Ⅱ家系发现了三种不同类型的 *dspp* 基因突变。在其中一个家系中发现 *dspp* 基因的第3内含子的供体剪接位点(GT)发生了 G→A 的突变，这个突变很可能会使 mRNA 剪接时跨过外显子3(exon-skipping)，但也不能完全排除这个突变使内含子3不被剪切。在后一种情况下，内含子3将会被通读过去，在这个过程中会引入终止密码子，从而可能引起无义突变介导的 mRNA 降解。而在另外两个家系中除了 DGI-Ⅱ，还伴随有听力丧失，这两个家系 *dspp* 基因的突变都位于外显子3编码的信号肽上，分别为 Pro17Thr 和 Val18Phe，据预测这两个突变可能会影响信号肽的剪切。

综合以上4个家系的结果，尽管 *dspp* 基因是 DGI-Ⅱ的致病基因，但是 *dspp* 基因的不同突变有可能导致不同的表型。当 *dspp* 基因突变影响信号肽的剪切，蛋白质 Dspp 被分泌到细胞外时就可能使 DGI-Ⅱ患者伴随有听力下降。

dspp 基因可以编码两个蛋白质，但是现在还不清楚这一现象有何特殊意义。尽管这可以使 Dsp 和 Dpp 蛋白等量表达，但还不清楚是否有其他的意义，也不清楚 Dsp 和 Dpp 蛋白是怎样从一个前体多肽裂解生成的。通常富含唾液酸的蛋白质都有精氨酸-甘氨酸-天冬氨酸序列(Arg-Gly-Asp，RGD)，但富含唾液酸的 Dsp 蛋白却没有 RGD 基序，相反 Dpp 蛋白有 RGD 基序。也许这个 RGD 基序

是在前体蛋白中起作用的。以往的观点认为基质只是起支持作用，但现在的研究认为几乎所有的基质都对附着于其上的细胞的基因表达有调节作用，对这些细胞的分化迁移有指导作用。Dsp和Dpp蛋白在牙本质发育中的具体作用到目前为止还不十分清楚。并且用Northern blot分析小鼠*dspp*基因在牙本质细胞中的表达发现它有两个转录本：一个4.4 kb的转录本，另一个2.4 kb。*dspp*基因的突变到底是如何导致DGI-Ⅱ的，是受影响的蛋白质Dsp或Dpp导致的，还是两者共同缺失导致DGI-Ⅱ的，现在也不清楚。

另一方面，*dspp*基因首先在前成釉细胞中短暂表达，然后在成牙本质细胞中表达，并且随着釉质的成熟，*dspp*基因停止了表达。说明*dspp*基因可能参与口腔上皮和外胚层间充质的相互作用。在骨的形成和矿化过程中，成骨细胞转变为骨细胞，后者被矿化的基质所包围。与骨组织相比，成牙本质细胞不会被基质所包围，而是随着基质的矿化，成牙本质细胞会后退，仅留下细胞突起在矿化的基质中。在人类染色体4q21上有一个与组织矿化有关的基因簇，与骨组织矿化过程相比，*dspp*基因是这个基因簇中唯一一个已知的在牙本质矿化过程中表达的基因，因此，*dspp*基因也可能会促进成牙本质细胞后退。

三、遗传性乳光牙本质致病基因的多态性研究

2002年2月，本课题组在门诊工作中又发现了第2个DGI-Ⅱ家系。此家系为回族，现存活4代，共31人，有患者10人，年长者84岁，年幼者2岁，先证者22岁，女性［详见“遗传性乳光牙本质致病基因*dspp*的突变分析”，牙体牙髓牙周病学杂志，2004，14(9)：485～489］。本研究的测序图和酶切电泳图分析表明同第一个课题家系的研究结果一致，且两个家系都为回族，推测这两个家系有可能是来自同一祖先。该家系也是*dspp*基因的DSP区外显子3的3 658位核苷酸，发生了C→T无义突变，使得终止密码子TAG提前出现，造成翻译提前终止，突变的*dspp*基因只能编码除去信号肽后的29个氨基酸的短肽，而且根本没有产物Dpp蛋白。

随后国外也相继报道了3个DGI-Ⅱ家系有不同的*dspp*基因突变位点。Malmgren等报道了2个家系：A和B家系。家系A的6位患者在外显子4的68位密码子表现A→T的颠换，导致极性的精氨酸(Arg，R)转变为非极性的色氨酸(Trp，W)，Dspp在基因的Dsp部分发生了错义突变；家系B的所有8个患者在外显子2的5位密码子发生C→T的转换，导致信号肽的最后一个残基羟基末端丙氨酸(Ala，A)替换为缬氨酸(Val，V)。因为该残基在人、猪、大鼠和小鼠中是保守的，因此该研究推测这一错义突变可能产生低效率的切割和蛋白质运输障碍，故可能不能发挥Dsp和Dpp蛋白的功能。Kim等报道了一个韩国家系，家系患者内含子2的最后一个核苷酸发生突变，使CAG变成GAG。

总之，综合国内外共7个家系的研究结果，其突变位点均集中在*dspp*基因外显子2或3的Dsp区域或者内含子2或3的剪切供点处，可能导致Dsp部分表达和Dpp表达缺失。7个DGI-Ⅱ家系不同位点的改变导致不同的表型，可能显示了*dspp*基因的多效性(pleiotropy)。即使在同一家系中，同一患者的牙齿中也都存在着表现度(expressivity)不同，因此可推断出可能存在其他因素影响牙齿的发育和矿化，如微环境的因素影响等。目前尚需进一步研究*dspp*基因突变如何影响其表达调控及*dspp*基因的时空表达特性，其如何剪切成两个蛋白质以及这两个蛋白质之间如何协同相互作用共同参与牙本质矿化的分子机制。

牙周病进程及疗效评估中的危险因素

第四军医大学口腔医学院　王勤涛

牙周病作为最常见的感染性疾病不仅严重危害人类的口腔健康，也间接影响着全身健康。对牙周病病因、病理机制和治疗学的大量研究证实，特异性细菌在其发生和发展过程中起着基本的诱因作用，但随之发生的组织破坏却主要是由感染过程中宿主的保护机制和破坏机制不平衡所致。临床上也常见部分人群对牙周病易感，表现为对局部刺激因素的反应和临床症状较重；而另一部分人群即使有明显的局部刺激因素，却并不敏感(或者说有一定的抵抗力)，不一定发展成为重症型牙周炎；相应的不同人群对牙周治疗后的反应也不均等。因此，如何评估宿主是否对牙周病易感或耐受就显得至关重要，有助于更准确地评估病情发展和预后，对于临床医师制定个体化的治疗计划和疗效评定有重要的指导性意义。

就医学而言，危险性指的是发生一种特异性疾病或健康状态发生改变的可能性以及组织丧失的可能性。危险因素则涵盖了任何遗传性、环境性、行为性等可能增加疾病发生的个体特征。牙周病为多因素混杂性疾病，它的自然进程包含加速破坏期和静止期，其危险因素包括口腔卫生、局部解剖结构、特异性口腔细菌、遗传倾向和宿主反应、咬合、吸烟、牙周病家族史、系统性疾病、营养、激素水平、精神压力、年龄、性别、饮食等。目前对牙周病的诊断主要依靠临床检测如探查牙周袋深度、临床附着丧失、探诊出血、菌斑指数和X线检查牙槽骨丧失等。但这些指标只能反映已经发生的病变和检查当时的病损程度，却无法反映疾病的活动性，即不足以作出个体是否存在今后进展的危险性预测；而微生物检测、宿主反应性分析、遗传性分析等已经被提出并可能作为判定患者牙周炎危险性增加的指标。

一、牙周病的微生物因素

在牙周龈下菌斑中可检测出近400种细菌，其中三种被认为是主要致病菌：牙龈卟啉单胞菌、福赛斯拟杆菌、伴放线放线杆菌。它们的破坏作用可能有三种方式：①产生毒性因子如内毒素、白细胞毒素、蛋白酶等直接破坏效应；②诱发机体的局部和系统性免疫反应间接效应；③促进组织细胞凋亡的效应。这些细菌还可以直接附着和进入牙周组织细胞如上皮细胞内繁殖生长，以更适应于厌氧的环境特征及逃避唾液等的防御杀灭功能，从而降低牙周病的治疗疗效、易于复发。多数研究显示牙龈卟啉单胞菌和福赛斯拟杆菌几乎总是相伴随出现在病变部位，两者之间的相互作用和机制有待证实，但它们在预测牙齿丧失、骨丧失、附着丧失等方面较为可靠，尤其与慢性牙周炎(CP)的进展相关，如在龈下菌斑中检测到有此二菌的存在和升高提示有慢性牙周炎进展的危险，而且牙周治疗的成功率可能有所降低。而龈下菌斑中伴放线放线杆菌的存在和升高主要与侵袭性牙周炎(AgP)的进展相关，尤其对于年轻患者，如检测到龈下伴放线放线杆菌时应高度警惕，加强随访和个体化治疗。

牙周致病菌的血清IgG抗体水平升高可作为反映牙周病进程的一种危险因素，因为其可反映出组织破坏和附着丧失。但对不同牙周疾病类型如AgP、CP和健康者的研究提示：不同牙周致病菌的系统免疫反应程度是不同的，尤其是AgP更为复杂，各种研究结果并不一致。牙周病的感染环境是共生细菌的存在，因此是应用细菌的全部细胞，还是应用从这些细胞中分离出来的特异性表面抗原来检测宿主免疫反应的强度尚需作深入研究。对特异性细菌的特异性决定簇进行检测可以减少交叉反应，提高敏感性和特异性；但也可能低估了宿主的免疫反应。就目前而言，尚难以通过某种血清抗体的检测来确定单一的危险因素，而且不同国家、不同地区人群对牙周致病菌的系统性抗体反应水平有所不同，适用于所有患者的诊断和预测性的微生物检测技术方法仍未定型。

正因为微生物的多样性、共生性和宿主基因的差异性，就需要进一步明确不同的牙周病类型和处于不同病损时期的各种细菌数量、分布和比例关系，而应用分子流行病学的概念和研究方法，就可以通过快速检测技术如DNA探针和PCR的应用来同时检测多种共生的特异性细菌、观察疗效和判断预后。对于有些仍不完全了解其特征的特殊种类细菌还可以应用如16S rDNA技术来进行检测和评估。目前的问题在于每一种致病菌都存在着多种不同的血清型和基因型，其毒力也有差异，决定着机体的免疫反应、耐受性和破坏程度，因此不能仅满足于分析单一细菌的表现，而需要找出和分析这些细菌的共同毒性特点、分子调控机制和宿主基因易感性之间的关系，从而达到牙周病预防和治疗的功效。

二、牙周病的宿主反应因素

牙周病的宿主反应包含基本的炎症性反应和系统性体液/细胞免疫反应，临床容易接受和采纳的是进行体液成分的检测。较血液而言，唾液和龈沟液的收集相对容易而且无创，检测内容包括免疫球蛋白、酶、细菌成分或产物，挥发性复合物、上皮角蛋白等。唾液较之龈沟液更易于大量收集，对唾液的诊断性检测可用于大规模人群的筛检。然而唾液的来源较为复杂，而且有稀释作用，个体之间唾液量和成分变异很大且易受许多外界因素的影响，可能妨碍对某些诊断性因素的检测。全唾液是宿主衍生产物(唾液腺、酶、龈沟液)和外源性成分(微生物及其产物)的集合物，因此对全唾液成分的检测分析可能更有益于发现大量不同的潜在诊断性标志或危险因素。但也有学者认为，全唾液成分分析不如对特异性腺体体液的分析准确。值得注意的是，尽管sIgA是唾液中的主要免疫球蛋白，但相对而言其与牙周炎症的联系似乎不如主要来自于龈沟液中的IgG密切。因为有许多其他因素如系统性感染和免疫状态、性别、龈沟出血甚至饮食等可能影响免疫球蛋白的变化，而且尚无普遍接受的特异性标志物的参考标准值。因此，目前要想通过唾液和龈沟液中的免疫球蛋白质量浓度来作为危险因素和病情程度的诊断指标尚为时过早，需要对高危人群的长期研究来加以证实。

牙周炎患者组织和体液中的多数酶类(如胶原酶、弹性蛋白酶、明胶酶等)主要来源于中性粒细胞和细菌，因此在牙周治疗后大多数酶的检测水平和活性会有所下降，这可能与治疗减少了牙周致病菌的数量和比例以及炎症反应被控制相关。通过检测酶活性来反映牙周病严重程度并评估其治疗反应性的相关研究报道很多，而且监控酶活性对伴有全身疾病的牙周病患者同样有效。目前，尽管研究显示宿主产生的酶与已经存在的牙周炎显著相关，但如何区分不同类型牙周炎症或进展部位和非进展部位的变化仍然是非常困难的，而且对龈沟液中酶和炎症介质的测定值出现升高还有可能是假阳性的结果，因此其预测疾病发展的能力并不确切。口腔唾液中酶的水平和活性监测目前仅可作为一种判断个体易感性及预估牙周组织进一步破坏发生的潜在危险性诊断标志，尚需进行长期的对照研究以证实其准确性。

三、牙周病的遗传性因素

现在已被广泛认可的观点是：只有部分人群的疾病差异是由于环境因素所致；而另一部分人群是由宿主易感性差异(即遗传变异)所致，估计成人中这种遗传性差异高达50%，从而也影响着AgP和CP的危险性。有些研究显示，人类白细胞抗原(HLA)和白细胞介素-1β多态性可能与AgP危险性增加有关，但目前尚无特异性遗传检测方法可以预测AgP的发展或牙周治疗的预后。

截至目前为止，研究最多的候选基因区域是*IL*-1基因簇，并由此发展出牙周易感性检验(PST)，这是目前唯一已经商业化并应用于对重度慢性牙周炎的基因易感性检验方法。PST可用于评估*IL*-1A +4 845和*IL*-1B +3 954位点处等位基因的同时发生率。如果*IL*-1在这两个位点均有表达则可被认为是“基因阳性”，这类患者对致病菌刺激可以反应生成更多的*IL*-1，从而加重炎症和组织破坏，更易发展成慢性牙周炎，且程度更重或更易复发。即使在牙周治疗后*IL*-1基因型(+)的患者附着丧失和牙齿缺失的概率仍明显高于基因型(-)的患者。但也有一些研究并不支持PST的准确性，因为有很多牙周病患者检测结果为(-)，一些健康者却检测为(+)；而且不同种族背景的人群检测结果有明显的差异，同时必须考虑到牙周炎治疗前患者的基本情况、吸烟与否、牙齿松动度、局部刺激因素等混合因素的影响和偏差，因此广泛应用于临床仍不成熟。但可以把*IL*-1复合基因多态性(+)当作一种协同性危险因子，对于此类患者应加强复诊和牙周维护。

中性粒细胞的内在和外在缺陷不仅与系统性疾病相关，而且与牙周病相关。在临床上很多导致中性粒细胞吸附、数量或功能下降的系统性疾病会明显加重牙周病情，说明了中性粒细胞在牙周病发展和转归中的作用，其异常会降低宿主对特异性病原菌的抵抗力，从而有助于特殊类型牙周病的发生，而且往往发病程度重，对治疗的反应差，预后较差。不同的个体其中性粒细胞的易感性不同，对其分子机制的了解有助于明确牙周炎的发生、发展及易感基础。对中性粒细胞的检测可作为潜在反映病情转归的危险特异因子，帮助临床预防和治疗牙周病，尤其是对于某些特殊类型病变如AgP有重要意义。

有些研究支持牙周病的家族史可能是预测牙周病进展的一个危险性因素，而另有一些研究表明这些家族内的相似性可能系共同的环境和行为因素所致。但无论如何，对于有牙周病家族史的患者而言，其易感性更高，更易发展成为顽固性牙周炎或病情反复发作，故更需要加强定期复诊和牙周维护。

四、牙周病的行为和社会因素

吸烟已被公认是牙周病的一种主要但可预防的危险因素。对吸烟者、戒烟者和非吸烟者的大量现况调查和长期追踪观察的流行病学证据表明，吸烟者的各种牙周炎症破坏程度(附着丧失、牙槽骨吸收、牙缺失等)显著高于非吸烟者，而且有剂量依赖效应。吸烟者的口腔局部环境有利于牙周菌群向致病性菌群转变和生长，烟草中的某些物质成分还能促进牙周菌群的致病活性，削弱宿主的免疫防御能力甚至刺激宿主的破坏性反应，明显加重疾病进程，使机体对包括龈上下洁治、翻瓣术、再生性手术、膜龈手术、牙种植术等治疗的反应性和效应降低，延缓组织的愈合，预后较差。

患者的医嘱遵从性对治疗预后也有重要

影响。即使患者的自我口腔卫生措施不足，菌斑指数较高，并非肯定预示着病情不可逆转或进程加快。如果能遵从医嘱按期复诊进行牙周维护，仍能保持长期的牙周稳定，防止疾病复发。Chace 和 Low 对 166 例患者跟踪观察 40 年后的结果：能遵从医嘱按期牙周维护，初诊时考虑难以保存的牙周病患牙，只有 12% 最后被拔除，平均保存期达 8.8 年。对于无牙周病史的患者，建议每半年复查进行牙周维护；对于有牙周病史的患者，建议每隔 3 个月复查进行牙周维护。另外，还需结合个体易感性和危险因素来调整牙周维护的内容和质量。

精神紧张可能伴发一些功能紊乱如磨牙症和紧咬牙，作为一种独立因素或混合因素可能直接导致牙周病进展过程中的附着丧失。伴随精神紧张而导致应对措施无力也与牙周病的发生和严重程度相关，这些患者常常体内有系统性皮质激素水平的升高，从而抑制淋巴细胞及抗体的生成和活性，削弱中性粒细胞的功能，且易忽视口腔卫生保健，自我口腔维护能力较差，形成更多的菌斑集聚。但是目前尚缺乏针对精神因素和紧张缓解后牙周病疗效相应改善的相关研究报道。

随着患者年龄的增长，牙周附着丧失的发生率和严重度也增加，这主要是因长期暴露于病原性因素的积累效应所致，而非年龄相关的内在缺陷。对非治疗人群的长期追踪研究显示，青年人和老年人丧失牙周支持的速率相似，老年人对创伤治疗后愈复时间的延缓可能主要与炎症反应和增殖反应的延缓相关；而且老年人伴发其他系统或局部病变的可能性更高，服用药物的可能性也大；其组织再生细胞源和再生能力均有所减弱(尤其是骨性组织)。但也应该看到对于某些侵袭性牙周炎症的严重病例却主要累及年轻人。

种族差异较为复杂，对细菌易感性不同，易感的病变类型有所不同，病情轻重也不同。有社会经济因素掺杂其间，更有基因位点分布的多态性差异。

性别差异可能与雌激素相关，临床上一般男性的症状和体征重于女性，但对于绝经期后的妇女其牙槽骨丧失的危险性明显增加。

营养是否与牙周病相关的报道不一，但钙和维生素 D、C 摄入不足被证实与牙周病相关，危险性显著增加。

五、牙周病的解剖学因素

解剖结构如牙根发育异常、根距过近、腭侧龈下发育沟、釉突、根分叉等结构的存在和变异与结缔组织附着丧失、骨丧失相关，也与菌斑滞留相关。牙齿的各种不良修复体如冠边缘、充填悬突等常引发局部组织的炎症反应、牙龈退缩。牙髓病变既可以诱发新生的牙周病，也可加重原有的牙周病。牙折和根吸收常导致牙周根面的暴露并与口腔相通，感染易于深入根部引发或加重牙周病。动物实验已经证实，过大的殆力伴有细菌的存在可以造成牙周组织的破坏，并直接加速疾病的进程。人体临床研究也显示，咬合异常者的牙周炎症、龈退缩、口腔卫生状况、骨吸收、牙周袋深等指标均更为严重，而且预后较差。过大殆力所致的局部环境更有利于菌斑的危害作用，但是咬合因素常是可调整性的，如果经治疗后咬合情况有所改善，则这些指标也会相应有所改善。因此咬合调整应该成为牙周常规治疗的必备部分。

六、牙周病的系统性疾病因素

流行病学资料显示，任何类型的糖尿病患者其牙周病发生率和炎症程度均远高于非糖尿病患者，表现为牙龈炎症、出血、附着丧失、牙槽骨丧失、深牙周袋等，即使在菌斑、年龄和性别等水平相近时也多是如此。对种植体的动物实验和人体研究显示，糖尿病患者的骨质与种植体界面结合较差，种植体失败的概率更高。进一步对糖尿病患者血糖控制水平的分析显示，血糖水平控制较好者的牙周病指征也有明显改善。这说明牙周炎程度与糖尿病的控制有双向相关影响，有效的牙周治疗可以帮助对血糖的良好控制，反之血糖控制较好也有助于牙周病情的恢复和治疗效果的保证。值得注意的是有部分研究资料显示，不同年龄组的糖尿病患者其牙周炎症的程度有所差异，其意义和确切性还需要进一步的深入分析。

有些研究结果显示，骨质疏松症的妇女其牙槽骨高度丧失和密度降低的可能性较大，尤其对于有牙周炎病史的绝经后妇女如果有骨质疏松症和雌激素减少时其牙槽骨丧失的危险性更大。但目前仍缺乏长期的大样本前瞻性追踪研究结果，需要进一步证实其联系的强度和确切性。

临床常见某些系统性疾病的治疗药物可使牙龈增生，但与牙周炎的关系并未完全证实，一般认为还必须有牙周局部的细菌和炎症反应的存在才会发生。获得性免疫缺陷综合征(如艾滋病等)会削弱机体的抵抗力，使得菌斑的存在和毒力增强，预示牙周病的发生概率和重型表现的危险性加大。

其他一些与系统疾病相关的新的危险因素，如急性期反应蛋白、细胞因子等在合并牙周病时检测水平有明显升高，这些因素的预测性还在继续研究证实中。

七、牙周病的临床因素

对于牙周病而言，治疗目的是使患牙能长久而稳定地存在于口腔中，并且无不适地行使咀嚼功能。因此有人认为对牙周病进展危险因素的评估最现实和最准确的方法是：有多少患牙因牙周病而直接或间接地被拔除。一般以牙齿丧失的相对危险度、牙齿丧失时间或最后一次观察时间等来检测评估。但在临床实际中常难以做到，因为许多因素可能混杂牵涉其中，需要进行多种因素的临床检测和评估。目前临床常规的牙周检查评估效力是：牙槽骨丧失 > 附着丧失 > 牙周袋深度 > 龈退缩 > 牙龈指数，出血指数 > 根分叉受累。因此最常用的指标仍是牙槽骨和附着水平的变化情况，它们可以进行量化和分度，并与受累牙的数目、百分比、缺失牙和存留牙部位特点等相结合来综合判断。

另外，在临床研究中应注意遵循流行病学的基本规律，采用不同的实验设计方法，得到的结果说服力和强度有很大差异。一般而言，队列研究 > 人群现况研究 > 病例对照研究 > 系列病例研究 > 病例个案报道。也可参考不同类型牙周炎提示其预后性不同，如 L-AgP 对治疗的积极反应和预后一般优于 G-AgP。

综上所述，牙周病过程涉及多种危险因素的共同作用，这些因素单独或合并存在，并可能有叠加效应。如能发展出基于唾液或免疫因素的快速简单的诊断性检测将有助于早期发现牙周炎进展的危险性，提醒临床医师制定个体化治疗计划，采取适当的阻断措施，相应减少后期严重病损的复杂性和经济开销。应教育患者尽量减少或清除这些所有可疑危险因素以提高疗效和预后。

现有研究存在的问题主要在于：病原性因素和危险因素的区别不够明确，多为现况调查和小样本结果，检测值的变异较大，尚无公认的标准值；各种类型免疫标志的结果主要局限于实验研究环境，尚无法完全应用于临床实践，也不能准确判断病情预后和对治疗的反应。需要在良好的实验设计、长期追踪调查和严格临床对照试验结果的基础上才可能进一步明确检测指标和方法、开发应用型产品、制定参考标准、综合评估危险性和相关强度。

防御素与口腔感染性疾病

四川大学华西口腔医学院　陈谦明　刘天佳　吴亚菲　吴红崑

口腔是人体四大菌库之一，到目前为止，已从口腔分离出达500多种细菌。这些微生物，在口腔黏膜与牙面形成特殊的生态环境——菌斑生物膜，从而与宿主形成广泛而复杂的相互制约、依赖关系，共同维持着口腔的微生态平衡。宿主的天然免疫调控机制在此平衡中起着重要的作用。

龋病、牙周病和某些口腔黏膜病，正是由于口腔微生态平衡被某些因素打破后，由微生物所引起的感染性口腔疾病。研究发现，无论是造成龋病的变异链球菌、乳杆菌，与牙周病发生密切相关的牙龈卟啉单胞菌、伴放线放线杆菌，还是与多种口腔黏膜病的发生密切相关的白色假丝酵母菌等，都是口腔常驻菌；一旦口腔内环境和(或)机体局部与全身免疫状态失衡，这些常驻细菌往往就会转化为致病菌导致口腔的疾病发生。因此，研究这些与疾病相关的天然免疫调控因素，对于深入了解这些常见口腔感染性疾病的发生机制，并相应地寻求有效的、新的预防和治疗途径与措施，具有十分重要的意义。在此，笔者对多功能天然免疫活性分子——防御素与某些口腔感染性疾病的相关性进行了初步探讨，并就其国内外研究现状概括如下。

一、防御素

天然免疫研究取得重大突破是由于内源性抗生素肽(endogenous antibiotic peptides，又称抗菌肽)的发现。内源性抗生素肽是由基因编码、机体细胞自身产生的多肽分子，是天然免疫的重要介质，是机体赖以对抗微生物感染而在自然界得以生存的重要防御分子。

对人和哺乳动物体内的研究最引人注目的抗生素肽分子是防御素(defensins)。特别是2005年9月，《自然免疫学》(*Nature Immunology*)杂志报道了防御素能通过将细胞外膜的糖蛋白分子绑定成束，从而阻止细胞外膜融合免疫缺陷病毒(HIV)的外膜，起到抵御病毒入侵的作用，更引起了医学界的极大关注。

近年的研究发现，口腔黏膜上皮屏障作用除机械保护作用外，还有复杂的免疫防御机制，涉及一系列的基因表达和调控机制。对病原微生物的刺激，上皮细胞不但能产生具有直接杀灭病原微生物的防御素，参与口腔微生态的调控，还能产生调节免疫和炎症反应的细胞因子、趋化细胞因子等。因此新近的观点认为：口腔上皮细胞是天然免疫和炎症过程中功能活动的主动参与者，在维持口腔生态的平衡中发挥重要作用。

（一）防御素的结构和基因

防御素是一类相对分子质量为$(3\sim5)\times10^3$、18～45个氨基酸组成的、富含精氨酸的阳离子多肽。防御素种类很多，除了哺乳动物体内的防御素外，在昆虫、植物体内也发现结构相似的防御素。根据分子结构，哺乳动物体内防御素可分为α、β和θ防御素3种，而在人体内现在只发现了α-防御素和β-防御素。几种防御素具有共同特点：①较短的肽链，从18～45个氨基酸不等；②分子内具有3个二硫链；③带强正电荷(+1～+11)；④无糖基或甲基侧链修饰；⑤三维空间形成β片层结构；⑥在体内先期合成为前多肽(prepropeptides)，并根据表达部位的差异而剪切为不同的异聚体。

根据防御素二硫链的不同连接方式将人类防御素分为α-防御素和β-防御素(human beta-defensin，HBD)两个家族。α-防御素家族有6个成员，其中4个为人中性粒细胞多肽(human neutrophil peptides，HNP)，即HNP-1～HNP-4，另2个为人防御素-5(HD-5)和人防御素-6(HD-6)。HNP-1～HNP-4是小分子带正电荷的富含精氨酸的多肽，含有29～35个氨基酸残基。前三种防御素在结构上非常相似，差别仅在于N-末端的信号氨基酸有所不同，HNP-4却与前三者在基因序列和氨基酸组成上存在明显差异，与前三者仅有32%的同源性。β-防御素与口腔感染性疾病密切相关，主要有4种，即HBD-1～HBD-4，HBD-1、HBD-2和HBD-3分别为36、65和45个氨基酸的短肽，HBD-4为具有72个氨基酸的前肽。这些防御素的6个半胱氨酸形成的3个链内二硫链的连接方式为：Cys-2与Cys-4、Cys-1与Cys-5和Cys-3与Cys-6相配对连接。此外，分子中有4个保守的残基，即甘氨酸、脯氨酸、苏氨酸和赖氨酸。α-防御素和β-防御素基因主要定位于人类第8号染色体8p22～8p23区间小于1 Mb的范围内，由2个外显子和1个内含子组成。随着人类基因组计划的完成，通过生物学信息学分析，发现在人类基因组中至少有20多种β-防御素基因。

(二) 防御素的抗微生物作用

防御素最重要、最引人关注的天然免疫调节活性是广谱、高效、无耐药性的抗微生物活性。在维护口腔微生态平衡的过程中防御素提供了抵抗病原微生物的第一道防线，可以快速地、非特异地杀灭侵入的病原体，如细菌、真菌、病毒，此外，防御素还具有细胞毒性和启动获得性免疫系统等作用。防御素的抗微生物作用主要通过非选择地破坏微生物细胞的结构和功能来达到的。带正电荷的防御素通过静电作用与带负电荷的细胞膜脂质双层结合，在细胞膜上形成多个通道，破坏细胞膜的完整性，导致细胞膜除极，呼吸受阻，细胞质内的钾离子、腺苷三磷酸(ATP)丢失，最终使细胞死亡。对G^+菌，防御素在细胞膜较大的电势能作用下，凝聚于胞膜，进而在细胞壁上形成通道；对G^-菌，防御素发芽穿过细胞外膜，通过与胞壁脂多糖的结合，竞争性地取代脂多糖分子间起桥梁作用的二价阳离子后穿过外膜，而在内膜上形成通道。在中性粒细胞内α-防御素极为丰富，在吞噬过程中质量浓度增加，故α-防御素是重要的抗感染肽分子，抗菌谱广。β-防御素的抗菌活性与其种类有关，HBD-2抗G^-菌和真菌的作用强，HBD-3则表现出有效而广泛的抗菌性能，可对抗金黄色葡萄球菌和耐万古霉素的类肠球菌，而HBD-1的抗菌作用较弱。研究表明，防御素的作用与宿主其他防御分子，如溶菌酶和乳酸质有协同作用。与其他抗生素，如甲硝唑、阿莫西林联合应用时，防御素的抗菌活性可被促进。

(三) 防御素在口腔天然免疫和获得性免疫中的作用

防御素除了可直接杀灭病原微生物外，还具有辅助天然免疫和激活获得性免疫的作用。防御素具有趋化作用，从而调节吞噬细胞的功能。体外实验发现，与细胞共同孵育的多形核白细胞(PMN)在α-防御素的作用下IL-1、IL-8、TNF-α的表达上调，这些作用反过来进一步促进PMN向局部炎症组织聚集；β-防御素HBD-2能够利用趋化因子受体CCR6作为其功能受体，从而完成对中性粒细胞的趋化；HBD-3和HBD-4还可诱导单核细胞的迁移。

β-防御素可激活获得性免疫，通过与靶细胞膜表面CCR6的结合，诱导幼稚树突状细胞和记忆T细胞聚集到致病菌入侵的局部上皮组织中，激活细胞免疫和体液免疫，从而杀灭和清除细菌。

此外，防御素还具有免疫增强作用。实验表明：人类防御素与抗原血蓝蛋白联合由腹腔注射到小鼠体内，能够提高血蓝蛋白特异性IgG水平；人防御素联合卵清蛋白抗原的大鼠，血清特异性抗原IgG、IgM水平也显著升高。

二、防御素在口腔组织中的表达

在人口腔中，存在大量的防御素，它们是口腔天然的免疫组分。在牙龈复层角化上皮、龈沟-牙周袋上皮、结合上皮中都发现了不同类型的防御素表达。β-防御素主要表达于复层角化上皮和龈沟-牙周袋上皮组织中。HBD-1表达持续、恒定，在正常和感染状态下表达水平无显著差异，为固有性表达，这种表达可能与宿主维持正常微生态有关。而HBD-2和HBD-3在正常状态下表达很少，在细菌或前炎症因子等的诱导下产生并表达上调，为诱导表达，而且受许多因子如IL-1α、IL-1β、TNF和细胞脂多糖等的影响。β-防御素在牙龈复层上皮组织中的分布存在差异，从牙龈上皮棘层开始至上皮表层表达逐渐增强，特别是在长期与龈上菌斑接触的牙龈缘区域呈现强阳性。此分布特点提示，β-防御素的表达依赖于复层上皮的正常分化功能，其分布梯度与上皮抗微生物屏障作用相一致。中性粒细胞来源的α-防御素广泛存在于结合上皮和龈沟液中，α-防御素在中性粒细胞分化成熟前即已合成，并储存于细胞质颗粒中。生理情况下成熟的*hnp*基因不能诱导表达，当机体遇到病原微生物感染时，即释放出来杀灭病原微生物。中性粒细胞通过结合上皮游走入龈沟，使得龈沟中的α-防御素的水平达到有效的抗菌质量浓度，从而抵抗定植于龈沟的微生物对结合上皮的破坏，维持上皮的完整性。由此可见，β-防御素参与了对牙龈复层角化上皮和龈沟-牙周袋上皮的保护，而α-防御素参与了对结合上皮的保护。

此外，在人口腔唾液、舌、唾液腺中均有防御素的表达。在唾液中同时存在着HBD-1和HBD-2，质量浓度约为150 μg/L，该质量浓度足以杀灭口腔中某些有害微生物。在口腔炎症状态下，唾液中HNP-1的质量浓度明显高于健康者。在口腔鳞癌患者唾液中也检出了HNP-1，且治疗前质量浓度高于治疗后。

三、防御素与口腔感染性疾病的未来研究方向

在口腔医学领域，防御素的研究方兴未艾，并正推动着黏膜天然免疫研究的进展。从这些研究结果不难发现，还有许多值得进一步深入研究的课题。

1. HBD-4　口腔黏膜角质形成细胞有其他的防御素，如HBD-4。随着人类基因组计划的完成，通过生物信息学分析，发现在人类基因组中至少有20多种β-防御素基因，这些新的β-防御素在口腔黏膜上是否表达。

2. 防御素天然免疫调控相关的信息通路　虽然初步的研究显示，常驻菌与病原菌在口腔黏膜角质形成细胞中可激活不同的信息通路，但是，与防御素表达密切相关的信息调节通路还有哪些？与其他部位的细胞有什么不同特点？不同的异聚体作用的信息通路是否相同？能否利用这些信息通路设计相应的靶向药物，从而进行口腔的生态调控。

3. 防御素基因治疗　利用基因治疗手段，把防御素基因转入口腔角质形成细胞，能否增强角质细胞的天然免疫调控能力。

4. 防御素作为口腔感染性疾病发生的测定指标　唾液、口腔脱落上皮细胞中防御素质量浓度及其种类能否作为常见口腔感染

性疾病发生的测定指标，能否用这种指标测定受试对象是否对龋病、牙周病或某些黏膜病的易感性，从而早期采用措施加以预防。

5. 天然药物诱导防御素的天然免疫调控能力 与其他分子结构为线性的抗菌肽相比，防御素的应用研究难度较大，因防御素相对分子质量虽然只有$(3\sim5)\times10^3$，但是结构却比较复杂，它的分子中有 6 个半胱氨酸，形成 3 个二硫键，这使得人工合成难度加大。其应用还受到其他一些因素的影响，如要求高盐离子浓度、血清中某些蛋白成分。能否利用一些天然药物诱导黏膜防御素的表达，从而调控口腔的天然免疫，达到防治疾病的目的。

上述问题的研究，都有助于进一步阐明口腔感染性疾病的发病机制，并寻求进一步的新的治疗方案与措施，推动口腔医学研究的发展。

信号通路在腭裂发生过程中作用的研究

四川大学华西口腔医院 石冰 蒙田 黄磊

先天性唇腭裂是人类最常见的出生缺陷之一，其发病机制复杂，涉及遗传、环境等多种因素的相互作用。虽然唇腭裂的确切病因和发病机制尚未完全阐明，但运用于实验动物的基因打靶技术及传统的发育学技术，对颅颌面(腭)发育起关键作用的基因及信号通路的研究已取得了较大进展。已知腭的发育是在基因的控制下，由细胞信号传递与转导和调控实现的。因此，任何细胞信号传递在时、空、量上的错位，都有可能导致腭裂的发生。细胞信号传递的研究已成为当前唇腭裂发病机制研究中的热点。

一、腭发育的形态学研究

哺乳动物腭的发育依赖于多种信号通路所调控的上皮-间充质的相互作用。1990 年，四川大学华西口腔医院唇腭裂外科课题组在国内首先建立了地塞米松(Dex)诱导近交系小鼠(A/J 小鼠)先天性腭裂的动物模型。研究发现小鼠腭的发育是一个多步骤和连续的过程，包括腭突的生长、腭突上抬、腭突在中线的融合及融合后中线处上皮条索的消失过程。腭突主要由源于脑神经嵴的腭间充质和上皮组成，进而由原发腭和继发腭发育而来。其继发腭大约在小鼠妊娠后第 11.5 天(E11.5 d)由两侧上颌突外生性生长而来，其过程是在 E12.5 d，腭突沿舌两侧垂直生长，待舌体降入口腔内后，腭突在舌体上方上抬(E13.5 d)，并随着腭突的继续生长，在中线处发生接触(E14.5 d)和融合(E15.5 d)。

二、腭裂发生的分子机制研究

(一) 体内模型的研究

1. 膜联蛋白 I 和细胞质磷脂酶 2 在腭裂发生过程中表达的差异性 笔者的课题组研究发现，膜联蛋白 I (annexin I)和细胞质磷脂酶 A_2 ($cPLA_2$)蛋白是糖皮质激素信号传递途径中的功能活性物质。进一步对 annexin I 和 $cPLA_2$ 蛋白的研究提示，糖皮质激素可引起 A/J 小鼠 annexin I 表达增加和 $cPLA_2$ 蛋白表达下降，而在 C57BL/6J 小鼠中这两种蛋白无显著性变化。说明 annexin I 和 $cPLA_2$ 蛋白表达的异常改变与腭裂的形成有关。

2. 甲状腺转录因子-2(*ttf*-2)转基因小鼠模型对腭融合的影响 在自行制备成功的

ttf-2转基因小鼠模型中研究发现转基因胎鼠12、13、14、15 d腭突TTF-2和转化生长因子-$\beta3$(TGF-$\beta3$)失去了原有的时空变化规律，高表达的*ttf*-2基因抑制了TGF-$\beta3$的表达，是导致腭裂形成的原因，表明TTF-2是通过TGF-$\beta3$产生其生物学作用的。

（二）体外模型的研究

1. 5,10-亚甲酰四氢叶酸还原酶(*mthfr*)基因沉默对小鼠胚胎腭突间充质细胞生物学特性的影响　本课题组在国内首先进行了E13.5 d C57BL/6J胚胎小鼠腭突间充质细胞原代培养的纯化并进行了细胞学鉴定。研究表明，*mthfr*基因功能下调可以降低小鼠胚胎腭突间充质细胞的增殖率，启动凋亡系统，促发小鼠胚胎腭突间充质细胞发生凋亡。

2. Dex对腭突细胞表皮生长因子(EGF)、TGF-α、TGF-$\beta1$表达的影响　研究发现，Dex明显刺激了腭细胞*egf*和*tgf*-$\beta1$基因表达，而对*tgf*-α基因表达无明显影响。

3. Dex、维生素B_{12}、EGF、TGF-α、TGF-$\beta1$、血管内皮生长因子(VEGF)、地诺前列腺酮(PGE_2)对腭突细胞的影响　研究提示，质量浓度10%的血清，EGF、TGF-α、TGF-$\beta1$、VEGF四种生长因子均能显著地促进腭细胞增殖。TGF-$\beta1$则在低质量浓度(0.005～0.01 mg/L)时促进腭细胞增长，在高质量浓度时抑制细胞生长。

三、腭裂发生过程中相关信号通路的研究

（一）TGF-$\beta3$/ALK-5/Smad-2/Smad-4/LEF-1信号传导通路

在腭的形成过程中，TGF-β家族成员参与了多种生物学效应，如细胞的迁移、上皮-间充质的转化(EMT)、细胞外基质的合成和沉积、基膜的降解、细胞增殖和凋亡等。TGF-β家族成员中，TGF-$\beta1$和TGF-$\beta2$主要参与组织的生长，而TGF-$\beta3$则调控中嵴上皮(MEE)转化为间充质，进而使腭突融合。

研究表明，TGF-$\beta3$是腭融合所必需的生长因子。TGF-$\beta3$家族的所有成员介导的生物学效应，其作用途径是通过TGF-$\beta3$受体信号分子和TGF-$\beta3$相互结合的复合体实现的。TGF-$\beta3$受体包括Ⅰ型和Ⅱ型两种信号分子。

研究进一步提示，TGF-$\beta3$信号通路在腭前部MEE中的传递主要是由TGF-$\beta3$的Ⅰ型受体TBR-1(ALK-5)介导，而ALK-5信号的传递主要是由R-Smad-2和3来介导。ALK与Smad蛋白结合，并且磷酸化Smad蛋白。体内和体外的实验模型研究均表明，TGF-$\beta3$介导的Smad信号通路是腭上皮-间充质转化的主要通路之一。

磷酸化的Smad-2通过Smad-4转入细胞内，进而上调淋巴加强因子-1(LEF-1)转录因子的合成并且激活LEF-1。LEF-1则进一步开启引起MEE细胞向间充质转化的EMT基因的表达。换言之，LEF-1的活化使间充质产生了融合。

（二）FGF-10/FGFR-2b/Shh蛋白信号传导通路

已有的实验研究表明，在腭的发育过程中，上皮-间充质的相互作用发挥着关键作用。然而，绝大多数实验研究仍集中在腭突的融合阶段，这主要是受技术条件的限制，因而影响了对腭突生长发育阶段的研究。而腭突生长阶段信号通路的揭示，无疑也对腭的发育生物学产生重要意义。

近年来已有学者开始了对这一特定阶段的分子生物学的研究，他们的动物实验研究提示，基因敲除成纤维细胞生长因子*fgf*-10和*fgf*-10的受体*fgfr*-2b(Ⅲb isoform)的小鼠都会产生腭裂。在*fgf*-$10^{-/-}$和*fgfr*-$2b^{-/-}$小鼠，其腭发育早期就受到了影响，表现为腭突不能够生长并且芽体不能够发生形态上的变

化，使其芽体发育成正常的腭突。

fgfr-2b基因主要在发育中的腭上皮中表达，*fgf*-10基因的转录则存在于邻近上皮的深面间充质中，如同Fgf-10/Fgfr-2b蛋白信号影响腭上皮一样，使间充质中细胞增殖的不足或缺乏影响了上皮-间充质的相互作用。在*fgf*-$10^{-/-}$和*fgfr*-$2b^{-/-}$小鼠腭上皮声猬蛋白(Shh)的表达均下调。

Fgf-10蛋白信号首先从腭间充质结合到腭上皮细胞的受体上，然后又反过来回到间充质。此外，在腭的芽体发生和生长过程中，Fgf-10蛋白诱导着腭口腔面的上皮增厚。先前的研究表明，腭间充质可以通过上皮中生长因子对其受体的作用而维持细胞的增殖和凋亡，Fgf-10蛋白信号从间充质到上皮而调控Shh信号，Shh信号作用于深面的间充质。以上这些信号网络共同支配着腭大小和形态的改变。

总之，Fgf蛋白信号在哺乳动物继发腭的发育过程中发挥作用，通过影响上皮和间充质的细胞增殖，而控制着早期腭突形成和腭突生长。

（三）PDGF/PDGFR-α/MMP-2信号传导通路

血小板衍生生长因子(PDGF)及其受体PDGFR-α在哺乳动物胚胎发育的过程中，是控制细胞迁移、增殖、生存、细胞外基质沉积的重要调控因子。

在颅面部发育过程中，Pdgfr-α的表达与源于外胚间叶的脑神经嵴特异性分化相关，并且可能调控脑神经嵴衍生的发育，Pdgfr-α信号功能丢失导致早期胚胎死亡，条件性的灭活脑神经嵴的*pdgfr-a*基因将导致多种颅面发育异常，包括颅骨和软骨的缺陷及面中份裂，以上提示脑神经嵴细胞需要Pdgfr-α信号通路参与调控。

体内实验研究进一步表明，Pdgfr-α信号对腭融合过程中腭突延展的调控起关键作用。研究发现，MMP-2在野生型的腭间充质中有很高的表达(E14.5 d)。然而，在*pdgfr-a*基因的突变体中，没有检测到MMP-2的表达，这提示腭间充质中MMP-2的下调可能干扰了正常腭突的伸展而导致腭裂的发生。

*pdgfr-a*基因突变体小鼠腭间充质中MMP-2表达的降低提示，Pdgfr-α信号介导的MMP-2表达对腭的发育和融合很重要。MMP-2在邻近的腭间充质中表达，提示腭形成中MMP对细胞外基质蛋白彻底降解起重要的作用。基于以上分析，PDGF介导的MMP的表达在调控腭发育中发挥着重要的作用，这种调控的失败可能是腭裂发生的原因之一。

总而言之，内源性的PDGF和它的同源性受体PDGFR-α调控着腭突的正常伸展，这种调控功能可能是通过控制脑神经嵴外胚间叶中的细胞外基质的沉积和重塑而实现。

（四）TGF-β1/Snail信号传导通路

Snail家族成员为多种发育过程所必需，包括细胞的迁移，有意义的是，它们与引起EMT和细胞生存相关。研究发现，Snail蛋白在腭融合中的上皮条索中有表达，提示Snail参与EMT，其将MEE转化为间充质。在*tgf-β*3基因突变体中，发现腭MEE中也有Snail的表达。*tgf-β*3基因突变小鼠其腭间充质中Tgf-β1蛋白表达水平增高，Tgf-β1蛋白表达的升高诱导了Snail的表达，阻止了MEE中细胞的死亡。Tgf-β1蛋白无论在生理条件下(鸟类)还是在*tgf-β*$3^{-/-}$引发腭裂的病理条件下，其表达在腭间充质中均上调。归纳起来，*tgf-β*3基因上调表达诱导了*snail*基因的表达，后者促使MEE细胞的生存，并且诱导他们后来分化为角质化层状的上皮。

总之，在腭的发育过程中，snail基因诱导的MEE细胞持续存在的途径是：①在野生型中，促使腭中嵴上皮岛(MES)细胞抵抗Tgf-β3凋亡效应和上皮-间充质转化；②在

MEE 细胞中充当生长调节因子而使 MEE 细胞不能经历 EMT 过程，并且无论在生理条件下还是在病理条件下均可使 MEE 分化为角质化的上皮。

（五）MSX-1/BMP-4/BMPR-1α 信号传导通路

骨形态发生蛋白(BMP)是 TGF-β 超家族中的成员，研究发现，Bmp 在面原基中有表达，Bmp 信号在唇融合和继发腭发育中发挥着不同的功能。Bmp 信号在鼠胚胎腭融合中的作用，是通过广泛表达的 BMP 的Ⅰ型(Bmpr-1α，也称为 ALK-3)和Ⅱ型色氨酸/羟丁氨酸激酶受体而传导。Bmp 的Ⅰ型受体 Bmpr-1α(ALK-3)信号通路对上颌突间充质的增殖具有重要的作用，间充质细胞增殖不足可能是继发腭腭裂发生的原因，所以，条件性的失活颅面原基中的 Bmpr-1α 将引发唇腭裂。

既往研究提示，在腭发育过程中，Msx-1 蛋白的表达恰位于临近上颌第一磨牙前方的腭间充质中，它是相同部位 BMP-4 的表达所必需的。体内和体外的实验研究表明，*msx*-1 基因突变所引发的腭裂主要是由于前腭间充质细胞的增殖不足所致，并非是由于腭融合障碍所引起。

总之，MSX-1/BMP-4/BMPR-1α 信号通路在腭突发育的早期阶段间充质细胞增殖中发挥着不可替代的作用。

（六）EGF、TGF-α 和四氯双苯二恶英(TCDD)信号传导通路

环境毒性的二恶英(2,3,7,8TCDD)可致小鼠产生腭裂和肾盂积水(HN)。这些缺陷的病因涉及继发腭腭突和输尿管上皮细胞的过度增殖。这些效应的产生与 *egfr*、*egf* 和 *tgf* 基因的异常表达相关。

EGF 的受体 *egfr* 基因敲除小鼠可产生腭裂等多种畸形。与 EGFR 受体结合并介导信号传导的配体包括 EGF、TGF-α、AR、ER、HB-EGF 和 BTC。EGFR 及其配体的特异性时空表达对腭形态的发生起着重要作用。2,3,7,8TCDD 的作用表现在干扰了 EGFR 信号传导通路。小鼠宫内暴露于 2,3,7,8TCDD，会改变继发腭腭突上皮细胞的增殖和分化，从而导致腭突融合的障碍。

可见，EGFR 信号通路在胚胎对 2,3,7,8TCDD 的致畸敏感性方面，发挥着重要作用。

四、腭裂发生机制研究的展望

综上所述，腭的发育是一个复杂的生物学过程，涉及多种基因和基因信号通路的调控。然而，纵观目前的研究结果，学者们主要是基于单一平台、单一基因、单一因素下对某一时段某一信号通路的研究，其研究缺乏全面性、时空性。因此，尽管相关研究报道已经很多，但仍无法从整体上解释清楚唇腭裂的详细病理机制，且研究结果互相矛盾，难以令人信服，其实验背景与人类发生唇腭裂的状况也无可比性。

因此，笔者认为克服目前研究中的不足，在现有研究结果的基础上，根据既往研究结果的线索，筛选出具有代表性的基因信号传导通路，通过设计合理的研究模型，建立一种可供重复操作的技术平台。根据时空变化的顺序组织研究，并结合人类出生缺陷的流行病学和遗传流行病学分析，共同揭示先天性唇腭裂的发病机制，才有望开拓出对腭裂高危人群的干预性和逆转性治疗的有效途径。

优秀博士学位论文摘要

不同龋敏感人群变形链球菌产酸耐酸毒力因子遗传多态性研究

（摘　要）

四川大学华西口腔医学院博士研究生　杨德琴　导师　刘天佳

龋病是危害人类口腔健康的主要疾病，是一种牙菌斑生物膜依赖性疾病。血清 c 型变异链球菌（*Streptococcus mutans*，*S. mutans*，旧称变形链球菌，以下简称变链菌）是牙菌斑生物膜中主要定植菌之一，也是最重要的致龋菌。变链菌的致龋作用包括菌细胞的黏附、产酸和耐酸 3 个环节。在牙菌斑中黏附定植的变链菌依靠酵解糖类而生存，酵解产生的有机酸特别是乳酸导致环境 pH 降低，引起牙体硬组织脱矿与再矿化失衡从而发生龋病。同时，变链菌为了适应在低 pH 下生存和持续产酸，菌细胞必须维持一个相对中性的胞内环境以保护细胞质中对酸敏感的代谢酶，这就要求菌细胞具有较强的耐酸能力（即酸适应性或耐酸性）。因此，产酸和耐酸是变链菌致龋必备的两大生理特征，是龋病发生的重要前提条件，其中，耐酸力又是低 pH 环境下菌细胞维持产酸力的前提，是致龋菌区别于生物膜中的其他非致龋产酸菌的重要特征。

乳酸脱氢酶（lactate dehydrogenase，LDH）是致龋菌合成乳酸的关键酶，控制着致龋菌的“乳酸闸门”；而膜结合多亚基蛋白复合体——质子移位膜腺苷三磷酸酶（membrane-bound proton-translocating ATPase，F_0F_1ATPase，F-ATPase）是菌细胞耐酸力的最主要调节机制，通过其质子泵功能与 ATP 酶作用的有机偶联而维持细胞内的中性环境，堪称作变链菌酸耐受的引擎或马达（其结构模式见图 1）。故 LDH 和 F-ATPase 是变链菌的重要产酸耐酸因子，在龋病的发生发展中发挥着极为关键的毒力作用。

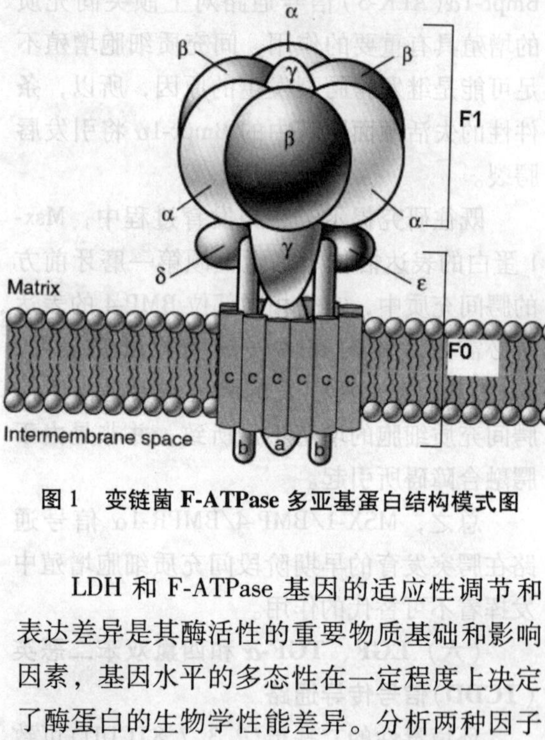

图 1　变链菌 F-ATPase 多亚基蛋白结构模式图

LDH 和 F-ATPase 基因的适应性调节和表达差异是其酶活性的重要物质基础和影响因素，基因水平的多态性在一定程度上决定了酶蛋白的生物学性能差异。分析两种因子基因的遗传多态特征，探讨其与变链菌产酸耐酸力及龋易感性的关系，并寻找不同毒力株特征变异位点，可为在分子水平上寻找有效预测龋高危人群的新方法提供理论依据。已有研究证实全菌 DNA 和其他毒力因子 DNA 在不同菌株之间存在遗传多态性，但迄今为止，国内外没有见到有关变链菌 LDH

和 F-ATPasc 的基因多态性研究的相关报道。笔者对来自不同龋敏感人群的变链菌临床株 LDH 结构基因(*ldh*)和 F-ATPase 的多个亚基基因多态性以及 mRNA 表达水平异质性及其与菌株产酸耐酸性关系进行了较为系统的研究，结果如下。

1. 应用还原性辅酶Ⅰ氧化法证实不同酶活性菌株在高龋和无龋人群的分布不同($P<0.05$)，经 MseI-RFLP 分析 *ldh* 表现 A、B 两种基因型，两种基因型在不同酶活性组菌株的分布不同($P<0.05$)，B 基因型菌株在无龋组和低酶活性菌株的检出高于高龋组和高酶活性菌株($P<0.05$)；测序证实少数碱基突变引起酶切位点改变而产生多基因型，提示乳酸脱氢酶基因多态性与酶活性差异相关。半定量反转录-聚合酶链反应(RT-PCR)两种基因型 *ldh* 的 mRNA 表达水平不同($P<0.05$)，低酶活性的 B 基因型 *ldh* 表达高，提示产酸因子 LDH 低酶活性菌株的基因表达上调。

2. 变链菌临床株 F-ATPase 的 F_0 主要结构功能亚基 c、a、b 的联合基因 *unc*EBF 行聚合酶链反应-限制性片段长度多态性(PCR-RFLP)分析：*Alu* Ⅰ产生 A、B 基因型，而 *Dde* Ⅰ产生 C、D 基因型，其中 A、B 型在不同耐酸力菌株的分布不同($P<0.05$)，高耐酸性菌株中 A 型基因 *unc*EBF 的检出高于低耐酸力菌株，提示不同基因型 *unc*EBF 分布与耐酸力不同相关。测序发现特异突变位点位于 b 亚基的编码基因段，c、a 亚基基因较保守。不同基因型及不同耐酸力菌株 *unc*EBF 的 mRNA 半定量 RT-PCR 表达水平不同($P<0.05$)，A 基因型 *unc*EBF 表达高于 B 基因型，高耐酸力菌株 *unc*EBF 表达高于低耐酸力菌株($P<0.05$)。提示变链菌不同基因型 *unc*EBF 基因的表达水平不同，表达水平高低与菌株的耐酸力相关，*unc*EBF 基因表达上调可能使以 c、a、b 为主要结构亚基的质子通道活性位点发生适应性改变，以促进质子的移位。

3. γ 亚基是实现 F-ATPase 的 F_1 催化作用的驱动中心亚基，其结构基因 *unc*G 表现 *Alu*I -RFLP 基因型 A 和 B、*Bsr*I-RFLP 基因型 C 和 D，其中 A 基因型在高耐酸株的检出较低耐酸株高，但无统计学意义($P>0.05$)，不同基因型序列翻译为氨基酸行同源性比较，其同源性高达 100%，提示导致基因分型的基因点突变是沉默的。来自不同耐酸力菌株和不同基因型 *unc*G 的 RT-PCR 表明该基因在 mRNA 水平的表达不同，但差异没有显著性($P>0.05$)，提示变链菌 *unc*G 基因虽然表现遗传多态性，但与菌株耐酸力没有明显相关关系，在 F-ATPase 提高菌株耐酸力的适应调节中，γ 亚基基因的 mRNA 表达相对恒定。可见，γ 结构基因比较保守，可能为其作为实现 ATPase 催化作用的恒定旋转中心角色提供了保证。

4. α 亚基是构成 F-ATPase 的 F_1 催化域 $\alpha_3\beta_3\gamma$ 多聚体的重要结构亚基，在行使 ATP 酶的催化作用中发挥不可缺少的信息传递和结合功能。其结构基因 *unc*A 经 *Hph* Ⅰ-RFLP 表现的 A、B 基因型在不同龋敏感组变链菌株的分布不同($P<0.05$)，A 基因型在高龋组的检出高于无龋组；而 *Mbo* Ⅱ-RFLP 出现的 C、D 两种基因型在不同耐酸力菌株的分布不同($P<0.05$)，高耐酸性菌株中 C 型基因 *unc*A 的检出高于低耐酸力菌株，提示 *unc*A 基因多态性与菌株的耐酸力和致龋性有关，可能因为基因的变异影响 ATPase 催化作用所需的 α 亚基结合核苷酸为点编码基因对转录，或调节 $\alpha\sim\beta$ 间结合氨基酸的表达而影响信息对传递。C、D 基因型 *unc*A 的 mRNA 表达水平不同，且在不同的耐酸株表达也不同($P<0.05$)，C 型基因表达高。

5. β 亚基是 F-ATPase 的 F_1 主要催化结构和结合位点，其结构基因 *unc*D 表现的两

种 *Alu* I-RFLP 基因型 A 和 B 在不同耐酸力菌株的分布不同，A 型在高耐酸株的比例较低耐酸株高($P<0.05$)，测序发现导致基因分型的碱基变异区域编码的氨基酸残基不在 β 亚基的催化位点区域，提示突变不引起催化功能氨基酸的改变，可能参与结合氨基酸的调控；不同的耐酸株 *unc*D 的 mRNA 表达水平明显不同($P<0.05$)，高耐酸菌株 *unc*D 上调。

综上所述，变链菌产酸因子 LDH 和耐酸因子 F-ATPase 各亚基基因在基因表型和 mRNA 表达水平上均具有明显的遗传多态性，且基因的遗传多态性与菌株的产酸和耐酸能力密切相关，变链菌可能通过 LDH 和 F-ATPase 基因的变异及转录水平的调节适应环境以提高产酸和耐酸力，进而增强菌株的致龋性。为提高菌株耐酸力，F-ATPase 各亚基都表现不同的适应性调节，其中 γ 亚基和 c、a 亚基基因相对保守，而 b、α 和 β 亚基则是在变链菌的酸耐受反应中基因活跃上调的亚基蛋白，表现核苷酸序列和转录水平的适应性改变。

本课题首次在基因表型和 mRNA 表达水平上认识了变链菌产酸耐酸因子 LDH 和 F-ATPase 的遗传多态性特征及其与菌株毒力与龋易感性的关系，确定了与细菌产酸耐酸力相关的基因型和特异变异位点，研究结果丰富了龋病病因学理论，对深入了解变链菌的致龋机制提供了重要实验依据。

一个新的遗传性牙龈纤维瘤病基因座的定位和关键区域分析

（摘　要）

武汉大学口腔医学院博士研究生　叶晓茜　导师　边专

遗传性牙龈纤维瘤病(hereditary gingival fibromatosis，HGF，MIM 135300)是一种罕见的以牙龈组织弥漫、渐进性纤维增生为特征的良性病变。临床上多数患者表现为以牙龈增生为独立症状的非综合征型，另有部分表现为牙龈增生合并其他全身症状的综合征型。此外，一些钙通道阻滞剂类药物可诱导产生牙龈增生，与 HGF 在表型上难以鉴别。HGF 遗传方式以常染色体显性遗传(AD)为主，少数为隐性遗传(AR)。HGF 错综复杂的临床表型及遗传方式提示该病具有高度遗传异质性(heterogeneity)。

HGF 的分子遗传学研究甚少。目前报道的非综合征型常染色体显性遗传 HGF 相关位点有两个，分别为定位于 2p21 ~ p22 的 GINGF 和 5q13 ~ q22 的 GINGF 2，其中 GINGF 位点的致病基因 *SOS*1 (son of sevenless 1，*SOS*1)已被克隆鉴定。国外学者对构建的 GINGF 位点关键区域物理图谱分析发现，精细定位后 GINGF 位点的候选基因区域与已报道的中国家系连锁范围无重叠，即 *SOS*1 基因所处物理位置可能位于中国家系定位范围连锁标记的远端。因此在同一染色体区域内是否还存在另一个新的 HGF 基因座引起笔者的兴趣。

本研究旨在分析部分中国 HGF 家系基础上，判断 GINGF 邻近区域是否还存在新的致病基因座，并对定位于 GINGF 位点且无法排除是否为 *SOS*1 基因突变的中国家系进行突变筛查，寻找 *SOS*1 在中国家系可能出现的新的突变类型，明确基因型与疾病表型的相互关系，为彻底揭示 HGF 或药物性牙龈增生的遗传背景，构建转基因模式生物，开展有效的产前诊断、基因治疗和遗传咨询提供依据。

一、遗传性牙龈纤维瘤病的家系调查和样本收集

通过病案查询、病例收集和先证者的多次家系走访，共收集到 3 个多代无血缘关系的 HGF 家系，其中家系 1、2 来自湖北省黄石、襄樊两市，家系 3 来自云南省嵩明县、师宗县和普洱哈尼族彝族自治县。在知情同意原则下，对各家系成员作详细的家系调查、口腔专科检查、样本采集和遗传特点分析，观察是否存在新的疾病表型或遗传方式。采集家系成员外周肘静脉血，改良盐析法提取基因组 DNA，Chelex-100 法提取口腔颊黏膜脱落细胞 DNA。

调查结果显示，收集的家系 1、2 为 3 代的 HGF 家系，家系 3 为一个 5 代的 HGF 大家系。3 个多代 HGF 家系均为汉族，每代均有牙龈纤维瘤病患者出现，子代中男女发病比率接近 1∶1。所有家系患者全口牙龈增生明显，增生的牙龈质地坚韧，颜色正常，探诊不易出血。多数患者牙齿部分或完全包埋于牙龈，形成牙间隙和错𬌗畸形，严重者完全包埋于颌骨，无法萌出。患者除牙龈增生外不合并其他异常，无服用诱导牙龈增生的药物史。发病年龄介于乳牙或恒牙萌出期，2～6 岁左右。根据临床表型、X 线片及组织病理学检查、遗传方式，初步判断 3 个家系均符合非综合征型常染色体显性遗传性牙龈纤维瘤病特征。另一个显著特征是疾病外显率较高，但表现程度在不同家系个体和同一家系的不同个体存在较大差异，患者牙龈增生的严重程度和累及范围轻重不一，这与以往文献报道基本吻合。初步调查中共获取血样 37 份，其中表型正常个体 16 份，受累个体 21 份。

二、遗传性牙龈纤维瘤病相关基因的定位

根据文献，从 Marshfield 遗传图上选择若干高度多态的微卫星标记，对 2 号染色体短臂 GINGF 位点 2p21～p22 以及 5 号染色体长臂 GINGF2 位点 5q13～q22 分别进行荧光标记微卫星基因分型和连锁分析，LINKAGE 软件计算两点和多点连锁的对数优势计分(Log odd score，LOD)值。观察家系个体的互换情况并构建 3 个家系的祖先单体型，确定各家系致病基因所在染色体的具体位置。对明确定位于 GINGF 位点且包含已知致病基因 *SOS1* 的家系进行突变筛查，分析可能发生突变的位点类型、相应氨基酸变化、疾病基因型与表型的相互关系，确定是否存在突变热区。笔者从 5q13～q22 上选择了 3 个高度多态的微卫星标记，分别是 D5S1721、D5S1725 和 D5S1462，从 2p21～p22 上共选择 19 个遗传标记，从端粒 Y 着丝粒方向依次是 D2S1358, D2S2221, D2S2144, D2S1324, D2S174, D2S1322, D2S405, D2S390, D2S352, D2S1788, D2S2230, D2S2186, D2S2163, D2S177, D2S1346, D2S2220, D2S2238, D2S1356, D2S2739，进行排除性定位分析，对无信息的标记在基因分型中予以排除。

结果 3 个家系全部定位于 2p21～p22 上。在对家系 3 精细定位时，通过关键个体 Ⅲ：10、Ⅲ：13、Ⅳ：14、Ⅴ：6 的互换以及单体型分析，将致病基因范围锁定在 D2S2221～D2S1788 之间约 11.4 cM 的区域，两点连锁的最大 LOD 值位于 D2S390(Z_{max} = 3.45)，多点连锁的最大 LOD 值位于 D2S390 (Z_{max} = 5.00)。由于这一连锁范围与国外报道的 GINGF 所在范围完全不同，为一个新的非综合征型常染色体显性 HGF 基因座位点，

人类基因组命名委员会将它命名为 GINGF3，OMIM 编号 609955。*SOS*1 基因位于 GINGF3 位点关键区域范围以外，可以排除是该家系致病基因的可能，这一新位点的发现从分子遗传学角度再次证明 HGF 具有很强的遗传异质性。

笔者设计了 *SOS*1 基因的特异性引物，对明确定位于 GINGF 位点且包含 *SOS*1 基因的家系 1 和家系 2 进行突变检测。对包括内含子-外显子剪接位点的侧翼序列和全部 24 个外显子在内的所有编码序列直接测序，结果除发现 2 个单核苷酸多态外，在这两个无血亲关系的家系中都没有检测到异常改变。这一结果也提示在 2p21 ~ p22 上可能还存在另一个 HGF 相关位点，这两个 HGF 家系可能与新基因座上的致病基因突变有关。

三、新基因座 GINGF3 的关键区域和候选基因分析

利用定位候选克隆策略，对 GINGF3 所在的关键区域进行了候选基因生物信息学分析，为下一步克隆鉴定这个新基因座的致病基因奠定基础。物理图谱上 D2S2221 ~ D2S1788 之间距离约为 11.4 cM，在这个区域内存在基因约有 90 余个，且分布较密集，其中已知基因大约有近 70 个，另有一些为已知基因的同源序列及新发现的表达序列标签(expressed sequence tag，EST)，有的基因功能仍是空白。笔者认为在 2 号染色体短臂邻近区域内出现若干 HGF 致病基因极有可能为一个基因家族的不同成员。已克隆到的位于 2p21 ~ p22 GINGF 位点的致病基因 *SOS*1 为克隆新基因座上的致病基因提供了重要线索。从理论上讲，所有参与 *SOS*1 信号通路传导、参与成纤维细胞增生、分化的相关调控基因、在牙龈组织表达且与 Ca^{2+} 调节有关的基因都应被考虑为 GINGF3 的候选基因。

对 *SOS*1 基因也进行了有关的生物信息学分析。*SOS*1 位于 2p21 ~ p22，约 136 kb 长，24 个外显子。其编码序列始于外显子 2 第 45 ~ 47 位核苷酸，全长 4 002 bp，编码 1 334个氨基酸，产物在多种组织中广泛表达，基因产物属于鸟嘌呤核苷酸交换因子(guanine nucleotide exchange factor)，在 *Ras* 信号传导通路中起重要作用。原癌基因 *ras* 主要编码与膜结合的小 GTP 结合蛋白(鸟核苷酸结合蛋白)，是重要的参与生长因子信号传导、调控细胞生长分化的基因。在确定的 GINGF3 候选区域内，*SEL*Ⅰ(selenoprotein Ⅰ)为与肿瘤相关的基因，*GPR*113(G- protein-coupled receptor 113，*GPR*113)属 G 蛋白偶联受体(G-protein coupling receptor，GRCR)分泌素样超家族(secretin-like)成员，具有表皮生长因子、分泌素和激素受体样结构域。这类分泌素样 GPCR 基因编码的蛋白包含甲状旁腺降钙激素或甲状旁腺激素相关多肽和血管活性的肠源性多肽，可激活腺苷酸环化酶和磷脂酸肌醇-钙通道，参与细胞信号传导。

结果表明 *SEL*Ⅰ和 *GPR*113 都是很好的候选基因。但对 3 个家系直接测序，排除了这两个基因是候选基因的可能。

MMP-1 启动子基因多态性与牙周炎相关性研究

（摘　要）

武汉大学口腔医学院博士研究生　曹正国　导师　李成章

基质金属蛋白酶-1（matrix metalloproteinases-1，MMP-1）为成纤维细胞型胶原酶，作为一种主要的间质性胶原酶，其能够降解牙周组织细胞外间质中最主要的结构蛋白成分——Ⅰ型和Ⅲ型胶原。转录水平的调控在 MMP-1 的水平调节中扮演重要角色。

最近，Rutter 等的研究发现，在 MMP-1 启动子基因 -1 607 bp 位点，由于额外插入鸟嘌呤（Guanine，G）形成 MMP-1 启动子基因 -1 607 bp 的 1G/2G 单核苷酸多态性（single nucleotide polymorphism，SNP）与 MMP-1 转录水平提高相关。De Souza 等通过检测巴西正常人群和慢性牙周炎 MMP-1 启动子基因的 -1 607 bp 的 1G/2G SNP，结果表明 MMP-1 启动子基因的 1G/2G SNP 与牙周炎的破坏程度密切相关，且可能是重度慢性牙周炎患者的一个易感因子。但是 Itagaki 等的研究表明，在日本慢性牙周炎患者中，2G 等位基因及 2G/2G 基因型的分布没有显著性差异。由此可见 MMP-1 启动子基因 -1 607 bp 的 SNP 在不同种族、不同类型的牙周炎中分布不同。

牙周炎时牙周膜细胞受到外界炎性刺激和在宿主的细胞因子作用下合成分泌 MMP-1，造成牙周组织的破坏。由于牙周炎患者与 MMP-1 启动子基因的 1G/2G SNP 具有相关性，由此推测可能由于不同个体的具有不同基因多态性的牙周膜细胞对外界的反应性不同，造成了产生的 MMP-1 水平不同，最终导致了不同类型的牙周炎发展和治疗的反应性差异。

黄芩是我国传统中药，为唇形科植物黄芩苷的干燥根，其主要有效成分为黄芩苷（Baicalin）。黄芩苷具有多种药理作用，在笔者前期实验中已通过酶联免疫吸附试验（ELISA）和细胞免疫化学的方法证实黄芩苷促进牙周膜细胞的增殖，且 100 μg/L 黄芩苷可以明显地抑制 IL-1β 诱导的牙龈成纤维细胞和牙周膜细胞 MMP-1 的分泌和 MMP-3 的表达。为此本实验还将进一步通过细胞分子生物学方法研究黄芩苷对牙周膜细胞 MMP/TIMP-1 的 mRNA 表达的影响。

本研究分以下三部分进行。

一、MMP-1 启动子基因 SNP 与牙周炎相关性研究

1. 提取 40 例侵袭性牙周炎（aggressive periodontitis，AgP）患者和 52 例临床牙周健康的正常对照者的外周血白细胞基因组 DNA，采用聚合酶链反应-限制性片段长度多态性（polymerase chain reaction-restriction fragment length polymorphism，PCR-RFLP）方法对其进行 -1 607 bp 位点的基因型测定，分析各基因型的分布。结果显示在 AgP 组，2G 等位基因频率为 68.7%，明显高于对照组的 49.0%，这种差异具有显著性（$\chi^2 = 7.194$，$P < 0.05$）。在 AgP 组，2G/2G 基因型的检出率为 52.5%；而在对照组，2G/2G 基因型的检出率为 23.1%，这种分布也具有显著性差异（$\chi^2 = 8.513$，$P < 0.05$）。研究表明，

MMP-1 启动子基因 -1 607 bp 的 1G/2G 单核苷酸多态性可能与侵袭性牙周炎的遗传易感性相关。

2. 提取 60 例慢性牙周炎(chronic periodontitis, CP)患者和 50 例临床牙周健康的正常对照者的外周血白细胞基因组 DNA，采用 PCR-RFLP 方法对其进行 -1 607 bp 位点的基因型测定，分析各基因型的分布。结果显示在重度 CP 组，2G 等位基因频率为 73.4%，而在对照组与轻/中度 CP 组，2G 等位基因频率分别为 49.0% 和 68.4%。2G 等位基因的个体患重度 CP 的可能性是 1G 等位基因个体的 2 倍左右($\chi^2 = 8.754$, $P = 0.003$, OR = 2.44, 95% 的可信区间 = 1.341 ~4.439)。在重度 CP 组，2G/2G 基因型的检出率为 58.5%；而在对照组和轻/中度 CP 分别为 24.0% 和 42.1%，这种分布也有显著性差异($\chi^2 = 14.285$, $P = 0.007$)，但是 2G/2G 基因型的个体患重度慢性牙周炎的可能性是携 1G/1G 和 1G/2G 基因型的个体的 3.5 倍左右($\chi^2 = 9.358$, $P = 0.002$, OR = 3.459, 95% 的可信区间 = 1.538 ~ 7.777)。研究表明 MMP-1 启动子基因 -1 607 bp 的 1G/2G 单核苷酸多态性可能与慢性牙周炎的严重程度性相关。

二、MMP-1 启动子基因 SNP 对牙周膜细胞 MMP-1 表达的影响

采用 ELISA 和反转录-聚合酶链反应方法观察不同 MMP-1 启动子的 1G/2G 基因多态性对人牙周膜细胞 MMP-1 的蛋白质水平和mRNA表达水平的调节作用。结果显示，与 1G/1G 基因型牙周膜细胞相比，2G/2G 和 1G/2G 两种基因型细胞在 100 nmol/L 佛波醚(phorbol 12-myristate 13-acetate, PMA)或 1 μg/L 白细胞介素-1β(interlukin-1β, IL-1β)诱导下，MMP-1 的蛋白质水平和 mRNA 表达水平显著增强($P < 0.01$)。此外，2G/2G 基因型牙周膜细胞的反应性明显高于 1G/2G 基因型细胞($P < 0.05$)。研究表明，宿主牙周膜细胞的 MMP-1 启动子的 1G/2G 基因多态性在牙周炎时对 MMP-1 的表达调节中起重要作用。

三、黄芩苷对牙周膜细胞 MMP/TIMP-1 表达的影响

通过细胞培养和反转录-聚合酶链反应观察黄芩苷对 IL-1β/PMA(phorbol 12-myristate 13-acetate)诱导的牙周膜细胞 MMP/TIMP-1 的 mRNA 表达水平的调节作用。用酶联免疫吸附法测定细胞 MMP-1 表达水平的差异。结果：1 ~100 nmol/L PMA 和0.01 ~1 μg /L IL-1β 均可明显地促进牙周膜细胞 MMP-1 的产生和 MMP-1、3 的 mRNA 的表达，且 100 μg /L 黄芩苷能够抑制 IL-1β/PMA 诱导下的牙周膜细胞合成及分泌 MMPs。与对照组比较，PMA 浓度在 1 ~100 nmol/L 范围内，均明显提高人牙周膜细胞 TIMP-1 的 mRNA 表达水平，当 100 μg /L 的黄芩苷与 100 nmol/L PMA 共同作用于细胞时，与 100 nmol/L PMA 作用组比较，TIMP-1的 mRNA 表达水平明显降低。IL-1β 质量浓度在 0.01 ~ 1 μg /L 范围内，对 TIMP-1 的 mRNA 表达水平没有任何影响。但是100 μg/L的黄芩苷却依然显著抑制牙周膜细胞 TIMP-1 的 mRNA 表达水平。

研究表明 100 μg /L 的黄芩苷能够抑制对 IL-1β/PMA 诱导的牙周膜细胞 MMP/TIMP-1 的 mRNA 表达，且可能一方面具有稳定细胞膜的作用，另一方面，它可能通过抑制酪氨酸激酶通道进而抑制 MMP-1 的表达。

产黑色素卟啉单胞菌诱导骨吸收作用机制的研究

（摘　要）

中国医科大学口腔医学院博士研究生　李秀兰　导师　艾红军

一、研究目的

牙龈卟啉单胞菌（*Porphyromonas gingivalis*，*P. gingivalis*）和牙髓卟啉单胞菌（*Porphyromonas endodontalis*，*P. endodontalis*）是口腔卟啉菌属中两种重要的细菌。两者都是G^-产黑色素的专性厌氧球杆菌，是目前公认的牙源性感染的优势致病菌，与牙周炎及根管感染导致的根尖周炎病变的发生发展密切相关。关于 *P. gingivalis*、*P. endodontalis* 对成骨细胞代谢的影响，目前国内外研究报告不多见。本实验通过研究 *P. gingivalis*、*P. endodontalis* 对成骨细胞的超微结构、细胞的活性及增殖能力、表达前炎症因子单核细胞趋化蛋白-1（MCP-1）以及骨代谢的最终调节因子骨蛋白生长因子（OPG）、核因子-κB受体活化因子配基（RANKL）的影响，进一步探讨 *P. gingivalis*、*P. endodontalis* 在牙周炎和根尖周炎发病中的致病机制。

二、研究方法

1. *P. endodontalis* 和 *P. gingivalis* 标准菌株的复苏培养和鉴定　*P. gingivalis* ATCC 33277、*P. endodontalis* ATCC 35406 在厌氧基础血琼脂培养基中复苏培养，直至达到理想浓度。离心后以 10^{10} CUF/mL 的浓度悬浮于无菌的磷酸缓冲液中（PBS），－70 ℃保存备用。

2. 成骨细胞原代培养　新生的大鼠处死后，消毒剪开头颈部皮肤，取出颅盖骨，放入缓冲液中，加入胰蛋白酶溶液消化并剪碎，再用Ⅱ型胶原酶溶液继续消化，离心，弃上清，反复吹打细胞沉淀，加入细胞培养液，移入培养瓶中，差速黏附法纯化细胞并接种于培养瓶中培养，3～5 代的细胞用于实验。

3. 成骨细胞的形态学观察和免疫组化染色鉴定　应用倒置相差显微镜，观察成骨细胞的生长特性并照相记录。将盖玻片接种少量细胞悬液，培养箱中过夜，用Ⅰ型胶原抗体，链霉素合素-生物素-过氧化物酶（SABC）法行免疫组化染色，二甲基联苯胺（DAB）显色，苏木精复染。观察细胞核和细胞质染色颗粒。

4. AlamarBlue™摄入法测定细胞增殖率　将成骨细胞制成细胞悬液，接种于 96 孔板中培养，使细胞贴壁成单层。将 10^{10} CFU/mL 的 *P. gingivalis*、*P. endodontalis* 悬液用细胞培养液系列稀释，用以刺激细胞，共同培养一定时间后每孔加入 AlamarBlue™，继续培养，酶标仪测定各孔吸光度（D）并进行统计学分析。

5. 透射电镜观察成骨细胞的超微结构变化　培养瓶中的成骨细胞长满单层，加入 *P. gingivalis*、*P. endodontalis*，并以细胞培养液为空白对照，共同培养 24 h，用胰酶消化，离心洗后，收集沉淀细胞，戊二醛、锇酸先后固定，系列脱水、超薄切片，透射电镜下观察成骨细胞被细菌感染前后的细胞核及细胞器的变化。

6. RT-PCR 法观察 *P. gingivalis*、*P. en-*

dodontalis 对细胞表达 OPG、RANKL mRNA 的影响　用 DMEM 培养基将浓度为 10^{10} CFU/mL 的 *P. gingivalis*、*P. endodontalis* 稀释，再利用其感染成骨细胞，24 h 后收集细胞和上清，-70 ℃保存。为了观察细菌对成骨细胞作用的动力学变化，另用 10^{7} CFU/mL *P. gingivalis*、*P. endodontalis* 刺激细胞，分别于感染 0、6、12、18、24 h 收集细胞和培养上清，-70 ℃保存。利用 RNA 提取试剂盒，采用异硫氰酸胍-酸-酚一步法抽提总 RNA，计算总 RNA 浓度，利用试剂盒反转录合成 cDNA，然后进行 PCR 扩增。扩增片段分别为 423 bp、357 bp、690 bp。

7. OPG、RANKL mRNA 的定量分析　取 OPG，RANKL 及 β-肌动蛋白扩增产物各 5 μL，混合后于琼脂糖凝胶电泳拍照，然后用凝胶图像分析仪检测各条带灰度值，并计算与 β-肌动蛋白标准条带的比值，进行统计学分析。

8. ELISA 测定培养的成骨细胞上清中分泌的 MCP-1 的含量　取 24 孔细胞培养板接种细胞，用 DMEM 培养基将 10^{10} CFU/L 的 *P. gingivalis*、*P. endodontalis* 系列稀释，置换培养板中的培养液，共同培养 24 h 后收集培养上清，并以 10^{8} CFU/mL 的 *P. gingivalis*、*P. endodontalis* 作用细胞，分别于共同培养不同的时间内收集培养上清，-80 ℃保存。将深冻保存的细胞培养上清标本室温下融解，对倍稀释 10 次后按照 MCP-1 的 ELISA 试剂盒说明操作，在 492 nm 波长下测定样本的 *D* 值，根据校正曲线计算 MCP-1 的浓度，最后得出培养上清中 MCP-1 的实际浓度。

三、研究结果

1. 由大鼠头盖骨消化后的成骨细胞为小圆形，散在悬浮于细胞培养液中。培养24 h 后，活细胞开始贴壁生长，死细胞悬浮于培养液中，贴壁生长的细胞呈梭形或多边形，可有数个细胞突起，培养 6 d 左右基本长满培养瓶壁，成骨细胞在单层铺满培养瓶后可出现重叠生长。

2. 盖玻片培养的成骨细胞Ⅰ型胶原免疫组化染色可见多角形细胞质内有丰富的棕色染色颗粒，细胞核呈圆形蓝色深染。

3. *P. gingivalis*、*P. endodontalis* 感染细胞后，细胞增殖率下降，并且随着细菌浓度的增加，增殖率下降更加明显。

4. *P. gingivalis*、*P. endodontalis* 感染的成骨细胞，表面突起增多，细胞核形态变异较大成不规则状，可有多个细胞核切迹，核染色质凝集成块边集排列，核仁溶解消失，细胞质内大量粗面内质网扩张成池，并可见髓样小体等病理性改变。

5. *P. gingivalis*、*P. endodontalis* 两种产黑色素菌都能影响大鼠成骨细胞 OPG、RANKL mRNA 的表达，并且其作用具有浓度依赖性。RT-PCR 扩增及凝胶电泳成像分析结果提示：*P. gingivalis*、*P. endodontalis* 感染成骨细胞后，成骨细胞表达 RANKL mRNA 的水平都明显高于对照组。动力学观察表明 *P. gingivalis*、*P. endodontalis* 感染后细胞表达 OPG、RANKL mRNA 都发生明显改变。大鼠成骨细胞基础表达 OPG mRNA，*P. gingivalis*、*P. endodontalis* 对其具有抑制作用而且抑制作用也具有浓度依赖性和时间依赖性，相反 *P. gingivalis*、*P. endodontalis* 能以浓度和时间依赖的方式诱导 RANKL 的表达，使 OPG/RANKL mRNA 比例倒置。

6. 大鼠成骨细胞基础分泌少量 MCP-1，*P. gingivalis*、*P. endodontalis* 感染细胞后可增强细胞 MCP-1 蛋白的分泌。随着细菌浓度的增加，细胞表达 MCP-1 增强。

四、研究结论

1. *P. gingivalis*、*P. endodontalis* 以浓度

依赖的方式降低大鼠成骨细胞的活性，并且能直接抑制细胞的增殖。

2. *P. gingivalis*、*P. endodontalis* 能影响大鼠成骨细胞超微结构的变化。

3. *P. gingivalis*、*P. endodontalis* 以浓度和时间依赖的方式诱导大鼠成骨细胞表达 RANKL mRNA，同时抑制 OPG mRNA 的表达，在基因水平影响牙槽骨炎性吸收。

4. *P. gingivalis*、*P. endodontalis* 也以浓度和时间依赖的方式诱导大鼠成骨细胞分泌 MCP-1 蛋白。

应用组织工程技术构建人口腔黏膜的实验研究

（摘　要）

上海交通大学附属第九人民医院博士研究生　王海燕　导师　周曾同

口腔黏膜是口腔的衬里，与皮肤一样是人体抵御外界各种有害因子的第一道屏障，对于保护黏膜下各种组织具有十分重要的功能。由于口腔内肿瘤切除、黏膜病损、外伤、义齿修复前外科手术以及各种理化因素造成的广泛口腔黏膜溃疡等可引起大面积口腔黏膜组织缺损，因此需要进行口腔黏膜组织重建。

全世界 5% ~20% 的人患有严重的不可逆牙周疾病；每 700 个新生儿中就有一个患唇(腭)裂缺损畸形，患有以上疾病的人中绝大部分口腔黏膜有不同程度的黏膜缺损。目前临床常用的方法是以皮片、皮瓣或口腔黏膜瓣修复缺损。以皮片、皮瓣修复因皮肤与口腔黏膜组织结构功能不同，存在明显缺点，如毛发生长、皮瓣收缩、难以进行义齿修复等；后者采用口腔黏膜瓣修复，但存在来源及适应证受限的问题。以上方法都是以患者自身组织移植为手段，以牺牲正常组织为代价的“以创伤修复创伤”的传统的治疗模式，它既增加了新的创伤，又增加手术并发症的概率，且自身组织来源有限，限制了临床应用。因此，寻找一种理想的口腔黏膜替代物一直是临床上一个亟须解决的难题。

组织工程学是应用工程学和生命科学的原理与方法，通过少量组织细胞经体外扩增后构建具有生命活力的活体组织，以恢复、维持或增进受损器官或组织功能的一门学科。组织工程技术为修复组织缺损提供了新的方向。能否采用组织工程的方法构建口腔黏膜，解决口腔黏膜缺损的问题，是近年来许多学者研究的热点。

应用组织工程技术构建口腔黏膜需解决两个基本问题：种子细胞和生物支架材料问题。种子细胞包括口腔黏膜上皮细胞和成纤维细胞，相应的培养技术已经较为成熟，少量的组织细胞经体外扩增就可达到要求的细胞量；生物支架材料应具有良好的生物相容性和可降解性，利于细胞的黏附和生长，一定的形态和孔径可进行营养物质输送，气体交换，废物排泄等。目前应用较多的有合成高分子材料，如聚羟基乙酸（polyglycolic acid，PGA）、脱细胞类基质（如 Alloderm）、胶原膜类支架等。

本研究应用组织工程技术，分别采用三种不同的生物支架材料构建口腔黏膜，比较其优劣，并观察回植后的生长和存活情况。研究内容包括以下几个方面。

一、体外连续培养人正常口腔黏膜上皮细胞和成纤维细胞

口腔黏膜组织包括黏膜上皮和固有层，组成细胞主要包括口腔黏膜上皮细胞和成纤维细胞。前者是构成上皮成分的主要细胞组成，通过不断的分裂增殖，形成上皮层的更新；后者是固有层最基本的细胞成分，固有层内有大量的胶原纤维，而胶原是结缔组织中的主要支持成分，胶原合成是成纤维细胞最重要的功能之一，皮肤真皮层和黏膜固有层中大量的胶原纤维由成纤维细胞合成并进行重组。

因此，体外连续培养人正常口腔黏膜上皮细胞和成纤维细胞可获得构建组织工程化口腔黏膜的种子细胞。

二、PGA 为支架材料构建组织工程化人口腔黏膜的研究

PGA 是合成可降解聚合物，由乙交酯开环聚合制取，降解后生成羟基乙酸，参与体内三羧酸循环，具有可靠的生物安全性。作为第一批可降解吸收材料已被美国食品药品监督管理局批准用于临床，并广泛用于组织工程化软骨、骨、肌腱和皮肤等的研究。

用 PGA 支架体外构建的组织工程化人口腔黏膜含类似上皮层和固有层，上皮层有分层及角化现象，但细胞层次不清，可观察到角化珠形成。上皮层免疫组化角蛋白染色阳性，说明构建的上皮层细胞具有增殖功能。构建的固有层主要成分是 I 型胶原，纤维排列平行于表面，与正常人口腔黏膜固有层相同，具有韧性和物理支持的作用，上皮层和固有层之间有细胞膜分隔开。这些结果均说明以 PGA 为支架可构建出组织工程化口腔黏膜。

三、胶原膜为支架材料构建组织工程化口腔黏膜的研究

胶原是结缔组织中的主要支持成分，在皮肤真皮层中占干质量的 70%。丰富的胶原成分可在一定程度上代替固有层组织，因此，组织工程技术构建皮肤的实验研究通常选用胶原作为支架材料。胶原最突出的优点是其所含有的某些氨基酸序列使之能与细胞保持良好的亲和力，在本实验中，胶原膜与细胞良好的相容性也得到了证明。但笔者发现，胶原膜容易降解，且脆性较大，在培养液中 5 d 左右开始变薄，局部出现孔隙，复合培养约 10 d 后，胶原膜大部分已经降解，不易操作，很难将复合培养物整体转移。这些现象说明胶原膜的降解速度和组织构建的速度不一致，在组织形成前大部分支架材料降解极大地影响了组织工程化口腔黏膜构建的成功。

四、Alloderm 为支架材料体外构建组织工程化人口腔黏膜的研究

体外构建的组织工程化口腔黏膜应具备 3 个主要组成部分：表皮、固有层和基膜。Alloderm 是人异体脱细胞真皮基质，含有完整的基膜和细胞外基质，在制作过程中保存了原有的结构，如组织间隙和血管孔隙。

本实验采用 Alloderm 作为支架材料，在其上接种口腔黏膜上皮细胞，结果发现口腔黏膜上皮细胞可以在 Alloderm 上按正常上皮形态增殖和分化，上皮层的角化和分层现象出现于气液界面培养 1 周后(培养 11 d 的复合物)，培养 2 周后，其形态近似于正常口腔黏膜，超微结构半桥粒及细胞指状突起的形成和出现均说明以 Alloderm 为支架材料可构建组织工程化口腔黏膜样组织。

五、组织工程化人口腔黏膜回植动物的实验研究

通过大量的研究和实践，目前采用不同的支架材料构建的组织工程化口腔黏膜已具雏形，但临床应用却少有报道。组织工程化口腔黏膜进入临床应用前需经过一系列的回植实验，从免疫缺陷动物—大动物—人的多次大量实验观察才能成为真正的口腔黏膜替代物。

笔者分别将以 PGA 和 Alloderm 为支架构建的组织工程化口腔黏膜回植免疫缺陷鼠——裸鼠背部皮下，观察其存活及生长情况。两种回植物均可在裸鼠体内至少存活两周，并能与裸鼠自身组织融合为一体。前者回植后的上皮结构及层次不明显；回植 1 周时，回植物周围可见血管围绕，但并未长入固有层内；回植 2 周时，固有层内可见血管结构，管腔内充满血细胞。而后者可保持较正常的口腔黏膜形态，但固有层中仅有细胞却无血管结构爬入。

研究结果表明，采用组织工程技术可构建口腔黏膜。通过对三种不同支架材料构建的组织工程化口腔黏膜的比较，证明各种材料都有其独特的优点和不足，这对于今后组织工程化口腔黏膜的基础研究和临床应用都具有重要的科学价值和指导意义。

PAMAM-D 纳米微球介导 hTERT siRNA 靶向治疗口腔鳞癌的实验研究

（摘　要）

中山大学光华口腔医学院博士研究生　刘习强　导师　黄洪章

口腔鳞状细胞癌(oral squamous cell carcinoma，OSCC)是口腔颌面部最常见的恶性肿瘤，占人体恶性肿瘤的 2% ~3%，其中舌鳞癌的发病率居首位。虽然手术、放化疗、热疗、免疫治疗等均对早期 OSCC 有较好的疗效，但对中晚期和复发患者疗效不佳，对伴有远处转移者疗效更差，因而迫切需要寻找更积极有效的治疗方法。

以基因治疗为代表的生物治疗被视为目前肿瘤治疗的第四大治疗模式，其临床应用潜力日益受到重视。本课题组前期的研究显示，针对口腔恶性肿瘤进行抗血管、抗淋巴管生成以及自杀基因治疗，均可获得较好的疗效，但也发现这些基因治疗系统并不能完全控制肿瘤，缺乏足够的靶向特异性，而且对转染后基因的持续表达缺乏安全有效的调控机制。

因此，积极寻找更具有组织/细胞特异性的治疗靶点，开发安全高效的基因转移系统并利用先进技术手段以获得更佳的治疗效果，必将为口腔肿瘤基因治疗开拓更广阔的临床应用前景。

人端粒酶反转录酶(human telomerase reverse transcriptase，hTERT)是端粒酶的催化亚单位，对端粒酶活性调控起着最关键的作用。多项研究表明，hTERT 在正常人口腔细胞中不表达，而在口腔鳞癌及永生化细胞系中特异性高表达，它与肿瘤的发生发展密切相关，提示 *htert* 基因很可能是口腔肿瘤基因治疗的理想靶点。

本研究中，笔者应用新型纳米载体聚酰胺-胺型树枝状高聚物(polyamidoamine dendrimer, PAMAM-D)介导靶向 *htert* 基因的小干扰 RNA(small interfering RNA, siRNA)进行体内外系列实验，并对 *htert* 基因表达调控及基因沉默诱导细胞凋亡机制进行初步探讨，旨在探索将 RNA 干扰(RNAi)和纳米基因转移技术有机结合治疗舌癌的可行性，从而为口腔癌及其他肿瘤的治疗提供新途径。

一、PAMAM-D 纳米载体表征及其转染效率影响因素的分析

利用增强型绿色荧光蛋白(enhanced green fluorescent protein, EGFP)真核表达质粒作为报告基因，选择第二、第五和热降解型 PAMAM-D(SuperFect 转染试剂)作为基因转移载体，并以脂质体 LipofectAMINE™ 2000 为对照制备转染复合物，应用透射电镜、动态激光散射和电位分析仪等测定各载体表征；采用抗核酸酶试验检测载体对基因的保护能力；转染人舌鳞癌 Tca8113 细胞，通过改变质粒 DNA 的质量浓度、转染复合物质量比和转染时间等条件参数优化转染方案；此外，还对 PAMAM-D 纳米载体的毒性以及 *egfp* 基因表达进行了连续观察和分析。

结果表明：①PAMAM-D/DNA 转染复合物的平均粒径小于 100 nm；按最佳质量比混合后，其表面 zeta 电位相差不大；而且，PAMAM-D 可以在保持质粒 DNA 完整性的同时，增加其对核酸酶的抵抗力。②转染质量比对载体的转染效率影响最明显，质粒 DNA 质量浓度、PAMAM-D 代数以及转染时间等亦可不同程度地影响转染效率；1.0 μg 质粒与 2.0 μL G5 PAMAM-D 形成复合物，转染 2 h 获得的转染效率最高。③PAMAM-D/pEGFP-N1基因转移系统以及 *egfp* 基因的表达不会干扰细胞功能，无明显的细胞毒副作用，而脂质体转染对细胞的生长增殖呈剂量依赖性抑制。

二、人端粒酶反转录酶基因 siRNA 表达框架的构建和体外表达研究

利用两步法 PCR 技术构建 4 条针对 *htert* 基因的 siRNA 表达框架，采用 G5 PAMAM-D 纳米载体在优化条件下介导 siRNA 表达框架(siRNA expression cassettes, SEC)转染 Tca8113 细胞，应用实时荧光定量反转录-聚合酶链反应(RT-PCR)和 Western blot 等检测内源性 *htert* 基因的表达水平，并筛选出最有效的 SEC，为下一步构建 siRNA 表达载体，研究 *htert* 基因功能以及靶向特异性治疗舌鳞癌提供实验基础。

结果表明：①RNA 干扰效应主要取决于靶序列，针对不同靶序列设计合成的 SEC，其抑制效果有显著差异，其中 SEC-A 的干扰效果最强，能够以高度序列特异性方式沉默 *htert* 基因的表达；②SEC 的抑制效果与转染次数密切相关，多次转染的效果明显优于单次转染；此外，载体理化特性以及细胞类型亦可影响 SEC 的干扰效应。

三、pU6-*htert*/cGFP 真核表达质粒的构建和体外抑瘤实验研究

在成功筛选出最有效 siRNA 靶序列的基础上，进一步构建带有荧光标记的 siRNA 表达载体 pU6-*htert*/cGFP，应用 G5 PAMAM-D 在优化条件下介导重组质粒转染 Tca8113 细胞，激光共聚焦显微镜(LSCM)下观察质粒表达情况，流式细胞仪(FCM)检测转染效率；应用实时定量荧光 RT-PCR、Western blot 等检测 *htert* 表达水平；端粒重复扩增-酶联免疫吸附试验(TRAP-ELISA)技术检测端粒酶活性水平；甲基噻唑基四唑氮(MTT)法检测细胞存活情况；FCM 测定细胞凋亡水平。

结果表明：①G5 PAMAM-D 能高效介导重组质粒 pU6- *htert* / cGFP 转染 Tca8113 细胞，转染 48 h 后荧光表达最强(61.4%)；

多次转染以及转染后筛选富集可显著提高转染效率($P<0.01$)。②siRNA能高效特异地抑制靶基因*htert*的表达，相应导致端粒酶活性显著降低($P<0.001$)，同时快速诱导肿瘤细胞凋亡($P<0.05$)。

四、PAMAM-D纳米微球介导靶向*htert* siRNA表达载体的体内抑瘤效应评价

采用在第三部分构建的pU6-*htert*/cGFP重组质粒转染Tca8113细胞，接种裸鼠后观察不同转染条件对裸鼠成瘤的影响；制备人舌鳞癌裸鼠模型，进一步比较不同给药方式对移植瘤的抑制效应。

结果表明：①G5 PAMAM-D是一种较理想的体内靶向载体，能高效介导重组质粒pU6-*htert*/ cGFP转染舌鳞癌移植瘤，导致细胞生长停滞并快速诱发细胞凋亡。②G5 PAMAM-D介导重组质粒瘤内多次转染具有较强的抑瘤效果；而多次转染后筛选富集的转染细胞则丧失成瘤能力，提示维持*htert*基因功能对舌鳞癌的发生发展尤为关键。

五、*htert*表达调控及基因沉默诱导细胞凋亡机制的初步研究

利用G5 PAMAM-D介导siRNA表达载体特异性沉默*htert*基因的表达，观察其对线粒体依赖性凋亡通路中Bcl-2和半胱胺酸天冬酰胺蛋白酶-9(caspase-9)表达的影响；另一方面，应用免疫组化检测舌鳞癌原发灶中hTERT蛋白的表达水平，并探讨其与舌鳞癌发生发展中P16蛋白途径(P15/P16)和P53蛋白途径(P63/P53/P21^{WAF1}/MDM2)的关系。

结果表明：①*htert*基因表达上升是舌鳞癌发生的早期事件。②*htert*基因沉默诱导细胞凋亡过程中，线粒体介导的内源性凋亡通路起重要作用。③P16蛋白缺失与*htert*基因表达密切相关，两者可能在舌鳞癌发生的早期阶段具有协同效应；P53和MDM2参与*htert*基因表达调控，在部分舌鳞癌发生过程中起重要作用；而P21^{WAF1}在舌鳞癌中表达下调，可能更有利于肿瘤的发生发展。

根据上述实验研究结果，笔者认为，*htert*基因是口腔肿瘤基因治疗的理想靶点，而RNAi和纳米基因转移技术有机结合治疗舌鳞癌是一种切实可行的新策略，可望为口腔癌的基因治疗开辟一个全新的技术平台，具有广阔的应用前景。但同时，实验中亦发现，*htert*基因靶向RNAi的体内抑瘤效果还不够理想，许多重要的问题包括*htert*基因表达调控网络及其表达沉默诱导细胞凋亡机制等，仍有待更深入的研究。

靶向hTERT反义寡核苷酸对人舌鳞癌细胞增殖和端粒酶的抑制作用

（摘　要）

浙江大学医学院博士研究生　姚华　导师　吴求亮

随着分子生物学技术和人类基因组计划的不断发展，针对癌基因或抑癌基因的基因治疗有望成为常规治疗的补充，用于消灭复发或残存的肿瘤细胞。在肿瘤领域中，基因

治疗的应用研究已取得令人瞩目的成果。其中，以封闭和抑制特定基因表达为目的的反义寡核苷酸（antisense oligodeoxynucleotides，ASODN）技术在肿瘤治疗方面显示了广阔的发展前景。国内外学者利用反义寡核苷酸技术加快癌细胞凋亡，已从实验室研究进入临床研究并取得一定成效，ASODN 被认为是最有希望运用于临床的基因治疗手段。目前，寻找良好的靶点仍是反义寡核苷酸技术的关键环节和难题。

人端粒酶反转录酶（human telomerase reverse transcriptase，hTERT）是端粒酶的主要构成部分，对端粒酶激活起限速作用，决定端粒酶的活性。90% 以上恶性肿瘤有 hTERT 转录，它与癌的发生发展密切相关，已成为抗癌治疗的靶点。

一、研究目的

旨在通过实时荧光定量法检测口腔鳞癌组织中 hTERT mRNA 的表达情况，探讨 hTERT 在口腔鳞癌中表达水平和意义；以 *htert* 基因为分子靶点，设计一段与之互补的反义寡核苷酸序列，导入舌鳞癌 Tca8113 细胞，探讨其对细胞增殖、凋亡和端粒酶的影响及机制；将经过 hTERT 反义寡核苷酸预处理的 Tca8113 细胞接种于裸鼠，观察裸鼠移植瘤成瘤时间、瘤重和端粒酶变化，了解靶向 hTERT 反义寡核苷酸在体内环境下对 Tca8113 细胞生物学行为的影响。通过上述研究，探讨以 *htert* 基因为靶点开展抗舌癌研究的可行性，为深入研究提供实验依据。

二、研究方法

1. 采用实时荧光定量法检测新鲜口腔鳞癌及其手术切缘组织、正常口腔黏膜和 Tca8113 细胞中 hTERT mRNA 的表达情况。

2. 采用脂质体包裹法将反义寡核苷酸序列导入 Tca8113 细胞，寡核苷酸终量浓度为 0.5 μmol/L、1.0 μmol/L 和 2.0 μmol/L，同时设正义寡核苷酸、空载体和空白培养基为对照。

3. 观察 Tca8113 细胞生长情况和形态变化，采用流式细胞术和 DNA 琼脂糖凝胶电泳法检测细胞凋亡，TRAP-ELISA 法和 TRAP 银染法检测细胞和移植瘤组织端粒酶活性，反转录-聚合酶链法分析细胞周期蛋白（cyclin）D1、B 细胞淋巴瘤-2（Bcl-2）和 c-myc mRNA 的表达。Western blot 检测细胞 hTERT 蛋白表达量。

4. 采用 SPSS 11.0 统计软件进行处理。组间差异比较采用 ANOVA 和 SNK-*q* 检验。

三、研究结果

1. 口腔鳞癌组织中 hTERT mRNA 的表达　口腔鳞癌组 hTERT 值为 3 419.97 ± 2 653.24，明显高于口腔鳞癌切缘组织（297.50 ± 312.40）和正常黏膜组（131.63 ± 258.33），$P<0.05$。鳞癌切缘组织和正常组织间 hTERT mRNA 的表达无统计学差异（$P>0.05$）。不同分化程度口腔鳞癌组织 hTERT mRNA 的表达情况与临床病理学分级无显著相关（$P>0.05$），但显示升高的趋势，说明 hTERT 在口腔鳞癌组织中特异性高表达。

2. 反义寡核苷酸对 Tca8113 细胞增殖和凋亡的影响　作用 48 h 后，反义寡核苷酸组细胞增殖受抑。量浓度为 2.0 μmol/L 的反义寡核苷酸组可见细胞凋亡，反义寡核苷酸对 Tca8113 细胞增殖的抑制作用存在浓度和时间依赖性。3 个对照组在 72 h 内未见细胞增殖受抑。2.0 μmol/L 反义寡核苷酸组 72 h 时细胞凋亡率为 27.53% ±2.65%，显著高于正义寡核苷酸组（8.19% ±1.62%）、空载体组（8.04% ±1.77%）与空白培养基组（6.75% ±0.91%），$P<0.05$。

3. 反义寡核苷酸对 Tca8113 细胞 hTERT 表达和端粒酶活性的影响　反义寡核

苷酸组 hTERT mRNA 有不同程度下降，72 h 时，量浓度为 2.0 μmol/L 反义寡核苷酸组细胞 hTERT mRNA 转录受抑（$Ct = 37.62 \pm 1.82$），显著低于对照组（$P < 0.05$）。反义寡核苷酸组 hTERT 蛋白表达水平不同程度地受抑，随着浓度和作用时间的增加而逐渐下降。除量浓度为 0.5 μmol/L、1.0 μmol/L 作用 24 h 时与相应空白培养基组无区别外，其余各时间点端粒酶活性均比空白培养基组低。3 个对照组 hTERT mRNA 和蛋白水平表达、端粒酶活性未受明显影响。

4. 反义寡核苷酸对 Tca8113 细胞 cyclin D1、Bcl-2 和 c-myc mRNA 的影响　在反义寡核苷酸作用下，随时间和浓度增加，cyclin D1、Bcl-2 mRNA 表达呈缓慢下降趋势。24 h 时，3 种浓度反义寡核苷酸均检测到 cyclin D1、Bcl-2 mRNA 的表达，而 72 h 时，量浓度为 2.0 μmol/L 反义寡核苷酸组 cyclinD1、Bcl-2 mRNA 显著低于对照组（$P < 0.05$）。而 3 个对照组的 cyclin D1、Bcl-2 mRNA 无明显变化。反义寡核苷酸组和对照组 c-myc mRNA 均不随作用时间和浓度的增加而明显被抑制。

5. 反义寡核苷酸对 Tca8113 细胞裸鼠移植瘤成瘤和端粒酶的影响　反义寡核苷酸组移植瘤成瘤时间长于对照组（$P < 0.05$），瘤质量低于对照组（$P < 0.05$），肿瘤细胞分裂不活跃，而对照组细胞分裂活跃，细胞核分裂相多，巢状或团状肿瘤细胞生长。反义寡核苷酸组移植瘤组织 hTERT mRNA 低水平表达（与空白培养基组相比，$P < 0.05$），正义寡核苷酸和空载体对 hTERT mRNA 的表达与空白培养基组相比无明显影响（$P > 0.05$）。反义寡核苷酸组端粒酶活性（0.739 ± 0.141）明显低于正义寡核苷酸组（1.300 ± 0.362）、空载体组（1.498 ± 0.160）和空白培养基组（1.520 ± 0.124）（$P < 0.05$）。说明在裸鼠体内反义寡核苷酸对 hTERT 和端粒酶活性有抑制作用，这与体外作用结果一致。

四、研究结论

端粒酶反转录酶基因在口腔鳞癌中高表达，在口腔鳞癌切缘组织和正常组织中低表达或无表达。hTERT mRNA 可作为早期诊断口腔鳞癌、判断口腔鳞癌安全手术切缘的一个分子生物学水平的参考指标。靶向 hTERT mRNA 反义寡核苷酸序列能明显诱导人舌鳞癌 Tca8113 细胞凋亡，抑制细胞增殖和 hTERT mRNA 的转录表达，进而抑制端粒酶活化；细胞周期蛋白 D1 和细胞凋亡抑制基因 *bcl*-2 表达下降导致细胞凋亡，这是靶向 hTERT 反义寡核苷酸抑制舌癌细胞增殖的可能机制；靶向 hTERT 反义寡核苷酸能抑制人舌鳞癌 Tca8113 细胞裸鼠移植瘤的生长。研究结果表明，端粒酶反转录酶基因是开展舌鳞癌基因治疗的良好靶点。

β-连环素在口腔鳞状细胞癌中作用的初步研究

（摘　要）

北京大学口腔医学院博士研究生　张卫民　导师　高岩

鳞状细胞癌是头颈部最常见的恶性肿瘤，尽管对其治疗手段在不断提高，但中度分化和低度分化鳞状细胞癌预后仍然较差。该病症患者死亡的首要原因是以淋巴为主要途径发生的转移，主要与临床分期、原发瘤的部位以及肿瘤细胞的分化程度和它们的黏附能力有关。

β-连环素（β-catenin，现名β-连环蛋白）是原癌基因 *ctnnb*1 编码的蛋白质。对结肠、直肠癌等肿瘤的研究表明，β-连环蛋白在细胞内有两种功能：β-连环蛋白与 E-钙粘连蛋白形成复合体，影响细胞的黏附性、运动性，在肿瘤的转移中具有重要作用；β-连环蛋白是 Wnt 信号传导过程的中枢：Wnt-1 信号存在时，细胞质内β-连环蛋白含量增加，β-连环蛋白聚积会进入细胞核与转录淋巴增强因子(LEF)和 T 细胞因子(TCF)形成复合物，促进下游靶基因如 C-*myc*，*cyclin* D1 等表达，从而影响细胞的增殖和分化等行为。

与β-连环蛋白在人体其他器官癌变中作用机制的广泛研究相比，对于β-连环蛋白在口腔癌中作用的研究要少得多。鉴于这种现状，本研究课题采用免疫组织化学法、原位杂交、Western blot 以及反转录-聚合酶链反应(RT-PCR)等手段，从整体、组织和细胞三个层面初步探讨β-连环蛋白在口腔鳞癌演进过程中的作用。

一、β-连环蛋白及其相关分子在口腔鳞状细胞癌表达的回顾性研究

1．应用免疫组织化学方法研究β-连环蛋白、Wnt-1 和多发性结肠腺癌基因蛋白(adenomatous polyposis coli，APC)在口腔黏膜鳞状细胞癌中的表达，结果表明，β-连环蛋白、Wnt-1 和 APC 与口腔鳞状细胞癌的分化有关。

2．应用免疫组织化学方法研究了β-连环蛋白、E-钙粘连蛋白、γ-连环蛋白和增殖性抗原 Ki-67(MIB-1)在口腔黏膜鳞状细胞癌中的表达，结果表明，β-连环蛋白与细胞间黏附复合物的组成成分 E-钙粘连蛋白和γ-连环蛋白的表达同步，β-连环蛋白与细胞增殖标志物 MIB-1 没有同步表达，提示β-连环蛋白在口腔鳞状细胞癌中的作用更多地与其影响细胞黏附功能有关，而与细胞的增殖关系不大。

二、大鼠舌黏膜癌变过程中β-连环蛋白及其相关分子表达的动态变化

1．采用 4-硝基喹啉-1-氧化物(4-nitroquinoline-1-oxide，4NQO)局部涂擦法，建立口腔舌部鳞癌动物模型，结果表明 4NQO 诱发的大鼠舌部鳞癌与人口腔鳞癌的生物学特征及组织学特征相似，是一种理想的口腔鳞癌动物模型。

2．采用免疫组化法和原位杂交技术全程观察 4NQO 诱发大鼠腭黏膜癌变过程中β-连环蛋白、Wnt-1、APC 和 Axin1 的表达特点，结果显示，β-连环蛋白、APC 和 Axin1 的表达在口腔鳞癌的去分化过程中逐渐丧失，提示它们参与了口腔鳞癌的演进过程。而 Wnt-1 在口腔上皮的癌变过程中几乎没有表达，这一点与回顾性研究有所不同。

三、β-连环蛋白对口腔鳞癌细胞作用的研究

1．应用β-连环蛋白表达质粒稳定转染口腔鳞癌 KB 细胞系，检测转染前后细胞形态与增殖能力的变化，结果表明，β-连环蛋白表达质粒稳定转染口腔鳞癌 KB 细胞系后细胞增殖能力无显著性改变。

2．检测β-连环蛋白表达质粒稳定转染 KB 细胞系前后细胞黏附和迁移能力的变化，同时检测转染前后 CD 44基因蛋白和基质金属蛋白酶-7(MMP-7)的表达，结果表明转染后细胞黏附力增加，迁移能力没有变化，黏附相关分子 CD 44 mRNA 表达增加，而与迁移有关的 MMP-7 mRNA 表达无明显改变。提示β-连环蛋白对体外鳞癌 KB 细胞迁移能力无影响，但是它在 KB 细胞的细胞黏附中起重要作用。

针对β-连环蛋白及相关分子的回顾性研

究、动物模型体内研究和细胞的体外研究结果提示，β-连环蛋白在口腔鳞状细胞癌中的作用更多地与其影响细胞分化和黏附功能有关。

植物激素对口腔鳞癌诱导分化作用的实验研究

（摘　要）

四川大学华西口腔医学院博士研究生　赵洪伟　导师　李龙江

肿瘤的诱导分化疗法是肿瘤治疗学研究的新领域。该疗法不同于传统的化疗与放疗，其区别在于不杀伤肿瘤细胞，而是在分化诱导剂的作用下，诱导肿瘤细胞转变为成熟的或接近成熟的正常细胞，恢复细胞的正常或接近正常的表型与功能，从而达到降低肿瘤的恶性程度和治疗的目的。

尽管相关研究报道很多，但迄今为止，临床上取得成功的诱导分化治疗模式仍仅局限于急性早幼粒细胞性白血病等非实体性肿瘤。如何有效诱导胰腺癌、肝癌、胃癌、口腔癌等恶性实体肿瘤细胞分化，因无明确的分化标志物，因此该问题一直是困扰医学界的一个难题。植物激素是植物体内天然存在的一类生理活性物质，其含量非常低，调节控制着植物的萌芽、生长、分化、发育、感应、物质运输、开花、果实成熟和器官老化等植物生活周期的各个方面。植物体中信号传递系统的研究结果表明，其存有各种胞内信号传递系统，一些信号传递途径的成分在植物中得到鉴定，如磷酸肌醇信号系统、Ca^{2+}-钙调蛋白信号系统、蛋白激酶系统等。同时国外学者研究认为，植物肿瘤是指那些失去自我控制的植物赘生物或过度生长的组织，它们在很多方面与动物肿瘤或癌症有相似性，并且还通过实验研究发现部分植物激素对人肿瘤细胞的增殖有一定抑制作用。如对人急性早幼粒白血病细胞（HL 60）用腺嘌呤的类似物作用后观察细胞的生长和分化，发现一些类似物能抑制生长和诱导硝基四唑降低HL-60细胞的活性。

本研究旨在通过植物激素对口腔鳞癌的诱导分化作用，寻找对口腔鳞癌治疗较为合理的诱导分化剂；探索植物激素对口腔鳞癌的作用机制；提供口腔鳞癌的诱导分化治疗的实验依据和理论基础；拓宽口腔鳞癌的治疗方法，提高治愈率。同时，对全身其他恶性实体肿瘤的诱导分化治疗提供可参考的实验依据和奠定相关的理论基础。

笔者通过建立人口腔鳞癌的体内外诱导分化模型，采用光学显微镜、透射电子显微镜、流式细胞技术、免疫组织化学法、原位杂交技术、原位末端脱氧核糖核苷酸转移酶标记技术（TUNEL）等实验方法，检测植物激素作用后的口腔鳞癌细胞的表面分化标志物、细胞形态、细胞生长抑制、细胞超微结构、半胱胺酸天冬氨酸蛋白酶-3（caspase-3）mRNA表达、细胞凋亡率、DNA含量、裸鼠成瘤能力抑制以及体内实验中裸鼠实验实体瘤的常规病理学改变和caspase-3 mRNA表达等方面的改变。

结果表明，实验中的脱落酸（abscisic acid，ABA）、茉莉酮酯酸（jasmonic acid，JA）和甲基茉莉酮（methyl jasmonate，MJ）三种植物激素均对体外培养口腔鳞癌细胞的生长有抑制作用。透射电子显微镜和细胞表面分化标志物的检测结果提示，肿瘤细胞存在向正常细胞转化的趋势。透射电镜下可见经植物激素作用后的癌细胞内存在染色质固缩，异染色质较多，染色质呈块状。细胞膜微绒毛几乎消失，细胞质出现少许空泡，细胞器减少，细胞器的功能已经出现改变，细胞质中张力原纤维消失，核切迹消失。有些细胞出现明显的凋亡特征：染色质集聚、归边，核膜消失，胞内容物出芽，有些粗面内质网发生病变，出现膨胀改变。癌细胞抑制率呈现出时间及剂量依赖性效应关系。植物激素实验组中肿瘤细胞的表面分化标志物(包壳蛋白和维 A 酸受体 β)明显较对照组增高；原位杂交检测植物激素作用后的口腔鳞癌细胞发现，植物激素能上调 caspase-3 mRNA，明显高于对照组，并启动了细胞凋亡；流式细胞仪检测数据表明实验组肿瘤细胞的 DNA 指数下降，G_0/G_1 和 G_2M 期时相比例明显上升，而 S 期下降；实验组肿瘤细胞的凋亡指数上升；统计数据显示三种植物激素在同一浓度下对口腔鳞癌细胞的诱导分化能力由强到弱依次为 MJ、JA、ABA。同时，体内实验也证实了三种植物激素对裸鼠移植瘤的生长有抑制作用，常规 H-E 切片镜下见分化较为成熟的角化珠和分化趋于成熟的肿瘤细胞，原位杂交技术提示 caspase-3 mRNA 表达量在三种植物激素中同一浓度下存在明显差异。通过以上实验数据笔者认为三种植物激素 ABA、JA、MJ 对体内外肿瘤细胞的增殖有明显抑制作用，并能诱导肿瘤细胞转变为成熟的或接近成熟的正常细胞，恢复细胞的正常或接近正常的表型与功能，出现细胞凋亡。三者均可作为口腔鳞癌的诱导分化剂，三者的诱导分化能力存在差异。植物激素对口腔鳞癌细胞的诱导分化作用其可能机制为植物激素作用于癌细胞，通过与相关的受体结合并上调视黄酸受体 β(*rarβ*)基因转录水平，导致包壳蛋白(involucrin)表达增加，出现癌细胞的张力微丝量的改变、异染色质增加和细胞膜上微绒毛减少，进而实现向正常细胞转化，趋于成熟或接近正常细胞，从而发挥细胞生理功能，并通过细胞内信号传递系统，促进 caspase-3 mRNA 的活性增高，最终导致癌细胞产生凋亡。

人端粒酶反转录酶启动子诱导 *trail* 基因靶向表达治疗涎腺肿瘤的实验研究

(摘　要)

吉林大学口腔医学院博士研究生　苏涛　导师　孙宏晨

肿瘤基因治疗是继化疗、放疗和手术治疗等传统治疗方法之后出现的一种全新治疗方法，它通过将治疗基因导入肿瘤内，或体外修饰肿瘤细胞或免疫效应细胞并回输这些细胞，以达到治疗肿瘤的目的。目前这一肿瘤治疗模式正日益引起人们的关注，众多学者对包括涎腺肿瘤在内的多种肿瘤进行了广泛的研究，其中恢复肿瘤细胞的凋亡程序是肿瘤基因治疗的一项有意义的策略，以应用凋亡诱导基因直接诱发肿瘤细胞发生凋亡的方法为主。但基因治疗存在的一个突出问题就是基因转染缺乏良好的特异性(或靶向性)，从而阻止了基因治疗在临床上的应用。

尽管如此，寻找无毒副作用又具有靶向性的基因转移载体仍然是涎腺肿瘤基因治疗研究中的一个新目标。目前常用的方法是，利用肿瘤特异启动子使目的基因在特定的组织、细胞或器官中表达，从而达到靶向性治疗的目的。近年来，在细胞永生化和癌症发生中起主要作用的端粒酶比较引人注意，该酶是一种依赖于 RNA 的 DNA 聚合酶，主要负责染色体末端或端粒的复制，在永生化细胞系和 85% 以上的人体癌组织中都具有较高的活性，而在大多数正常体细胞中则无活性，因此端粒酶作为肿瘤特异性标记物和基因治疗的新靶点很有应用潜力。人端粒酶主要由人体自身的 RNA 模板及数个相关蛋白构成，其中最主要的是其催化亚基——人端粒酶反转录酶(hTERT)，对端粒酶活性表达起限速作用。端粒酶的激活受 *htert* 基因转录机制的调控。已经证实 hTERT 启动子在端粒酶阳性细胞(如肿瘤细胞)中的转录活性明显高于在端粒酶阴性细胞中的转录活性，它能有效地诱导抗肿瘤基因在肿瘤细胞中高效、靶向表达，而在正常组织中则没有表达(干细胞和胚胎细胞除外)，且其转录活性与巨细胞病毒(CMV)启动子相近。因此，hTERT 启动子作为一种作用较强、普遍适用的肿瘤特异性启动子，将赋予基因表达载体系统很高的肿瘤靶向特异性，在涎腺肿瘤靶向基因治疗中将具有广阔的应用前景。

腺样囊性癌(adenoid cystic carcinoma, ACC)在涎腺恶性肿瘤中较为常见，易于早期浸润神经、早期转移，手术后常遗留较明显的颌面部畸形，且易复发，对放疗、化疗不敏感，因此严重影响患者的生存质量。本研究以该肿瘤为代表，探讨 hTERT 启动子对涎腺肿瘤进行靶向基因治疗的可行性。

一、研究方法

1. 首次利用兔抗人 hTERT 多克隆抗体 H-231 和免疫组化法(SABC 法)对涎腺腺样囊性癌石蜡组织标本、涎腺囊肿标本(正常对照组)及高转移性腺样囊性癌细胞株(SACC-83)的 hTERT 表达情况进行定位和定性研究。

2. 分别用以巨细胞病毒启动子和 hTERT 启动子诱导增强型绿荧光蛋白(EGFP)基因表达的真核质粒表达载体 pAC-CMV-*egfp* 和 pACTERT-*egfp* 在脂质体介导下转染 SACC-83 细胞，然后在荧光显微镜下观察，分别在普通光及荧光下拍照，通过图像分析系统统计每组高倍镜下显示荧光的细胞数平均值，并计算转染效率。

3. 用真核质粒表达载体 pACCMV-*trail* 和 pACTERT-*trail* 在脂质体介导下分别转染 SACC-83 细胞和正常人成纤维细胞——HEL 细胞，通过反转录-聚合酶链反应(RT-PCR)检测 *trail* 基因的表达，MTT 法观察 *trail* 基因表达对肿瘤细胞和正常细胞增殖的影响以及流式细胞仪进行细胞凋亡的检测，验证 hTERT 启动子调控 *trail* 基因靶向性治疗的作用。

4. 在国内首次通过同源重组法构建了含有 hTERT 启动子的复制缺陷型腺病毒载体 AdTERT-*trail* 以及阳性对照载体 AdCMV-*trail*，转染 SACC-83 和 HEL 细胞后，分别通过 RT-PCR、MTT 法、流式细胞仪等检测手段，观察其对端粒酶阳性的涎腺肿瘤细胞增殖的影响。

二、研究结果

1. 免疫组化结果表明，腺样囊性癌组织标本 hTERT 活性呈高表达，正常对照组呈阴性或弱阳性表达，两者差异具有统计学意义。hTERT 蛋白主要位于细胞质，少部分在细胞核同时表达，SACC-83 细胞经染色也呈阳性反应，染色部位主要位于细胞质内。提示 hTERT 的活性水平可能与腺样囊性癌的恶性程度及预后有关，为进行下一步靶向转基因实验奠定了基础。

2. 转染 24 h 后即可见发绿色荧光的细胞；48 ~ 72 h 阳性细胞明显增多，强度增强，未转染基因组细胞未见荧光表达。转染效率与脂质体和质粒的比例有关，在质粒

2 μg，脂质体 8 μL 时，可达到 30% 以上的转染效率，基本满足了瞬时表达载体的要求，为进一步构建带有 *trail* 基因的表达载体并转染 SACC-83 细胞提供了实验依据。

3. hTERT 启动子可调控 *trail* 基因仅在端粒酶阳性的 SACC-83 细胞中特异表达，诱导肿瘤细胞凋亡，抑制肿瘤细胞增殖；而在端粒酶阴性的 HEL 细胞中，hTERT 启动子的活性不被激活，*trail* 基因不能表达，对细胞增殖没有明显的影响，细胞凋亡不明显。CMV 启动子因缺乏靶向性，使外源 *trail* 基因对 SACC-83 细胞和 HEL 细胞均产生杀伤作用。另外，hTERT 启动子和 CMV 启动子在 SACC-83 肿瘤细胞中的转录活性基本相当，用其替代 CMV 启动子对涎腺肿瘤进行基因治疗有可能极大提高治疗安全性。

4. 缺陷型腺病毒载体 AdTERT-*trail* 和 AdCMV-*trail* 转染 SACC-83 和 HEL 细胞后，所得到的结果与用质粒载体转染得到的结果一致，但 AdTERT-*trail* 对 SACC-83 细胞的转染效率及诱导细胞凋亡的比例都明显高于质粒载体，说明 AdTERT-*trail* 对 SACC-83 细胞具有良好的靶向转基因作用。

三、研究结论

本研究首次利用 hTERT 启动子介导促凋亡基因进行涎腺肿瘤的基因治疗研究，证实了 hTERT 启动子对 SACC-83 细胞有良好的靶向转基因作用，为下一步动物体内的抑瘤实验及研究 hTERT 启动子对其他涎腺肿瘤的靶向转基因能力，以进一步验证 hTERT 启动子在涎腺肿瘤靶向基因治疗中的作用奠定了基础，同时为临床开展高效、定向和无创的涎腺肿瘤基因治疗提供可靠的理论依据和实践经验，有望为涎腺肿瘤的治疗开辟新途径。

腮腺放射损伤结构及功能动态变化和转导水通道基因治疗研究

（摘　要）

首都医科大学口腔医学院博士研究生　单兆臣　导师　王松灵

目前，头颈部恶性肿瘤治疗尽管有新技术出现，但头颈部放疗仍是其主要治疗手段，而头颈部放疗不可避免损伤唾液腺，导致口腔干燥进而引起一系列口腔疾病。迄今为止对唾液腺放射损伤的结构及功能特点还不十分清楚，唾液腺放射损伤尚无有效的治疗方法。关于唾液腺放射损伤的动物实验及临床研究已有不少报道，但较系统动态观察其放射损伤的形态及功能动态变化的报道较少，尤其是非照射侧唾液腺的形态及功能变化报道极少。以往动物实验研究多用大鼠，缺乏与人类相似较为理想的唾液腺放射损伤动物模型。

水通道基因转导研究对此病症的治疗带来新的希望。Delporte 等(1997)的研究发现，腺病毒介导的人水通道基因能明显改善放疗后的大鼠颌下腺的唾液流率，但是尚未在大型哺乳类动物得到验证。本课题组最早开发小型猪进行唾液腺研究，研究表明小型猪腮腺的形态及功能与人类相似。王松灵等(1998)认为，小型猪是研究唾液腺较理想的动物，并已完成小型猪腮腺基因转导研究。

本研究拟通过观察腮腺放射损伤的结构及功能动态变化特点，建立小型猪腮腺放射损伤动物模型，在此模型上进行腺病毒介导的水通道基因转导治疗腮腺放射损伤的研究。研究分以下两部分进行。

一、小型猪腮腺放射损伤动物模型的建立

通过观察腮腺放射损伤的结构和功能动态变化特点，旨在建立小型猪腮腺放射损伤动物模型，为应用此模型进行水通道基因治疗唾液腺放射损伤的研究打下基础。

采用中国农业大学动物科学研究所实验用 8 月龄小型猪 18 只，每只体质量 30 ~ 40 kg。首先行一只猪的腮腺造影，CT 检查，根据小型猪腮腺形态进行三维适形技术放射设计，使放射剂量能精确局限于腮腺腺体。采用直线加速器单一剂量放射，将实验动物分为 3 组，一组放射剂量为 15 Gy($n=7$)，一组为 20 Gy($n=7$)，分别相当于临床常规分割放射(每周 2 次，每次 2 Gy)36 Gy 和 56 Gy，另一组($n=4$)按相同程序处理，但不给予照射。观察放疗前和放疗后 4 周、16 周腮腺唾液流率、腮腺唾液生化、血常规、血清生化和腮腺组织结构变化及定量组织学分析，并观察腺体质量变化。通过观察发现 20 Gy 组 4 周及 15 Gy 组 16 周时腮腺唾液流率均明显下降达 50%，20 Gy 组 16 周时腮腺唾液流率下降约 80%。两组中腮腺唾液均表现为钙离子及淀粉酶明显下降，钾离子明显升高。两组腮腺腺体质量 4 周及 16 周均下降 50%，腮腺腺泡细胞面积在 4 周及 16 周均明显下降。血清生化及血常规有短暂变化。20 Gy 组，非照射侧腮腺唾液流率 16 周明显下降达 50%，15 Gy 组也下降约 26%，非照射侧腺体质量在 4 周及 16 周无明显减少，组织学检查亦未见腺体明显变化。

结果显示，腮腺放射损伤形态变化出现较早，功能下降相对较晚，功能低下与其形态变化并不完全一致。非照射侧形态无明显变化，功能明显下降，发生机制不详。

研究表明单一 20 Gy 照射 3 个月后能较好建立小型猪放射损伤动物模型。

二、腺病毒介导的水通道基因转导治疗腮腺放射损伤的动物实验研究

本研究旨在研究腺病毒介导的水通道基因治疗小型猪腮腺放射损伤的效果及其相应表达的关系。

采用 19 只实验用小型猪，一侧腮腺给予 20 Gy 放射剂量照射，另一侧作为空白对照。分 5 组分别转导 10^9 pfu AdCMVh AQP1 (7 只)、10^9 pfu AdCMVLuc(6 只)、10^8 pfu AdCMVh AQP1(2 只)、10^8 pfu AdCMVLuc(2 只)和缓冲液组(2 只)，在转导前及转导后 3 d、7 d 和 14 d 观察小型猪腮腺唾液流率和腮腺唾液生化，同时检测血常规和血清生化的变化，并进行基因转导后 3 d 和 14 d 的腮腺组织病理、超微病理、免疫组化定位及 Western blot 检测水通道蛋白的表达。

结果发现，10^9 pfu AdCMVh AQP1 转导后 3 d，腮腺唾液流率明显增加，平均增加 (136.7 ± 25.7) μL/min，平均恢复到放射前腮腺唾液流率的 81% ± 18% ($P=0.02$)；转导后 7 d，腮腺唾液流率仍达到放射前的 69% ± 20% ($P=0.058$)，14 d 下降更明显，基本上为转导前水平。转导 10^9 pfu AdCMV-Luc、10^8 pfu AdCMVh AQP1、10^8 pfu AdCMV-Luc 及缓冲液组均未见腮腺唾液流率明显变化。腮腺唾液离子成分分析表明，放射后腮腺唾液离子成分尤其是 K^+ 明显升高，10^9 pfu AdCMVh AQP1 转导后，腮腺唾液流率明显增加，相应的 K^+ 质量浓度下降到放射前水平。免疫组化 AQP1 主要表达在导管上皮，在腺泡细胞有部分表达，而转导 AdCMV-Luc 等未见 AQP1 表达。Western blot 检测示转导 AdCMVh AQP1 腺体明显增加相

对分子质量为 2.8×10^4 的水通道蛋白条带。组织及超微病理、腮腺组织表现炎性反应。

研究表明 10^9 pfu AdCMVh AQP1 明显增加小型猪腮腺放射损伤唾液流率，唾液流率增加与水通道基因表达一致，转导水通道基因具有治疗唾液腺放射损伤的临床应用价值。

（该论文获首都医科大学 2005 年优秀博士学位论文一等奖。）

颞下颌关节骨关节病髁突软骨差异表达基因的实验研究

（摘　要）

北京大学口腔医学院博士研究生　孟娟红　导师　马绪臣　马大龙

一、研究目的

为进一步探索颞下颌关节骨关节病发病的分子机制，本研究利用基因芯片技术高通量地筛选颞下颌关节骨关节病髁突软骨与正常髁突软骨之间的差异表达基因，建立颞下颌关节骨关节病发病过程中的总体基因表达改变图谱。

二、研究方法

1. 采用一侧部分关节盘切除的方法建立大鼠颞下颌关节骨关节病动物模型，然后采用组织学方法对造模后不同时间点髁突软骨的病理改变情况进行检查及病理学分期。

2. 利用 Affymetrix 基因表达谱芯片 RAE230A 分别对正常髁突软骨，病变早期和晚期髁突软骨的基因总体表达情况进行检测，初步筛选病变髁突软骨与正常髁突软骨之间的差异表达基因。

3. 根据基因本体论（gene ontology，GO）对所筛选的差异表达基因进行分子功能分类和生物学过程分类，并根据其表达模式的不同运用自组织图法进行聚类分析。

4. 分别采用反转录-聚合酶链反应（RT-PCR）技术和实时定量 PCR 技术对部分芯片检测结果进行 mRNA 表达水平的验证，以确定芯片检测结果的可靠性。

三、研究结果

1. 本研究中建立的颞下颌关节骨关节病动物模型的组织病理学检查表明，在所观察的时间范围内，手术侧髁突呈进行性骨关节病样改变。其中术后 4 周和 12 周的髁突改变情况分别符合骨关节病早期和晚期的病理变化。

2. 在动物模型基础上，利用基因芯片技术检测了颞下颌关节骨关节病发展进程中基因总体表达水平的改变情况。在所检测的 15 923 个转录本中，1 279 个呈统计学差异表达（$P<0.05$），其中 138 个基因在颞下颌关节骨关节病发病过程中的表达改变（上调或下调）在 2 倍或 2 倍以上。

3. 根据 GO 分类，所筛选出 138 个差异表达基因分别涉及不同的分子功能分类，并参与多个生物学过程。根据其表达模式的相似性，这些基因主要为四大类。其中部分基因在以往的骨关节病研究中已有所报道，如一些基质降解酶及其抑制剂、细胞生长、细胞凋亡及骨形成与破坏等方面的基因。此外，本研究还发现了一些以往从未在骨关节病研究中报道过的基因，如 *aqp*-3、*spp*-2、*nov*、*dkk*-3、*egln*-3 等，这些基因在骨关节病的发展过程中呈持续上调表达趋势，提示其在骨关节病的发展过程中可能起某些重要作用。

4. 采用传统的RT-PCR技术和实时定量PCR技术对部分差异表达在2倍以上的基因进行了mRNA水平的验证，结果表明它们与基因芯片的结果相符合，进一步证实了本研究中基因芯片检测结果的可靠性。

四、研究结论

1. 本研究成功地建立了大鼠颞下颌关节骨关节病动物模型，并根据其组织病理学特征进行了分期。

2. 本研究首次应用基因芯片技术高通量地筛选出了颞下颌关节骨关节病髁突软骨与正常髁突软骨之间的差异表达基因，并建立了颞下颌关节骨关节病发病过程中的总体基因表达改变图谱。

3. 颞下颌关节骨关节病的发展过程为一复杂的、多基因协同作用的生物学过程。通过对部分已知功能基因表达变化的分析发现，在该过程中基因功能改变分别涉及基质蛋白酶与蛋白酶抑制剂之间的失衡、软骨合成代谢的抑制、骨形态发生蛋白的抑制、骨保护因子与破骨细胞诱导因子之间平衡的破坏以及一些凋亡相关基因的表达上调等，其共同作用的结果可能与该病发展过程中软骨的进行性破坏密切相关。

4. 本研究首次发现了一些以往从未在骨关节病研究中报道过的基因，如*aqp*-3、*spp*-2、*nov*、*dkk*-3、*egln*-3等，对这些基因的进一步研究将可能为该病发生的分子机制研究及治疗提供新的思路和策略。

下颌髁突软骨细胞力学信号转导机制的研究

（摘　要）

第四军医大学口腔医学院博士研究生　张旻　导师　王美青

力学信号转导是指将生物力学刺激转化为细胞反应的过程，它是活体组织适应周围力学环境而具有广泛生理功能的重要机制。力学信号转导涉及多种组织的许多重要生理过程。颞下颌关节（TMJ）是人体内唯一保持较强终身改建能力的负重关节，其生长发育和改建的动力来自于下颌运动时应力敏感的关节软骨上所承受的压力负荷。软骨细胞可以很好地感受力学、离子与渗透等信号刺激并与其他因素如激素、基因调节子及环境等的影响整合而调节其代谢活动。这种代谢调节是维持关节健康、结构完整及功能正常所必需的。多年来，TMJ受力的生物力学研究和TMJ改建的生物化学研究始终是颞下颌关节病学领域研究的两大热点，越来越多的证据表明正是TMJ的负荷导致了TMJ的组织改建。

然而，这两个过程之间的信号转导是如何完成的，即改建过程的主要承担者髁突，尤其是应力敏感的关节软骨是如何将生物力学信号转导为基本生命活动信号的过程，国内外尚缺乏文献报道。TMJ承力方式的独特性与重要性和其上覆盖继发性软骨的特点，使得对下颌髁突软骨力学信号转导机制的研究十分必要。笔者采用细胞培养方法对其进行了以下研究。

一、研究方法

（一）下颌髁突软骨细胞体外培养模型的建立

采用消化法进行下颌髁突软骨细胞(MCC)原代培养，反复贴壁法纯化，Ⅱ型胶原染色鉴定阳性。所培养细胞生长状态良好，其软骨细胞表型至少能够保持三代稳定，且反映其生长增殖能力的生长曲线正常。在体外培养时可经历与在体状况相似的成熟过程，并具有与在体的关节软骨相似的生物学活性。从而为该细胞力学信号转导的研究提供良好的培养模型。

(二) 可控液压细胞加载装置的建立及压力条件的筛选

仿照 Yousefian 系统建立液压细胞加载装置，从而保证对体外培养的髁突软骨细胞产生精确可调的液压。以细胞增殖及碱性磷酸酶(AKP)活性为指标，按照不同力值、不同时间的压力条件组合筛选对体外培养的MCC适宜的力学刺激，并尽量使所培养细胞经历最短的体外刺激时间，确定可促进细胞AKP活性而不影响细胞增殖活性的90 kPa持续1 h的压力组合为短时程压力作用标准，而对细胞增殖活性产生明显抑制效应的90 kPa/h持续6 h的压力组合为长时程压力作用标准，进行下一步对MCC力学信号转导机制的研究。

(三) 髁突软骨细胞力学信号转导机制的研究

1. 力学信号转导通路的检测　采用原位杂交方法检测MCC中整合素随力学刺激的变化，考马斯亮蓝染色方法显示细胞骨架系统，用异硫氰酸荧光素(FITC)标记的鬼笔环肽荧光染色显示微丝肌动蛋白(F-actin)在细胞中的分布。采用Western blot方法检测受力前后MCC中G蛋白的含量；激光扫描共聚焦显微镜下观察压力对髁突软骨细胞内钙的影响特征，通过对三磷酸肌醇受体(IP_3R)及雷诺定受体(RyR)两类钙离子通道的分别阻滞，观察IP_3R通道与压力作用间的关系；免疫组化方法观察MCC中蛋白激酶C(PKC)的表达及分布情况和C-Fos蛋白在MCC将机械力信号向生物学效应转换过程中的作用；Western blot杂交和免疫组化染色的方法观察受力前后细胞外信号调节激酶(EKR)和N末端激酶/应激活化蛋白激酶(JNK/SARK)的表达及分布的变化。

2. 两条信号通路间的交互作用　采用免疫荧光双标的方法探究Gαq/11蛋白与F-actin之间的关系。考马斯亮蓝染色的方法观察IP_3R通道阻断对细胞骨架系统在压力刺激下重组的影响。

3. 压力刺激对髁突软骨细胞的生物学效应　透射电镜下观察受力前后髁突软骨细胞的状态；收取细胞培养上清液，采用化学比色法检测氧化亚氮(NOS)酶活力；放射免疫分析法检测细胞培养上清液中的6-Keto-$PGF_{1\alpha}$；免疫组化染色观察IL-4、6在MCC细胞受压前后表达的变化；原位杂交的方法检测MCC中聚集蛋白聚糖(aggrecan)的mRNA水平。

二、研究结果和结论

1. 纵观髁突软骨细胞的力学信号转导通路，压力作用下MCC的力学信号转导主要是通过整合素-细胞骨架系统的传递过程及通过跨膜信息转导分子G蛋白的转导过程。在前一过程中，适宜的压力(90 kPa /h)作用可使MCC中α_5整合素及β_1整合素mRNA上调，进而导致细胞骨架和F-actin的表达增强、排列致密及应力纤维的装配。在后一过程中，胞膜信号分子G蛋白表达上调，激活磷脂酶C水解细胞膜上的磷脂，释放三磷酸肌醇(IP_3)和二酯酰甘油(DAG)，IP_3再激活细胞内游离Ca^{2+}的一过性升高，而DAG激活PKC，引起MCC中PKC表达的增强及向细胞膜和细胞核的转位。进而促进其下游蛋白质的磷酸化；丝裂原活化蛋白激酶(MAPK)信号转导通路被激活，导致细胞

ERK及JNK/SARK表达增强并由细胞质向细胞核转位，从而使力学信号进一步传向细胞核，引起核内立即早期基因*C-Jun*表达。通过这样两条信号通路，压力可以引起MCC细胞增殖、微绒毛伸长、AKP活性升高、NOS分泌增加、前列腺素水平降低以及白细胞介素-4、6分泌增强和软骨*aggrecan*基因的上调等广泛的生物学效应。而这两条通路中又有许多分子间存在交互作用，如Ca^{2+}参与了力学作用下细胞骨架的重组过程、G蛋白与F-actin在MCC中存在共分布现象等。以上研究从细胞水平揭示了颞下颌关节生物力学信号转导的机制。

2. 横向比较短时程压力刺激(90 kPa持续6 h)和长时程压力刺激下(90 kPa持续6 h)髁突软骨细胞的各力学信号转导分子的表达、细胞功能状态及合成分泌特点，发现长时程压力作用下MCC增殖活性受抑，细胞凋亡增多，此时在诸多信号分子中只有β_1整合素、JNK1及IL-4的表达与相应的短时程压力组相比呈现持续升高的态势，提示这三种分子与过度压力导致髁突软骨发生病理性改建的过程密切相关。而α_5整合素、G蛋白、PKC、ERK1、NO、PG、IL-6等信号分子的表达均比90 kPa加压1 h时明显降低，但仍高于对照组的表达水平，提示这些分子也参与了长时程压力MCC的力学信号转导过程。但随着承受压力时间的延长会产生“适应”反应，表达水平因而会逐渐恢复至正常水平。此外，F-actin、细胞内Ca^{2+}及其IP_3R通道等信号分子的变化在90 kPa作用6 h时已恢复至正常水平，表现为对继续的压力刺激“无应答”的状态，这提示过度压力刺激可能会导致MCC骨架系统弹性破坏及细胞内钙库的耗竭。

通过本系列研究证实适宜的压力刺激可促进MCC功能处于活跃状态，以利于进行性改建过程的发生；而过度的压力则可使髁突软骨细胞功能受抑，从而可能导致TMJ发生退行性改建。压力信号是通过整合素-细胞骨架通路和G蛋白通路两条信号转导途径启动改建过程的，但不同的信号分子在两种不同改建过程中的作用不尽相同。

膜引导组织再生和细胞种植工程技术修复兔面神经缺损的实验研究

（摘　要）

山东大学博士研究生　徐欣　导师　魏奉才

面神经是维持颌面部美观和功能的重要神经，因其位置表浅易受损伤。近年来在外周神经修复方法上有两种截然不同的观点，一是接触引导学说，认为神经修复时必须有断端之间的接触连接，才能获得良好的再生，这是神经移植的理论基础。二是营养趋化理论，认为在神经断端之间保留一定的空间，可以得到更好的修复效果；其理论依据是神经断端的非接触性修复为机体自然状态下所特有的自行恢复趋向提供了空间，近神经元侧断端的神经纤维在特殊神经趋化和营养因子的诱导作用下，会自然地、选择性地长入缺损远侧端相对应的空膜管内，并朝相应的靶器官生长，克服了神经移植时因缝合造成的神经纤维错向对位、神经-效应器失配的问题，因而神经修复时得到较好效果。神经的营养趋化理论认为以下两种条件是神经再生所必需的：一是适合神经再生的通道，二是适合神经再生的微环境。

营养趋化理论给神经修复带来了全新的思路，人们开始研究如何为缺损的神经提供一适宜的再生室，既保证再生的道路通畅，又满足生长所需的环境条件，特别是有利于趋化作用的发挥。因为神经再生是一个多种因素参与的复杂过程，所以目前关于神经再生室的材料与方法应用尚处于实验探索阶段。

基于上述理论，本研究围绕面神经缺损后的修复问题进行了一系列的动物实验，从探寻理想的神经再生室材料入手，将引导组织再生技术引入面神经修复中，比较各种再生室材料的作用，直至神经膜细胞的培养、植入，以及细胞组织工程化人工神经管的应用尝试等。在实验中得出了一些有价值的结论，有望为临床上进一步提高面神经修复的速度和质量提供依据。

一、聚四氟乙烯膜管引导神经组织再生作用的实验观察

采用成年家兔制成面神经缺损的动物模型，选用上海塑料研究所生产的聚四氟乙烯膜(e-PTFE)制作膜管(膜厚度 0.15 mm，微孔径 10 ~ 30 μm)桥接动物的神经缺损，术后 3 个月电生理学、组织学观察结果表明，e-PTFE 膜管可为轴突的再生提供通路和支架，并可维护神经再生的良好环境。

二、膜引导组织再生术与自体神经移植术修复面神经缺损的效果比较

选用成年家兔制成面神经缺损动物模型，分别用 e-PTFE 引导神经组织再生术和自体神经移植修复面神经，术后 3 个月作电生理学、组织学观察。结果表明，膜引导神经组织再生术具有与神经移植修复相同的效果，并具有操作相对简单、不增加手术创伤、无需神经供体等优势；尤其是通过再生室桥接神经缺损的两端，使神经断端之间保留了一定的间隙，十分有利于营养和趋化作用的发挥，提高神经修复后功能恢复的质量。因此，从理论上讲，膜引导组织再生术远期效果好于神经移植术。

三、e-PTFE 与几种常用材料修复面神经效果比较

以上实验表明，e-PTFE 可作为面神经再生室的优良材料。为了更客观地评价其作用，将其与其他几种常用材料进行比较，做了以下实验：

1. 选用成年家兔随机分为 3 组，A 组：膜引导组织再生术组，B 组：硅胶管组，C 组：静脉桥接组。术后 3 个月行电生理学、组织学观察，结果证实 3 种方法均有效，但 e-PTFE 桥接法效果更显著。因此，可认为 e-PTFE 是较好的神经再生室材料。

2. 观察在 e-PTFE 膜管内加入神经生长因子，满足神经再生需要的通路以外的另一基本条件，即良好的再生微环境，是否能提高面神经修复质量。选用成年家兔随机分为 2 组，A 组：膜引导组织再生术加神经因子组；B 组：膜引导组织再生组。术后 1、3 个月电生理学、组织学结果表明，A 组效果明显好于 B 组($P < 0.05$)。说明膜引导组织再生术和神经因子互补且有协同相加的作用。

3. 基于神经组织匀浆可以释放多种神经生长因子的研究报道，本实验旨在观察将自身神经组织匀浆注入 e-PTFE 膜管修复面神经缺损的效果。采用新西兰纯种大白兔，右侧为匀浆加 e-PTFE 组，左侧为 e-PTFE 空管组。术后 4、8、12 周电生理学、组织学观察结果表明，自身神经组织匀浆组神经恢

复的程度好于对照组($P<0.01$)。其机制可能是：自身神经组织匀浆含有①活性神经膜细胞，②髓鞘、轴突及神经膜细胞分解碎片，③各种神经生长因子。

4. 神经膜细胞在神经再生过程中处于至关重要的核心地位，其持续分泌的各种有利于神经生长的活性物质所构成的微环境与机体真实状况最为贴近。本实验采用双酶消化法和L-多聚赖氨酸特异性黏附法进行了神经膜细胞的快速培养、提取和纯化。结果证明，此方法可以在短时间内获得足够数量纯度较高的有活力的神经膜细胞，并得出双酶消化法的最佳消化时间是50 min。

5. 利用实验4的方法，在使用e-PTFE桥接面神经缺损的同时，将快速体外培养获得的自身神经膜细胞植入膜管内，并观察其效果，将新西兰纯种白兔随机分为A组：e-PTFE膜管植入神经膜细胞，B组：单纯膜管对照组，C组：硅胶管对照组。术后6、12、16周时行电生理学、组织学、电镜观察及免疫组化等检查。结果显示，e-PTFE膜管内植入神经膜细胞组的效果显著优于其他两组($P<0.01$)。

四、研究结论

1. 膜引导组织再生术可以用于面神经缺损后的修复，并获得较好的效果。其中e-PTFE膜管效果最好。这与此膜管结构中的微孔以及所具有的通透性关系最密切。

2. e-PTFE膜管内添加单一的神经生长因子或自身神经组织匀浆都可以不同程度地提高神经修复效果，但都不能成为最佳方法。

3. 快速培养的自身神经膜细胞植入神经再生导管内可以明显提高神经修复的质量和速度，有望成为临床上神经修复的有效方法。

4. 利用双酶消化法和L-多聚赖氨酸特异性黏附法进行纯化，可以在短时间内获得足够数量的、纯度达95%的、有活力的自身神经膜细胞，为此方法的临床应用奠定了基础。

5. e-PTFE膜管桥接和自身神经膜细胞植入同时应用，在面神经修复中获得了本系列研究中的最佳效果。

齿科可切削氟硅云母玻璃陶瓷的烧结工艺优化及计算机配色研究

（摘　要）

第四军医大学口腔医学院博士研究生　李江　导师　王忠义

目前与口腔修复计算机辅助设计-计算机辅助制造(CAD-CAM)技术配套的齿科可切削陶瓷产品主要有玻璃渗透陶瓷、长石瓷和玻璃陶瓷3种，其中玻璃陶瓷(主要指云母玻璃陶瓷)因具备优良的美观性能、可切削性能和力学性能而被广泛应用。然而，采用传统熔融铸造法制备的商品化云母玻璃陶瓷，由于受到工艺自身的限制，难以通过添加色料达到满意的整体内着色，需进行外染色实现临床颜色匹配，长期使用后染色层会因磨损而丧失着色效果。而采用烧结法制备云母玻璃陶瓷，基本解决了整体着色的问题，但烧结引起的高气孔率和低致密度问题尚未得到很好解决，一定程度影响了材料的强度和透明度。

在颜色匹配方面，目前所有着色的切削陶瓷都是采用传统的人工配色方法，该方法对配色技术人员的色彩识别能力和配色经验要求很高，配色效果受主观因素影响较大，配色效率低下，可重复性较差，灵活性、适应性和兼容性都不够理想。近年发展起来的工业计算机配色技术，为颜色匹配的应用研究提供了一种崭新的思路和方法。将其应用到齿科材料色彩研究领域，有望彻底改变齿科陶瓷材料完全依靠人工配色的落后局面，但应用该技术对齿科着色可切削陶瓷进行配色的可行性和效果还有待进一步研究。

本研究通过对 K_2O-MgO-MgF_2-SiO_2 玻璃陶瓷系统烧结机制的研究，进行了烧结工艺参数的优化筛选，并以优化烧结工艺提高了该系统玻璃陶瓷的烧结性能，制备出结构致密、性能优良的氟硅云母玻璃陶瓷烧结体；通过添加锆基陶瓷色料，用优化烧结法二次着色工艺制备出整体着色的氟硅云母玻璃陶瓷，并研究了添加色料对其烧结行为和性能的影响；在制备单色玻璃陶瓷的基础上，应用三刺激值匹配法和全光谱匹配法两种计算机配色手段以 VITAMARKⅡ部分成品瓷块和 VITAPAN 3D-MASTER 选牙色板部分色片为目标色样匹配出系列颜色的氟硅云母玻璃陶瓷切削块，得到预期的配色效果，最终制备出具有较好力学性能并具备系列适合人牙颜色的云母玻璃陶瓷切削块供临床选择应用。

具体研究内容和结果如下。

一、氟硅云母玻璃陶瓷的烧结机制研究及工艺制度优化

（一）烧结温度对不同粒度氟硅云母玻璃陶瓷收缩率及微观形貌的影响

本系统玻璃陶瓷的致密化烧结过程属于典型的黏性流动机制，随烧结温度的升高，玻璃黏度下降，烧结收缩率增加。对于不同颗粒粒度的玻璃陶瓷烧结体，粒度小者收缩率明显大于粒度大者，提示选择小粒度粉体进行烧结有望提高烧结体的致密度。两种粒度的玻璃粉均在烧结过程的中温度段显示良好的烧结特性，出现明显的烧结机制变化，表明加强中温度段特征性温度的烧结，促进烧结体析晶前的致密化进程，然后快速升温到最终温度，可达到较理想的烧结致密度。

（二）保温时间和升温速率对不同粒度氟硅云母玻璃陶瓷收缩率及微观形貌的影响

以相同升温速率等温烧结时，两种粒度玻璃陶瓷的收缩率随着保温时间的增加均呈现升高趋势，但升高幅度有所差别，起始阶段升高幅度大，随着保温时间的延长而逐渐减缓，最终到达平衡状态。粒度小的玻璃陶瓷收缩率总体大于颗粒大者，小颗粒玻璃陶瓷达到最大收缩率的时间较大颗粒者明显缩短。升温速率越大则收缩率越大，对于两种粒度玻璃陶瓷均如此。最佳保温时间为小颗粒 1 h，大颗粒 4 h，最佳升温速率两者均为 10 ℃/min。

（三）最终烧结温度对氟硅云母玻璃陶瓷晶相结构及微观形貌的影响

采用力学性能测试、X 线衍射分析以及扫描电镜观察等手段，对制备氟硅云母玻璃陶瓷烧结体的最终烧结温度进行研究。结果表明，最终烧结温度在 1 100 ~ 1 200 ℃以内。烧结体内主晶相都是四硅氟云母晶体，但当温度超过 1 120 ℃后，随着温度的增加，晶体含量减少，玻璃相含量增加，虽然透明度有所改善，但力学性能明显降低。综合性能以 1 120 ℃烧结体为最佳。

（四）氟硅云母玻璃陶瓷的优化烧结法制备及其结构性能研究

采用小粒度粉体中温段强化烧结的优化工艺所制备的氟硅云母玻璃陶瓷，其晶相为纯粹的四硅氟云母，烧结体微观结构致密，气孔率低，晶体含量较高。综合性能总体优于其他同类玻璃陶瓷，三点弯曲强度可达到 (136.4 ± 7.1) MPa，断裂韧性达到 (1.66 ± 0.04) MPa · $m^{1/2}$，透射率为 0.29 ± 0.05。

二、氟硅云母玻璃陶瓷的着色研究

（一）着色氟硅云母玻璃陶瓷烧结体的制备及其结构性能研究

通过添加一定质量浓度的锆铁红、锆钒镨黄和镍黑色料，以烧结法二次着色工艺成功制备出整体着色的可切削氟硅云母玻璃陶瓷块。结果表明，在有效着色浓度范围内添加三种色料对玻璃陶瓷烧结体的热性能、机械性能、析晶行为、晶相结构以及微观形貌均无显著性影响。

（二）色料添加浓度与氟硅云母玻璃陶瓷色度值及反射光谱的关系研究

不同色料对着色氟硅云母玻璃陶瓷的色度值影响不同：锆铁红主要影响 a 值，锆钒镨黄主要影响 b 值，而镍黑则主要影响明度值；不同质量浓度的锆铁红、锆钒镨黄、镍黑烧结体的色度基本涵盖了人牙的色度值范围，在本实验最大色料质量浓度范围内进行适当质量浓度调整，可模拟绝大多数天然牙的色度变化；随着锆铁红、锆钒镨黄和镍黑色料质量浓度的增加，烧结体的光谱反射率曲线在特定的光谱吸收波长区内呈现良好的递减趋势，而吸收比曲线则表现为良好的递增趋势，不同质量浓度的曲线形态基本一致；随着色料质量浓度的等幅增加，三种色料烧结体的全波长 K/S 曲线也基本呈现等幅增长趋势；三种色料烧结体均满足 K/S 与质量浓度的线性关系，且线性相关性良好。由此判定，三种色料的单色梯度质量浓度烧结体光谱反射率数据准确可靠，符合构建计算机配色单色基础数据库的基本数据要求。

三、氟硅云母玻璃陶瓷的计算机配色研究

采用氟硅云母玻璃陶瓷的三刺激值及全光谱匹配法两种计算机配色方法，运用自行编制的配色软件分别对 VITAMARK Ⅱ 成品着色瓷块和 VITAPAN 3D-MASTER 选牙色板色片进行配色，得到系列颜色的氟硅云母玻璃陶瓷配色样。两种方法都基本达到预期的配色结果，全光谱匹配法配色精度优于三刺激值法，两者的配色样与目标样色差分别为 1.404 7 ~ 2.595 7 和 2.491 5 ~ 3.234 3。

壳聚糖磷酸化改性仿生构建骨再生材料

（摘　要）

四川大学华西口腔医学院博士研究生　李全利　导师　陈治清

由外伤、肿瘤、炎症以及人老龄化所造成的人体硬组织缺损，是目前口腔医学、临床医学亟待解决的难题。随着生物医学、材料学、仿生学的发展，人工合成材料在人体硬组织缺损修复中得到广泛应用，并且可克服自身骨组织移植和同种异体骨移植的缺点。

受天然生物体结构和功能的启发，采用仿生的思路进行生物材料的合成设计已有很久的历史。在传统的仿生学设计上，常采用传统的材料合成方法去模拟生物体系，但天然的矿化组织自组装的有序的等级结构是传统的材料合成方法所无法实现的。随着分子生物学、分子物理和纳米技术的发展，依据生物矿化过程的“有机基质调控”理论，生物大分子的自组装和纳米合成技术的联合应用，使仿生学进入了分子水平。

目前骨组织修复材料的仿生设计研究虽

模拟了骨组织组成的最低等级的结构，但分子水平的仿生合成还处于初期阶段，即用与无机相表面具有特殊作用的大分子作为模板或酶试剂，控制材料的组装。在生物矿化模板的设计上还存在一定缺陷。一方面，模板的选择不同于天然骨组织生物矿化中与磷灰石成核相关的大分子模板；另一方面，模板的设计存在生物相容性不良或来源有限和价格昂贵等问题。因此，在骨组织修复材料的分子仿生设计中，有机模板的选材与组装是目前研究的热点。

一、研究目的

本研究旨在为寻求一种新的生物矿化模板构建方式。

笔者对天然聚阳离子多糖——壳聚糖(chitosan，CS；现名为脱乙酰壳多糖)进行磷酸化本体改性，合成壳聚糖磷酸酯(phospho-rylated chitosan，PCS)，以PCS为研究工具，构建一种CS和PCS组成的聚电解质复合物(polyelectr-olyte complex，PEC)水凝胶，作为生物矿化的生物大分子模板，调控磷灰石(HA)晶体的形成与组装，仿生合成一种可降解的、可促进成骨细胞增殖和分化的新一代骨组织再生材料。

二、研究方法

(一) 酸化壳聚糖的合成与仿生矿化

1. 壳聚糖的甲黄酸溶液与P_2O_5反应，通过改变P_2O_5的量和反应时间，获得不同取代度(DS)的PCS。

2. 将PCS置入模拟体液(SBF)仿生矿化，评价PCS对HA形成的作用。

3. 将PCS和其矿化产物与成骨细胞共同培养，评价其细胞相容性。

(二) 壳聚糖-磷酸化壳聚糖聚电解质复合物水凝胶的组装与仿生矿化

1. 通过CS聚阳离子和PCS聚阴离子两溶液直接混合，控制反应条件，合成由CS-PCS组成的PEC水凝胶，作为生物矿化的有机基质模板的预组织形式，模拟骨组织的细胞外基质特点。

2. 将PEC水凝胶置入快速矿化液(ACS)中仿生矿化。

3. 将PEC-HA水凝胶复合体与成骨细胞共同培养，评价细胞相容性。

(三) PEC-HA微囊仿生骨再生材料的研制

1. PEC形成技术和药物缓释微囊技术相结合，将PEC的合成与其对HA晶体的组装一步完成，形成类似于骨矿化过程中的基质小泡性质的PEC-HA微囊新型骨组织再生材料。

2. 将PEC-HA微囊与成骨细胞共同培养，并评价其细胞相容性。

三、研究结果

1. PCS可以诱导磷灰石晶体的生成，且其诱导能力与DS有关系，较高取代度的PCS诱导HA形成的能力反而不如DS相对低的PCS；PCS不利于成骨细胞的附着和生长。

2. 合成的PEC水凝胶为多等级孔隙的互穿网络结构，大孔的孔径5~100 μm(平均60 μm)，构成大孔的壁又由无数的微孔组成，微孔的孔径为100~120 nm，组成微孔的纤维直径为0.1~5 μm。

3. PEC水凝胶在钙磷过饱和溶液中，可以诱导HA晶体的形成，调控HA晶体的形态和生长，这种PEC-HA水凝胶类似于骨组织的细胞外基质特点：三维的纳米复合水凝胶，含有氨基多糖和HA晶体；在生物学上，对成骨细胞表现了良好的生物相容性，可以促进细胞的增殖和分化，细胞在PEC水凝胶内呈三维立体生长，体外研究对成骨细胞的作用也优于常规HA生物陶瓷。

4. PEC-HA微囊类似于骨矿化过程中的基质小泡，大小为数微米至20 μm。在组成上，无机物的含量占总质量的70%，与骨组织类似，无机相为低结晶的含碳酸根的纳米级类骨磷灰石；在结构上具有复杂的微孔，HA晶体均匀分布于有机质中；微囊与成骨细胞体外培养，与成骨细胞具有良好的亲和性，可以调控成骨细胞的形态和生长。

四、研究结论

磷酸化壳聚糖可以作为骨组织修复材料仿生合成的一种有效工具，调控磷灰石晶体的成核、生长，大小和形态，其诱导矿化能力与磷酸根的取代度和物理性状有关。壳聚糖和磷酸化壳聚糖自组装形成的互穿网络的多等级孔隙的聚电解质复合物水凝胶，通过仿生矿化处理，形成一种新型的类似骨组织细胞外基质特性的新一代骨组织修复材料，可以促进成骨细胞的增殖和分化。仿生合成的类骨结构的PEC-HA微囊，具有复杂的微孔结构，HA晶体均匀地分布在PEC基质中，HA晶体结构类似于骨组织的纳米级含碳酸根的磷灰石晶体，具有优良的生物相容性，可以作为骨组织缺损的修复材料。

本研究建立了一种形成多等级结构的聚电解质复合物水凝胶的技术方法，同时也为三维纳米材料的合成提供了一种方法和技术，为新型骨组织修复材料的研制提供了一种新的方法。PEC-HA复合材料将是一种很有前途的新型骨再生材料。

文选·述评

口腔解剖生理学与殆学

咬合支持恢复前后海马内代谢物质变化的临床初步研究［江青松　姜婷　金真等．中华口腔医学杂志，2005，40(3)：223～226］

选取7例咬合支持长期丧失的老年右利手患者，进行活动义齿修复。在义齿修复前和义齿修复正常戴用6周后，应用质子磁共振波谱分析技术检测患者海马内神经物质代谢的变化情况，探讨咬合支持丧失和重建对脑内神经生化代谢的影响。结果表明，恢复咬合支持可能有助于改善神经元功能。

述　评

随着人口老龄化的趋势，咬合支持对神经系统功能的影响受到学者们的关注。海马是高级神经活动的重要中枢部位，也是容易受衰老影响的脑部位。作者运用无损伤的质子磁共振波谱分析技术，检测恢复咬合支持前后患者海马内神经物质代谢的变化情况，为从神经生化的角度证实咀嚼功能对脑功能的影响提供了一定的实验依据。

（易新竹　王艳民）

实验性咬合高点诱发头面部疼痛时的肌电分析研究［李健　姜婷　张震康等．实用口腔医学杂志，2005，21(3)：310～314］

在10名个别正常殆志愿者的牙尖交错位建立咬合高点，通过实验前后肌电图记录咬肌和颞肌的肌电变化，用疼痛示意尺记录受试者的头面颈部疼痛症状变化，探讨咬合高点对口颌系统功能的影响。结果发现，实验性咬合高点使姿势位颞肌前束的紧张度增加，用力咬合时双侧颞肌前束的肌电活动不对称。

述　评

长期以来，多数学者认为咬合高点可引起头面部疼痛，但缺乏明确实验结果的支持。绝大多数研究都采用动物实验，与临床实际有一定的差异。作者利用正常殆志愿者建立的实验性咬合高点更接近临床，对研究咬合高点对咀嚼肌和头面部疼痛的影响有一定的参考价值。

（易新竹　王艳民）

缺氧状态下人颞下颌关节滑膜成纤维细胞环氧合酶-2的表达及意义［柯金　龙星　刘羽等．中华医学杂志，2005，85(25)：1747～1751］

体外培养人颞下颌关节滑膜成纤维细胞，应用反转录-聚合酶链反应(RT-PCR)和Western印迹检测低(缺)氧不同时间段滑膜成纤维细胞环氧合酶-2(COX-2)与胶原酶表达水平，探讨其在颞下颌关节紊乱病(TMD)中的生物学作用。结果发现，低氧可导致人颞下颌关节滑膜成纤维细胞COX-2和胶原酶的表达增加。提示组织低氧是导致TMD的一个重要因素。

述　评

低氧-再灌注损伤在颞下颌关节紊乱病中的作用日益受到学者们的重视，TMD患者常见的不良习惯(紧咬牙、夜磨牙等)都会导致颞下颌关节关节囊内血液流动受阻，导致关节滑膜组织氧的体积分数降低。作者通过实验证实低氧可导致滑膜成纤维细胞环氧合酶-2和胶原酶的表达增加，即低氧可导致关节滑膜的炎性分泌物增加，引起关节组织的降解破坏，证明组织低氧是导致颞下颌关节紊乱病的重要因素之一。

（易新竹　王艳民）

发育性偏颌畸形对咀嚼运动的影响［董研　郭天文　刘洪臣等. 中华口腔医学杂志，2005，40(1)：74～77］

应用下颌运动轨迹描记仪，记录28例下颌发育性偏颌畸形患者和35例咬合正常个体的咀嚼运动情况。结果发现，下颌发育性偏颌畸形患者的双侧咀嚼运动不对称，一些咀嚼运动指标与咬合正常个体有显著差异。研究表明，偏颌畸形将加重TMJ的负载，对口颌系统造成损伤。

述　评

正常的解剖结构是行使功能的基础，下颌发育性偏颌畸形患者咀嚼器官左右不对称，后牙反䂳，咀嚼时缺乏正常的牙尖引导，可能对咀嚼系统造成损伤。作者应用下颌运动轨迹描记仪研究下颌发育性偏颌畸形患者的咀嚼运动情况，为明确偏颌畸形对咀嚼运动的影响提供了一定的实验依据，对预防和治疗咀嚼系统损伤提供了参考。

（易新竹　王艳民）

健康成人戴用软䂳垫紧咬运动时脑激活区域的功能性磁共振成像研究［王玉玮　马绪臣　金真等. 华西口腔医学杂志，2005，23(1)：57～59］

利用功能性磁共振成像技术，研究10例健康成人戴用软䂳垫后，不同任务状态下大脑功能区域的激活情况。结果发现，在不同的咀嚼功能状态下（戴䂳垫或不戴䂳垫，紧咬状态或休息状态），大脑功能区域的激活有明显的变化。作者认为，戴软䂳垫后紧咬运动脑皮层激活区域的改变可能是䂳垫作用机制的中枢机制。

述　评

䂳垫被广泛地应用于口腔临床治疗，尤其是颞下颌关节紊乱病和颜面疼痛的治疗，虽然疗效显著，但其作用机制仍不明了。作者采用功能性磁共振成像技术，研究不同咀嚼功能状态下大脑功能激活区域的变化，对明确䂳垫的作用机制有一定的理论意义，但样本量偏少。

（易新竹　王艳民）

单侧后牙反䂳者髁突开闭口运动轨迹的研究［任利玲　康　宏. 西安交通大学学报(医学版)，2005，26(3)：284～287，290］

应用计算机化的髁突运动轨迹描记仪，分析开闭口运动过程中，单侧后牙反䂳者髁突运动轨迹的变化。结果发现，单侧后牙反䂳患者髁突矢状向最大位移量显著小于正常䂳对照组，而水平侧向位移量大于对照组。随着年龄的增加，运动轨迹逐渐变得不对称。

述　评

单侧后牙反䂳是常见的错䂳畸形，正畸治疗中常忽视颞下颌关节的动态功能。该文作者应用髁突运动轨迹描记仪，精确记录下颌运动过程中，单侧后牙反䂳者髁突运动轨迹的变化特征，为进一步明确后牙反䂳对下颌运动的影响提供了一定的实验依据。

（易新竹　王艳民）

Ⅰ、Ⅱ、Ⅹ型胶原及碱性磷酸酶在鼠胚髁突软骨发生中的意义［李晓箐　刘来奎　易新竹等. 华西口腔医学杂志，2005，23(1)：11～13］

采用组织学和免疫组织化学染色法，研究14～18 d威斯塔鼠胚髁突软骨中Ⅰ、Ⅱ、Ⅹ型胶原及碱性磷酸酶(AKP)的组织学分布特征。结果发现，从14 d开始，随着髁突软骨的成熟分化，Ⅰ、Ⅱ、Ⅹ型胶原及AKP在髁突软骨内的分布呈时空特异性，明显不同于四肢长骨软骨，提示髁突软骨可能始发于AKP阳性的下颌骨膜间充质细胞。

述　评

下颌髁突软骨为继发性纤维软骨，其发生机制和组织结构与其他软骨显著不同，且其组织来源仍有争议。作者通过对Ⅰ、Ⅱ、Ⅹ型胶原及AKP在髁突软骨内分布时空特征的研究，为明确髁突软骨的组织来源提供了一定的理论依据。

（王艳民）

口腔组织病理学

膜联蛋白Ⅰ和细胞质磷脂酶 A_2 在小鼠腭突融合中的表达［王奕 石冰 左晖等. 华西口腔医学杂志，2005，23(1)：8～10］

沿小鼠胚胎头部的冠状平面切取切片，获得10周龄近交系小鼠妊娠的第14～16天的腭胚突。用免疫组化染色检测膜联蛋白Ⅰ(annexinⅠ)和细胞质磷脂酶 A_2($cPLA_2$)的分布情况。结果发现，在小鼠胚胎腭突融合前后，annexinⅠ、$cPLA_2$ 蛋白的免疫组织化学染色在腭突上皮和间充质细胞中都为阳性，并且染色强弱呈时相性变化。提示annexinⅠ和 $cPLA_2$ 蛋白在胚胎腭部发育进程中起一定的调节作用，可能是地塞米松诱导发生腭裂的重要介质。

述 评

地塞米松是公认的诱导腭裂形成的糖皮质激素，但其作用机制尚不清楚。大量研究表明annexinⅠ和 $cPLA_2$ 蛋白可能在糖皮质激素诱导小鼠腭裂的发生中起重要作用。作者观察了这两种蛋白在小鼠胚胎腭突中的分布情况，为进一步研究它们在小鼠腭部发育及地塞米松诱发腭裂形成过程中所起的作用提供依据。

（金岩）

人牙源性间充质细胞向成牙本质细胞的诱导分化［包柳郁 金岩 史俊南等. 实用口腔医学杂志，2005，21(2)：178～182］

应用碱性成纤维细胞生长因子(bFGF)加胰岛素样生长因子-1(IGF-1)或转化生长因子-β1(TGF-β1)，分别对培养早期的人牙源性间充质细胞进行平面定向诱导并观察诱导后细胞的形态学改变；采用免疫荧光染色和反转录-聚合酶链反应方法检测成牙本质细胞标记物Dsp蛋白和Dspp mRNA在诱导后细胞的表达，并通过von Kossa染色检测诱导后细胞的矿化能力。结果发现，诱导后部分细胞出现单侧较长的细胞突起，表达Dsp蛋白和Dspp mRNA，体外连续培养可自发形成矿化结节，出现较典型的成牙本质细胞的形态和功能特征。表明bFGF加IGF-1或TGF-β1可促进牙源性间充质细胞向成牙本质细胞分化。

述 评

牙源性间充质细胞在发育生物学中是牙本质和牙髓等组织共同的起源细胞，发育较早期的牙源性间充质细胞有较好的可塑性，被诱导分化为成牙本质细胞的能力较强。目前的许多诱导方案的诱导效率较低或不明确，该研究为牙源性间充质细胞向成牙本质细胞分化建立了较为可行的诱导方案，也为构建组织工程牙本质牙髓复合体样结构提供了实验依据。

（张勇杰）

染料木黄酮对成骨细胞增殖、分化和凋亡影响的实验研究［李斌斌 于世凤 庞淑珍. 中华口腔医学杂志，2005，40(3)：237～240］

酶消化和组织块相结合培养获得原代成骨细胞，并以成骨肉瘤细胞株UMR-106细胞作对照，加入不同质量浓度的染料木黄酮后，流式细胞仪和甲基噻唑基四唑氮(MTT)检测成骨细胞细胞周期比例的改变以及凋亡情况，生化法检测细胞内碱性磷酸酶含量的改变。结果显示，染料木黄酮促进了原代成骨细胞由 G_0(G_1)期向S期、G_2 期和M期的移行过渡，从而促进了原代成骨细胞的增殖。染料木黄酮对成骨肉瘤细胞株UMR-106细胞周期无影响，但可诱导UMR-106细胞凋亡。作者认为，染料木黄酮可在一定程度上促进成骨细胞的增殖和分化，诱导成骨肉瘤细胞凋亡。

述 评

雌激素治疗可延缓骨量丢失，但其应用存在许多禁忌证，其较多的副作用限制了它的临床应用。染料木黄酮是从大豆中提取的雌激素活性最强的异黄酮成分之一，具备雌激素的活性和较低的副作用，被认为是替代雌激素治疗具有开发前景的抑制骨吸收药物。目前焦点都集中于它对破骨细胞性骨吸收的作用，而对成骨细胞介导的骨形成作用方面的报道并不多见。该研究探讨染料木黄酮对两种成骨性细胞的作用，为研究染料木黄酮促进骨形成的机制提供了实验依据。

（金岩）

转化生长因子-β1（TGF-β1）和骨形成蛋白-2（BMP-2）体外联合诱导成牙本质细胞样细胞分化 [朱奇 樊明文 张旗等. 口腔医学研究，2005，21(4)：357～360]

取 17 d 胎龄小鼠下颌第一磨牙牙胚，胰蛋白酶消化分离牙乳头，置半固态培养基培养 6 d，在半固态培养基中单独加入重组 TGF-β1、BMP-2；分别与肝素联合；TGF-β1 和 BMP2 联合；组织学观察牙乳头的形态学变化。结果发现，TGF-β1 或 BMP-2 单独加入时未见细胞极化，但基质分泌增加。TGF-β1 或 BMP-2 加肝素可诱导牙乳头周边细胞发生极化，并分泌胞外基质。半固态培养基中同时加入 TGF-β1 和 BMP-2，牙乳头周边细胞出现极化和功能性分化，牙乳头周边胞外基质沉积明显，且可见牙乳头尖形态的维持及从牙乳头尖至牙乳头基底部成牙本质细胞分化梯度的维持。结果表明，在没有内釉上皮和完整的基膜存在的情况下，TGF-β1 和 BMP-2 加肝素可诱导培养的牙乳头出现成牙本质细胞分化，并促进胞外基质的分泌。TGF-β1 和 BMP-2 均能诱导成牙本质细胞的细胞学分化和分泌功能，两者联合应用可协同发挥作用，增强诱导效果。

述 评

成牙本质细胞是一种有丝分裂终末细胞，内釉上皮通过基膜介导的相互作用控制成牙本质细胞的终末分化，包含生长因子在内的细胞外基质成分可能在这种相互作用中对前期成牙本质细胞的形态和功能的转变发挥重要作用。该研究显示一些特异性生长因子能模拟内釉上皮的作用诱导成牙本质细胞的功能性分化，为今后此类研究提供了思路。

（金岩）

转录调节因子 LMO4 在牙胚发育中的基因表达 [张露 华芳 孙志军等. 中华口腔医学杂志，2005，40(5)：398～401]

制备昆明小鼠磨牙形态发育各期（胚胎发育后第 11.5 天至出生后第 1.5 天，E11.5 d～P1.5 d）标本，用整封标本（whole-mount）原位杂交、切片原位杂交、免疫组化 SP 法进行分析。whole-mount 原位杂交发现，在 E11.5 d，LMO4 mRNA 在上下颌突、肢芽、脑、表皮和体节中呈阳性表达。切片原位杂交发现，E13.5 d～E16.5 d，LMO4 mRNA 分别在牙蕾上皮、成釉器两侧尖部和颈环处呈阳性表达，Shh mRNA 表达于釉结；E18.5 d～P1.5 d，LMO4 mRNA 在成釉细胞层和中间层呈阳性表达。免疫组化染色发现，E13.5 d～E16.5 d，部分牙蕾上皮及颈环处细胞增殖细胞核抗原阳性，恰与 LMO4 基因表达部位重合。作者认为，LMO4 在牙胚形态发生中呈时空特异性表达并且局限表达于上皮来源的组织。LMO4 与 Shh 信号分子表达范围邻近，在牙胚发育早期可能调控细胞增殖，晚期可能参与成釉细胞的分化。

述 评

LMO4 是 LM 转录调节因子亚家族 LMO 中的新成员，LMO 的功能主要通过与其他转录因子的相互作用间接影响转录活动，参与细胞的分化、发育调控和肿瘤形成，在器官发育过程中发挥重要作用。该研究结果再次表明牙胚发育的复杂性，也为研究牙胚发育提供了一项新内容，有利于进一步理解牙胚发育。

（金岩）

牙髓干细胞向成牙本质细胞分化过程中基因表达的研究［王亦菁 金岩 史俊南等. 牙体牙髓牙周病学杂志，2005，15(2)：59～63］

分析牙髓干细胞（DPSC）在未分化和矿化诱导后部分基因表型的变化，从而了解干细胞分化过程中基因水平的改变。结果显示，与未诱导的 DPSC 相比较，在成骨诱导中 DPSC 表达牙本质特异性蛋白、骨涎蛋白以及骨相关基因表达上调。表明 DPSC 在矿化诱导液的作用下向成牙本质样细胞分化的过程中，矿化相关蛋白及调节因子等与成牙本质细胞功能密切相关的基因特异性表达或表达量增加。DPSC 在矿化诱导液的作用下向成牙本质样细胞分化，其过程有可能是通过谱系特异表型的表达或表达上调实现的。

述 评

该研究结果表明干细胞在分化过程中功能的变化可能是由谱系特异表型的表达或表达上调来实现的，从基因水平为研究成体干细胞分化过程中功能的变化提供依据。从分子水平了解成体干细胞在分化过程中基因表型的变化，对于揭示成体干细胞的功能及分化特性具有重要意义。

（张勇杰）

小型猪颌下腺自体再植的实验研究［葛兮源 俞光岩 蔡志刚等. 现代口腔医学杂志，2005，19(2)：172～176］

建立 3 组小型猪颌下腺自体再植模型，第 1 组将颌下腺移植到自体腹股沟区；第 2 组将颌下腺原位再植到颌下区，导管外置于皮肤；第 3 组将颌下腺原位再植到颌下区，导管开口于口腔前庭。术后以导管口分泌情况及移植腺体病理检查确定手术效果。结果显示，第 1 组术后腺体全部发生血栓，腺体未能成活；第 2 组腺体成活有分泌 3 例，导管阻塞 3 例；第 3 组术后腺体成活有分泌 5 例，导管阻塞 1 例。病理检查结果显示成活腺体术后 1 周内，部分浆液细胞和黏液细胞可见明显的凋亡和变性。结果表明，小型猪颌下腺不适合移植到腹股沟区，采用自体原位再植可成功建立小型猪颌下腺再植模型。移植后腺细胞凋亡及变性可能是自体颌下腺移植术后发生休眠期时腺体分泌减少、变黏稠的病理学基础。

述 评

对重症角结膜干燥症患者，血管化自体颌下腺移植是一种可靠而有效的治疗方法，但部分腺体移植后 1 周左右会进入休眠期，分泌较少，导致导管阻塞而影响治疗效果。故对移植后颌下腺改变的研究成为临床工作的需要。作者观察了自体颌下腺不同部位的移植效果，确立了动物模型自体移植的最佳部位，为进一步观察移植后改变建立了良好的模型，为移植后各项指标的研究奠定了实验基础。

（金岩）

cbf-α_1/Runt2 在牙髓组织和牙髓干细胞中的表达研究［李昊妍 梁景平 吴安平等. 临床口腔医学杂志，2005，21(8)：466～467］

用酶消化法对正畸拔除的第一前磨牙牙髓进行细胞培养，取第 4 代细胞进行核心结合因子 cbf-α_1/ Runt2 的免疫荧光检测。选取牙龈组织和牙龈成纤维细胞作为对照。结果显示 cbf-α_1/ Runt2 在牙髓组织的表达集中于成牙本质细胞下层和血管周围，在牙髓细胞的表达集中于细胞核。研究表明 cbf-α_1/ Runt2 可能参与成牙本质细胞分化的调控，但其在成牙本质细胞分化过程中所起的作用还需进一步研究。

述 评

研究表明 cbf-α_1 是参与骨矿化的重要转录因子，具有明确的诱导成骨细胞分化和成骨效应。作者采用免疫酶标技术和免疫荧光技术对 cbf-α_1/ Runt2 Ⅰ型磷脂酰乙醇胺结合蛋白（PEBP-2）在成人牙髓组织及牙髓干细胞的表达进行检测，结果发现 cbf-α_1/ Runt2 在牙髓组织及牙髓干细胞均有表达，而在对照组的牙龈组织和牙龈成纤维细胞中均未见表达。这一结果提示在出生后人成牙本质细胞分化过程中，cbf-α_1/Runt2 可能也起着一定的调控作用。

（金岩）

31 例颌骨中心性巨细胞肉芽肿的临床病理研究［刘波　于世凤　吴运堂等. 中华口腔医学杂志，40(1)：67～69］

收集颌骨中心性巨细胞肉芽肿（CGCG）31 例进行临床病理学回顾研究。结果发现 CGCG 多发生于 30 岁以下女性的下颌骨，无转移及恶变。病变复发同患病年龄小、侵袭性生长等临床表现有关，而与细胞种类、形态和分布、基质内纤维形成、出血、骨形成、炎细胞浸润等组织学表现无关。作者支持 CGCG 是良性非肿瘤性病损，应注意对有侵袭性、发病年龄小的患者的治疗。

述 评

以多核巨细胞为主要特征的病变有巨细胞瘤、巨细胞肉芽肿、巨颌症和棕色瘤等。巨细胞瘤（GCT）为好发于长骨的侵袭性肿瘤，是否发生于颌骨尚有争议。作者提出依靠组织学表现不能说明颌骨 CGCG 的生物学行为。而通过组织学观察对 GCT 和 CGCG 进行鉴别诊断仍有困难，因此对两者进行相关基因结构和表达研究、进而探讨基因诊断是今后研究的重点。

（孙宏晨）

破骨细胞分化因子和骨保护因子在颌骨中心性巨细胞病变组织中的表达［孟雪梅　于世凤　魏明洁. 中华口腔医学杂志，2005，40(4)：294～297］

对颌骨中心性巨细胞病变（GCL）的 2 例冰冻标本和 24 例石蜡标本进行组织化学与免疫组织化学研究，结果 GCL 中多核巨细胞和圆形单核细胞的胞质显示抗酒石酸酸性磷酸酶（TRAP）、VNT 和骨保护因子（OPG）不同程度阳性反应，而破骨细胞分化因子（RANKL）主要分布于 GCL 中的血管内皮细胞（VEC）、纤维基质和骨基质、个别病例的部分短梭形单核基质细胞和多核巨细胞。表明激活的 VEC 通过调节 RANKL 的表达促进病变中多核破骨样巨细胞的形成，RANKL 可以通过由梭形单核基质细胞参与的旁分泌方式和多核破骨样巨细胞的自分泌方式发挥作用。同时，在 GCL 中存在由 OPG 介导的抑制破骨细胞（OC）生成和骨吸收的负反馈机制。

述 评

研究成骨细胞（OB）和破骨细胞（OC）分化机制的体外研究较多，而结合 OC 分化的调控过程对颌骨中心性巨细胞病变骨破坏机制的研究较少。该研究以 TRAP 组织化学染色和 VNR 免疫组织化学染色标记破骨细胞，从 RANKL 和 OPG 的表达与分布探讨多核破骨样巨细胞的形成机制，对于阐明骨的吸收与破坏机制具有重要意义。

（孙宏晨）

涎腺透明细胞癌 10 例临床病理分析［胡宇华　李江. 中华口腔医学杂志，2005，40(1)：54～57］

对 10 例涎腺透明细胞癌进行临床病理学回顾分析。结果发现该组病例均发生于小涎腺，平均年龄 55 岁，7 例发生于腭部，8 例表现为无痛性肿块，5 例伴黏膜溃疡，5 例患侧淋巴结转移。肿瘤细胞由透明细胞和少量嗜酸性细胞构成，高典酸希夫反应（PAS）染色阳性，免疫组织化学染色 EMA、

CK8、CK18 和 CKHMW 呈不同程度阳性反应。肿瘤细胞排列成小梁状、带状、巢状及团片状结构，周围可见程度不一的玻璃样变物。对 8 例术后患者随访均无瘤生存。表明涎腺透明细胞癌是一种好发于小涎腺，肿瘤细胞富含糖原、呈上皮分化、周围常有玻璃样变的低分化恶性肿瘤。

述 评

尽管国外早已有涎腺透明细胞癌的报道，但直至 2005 年才为 WHO 接受，说明对该肿瘤认识的局限。由于含透明细胞的涎腺肿瘤比较多，病理鉴别诊断是主要问题。该文作者提出了涎腺相关肿瘤的鉴别诊断要点，对指导临床治疗具有一定的意义。

（孙宏晨）

基质金属蛋白酶及其组织抑制剂在涎腺多形性腺瘤生物学行为中的意义［陈宇 田鲲 耿宁等. 中华口腔医学杂志, 2005, 40(1): 58～61］

采用免疫组织化学染色技术和明胶酶谱检测技术，对 9 例普通型和 14 例生长活跃型多形性腺瘤(PA)金属基质蛋白酶(MMP)及其组织抑制剂(TIMP)的表达与活性进行研究。结果发现生长活跃型 PA 中 MMP-2 的表达强于普通型($P=0.028$)，MMP-2/TIMP-1、MMP-2/TIMP-2 在生长活跃型 PA 中大于普通型($P=0.009$、$P=0.031$)，活性MMP-2 在生长活跃型 PA 中表达强于普通型 PA($P=0.034$)，MMP-9 酶原及活性 MMP-9 在生长活跃型中 PA 表达强于普通型($P=0.021$、$P=0.001$)。表明 MMP-2、MMP-9 的高表达及 MMP-TIMP 平衡的失调与 PA 浸润性生长密切相关。

述 评

通过对普通型和生长活跃型 PA 金属基质蛋白酶及其组织抑制剂的研究，对阐明唾液腺 PA 的浸润性生长机制有一定价值。由于临床上多数复发的 PA，是由于临近黏液样区结构的包膜较薄，手术容易受损伤而导致肿瘤复发，因此，MMP 和 TIMP 是否能成为临床判断 PA 预后的检测指标尚需进一步研究。

（孙宏晨）

牙源性囊肿和成釉细胞瘤体外骨吸收的实验研究［高丽 李铁军. 中华口腔医学杂志, 2005, 40(3): 233～236］

采用原子分光光度法、放射免疫分析和体外培养技术，对收集的 14 例牙源性角化囊肿(OKC)、6 例 OKC 伴感染、5 例含牙囊肿(DC)和 7 例成釉细胞瘤进行体外骨吸收机制研究。结果显示各病损组的 Ca^{2+} 析出显著高于空白对照组，其中 OKC 伴感染组显著高于 OKC 组和成釉细胞瘤组；OKC 组及其伴感染组的白细胞介素-6(IL-6)质量浓度显著高于成釉细胞瘤，且与 Ca^{2+} 析出量密切相关；OKC 伴感染组降钙素(CT)质量浓度显著高于 OKC 组和 DC 组。表明各组牙源性病损在体外均具有促进骨吸收的作用，其中 OKC 伴感染组的体外骨吸收效应显著；IL-6 可能对牙源性病损所致的骨吸收发挥更主要的作用；OKC 伴发感染还可能存在促进骨吸收的修复机制。

述 评

作者通过以培养的牙源性囊肿和成釉细胞瘤的上清进行体外骨吸收作用研究，从细胞因子含量的变化阐明了主要由破骨细胞介导的牙源性病损骨吸收机制。虽然多数骨吸收由破骨细胞引起，但是还存在由病损实质细胞直接作用引起的非破骨细胞性骨吸收。这对阐明牙源性病损、尤其牙源性角化囊肿(2005 年 WHO 分类已将其列为良性牙源性肿瘤)和成釉细胞瘤在颌骨内侵袭性生长可能更有意义。

（孙宏晨）

口腔黏膜增殖性天疱疮的组织病理学特征［高岩 华红 阎志敏等. 中华口腔医学杂

志，2005，40(4)：284～286]

对收集的 7 例口腔黏膜慢性增殖性天疱疮进行临床病理学分析。患者平均年龄为 52.7 岁，5/7 的病例为女性。病变多累及颊、唇部黏膜，表现为糜烂、增生、伪膜形成，尼氏征阳性。5/7 的病例合并有皮肤改变，未见胃肠道病变。组织病理学表现为上皮增生，深棘层细胞间或与基底层间水肿形成疱，上皮内及上皮下嗜酸性细胞浸润形成嗜酸性微脓肿，固有层淋巴细胞、中性粒细胞等浸润。

述　评

口腔黏膜增殖性天疱疮是一种比较少见的疾病，由于缺乏对该病的认识，临床上容易误诊而延误治疗。通过对口腔黏膜增殖性天疱疮的临床病理学回顾分析，有助于对该病临床表现与组织病理学特点的认识，对于正确诊断和及早治疗具有指导意义。

（孙宏晨）

Wnt 信号传导通路组成蛋白与口腔鳞状细胞癌的分化与增殖 [张卫民　高岩. 中华口腔医学杂志，2005，40(6)：491～494]

采用免疫组织化学染色技术研究经典 Wnt 信号传导通路组成蛋白在 66 例在口腔黏膜鳞状细胞癌中的表达。结果显示这些信号传导通路组成蛋白在口腔黏膜鳞状细胞癌有不同程度的表达，且随着口腔黏膜鳞状细胞癌分化程度的降低，Wnt-1、腺瘤样结肠息肉病(*apc*)基因和 β-连环蛋白呈低表达，而 MIB-1 蛋白的表达与其相反。表明经典 Wnt 信号传导通路组成蛋白在口腔鳞状细胞癌的增殖与分化中起重要作用。

述　评

Wnt 信号传导通路在口腔鳞状细胞癌变中的作用研究很少。作者采用免疫组织化学染色结合定量分析技术对 66 例不同分化程度的口腔鳞状细胞癌进行研究，证明经典 Wnt 信号传导通路组成蛋白在口腔鳞状细胞癌的增殖与分化中起重要作用。如能进一步结合细胞生物学和分子生物学技术，从干扰经典 Wnt 传导通路信号分子作用研究其在口腔鳞状细胞癌变中的作用，结果将更有说服力。

（孙宏晨）

层粘连蛋白及其受体在涎腺腺样囊性癌表达的意义 [李萍　宋琦　谢文扬等. 实用口腔医学杂志，2005，21(1)：11～13]

采用免疫组织化学染色结合定量分析技术研究层粘连蛋白(LN)及其受体(LN-R)在 6 例正常涎腺组织和 34 例腺样囊性癌中的表达。结果 LN 表达于腺样囊性癌筛孔内层、瘤细胞团块外周或部分瘤细胞细胞质内，且腺样-管状型较实体型明显高；LN-R 表达于癌细胞的基膜面和细胞质内，实体型表达明显高于腺样-管状型。LN-R 的表达与临床分期之间亦有显著差异。表明 LN 与 LN-R 的表达与腺样囊性癌的侵袭、转移及恶性程度有关。

述　评

肿瘤上皮与间质之间的基膜，其形成与降解在一定程度上反映了肿瘤性上皮细胞的增殖与侵袭能力，而形成与降解能力的直接表现是基膜成分的存在形式。因此，作为基膜主要成分之一的 LN 及其受体 LN-R 在腺样囊性癌的表达程度对于判断肿瘤的恶性程度具有一定的价值。由于基膜的成分尚有Ⅳ型胶原和纤维连接蛋白等成分，因此仅从 LN 表达不能反映基膜的全貌，结论应慎重。

（孙宏晨）

口腔颗粒细胞瘤 14 例临床病理分析 [薛敬玲　樊明文　汪说之等. 中华口腔医学杂志，2005，40(4)：302～305]

对收集的 14 例口腔颗粒细胞瘤(OGCT)进行临床病理学和免疫组织化学分析。结果发现该组病例 13 例发生于舌部，10 例为女性，生长缓慢。主要临床表现为肿物，对 10 例患者术后进行随访，9 例无瘤生存，1 例死于复发。组织病理学上由嗜酸性颗粒细胞构成，排列成巢或条索状结构；11例良性，3例不典型者中的1例9年后复发。8例良性与3例细胞不典型者侵及周围结缔组织。肿瘤细胞均呈S-100和非特异性酯酶（NSE）染色阳性，而对Ki-67蛋白的阳性染色程度不同。表明多数OGCT为良性、侵袭性生长，极少数有潜在恶性，符合神经源学说。

述　评

作者对口腔颗粒细胞瘤14例临床病理分析的结果，对临床的诊治具有一定的指导意义，尤其1例不典型者9年后复发并死于该病更应引起对该病诊治的注意。

（孙宏晨）

口腔微生物学

环境因素对口腔链球菌产生过氧化氢速率的影响［俞少杰　章锦才　张蕴惠等. 中华口腔医学杂志，2005，40(6)：481～484］

选择实验菌株*S. oralis* ATCC10557研究环境因素对其速率的影响。菌株经常规孵育培养后于对数生长中期取出配制成1×10^{12}/L浓度的菌悬液，置冰浴中待用。环境条件为不同量浓度的葡萄糖或蔗糖磷酸盐缓冲液，不同pH值的磷酸盐缓冲液，含Ca^{2+}或F^-或$FHPO_3^-$量浓度的葡萄糖缓冲液，取1×10^{12}/L浓度的菌悬液1 mL，1.5×10^4 r/min 4 ℃离心，去上清后，分别用上述不同量浓度的葡萄糖或蔗糖洗涤、离心3次，去上清，重悬于1 mL缓冲液中，去除过氧化氢酶的影响，取0.1 mL菌液置于6管37 ℃预热的离心管中，37 ℃ 200 r/min有氧振荡孵育，使细菌所产生的H_2O_2释放于缓冲液中，分别于10、20、30 min时各取2管1.3×10^4 r/min离心2 min，取上清液待测。将待测液加入96孔板中，每孔20 μL，各孔加入2,2’-连氮一二(3-乙基苯并噻唑-6-磺酸)，(ABTS)-辣根过氧化物酶反应液200 μL，将30% H_2O_2梯度稀释为0、12.5、25、50、100、200、400、800 μmol/L，分别取20 μL作标准曲线在HTS 7000 plus自动微板读数仪上A_{415}读数，根据标准曲线换算H_2O_2量浓度（μmol/L）。每种因素条件下*S. oralis*产生H_2O_2速率以ADTS-HRP微量板法重复检测3次。不同pH值条件下*S. oralis*产生H_2O_2速率和Ca^{2+}或F^-或$FH_{po_3}^-$条件下*S. oralis* H_2O_2产生速率的测量方法同前。实验结果输入Spss 10.0统计软件包。

结果显示，无外源性糖时，*S. oralis*过氧化氢产生速率为7.48 μmol/L，有糖条件下产生过氧化氢的速率显著增高，而0.01～10 mmol/L糖浓度各组间无显著差异；当pH值为7.0时*S. oralis*过氧化氢产生速率最高。最佳pH值范围为6.5～7.5，6.0以下时其速率明显下降；随着Ca^{2+}、F^-和$FH\ PO_3^-$离子量浓度增加，*S. oralis*过氧化氢产生速率受到不同程度的抑制，以F^-的抑制最明显。作者认为，口腔环境因素对口腔链球菌产生过氧化氢的速率有影响。

述　评

在牙菌斑生态系中，各种属细菌间的协同或拮抗在菌斑病发病中有重要作用之外，环境条件所起的作用也不可忽视，而且环境条件是随着细菌的代谢过程而演化的，与所谓之生态系动态平衡相关的参数如代谢产物的质和量、时间等交织在一起，需要既有单独又有综合的研究。作者此研究在该方面做了有益的尝试。

（刘正）

差异显示技术对变异链球菌生物膜基因表达差异的分析［黄正蔚　刘正. 中华微生物学和免疫学杂志，2005，25(9)：777～780］

采用限制性酶切差异显示PCR技术（RFDD-PCR）分析两种状态的菌细胞中DNA的差别。实验菌株为变链菌*Ingbritt*，经生化鉴定与16S rDNA特异性片段测序鉴定确认为变链菌纯培养。常规培养增菌后以1∶10比例接种至TSB培养液中，各取10 mL分装于约20只微生物培养皿内，37 ℃静置厌氧培养24 h，收集浮游菌细胞；以冰冷生理盐水洗培养皿2次，去冲洗液，在冰浴下滴Trizol至各平皿，洗脱收集贴壁的生物膜细胞，将两种状态的菌细胞均置冰浴中待用。对两种状态菌细胞分离纯化总RNA，随机引物反转录合成cDNA，经*Taq* Ⅰ酶切，并在酶切片段两端加特异性接头和差异显示的标记物，然后进行菌细胞基因表达差异的分析。对所得的在表达水平上有显著差异的基因片段与基因文库进行序列对比，从而推断其可能所属的结构基因。结果所得到的在生物膜中表达显著增强的差异片段为结构基因*fru*A、*SMU*438c、*SMU*751和*adh* B/C，其中*fru*A基因编码的果糖水解酶为产酸致病的基因之一。根据结果作者认为RFDD-PCR技术可用于生物膜形成过程中基因表达差异的分析。

述　评

生物膜中细菌种属间信息的传递贯穿在其协同和拮抗的作用中，其机制为密度感应。近年在医学微生物学中对铜绿假单胞菌生物膜中密度感应的调控报道不少，而在口腔微生物学中仅有关于变链菌密度感应的少数研究报道，该实验为这方面研究的起步工作。在实验过程中作者发现一些问题，如何避免生物膜菌细胞与浮游菌细胞之间的混杂，所择取生物膜的年龄有无关系呢？

（周学东）

抗菌剂作用后变形链球菌生物膜细胞活力观察［唐子圣　朱敏　刘正．临床口腔医学杂志，2005，21(7)：387～389］

对经红霉素作用后的变链菌生物膜中的菌细胞活力进行观察，以了解被药物作用过的生物膜有无重新修复的能力。用1 mL蒸馏水轻洗已形成24 h变链菌生物膜的盖玻片后，将其放入已预热至37 ℃不同质量浓度的红霉素药液中，厌氧培养3 h，取出，用1 mL蒸馏水轻洗，然后将生物膜分为两组。A组：将生物膜转移至盛有10 mL新鲜TSB的平皿中，厌氧培养24 h后取出，荧光染色，激光共聚焦扫描显微镜观察；B组：用无菌刀片将生物膜细胞从玻片上刮下，收集、放入离心管中，PSB 1 mL洗3次，15 ℃离心5 min。将离心管内细胞全部接种于分别各自加有3 mL TSB试管中。厌氧培养24 h后，抽取每管内菌液100 μL接种至MSA平板，厌氧培养后观察有无菌落生长，对生长的菌落进行革兰染色，显微镜下观察。结果发现红霉素作用3 h后的生物膜重新在玻片上形成较完整的生物膜，其中生物膜细胞被接种后均在MSA平板上生长成菌落。根据结果作者提出，变链菌生物膜被高质量浓度抗菌剂作用后膜中仍有能分裂繁殖的活细胞，并可修复已损伤的生物膜。

述　评

已知生物膜中菌细胞对抗菌剂的抵抗力大于浮游菌细胞百倍，甚至千倍。该实验初步揭示了生物膜中菌细胞的生存能力和修复能力，告诫临床医师只用抗菌剂控制牙菌斑生物膜是不够的，还需研究脱膜的化学或机械的方法。

（周学东）

不同龋敏感人群变形链球菌分离株乳酸脱氢酶活性的初步研究［杨德琴　刘天佳　周学东等．华西口腔医学杂志，2005，23(2)：116～118］

对不同龋敏感人群变链菌的乳酸脱氧酶(LDH)活性进行了研究。选择不同任意引物聚合酶链反应(AP-PCR)基因型的变链菌临床分离株，其中高龋和低龋者各50株。细菌经常规培养后挑取单菌落于30 mL BHI培养基中增菌，4 ℃离心10 min收集沉淀，磷酸钾缓冲液洗细胞2次，以2 mL缓冲液混匀悬浮，冰浴下瞬时多次，超声破碎细胞，14 000 r/ min 4 ℃离心30 min，收集上清4 ℃保存。用考马斯亮蓝G250染色比色分析测定上清液中蛋白质含量，采用依赖2-磷酸果糖的还原辅酶Ⅰ(NADH)氧化法进行LDH活性分析，所得数据进行统计学处理。结果发现高龋与低龋组菌株的LDH活性均值之间无显著性差别，但LDH活性不同的菌株在两组人群中的分布不同。高龋组中LDH活性高度和中度者占多数，而无龋组中LDH活性中度和低度者占多数。据此作者认为LDH活性与龋病的发生有一定的相关性。

述 评

迄今对变链菌LDH活性的高低与高龋或低龋人群的对比研究不多，作者的创新之处是将LDH活性进行了高、中、低分级，然后据其在不同龋敏感人群中的分布，其分级界值在测量的基础上自行规定，有一定参考价值。其中、高、低界限分明，但中度这个档次在所研究的菌株中占半数以上，无论在高龋组或低龋组均占多数，怎能表明LDH活性度的高低与高龋、低龋有相关性呢?

(刘正)

变异链球菌临床株乳酸脱氢酶mRNA水平的表达研究［杨德琴 刘天佳 肖晓蓉等. 中华微生物学和免疫学杂志，2005，25(9)：723~726］

对高龋个体和无龋个体分离的变链菌菌株的乳酸脱氢酶(LDH)基因表达差异进行分析，以探讨mRNA水平的表达差异与其致龋性的关系。从高龋者分离变链菌株11株，无龋者分离9株，其中A基因型LDH 12株，B基因型LDH 8株。细菌经常规培养后进行总RNA抽提和定量，再经DNA酶处理，然后采取反转录反应合成变链菌cDNA模板，设计用的基因产酸因子*ldh*和内参照*rec*A基因的特异引物进行循环扩增，确定RT-PCR反应循环次数，最后进行变链菌LDH RT-PCR反应，所得数据采用SPSS 11.0统计软件作两个独立样本*t*检验。结果显示A、B基因型菌株的*ldh*基因表达不同，低酶活性的B基因型*ldh*基因的表达高于前者，高龋者菌株与无龋者菌株*ldh*基因表达水平的差异无统计学意义。据此作者认为变链菌*ldh*基因表达水平有遗传异质性，产酸因子LDH基因表达的程度与龋活跃性不呈正相关。

述 评

低酶活性菌株的产酸因子*ldh*基因表达高于高龋者菌株，如何解释?作者推断为可能是蛋白质翻译未到位，有无选用检测技术的问题呢?对*S. mutans*的译名，中华微生物学界专家建议采用变异链球菌，而不宜采用变形链球菌。

(刘正)

与窝沟龋有关的优势耐酸菌构成的分析［郑春艳 沈嵩 高学军等. 华西口腔医学杂志，2005，23(6)：477~479］

选择在2年纵向研究中第一恒磨牙新发龋儿童10名为新龋组，另选同一组群儿童中2年内乳恒牙均未发生龋者10名为无龋组。采样前24 h停止口腔卫生措施，餐后2 h取样：新发龋组第一恒磨牙窝沟菌斑样本，同一口腔中正常第一恒磨牙窝沟样本，无龋组第一恒磨牙窝沟菌斑样本。将样本接种于血平皿BHIS和MSA培养基以及Rogasa SL平皿中，于37 ℃、85% N_2、5% CO_2、10% H_2孵育5 d后将菌落形态、计数、革兰染色、过氧化物酶试验，分析菌群的构成，用API 20 Strep试剂盒鉴定链球菌到种。用MPN测定pH7.0和pH5.0条件下的细菌数，并筛选出菌斑中的优势菌和优势耐酸菌，用SPSS 10.0统计软件进行统计，用卡方检验对细菌检出率进行比较。结果显示，无龋组正常窝沟和新龋窝沟菌斑中所检出的主要菌种无明显区别。在新龋组和无龋组之间的总链球菌数差异有显著性($P<0.05$)。3

组菌斑优势耐酸菌分离结果，在pH5.2条件下的优势菌为G^+杆菌，占82%，而在pH7.0条件下G^+杆菌占61%，所占比例有统计学显著性($P<0.05$)。变链菌在中性条件下检出明显多于酸性条件下，但血链菌在酸性条件下却有少量检出，变链菌为无龋组窝沟菌斑中的优势耐酸菌，而血链菌却是新龋组窝沟菌斑内的优势耐酸菌。根据结果作者认为变链菌在龋病的初始阶段起作用，G^+杆菌在致龋过程中使菌斑持续酸化起作用，而血链菌在酸性条件下的生存和作用值得进一步探讨。

述　评

该研究对变链菌在龋病始发中起作用，乳杆菌等G^+杆菌在推进龋进程中起作用给予证实，但在牙菌斑中最早定植而菌斑成熟后消失的血链菌竟然在pH5.2条件下仍可生存，却是个新的发现，它们在致龋过程中起什么作用，值得深入探讨。

（刘正）

口腔免疫学

糖皮质激素对口腔扁平苔藓辅助性T细胞平衡的影响［周刚　樊明文　刘君炎．中华口腔医学杂志，2005，40(2)：98～101］

采用酶联免疫吸附法检测口腔扁平苔藓(OLP)患者外周血单个核细胞(PBMC)培养上清液中干扰素-γ(INF-γ)和白细胞介素-4(IL-4)的表达水平，采用半定量反转录-聚合酶链反应检测PBMC中INF-γ mRNA和IL-4 mRNA的表达水平。结果发现，INF-γ mRNA和IL-4 mRNA的表达水平与其蛋白水平结果一致；地塞米松可抑制INF-γ和IL-4的表达，且对INF-γ的作用较对IL-4的作用更为显著。作者认为，OLP患者存在辅助性T细胞(Th1/Th2)的平衡失调，糖皮质激素对OLP患者的Th1和Th2细胞因子均有抑制作用。

述　评

Th细胞在OLP的发病机制中起重要作用，这一观点已经得到普遍认可。作者通过对Th1细胞的代表性细胞因子INF-γ以及Th2细胞的代表性因子IL-4的研究，证实了OLP患者血液中Th1/Th2的平衡失调，而地塞米松可同时抑制Th1和Th2的细胞因子，为进一步深入了解OLP的致病机制提供了理论基础。

（郭伟　李生娇）

人巨噬细胞与Tca8113细胞融合瘤苗的制备及体外抗肿瘤效应［毕迎春　杨连甲　董绍忠等．中华口腔医学杂志，2005，40(4)：314～317］

采用电融合技术将人巨噬细胞与Tca8113细胞进行融合，通过磁微珠筛选融合细胞(FC)并扩大培养，对FC的生物学特性进行观察并对其抗肿瘤的特异性免疫功能进行了体外实验。结果发现FC瘤苗生长较Tca8113慢，主要组织相容性复合物(MHC)-Ⅰ、Ⅱ分子表达较Tca8113高，FC能有效刺激混合淋巴细胞反应并能在体外诱导淋巴细胞抑制Tca8113细胞的生长。研究证明，巨噬细胞与Tca8113细胞的融合细胞瘤苗能显著提高亲源Tca8113细胞的免疫原性，提示融合细胞瘤苗可作为一种新的抗肿瘤免疫治疗方法。

述　评

目前对于颌面部恶性肿瘤的治疗，除了手术、放疗、化疗三大常用手段外，免疫治疗已越来越受到临床医生的关注。作者通过对人巨噬细胞与Tca8113细胞融合瘤苗的制备及其体外抗肿瘤效应的研究，证实该融合细胞确实具有体外抗肿瘤效应。尽管目前融合瘤苗的制备较常用的是树突状细胞，但由于在分离培养方面巨噬细胞更简便，故此方法不失为舌癌的临床免疫治疗提供了更多的选择。而临床应用仍需做大量的研究工作。

（郭伟　李生娇）

HSV-*tk* 与 *p*53 基因对涎腺多形性腺瘤细胞的杀伤作用［王旭　王洁　董福生等. 华西口腔医学杂志，2005，23(1)：65～68］

采用腺病毒介导的单纯疱疹病毒胸苷激酶(HSV-*tk*)，野生型 *p*-53(wt-*p*53)基因单独或联合转染人涎腺多形性腺瘤细胞，甲基噻唑基四唑氮比色(MTT)法测定 *tk* 与 *p*53 基因治疗对肿瘤细胞的杀伤作用及旁观者效应，并观察基因治疗后肿瘤细胞的形态学变化。结果联合转染后较单独转染后细胞存活率显著下降($P<0.05$)并具有较好的旁观者效应。作者认为，HSV-*tk* 和 wt-*p*53 基因联合应用对涎腺多形性腺瘤的杀伤作用强于两基因分别单独应用的杀伤作用。

述　评

联合基因治疗的目的是利用多种基因治疗的优点以提高治疗效果。该文作者证实通过转染 wt-*p*53 提高了 *tk*/GCV 自杀基因杀伤多形性腺瘤细胞的作用并表现出较好的旁观者效应，这就为临床上基因治疗的实施提供一定的参考。

（郭伟　李生娇）

侵袭性牙周炎龈沟液中白介素-8 的检测［邹韵秋　徐铁华　秦念红. 口腔医学研究，2005，21(6)：612～614］

采用滤纸条法取侵袭性牙周炎患者患牙和健康牙及正常对照组龈沟液(GCF)标本，用酶联免疫吸附法(ELISA)检测各标本白细胞介素-8(IL-8)的总量和质量浓度。结果发现，侵袭性牙周炎患牙组 GCF 中的 IL-8 总量及质量浓度均高于健康牙位组和正常对照组，表明侵袭性牙周炎患者 GCF 中的 IL-8 是参与牙周炎症反应的重要调节因子。

述　评

细胞因子 IL-1、IL-6、IL-8、TNF 等参与炎症调节作用已受到普遍关注。IL-8 具有趋化和激活中性粒细胞的功能，因此在牙周炎的发生发展中起重要作用。作者通过对比侵袭性牙周炎患者患牙和健康牙以及正常对照组 GCF 中 IL-8 的水平，证明侵袭性牙周炎患者 GCF 中 IL-8 升高，揭示了侵袭性牙周炎的部分发病机制，为进一步研究侵袭性牙周炎的治疗提供了实验依据。

（郭伟　李生娇）

实验性根尖周炎组织中 CGRP 免疫阳性纤维的变化［姜文兰　周杰　林莉. 现代口腔医学杂志，2005，19(2)：177～179］

将威斯塔大鼠双侧上颌第一磨牙开髓建立根尖周炎动物模型，于不同时间点应用免疫组织化学法比较正常和炎症状态下根尖周组织中降钙素基因相关肽(CGRP)的免疫阳性纤维变化并进行图像分析。结果开髓后的第8、15、35天根尖周组织中 CGRP 免疫阳性纤维增多，开髓15 d时密度最高。作者认为，CGRP 参与了根尖周炎症的发生发展过程。

述　评

CGRP 是一种内源性多肽物质，可使血管扩张，促进肥大细胞释放组胺，影响白细胞、巨噬细胞功能。该文作者观察到实验性根尖炎症时尖周组织中的 CGRP 免疫阳性纤维增多，为进一步了解神经肽在根尖炎症致病机制中的确切作用奠定了实验基础。

（郭伟　李生娇）

牙周治疗对种植体周围龈沟液中 IL-1β、IL-6 和 TNF-α 表达的影响［张春宝　张蓉　马轩祥等. 牙体牙髓牙周病学杂志，2005，15(7)：373～375］

对接受种植体义齿修复治疗后患有种植体周围炎症患者的31枚种植体进行牙周洁治和牙周冲洗治疗，于治疗前后吸取种植体龈沟液(PICF)，应用 ELISA 法检测 PICF 中白细胞介素-1β(IL-1β)、白细胞介素-6(IL-6)和转化生长因子-α(TNF-α)的质量浓度。检测结果可见治疗后 PICF 样本中 IL-1β、IL-6 和 TNF-α 质量浓度均降低，且软组织炎症缓解。作者认为，PICF 中 IL-1β、IL-6 和 TNF-α 的质量浓度与种植体周围炎症的程度有相关性，可作为种植体周围炎症的评价指标。

述　评

龈沟液的质和量与牙周组织的健康密切相关。该研究证实 PICF 中 IL-1β、IL-6 和 TNF-α 与种植体周围的炎症程度相关，为进一步评价种植体牙周组织的健康状况提供了客观指标，具有一定的临床意义。

（郭伟　李生娇）

中药"参阳"方调节舌鳞癌 S-D 大鼠血清 Th_1/Th_2 型细胞因子的实验研究［蒋灿华　叶冬霞　陈万涛等. 上海口腔医学，2005，14(3)：289～292］

应用化学诱癌剂建立大鼠舌癌动物模型，并设立阳性、阴性对照组，观察中药"参阳"对鼠血清 Th_1/Th_2 型细胞因子表达的影响。结果该药可显著增加动物血清中 Th_1 型细胞因子 TNF-α 和 IL-2 的质量浓度，且能显著降低 Th_2 型细胞因子 IL-4 和 IL-10 的表达。作者认为，该药发挥抗癌作用的主要机制之一，可能是逆转了 Th_1 向 Th_2 漂移。

述　评

祖国医学以其扶正固本、辨证施治的原则在肿瘤的综合治疗中发挥着独特作用。"参阳"方的主要功效在于"益气补肾、活血化瘀"，前期的临床研究证实该药能提高口腔鳞癌患者的生存率，但作用机制不甚清楚。本文作者设计的动物模型为无先天性免疫缺陷的 S-D 大鼠，为活体"试管"，可以解决在人体内无法完成的试验，对研究一些药物的作用机制提供了帮助。

（郭伟　李生娇）

口腔肿瘤患者外周血单核细胞 CD_{69} 的表达及意义［胡雁　章小缓　李梅等. 口腔医学研究，2005，21(6)：649～651］

采用 Ficoll-Paque 剃度离心法分离口腔鳞癌患者、口腔良性肿瘤患者及正常健康人外周血单核细胞(PBMC)，分别与 T 细胞培养液(TCM)、伴刀豆球蛋 A(ConA)、植物血凝素(PHA)培养，用双色和单色单克隆抗体 CD_4-FITC/CD_8-PE 和 CD69-PE 标记，CD_{69} 的表达用流式细胞仪和相应软件分析。结果 PBMC 经 PHA 刺激后 4 h，口腔鳞癌患者 PBMC 中 CD_{69} 的表达率及表达增长率均低于其他两组。作者认为，口腔肿瘤患者免疫反应力下降可能是由于淋巴细胞的活化或增殖功能低下所致，由 PHA 诱导的 PBMC 的 CD_{69} 的表达水平可能成为口腔癌患者免疫监视系统的指标之一。

述　评

CD_{69} 是一种 T、B 和 NK 细胞的分化和激活诱导因子。作者研究证实经 PHA 刺激后口腔鳞癌患者 CD_{69} 的表达率及表达增长率均降低，由此证明了经 PHA 诱导后 PBMC 中 CD_{69} 的表达水平作为口腔鳞癌患者免疫监视指标的可能性。该研究为进一步研究口腔鳞癌的发病机制提供了实验依据。

（郭伟　李生娇）

口腔生物力学

桩直径对桩核冠修复体固位力的影响［吴小红　陈新民　杨艳等. 华西口腔医学杂志，2005，23(3)：220～222］

用有机玻璃制作 4 组长度和聚合度相同，平均直径分别为 1.305 mm、1.830 mm、2.175 mm 和 2.700 mm 的模拟牙根 33 个，常规铸造、黏固相应桩核。24 h 后，在万能试验机上测试桩核固位力(F)、黏接力(P)、摩擦及约束力(Q)。实验结果显示：4 组桩核的固位力分别为(272.13 ± 38.07)N、(234.44 ± 59.27)N、(273.78 ± 54.73)N 和

(298.00±60.63)N，当长度与直径比值小于4.372时，桩直径与固位力、黏接力、摩擦力及约束力呈线性关系，其回归方程分别为 $F=(107.98\pm72.08)D$，$P=(9.60\pm2.22)D$，$Q=(98.37\pm69.87)D$；当长度与直径比值大于4.372时，虽然桩直径减小，但固位力增大。

述　评

该文作者对桩直径与桩核固位力进行定量分析，并得出当桩的长度与直径比小于某个值时，直径和固位力呈正相关。随着直径增大，固位力增加，而当桩的长度与直径比大于某个值时，则无此规律。这对临床桩核冠修复有一定指导意义。

(朱洪水)

下颌第一恒磨牙有限元模型的建立及应力分析［曾艳　王嘉德．中华口腔医学杂志，2005，40(5)：394～397］

运用MSC.NASTRAN软件建立含有釉质、牙本质、牙髓腔、牙周膜和牙槽骨的下颌第一恒磨牙三维有限元模型并分析不同受力状态下牙齿硬组织的应力分布。5种加载方向：①垂直方向；②远-近中倾斜45°；③近-远中倾斜45°；④颊-舌向倾斜45°；⑤舌-颊向倾斜45°；均加载50 N，在5种载荷下釉质的最大von Miss应力和最大压应力均比牙本质内的应力大，而最大拉应力则小于牙本质内的应力。垂直载荷和颊-舌向倾斜载荷时，釉质、牙本质内的应力最小，而舌-颊向载荷时应力最大。牙颈部、根分歧和近中舌根管壁根尖部是主要的应力集中区。

述　评

第一恒磨牙是口内萌出最早，承担咀嚼力最大的，并且最好发龋病和疲劳的牙，故保护该牙有重要的临床意义。该项研究在建立三维有限元应力模型时，将牙体的各组织、釉质、牙本质、牙髓腔、牙骨质、牙周膜均考虑进去，这在过去的研究中未能做到。故作者的建模更能反映真实的牙体组织，因而实验得出的数值更能较真实反映受力后应力分布情况。

(朱洪水)

种植义齿修复牙列缺损的咀嚼功能评价［唐倩　黄兰　梁星等．华西口腔医学杂志，2005，23(5)：391～392，396］

采用吸光度法测定22例患者单侧后牙牙列缺损且经局部固定种植义齿修复侧的咀嚼效能，同时对患者种植义齿修复后咀嚼功能的满意度进行问卷调查，并以非种植义齿侧(完整牙列或金属烤瓷固定义齿)为对照。结果表明，局部固定种植义齿的咀嚼效能与非种植义齿咀嚼效能无统计学差异($P>0.05$)，患者对种植义齿的咀嚼功能作出了肯定的回答。局部固定种植义齿能满足正常咀嚼功能要求，绝大多数患者对种植义齿的咀嚼功能满意。

述　评

种植义齿修复牙列缺损已在临床上普遍应用。咀嚼效能是衡量义齿恢复咀嚼功能的重要指标，患者对咀嚼功能的主观满意度受到诸多因素的影响。该实验结果提示种植固定义齿修复可以达到咀嚼功能主观满意度和客观满意度的统一。

(朱洪水)

三维有限元方法比较二种支抗形式关闭上颌拔牙间隙［吴丽萍　贺永春　卢军．实用口腔医学杂志，2005，21(1)：47～49］

采用螺旋CT对头颅标本上颌骨进行逐层扫描，所得图像经计算机转换后，用图像分析软件Photoshop进行处理，并在auto-CAD软件上提取，建立关闭上颌第一前磨牙间隙的上颌骨三维有限元模型，继而在此基础上分别建立腭部种植体加强磨牙支抗，横腭杆加强磨牙支抗的加载模型。分析结果显示，腭部种植体支抗模型中的上颌第一恒磨牙的位移均明显小于横腭杆加强支抗模型

($P<0.01$)。表明腭部种植支抗能明显加强磨牙的支抗，这种作用优于横腭杆。

述　评

在正畸治疗中，关闭拔牙间隙是临床重要步骤。在关闭间隙治疗过程中，支抗的控制至关重要。横腭杆在保持牙宽度的同时，由于舌对横腭杆产生向上向后的力，可以增强支抗作用。种植支抗是近年来在正畸临床开始使用的一种支抗，该研究说明了腭部种植支抗的有效性，而且治疗效果好于横腭杆。

（朱洪水）

牵张方向对下颌骨体部牵张成骨应力分布与位移的影响［史真　丁寅　曹猛. 实用口腔医学杂志，2005，21(3)：319～321］

以颅颌面系统正常的男性青年为标本，用 CT 断层扫描在计算机上建立下颌骨牵张成骨三维有限无模型。在此基础上，在下颌骨体部模拟牵张成骨，测量分别与下颌骨体缘平行，与上颌骀平面平行两个方向上分别加载 40、80、120、160 和 200 N 的不同加载条件下，下颌骨的 von Miss 应力、颊顶点和右侧下颌角点的位移。结果显示应力、位移量与加载力值成线性关系，应力集中加载部位，双侧加载，与骀平面平行加载时，von Miss 应力更大，颊顶点、下颌角点表现为 X、Z 轴向的正位移和 Y 轴的负位移，与下颌骨下缘平行方向加载应力小，颊顶点、下颌角点表现为 X、Y 轴的正向位移和 Z 轴的负移位。表明单侧加载时下颌骨向对侧偏斜多，双侧加载时矢状向位移趋势大，但不会造成前牙开骀。

述　评

牵张成骨自 20 世纪 90 年代逐步在口腔颌面外科领域用于矫治各类小下颌畸形、下颌后缩畸形，特别是单侧颜面发育畸形的矫治。该研究应用活体标本建立的三维有限元模型，对下颌骨牵张的应力分布和位移研究结果，对口腔颌面外科下颌骨畸形矫治有指导作用。

（朱洪水）

下颌第二磨牙咬合接触变化对颞下颌关节应力分布的影响［张渊　王美青　凌伟. 中华口腔医学杂志，2005，40(4)：291～293］

对一具牙列完整咬合关系正常的尸体头颅骨，用 Philip Tomoscan SR 7000 型 CT 扫描，并用 Ansys 软件包括左侧下颌第二磨牙在内的颞下颌关节三维有限元模型。在下颌第二磨牙分别施加尖牙交错骀、远中和颊侧载荷，分别在设定的牙面部分施加 100 MPa 的压强。加载的结果是：远中加载和颊侧加载时，对侧髁突的 von Miss 应力最大值由尖牙交错骀时加载的 51.51 MPa 分别增强到 72.15 MPa 和 69.57 MPa。研究表明与单侧下颌第二磨牙承载部位变化相关的咬合力方向变化，可使同一力值的咬合力产生不同的双侧髁突应力效应。

述　评

牙齿的咬合面形态与颞下颌关节的动能之间的关系早就被口腔工作者所关注，是口颌系统健康两个重要因素。该研究应用三维有限元分析法，模拟上颌第三磨牙伸长及第二磨牙反骀时的咬合接触情况，发现髁突所承受的应力明显比正常牙尖交错骀时所承受的应力大，这使人们对骀干扰对颞下颌关节髁突影响有了进一步认识。

（朱洪水）

不同长度微种植体支抗应力差异的三维有限元研究［王震东　王林　倪晓宇等. 口腔医学，2005，25(2)：96～97］

参照 Dentos 公司生产的 AN12-105 型微种植体的几何形态，在有限元 Ansys 软件中形成骨内长度分别为 5、6、7、8、9、10 mm 微种植体支抗-骨有限元非线性分析模型，并在两种加载侧方力（与种植体长轴 45°和 90°）条件下分析计算。结果显示，在两种加载条件下，不同长度的微型种植体应力值(包括单元应力和节点应力)呈规则分布，均显示 8 mm 长度时的应力值最小，并且随着微种植体长度的增加或缩短，应力值都呈增加的趋势；种植体颈部为应力集中区。

述 评

微种植体支抗具有创伤小，不依赖患者的配合和可缩短矫治的时间等优点，在临床应用日益广泛。目前各种微种植体尺寸各不相同，优化微种植体设计为微种植体的发展方向，该研究结果对微种植体的设计和临床选用微种植体均有借鉴作用。

(朱洪水)

牙体牙髓病学

两种镍钛机动器械预备根管的效果分析［胡晓莉 凌均棨 陈罕等. 中华口腔医学杂志，2005，40(1)：30-33］

选择 100 颗患牙髓炎和根尖周炎需作根管治疗的磨牙，用镍钛机动器械 Protaper 和 Hero642 分别预备根管，并记录根管预备的操作时间、根尖阻塞和偏移发生的情况、操作长度的改变、器械折断情况等项目，根据术前、术中、术后 X 线片的记录，评价根管预备和充填的效果。结果发现，两种镍钛机动器械均能省时、有效地预备根管；Protaper 预备后的根管弯曲度平均减少 4.02°，Hero642平均减少 1.72°，两者差异有统计学意义；Protaper 较 Hero642 易发生器械折断，对根管充填后的锥度、流畅度稍有影响。表明 Protaper 和 Hero642 两种镍钛机动器械各有优势，用 Protaper 行根尖预备后根管弯曲度的改变大于 Hero642，且由于 Protaper 成形锉锥度较大使冲洗更为有效，所以不易造成根尖阻塞；而 Hero642 则操作简单，不易折断，更适合初次使用者。

述 评

镍钛机动器械具有超弹性、柔韧性好、预备根管效率高、成形效果好的优点，已广泛应用于临床工作中。Protaper 最突出的特点是切削刃部的锥度多样、可变并逐渐增加；Hero642 则具备 3 种锥度，每支锉锥度恒定。临床医师应根据具体情况，分析、选用有利于治疗的器械进行根管预备，达到事半功倍的效果。

(程斌)

酸性环境下唾液分泌型 IgA 对变形链球菌免疫反应的体外研究［聂敏 范华俐 樊明文等. 中华口腔医学杂志，2005，40(3)：215~218］

利用 Western blot 分析不同 pH 值环境下个体唾液 sIgA 与自身变异链球菌(也称变形链球菌)菌株和标准参考菌株 *S. mutans* GS-5、*S. mutans* Ingbritt C 的免疫印迹反应，探索酸性条件下 sIgA 与变异链球菌的特异性结合有无变化。结果显示，所有研究对象的唾液 sIgA 都能与自身变异链球菌菌株及标准参考菌株发生反应，产生免疫印迹条带；同一个体唾液 sIgA 对不同基因型的变异链球菌有不同的免疫印迹反应，并且对同型的变异链球菌而言酸休克对唾液 sIgA 的免疫印迹无明显影响。提示酸性条件下变异链球菌产生的酸休克蛋白不足以与唾液 sIgA 特异性结合，酸性环境不影响 sIgA 对变异链球菌的识别。

述 评

变异链球菌的致龋因素之一是耐酸性，酸性环境下，变异链球菌有特异性酸休克蛋白合成。作者通过实验观察到酸性条件下正常唾液中主要免疫球蛋白 sIgA 对变异链球菌的反应，表明 sIgA 与变异链球菌酸休克蛋白无特异性结合，进一步明确了 sIgA 与变异链球菌的相互作用。

(凌均棨)

北京某大学学生志愿者牙侵蚀症患病情况及相关因素调查［侯晓玫 张清 高学军等.

中华口腔医学杂志，2005，40(6)：478～480]

用问卷调查和口腔检查两种方法对北京某大学179名学生志愿者进行牙侵蚀症(又称牙酸蚀症)的横断面调查。结果发现，受检者中有82例(45.8%)患有牙侵蚀症，患病率男女间差异无统计学意义，前牙患病率明显高于其他牙位，前牙唇面是受累最多的牙面。Logistic多元回归分析筛选出的牙侵蚀症危险因子是酸性食物。表明当酸性食物使牙齿表面pH值小于5.5时，釉质中的矿物质脱矿溶解并在口腔内各种软硬组织的摩擦下发生牙体组织丧失，长此以往就形成牙侵蚀症。

述　评

随着我国经济的发展，人们生活水平日益提高，进食各种酸性饮食、饮料的人群比例大幅增加，特别是青年人群，与之伴随的是各种口腔疾病的发病率也不断上升，牙侵蚀症的患病情况也有上升的趋势。所以应加强全民的口腔卫生教育和饮食指导，提升人群的生活质量。

(凌均棨)

小沟聚合物探针实时检测变形链球菌和远缘链球菌 [凌均棨　林家成　唐志英等. 华西口腔医学杂志，2005，23(1)：26～28]

用设计合成的对变异链球菌(也称变形链球菌，*S. mutans*)和表兄链球菌(又称远缘链球菌，*S. sobrinus*)葡糖基转移酶基因(*gtf*)有特异性的引物和小沟聚合物(MGB)探针，分别检测9株变异链球菌群国际参考菌株直接提取的DNA样本和经扩增纯培养后提取的DNA样本，对比检测结果并用MGB探针对儿童猖獗龋菌斑样本进行实时检测。结果显示，MGB探针能有效鉴别*S. mutans*和*S. sobrinus*，经扩增纯培养后提取的DNA样本达到可测出荧光的时间早于直接提取的DNA样本，但两者检测结果完全相同。提示利用特异性引物直接进行PCR扩增的方法检测变异链球菌群，操作简单快捷，敏感性好，提高了检测效率。

述　评

变异链球菌和表兄链球菌与龋病的发生密切相关。该实验介绍的是一种快速检测变异链球菌和表兄链球菌的方法，能有效地实时检测菌斑并能用于已知基因序列多态性的研究。

(程斌)

下颌第二磨牙根管系统的临床诊断和治疗 [徐琼　凌均棨　王阿丹等. 牙体牙髓牙周病学杂志，2005，15(1)：32～34]

选取需要进行根管治疗并有保留价值的下颌第二磨牙127颗进行一系列的临床诊治，包括术前拍摄X线片、探查根管以确定根管的形态与类型和预备、充填根管等，研究、总结下颌第二磨牙根管系统的特征和治疗方法。结果显示，C型根管占病例总数的31.5%(40颗)，以Ⅰ型、Ⅱ型居多，其中29颗患牙术前X线片表现为锥形融合牙根，11颗患牙术前X线片表现为近远中独立牙根。经治疗前后的X线片评价，所有患牙的根管预备和根管充填效果佳，无根管内并发症发生。表明根管探查结合X线片可有效协助诊断下颌第二磨牙C型根管，采用机动镍钛根管治疗器械和热牙胶垂直加压充填技术可使治疗获良好临床疗效。

述　评

只要充分了解和掌握下颌第二磨牙的根管形态就能根据实际情况进行根管预备，选择恰当的充填方法并达到良好的治疗效果，提高诊疗的成功率。

(程斌)

人正常及炎症牙髓中炎症信号受体TLR_4表达的研究 [蒋宏伟　凌均棨　任邦鹏. 牙体牙髓牙周病学杂志，2005，15(8)：439～442]

使用激光共聚焦扫描显微镜分别观察经免疫荧光染色的人正常牙髓组织及人炎症牙髓组织中Toll样受体4(TLR_4)的表达情况并进行定量检测，探讨TLR_4在牙髓炎症发生发展过程中的作用。结果表明，经H-E染色显示为正常的牙髓组织未发现有TLR_4免疫阳性细胞，而炎症牙髓组织病灶处TLR_4的表达明显增强，并且两者有显著的统计学差异。提示TLR_4可能参与了牙髓炎和根尖周炎修复过程的多个环节。

述 评

作者观察到人健康牙髓组织中不表达TLR_4，而人炎症牙髓组织中TLR_4强阳性表达，并推测其原因可能是感染牙髓组织的G^-菌胞壁外膜中的脂多糖促使大量炎性细胞活化、积聚，并上调炎症靶细胞膜上的TLR_4的表达所致。该研究为进一步认识牙髓炎和根尖周炎的发病机制、修复机制提供了新的途径并为临床药物治疗打下了良好的理论基础。

（程斌）

变形链球菌耐氟菌株与亲代菌株质子移位膜ATP酶活性的比较［盛江筠　黄正蔚　刘正.上海口腔医学，2005，14(1)：71～73］

用由变异链球菌（又称变形链球菌）株Ingbritt及其耐氟突变株Ingbritt-FR制成的透性细胞分别进行胞膜质子移位ATP酶活性的检测，比较两者H^+-ATP酶活性的高低，阐明耐氟突变株耐酸性提高的原因。结果显示，在实验检测的各时间段上耐氟菌株的H^+-ATP酶活性均高于亲代菌株，耐氟菌株和亲代菌株的H^+-ATP酶活性都随时间的推移而降低。提示耐氟菌株比亲代菌株的耐酸能力强，ATP酶活性的增高是其耐酸能力强的原因。

述 评

糖酵解产酸是变异链球菌致龋的重要环节，其中质子原动力（PMF）透性酶转移系统可在pH5.5以下、糖供应过剩的环境下发挥作用，产生的质子移位膜ATP酶与菌细胞的耐酸性密切相关。变异链球菌耐氟菌株的耐酸性强于亲代菌株，其致龋性也有可能强于亲代菌株。

（凌均棨）

变形链球菌GbpA的GBD免疫防龋实验研究［苏凌云　吴补领　于立君等.上海口腔医学，2005，14(3)：298～300］

用纯化的变异链球菌葡聚糖结合蛋白A（GbpA）的葡聚糖结合区（GBD）融合蛋白对用Keyes改良的高糖Diet2000喂养的S-D大鼠行皮下注射，观察被诱导出的防护性抗体的防龋效果。结果显示，GBD融合蛋白免疫组的大鼠和对照组的大鼠其磨牙均有不同程度的龋损发生，GBD融合蛋白免疫大鼠组的磨牙龋损范围和龋损程度均显著低于对照组的S-D大鼠。作者认为变异链球菌GbpA的GBD融合蛋白具有免疫防龋作用。

述 评

免疫防龋是研究龋病防治的重要方面，该实验是对与龋病关系密切的多肽片段免疫的研究，为研制防龋疫苗、进行临床试验打下了基础。

（凌均棨）

声波器械去除根管玷污层能力的比较研究［孙喆　梁景平　张岚.牙体牙髓牙周病学杂志，2005，15(7)：382～386］

将体外的单根管前磨牙40颗分别用声波器械、超声器械、手用器械以及声波器械与手用器械联合进行根管预备，完成后用扫描电镜观察各根管表面玷污层和牙本质碎屑指数，评估根管表面的清洁程度，比较声波器械、超声器械和手用器械去除根管玷污层的能力。结果，根管中1/3和根管上1/3区不同器械去除玷污层和牙本质碎屑的能力无明显差别；根尖1/3区用声波器械、超声器械以及声波器械与手用器械联合应用均能有效地去除玷污层和牙本质碎屑。表明用声波器械预备根管的根尖 1/3 区去除玷污层和牙本质碎屑的能力优于手用器械，与超声器械的清洁能力相当。

述　评

声波器械属振动性器械，其清洁能力与根管内的空间大小有关。声波器械自由振动的空间越大，根管清理效果越好。临床上应根据根管形态的具体情况选用合适的器械。

（凌均棨）

美蓝对变形链球菌及菌斑抑制的实验研究 ［王成龙　刘洪臣　李振钢等. 华西口腔医学杂志，2005，23(5)：407～409］

分别用比浊法测定不同培养条件下变异链球菌培养液的 *D* 值，研究亚甲蓝（又称美蓝）对变异链球菌生长的影响；用气相色谱法检测不同培养条件下变异链球菌培养液中有机酸的种类和数量，研究亚甲蓝对变异链球菌产酸代谢的作用，并建立体外菌斑糖酵解模型，测定不同处理条件下模型产酸液的 pH 值，研究亚甲蓝对体外菌斑糖酵解模型产酸代谢的作用，从而探讨亚甲蓝防龋的可能性。结果显示，亚甲蓝具有抑制变异链球菌生长、代谢的能力，也具有抑制菌斑产酸代谢的能力。

述　评

变异链球菌是龋病的主要致龋菌，抑制菌斑中变异链球菌的生长或产酸代谢就可能预防龋齿。亚甲蓝能通过改变变异链球菌的代谢途径和菌群的分布情况发挥抑制变异链球菌的作用，其临床防龋效果仍需进一步深入研究。

（凌均棨）

牙周病学

基因疫苗预防牙周炎的实验研究 ［张凤秋　杨连甲　吴织芬. 中华口腔医学杂志，2005，40(4)：310～313］

将重组质粒 pcDNA3.1(+)/*kgp*cd 颌下腺注射免疫 S-D 大鼠，用 ELISA 法检测唾液中特异性抗体水平，组织学观察此免疫方法对实验性大鼠牙周炎的保护情况。结果发现 *kgp*cd 基因可诱导机体产生高水平的唾液 sIgA抗体，并且可以有效地减轻牙龈卟啉单胞菌造成的牙周破坏。研究表明，*kgp*cd 基因疫苗经颌下腺靶向注射能可引起有效的黏膜免疫应答，激发特异性唾液 sIgA 抗体的产生，减轻牙周病损。

述　评

牙龈卟啉单胞菌是证据充分的牙周可疑致病菌，牙龈蛋白酶 K（gingipain K，KGP）作为重要的致病因子，在细菌黏附中发挥着重要作用。因此运用有效的免疫抗原 *kgp*cd 作为疫苗来防治牙周炎具有可行性。该研究证实了 *kgp*cd 基因疫苗经颌下腺靶向注射是有效的黏膜免疫途径，为研发预防牙周炎的基因疫苗提供了实验依据。但因牙周致病菌的不确定性和非唯一性，真正实现牙周炎的免疫防治还需要深入地研究探讨。

（杨丕山）

不同 *fim* A 基因型牙龈卟啉单胞菌在慢性牙周炎患者中的分布 ［郭永华　吴亚菲　刘天佳等. 华西口腔医学杂志，2005，23(2)：99～102］

采用培养法和 16S rRNA PCR 引物序列检测牙龈卟啉单胞菌（*P. gingivalis*），并用聚合酶链反应法检测不同 *fim* A 基因型 *P. gingivalis* 菌株在中国慢性牙周炎患者中的分布。结果发现在中国慢性牙周炎患者中，*P. gingivalis* 的阳性检出率为 88.1%；Ⅰ～Ⅴ *fim* A 基因型菌株均有检出，其中Ⅱ、Ⅳ型的检出率较高，分别为 43.8% 和 40.4%。该研究表明 *P. gingivalis* 存在 *fim* A 基因多态性，并且Ⅱ和Ⅳ *fim* A 基因型 *P. gingivalis* 菌株与中国人慢性牙周炎的发生发展密切相关。

述 评

fim A基因是*P. gingivalis*菌毛主要亚基菌毛素(fimbrillin)编码基因，具有遗传多态性，决定着菌株致病性的差异。郭永华等对中国汉族慢性牙周炎患者的龈下菌斑中不同*fim* A基因型*P. gingivalis*菌株的分布的研究，表明了Ⅱ和Ⅳ*fim* A基因型*P. gingivalis*菌株与慢性牙周炎发病的密切相关性，为确定与中国人慢性牙周炎发生发展密切相关的*fim* A基因型提供了依据。

(杨丕山)

应用细胞-支架构建方式的组织工程方法促进牙周组织再生的实验研究［鲁红　吴织芬　田宇等. 牙体牙髓牙周病学杂志，2005，15(1)：14~18］

将体外培养的犬牙周膜细胞(PDLC)接种到纳米羟磷灰石-纳米羟晶-胶原仿生骨材料(nHAC)上，再植入犬体内修复牙周组织缺损，对照组为单纯翻瓣或单纯引导组织再生(GTR)。8周后进行的组织学观测发现，与两个对照组相比，实验组有更多的新附着形成，从而表明应用nHAC作为支架材料，复合自体PDLC能有效地促进牙周组织再生和重建。

述 评

以支架材料作为细胞或生物活性因子的载体，再生和重建牙周组织结构和功能是牙周组织工程的关键。牙周膜细胞(PDLC)是一种比较确认的种子细胞，而支架材料的选择则具有多样性。该研究选用了一种新型仿生骨材料，在纳米结构上与天然骨极为接近，与PDLC复合后接种于牙周创区，有效地促进了牙周新附着的形成，从而为牙周组织工程提供了一种新的支架材料。如果在实验设计上加上nHAC对照组，实验结果会更有说服力。

(杨丕山　葛少华)

白细胞介素-1基因多态性与侵袭性牙周炎的关系［李启艳　赵红珊　孟焕新等. 上海口腔医学杂志，2005，14(4)：333~337］

采用聚合酶链反应法(PCR)检测侵袭性牙周炎(AgP)患者和健康对照者IL-1A+4 845、IL-1B+3 954位点的单核苷酸多态性(SNP)及IL-1RN第二内含子中的可变数目重复序列(VNTR)多态性，并进行两组之间基因型、等位基因分布差异的比较。结果显示在IL-1A+4 845位点，AgP组男性患者$A2^+$基因型的频率及等位基因A2的携带率均较男性健康组显著升高，从而表明IL-1A+4 845位点的SNP可能与中国人群中男性个体的AgP易感性有关。

述 评

一些特定染色体的特异基因位点与牙周炎的易感性增加有关，其中位于染色体2q13上的IL-1基因簇多态性引起了学者的广泛关注。该研究表明了男性AgP患者IL-1A+4 845 $A2^+$基因型的个体较男性健康对照组明显增多，对进一步探讨基因多态性与牙周病易感性关系具有重要的参考价值。

(杨丕山　葛少华)

小鼠牙囊细胞的体外培养及表型特征［葛少华　杨丕山　赵宁等. 华西口腔医学杂志，2005，23(5)：415~417］

对体外培养的小鼠(出生9 d)牙囊细胞进行光镜、扫描电镜观察，并用免疫组化法检测细胞碱性磷酸酶(AKP)及骨基质蛋白骨涎蛋白(BSP)、骨桥蛋白(OPN)的表达。结果发现小鼠牙囊细胞具有异质性，包含有成纤维细胞样细胞和成骨细胞样细胞(成牙骨质细胞样细胞)，根据AKP和骨基质蛋白的表达亦可将牙囊细胞分为阳性和阴性两个亚群。该研究表明了牙囊细胞作为前体细胞，可能具有多向分化潜能。

述 评

牙周组织的再生与修复过程与其发育过

程有着极大的相似性，因此探讨发育过程中的一些重要的细胞学事件可为牙周病的治疗提供新的思路。该研究表明牙囊作为牙周组织发育中的重要组分，包含有前体细胞，具有形成牙周膜细胞、牙骨质细胞和成骨细胞的潜能，提示牙囊细胞可作为牙周组织工程新的种子细胞来源。

（李纾）

釉基质蛋白治疗牙周骨下袋的疗效观察［徐莉　贾慧梅　曹采方等. 现代口腔医学杂志，2005，19(2)：113～116］

对8例经牙周基础治疗4周后的13处骨下袋进行翻瓣并植入釉基质蛋白(emdogain)，对照组11处只进行翻瓣术。分别记录术前以及术后6、12个月两组的探诊深度、附着丧失和出血指数并进行比较。结果发现术后各时间段两组的各项临床指标均较术前有明显改善，并且釉基质蛋白组的各项指标明显低于对照组，表明在常规翻瓣的基础上，在牙周缺损区放置釉基质蛋白能有效地促进牙周治疗的效果。

述　评

上皮-间充质反应在牙周组织发育中发挥着重要的作用，由上皮根鞘分泌的釉基质蛋白能促进牙周前体细胞定向分化为成骨细胞、成牙骨质细胞和成纤维细胞，提示釉基质蛋白可能有利于牙周组织再生和重建。该研究结果表明翻瓣结合植入釉基质蛋白能增加附着、减轻牙周组织炎症，这就为釉基质蛋白的临床应用提供了依据，但其对骨再生的作用及远期临床疗效有待更深入的研究。

（杨丕山）

不同牙周状态下龈下菌斑中人类巨细胞病毒的检测［李颖　章锦才　张蕴惠. 实用口腔医学杂志，2005，21(1)：54～57］

采集62例慢性牙周炎患者不同部位的龈下菌斑，对提取的DNA用巢式PCR法检测人类巨细胞病毒(HCMV)，并对同一患者不同牙周状态的检出率进行分析比较。结果显示HCMV在牙周炎活动部位的检出率显著高于牙周炎静止部位及轻度龈炎部位，从而提示HCMV的慢性感染可能与牙周炎的活动性有关。

述　评

慢性牙周炎的病变过程呈现间断爆发的特点，在病变的活动期，G-厌氧菌、能动菌和螺旋体等成为龈下菌斑中的优势菌，不但能通过毒力因子及酶等破坏宿主的牙周组织，同时还能抑制机体的免疫机能，导致其他致病微生物如病毒的感染。HCMV感染后可在机体潜伏，待宿主免疫状态下降时又可再度活化。该研究表明，HCMV在慢性牙周炎的活动性病变部位检出率最高，提示HCMV的临床感染可能与牙周炎的周期性爆发有一定的相关性，但两者的因果关系有待进一步研究。

（杨丕山　葛少华）

富血小板血浆对牙周膜成纤维细胞损伤模型影响的研究［钟声　闫福华　卢友光等. 口腔医学研究，2005，21(5)：504～506］

将培养的第4代狗牙周膜成纤维细胞(PDLF)接种于12孔板制成PDLF损伤模型，用体积分数1%富血小板血浆(PRP)和10% PRP的培养液培养，于损伤后的1、4、7、9、11 d检测细胞数量及损伤情况。结果表明两种体积分数的PRP均能促进损伤PDLF的移行和增殖，从而提示PRP能促进损伤的牙周膜成纤维细胞愈合。

述　评

PRP来源于自身全血，内含多种高质量浓度的生长因子，能促进细胞的增殖和分化，有利于牙周组织再生和修复。牙周损伤的愈合过程中，PDLF的迁移、附着、增殖、分化是关键。该研究初步探讨了PRP对损伤PDLF增殖和移行的影响，结果表明PRP能加速损伤区周围细胞分裂增殖，并能促进周围细胞向损伤区迁移，从而为PRP应用于牙周治疗程式提供了实验依据。

（杨丕山）

口腔黏膜病学

TFAR19在口腔白斑和口腔鳞癌中表达研究［赵晓一　刘宏伟　魏明洁．实用口腔医学杂志，2005，21(5)：648～652］

应用免疫组化法检测17例正常口腔黏膜、60例口腔白斑、30例口腔鳞癌组织标本中Tfar19蛋白的表达。结果发现，口腔正常黏膜组Tfar19染色阳性率为88.2%，白斑组Tfar19染色阳性率为63.3%，口腔鳞癌组Tfar19染色阳性率为30.0%。统计学分析表明，Tfar19染色阳性率与组织病变恶性度呈负相关。在口腔正常黏膜组、口腔白斑组和口腔鳞癌组各组间染色强度指数分别有显著差异。作者认为*tfar*19基因在口腔鳞癌发生发展过程中发挥了重要作用。

述　评

在口腔鳞癌发生发展过程中，许多研究都已经证实由基因调控的细胞自我毁灭的过程——细胞正常凋亡遭到了破坏。该研究的结果表明Tfar19蛋白在口腔正常黏膜→口腔白斑→口腔鳞癌组织学变化过程中表达率逐渐降低，各组间阳性表达以及染色强度指数均有显著性差异。*Tfar*19在口腔白斑和口腔鳞癌组织中表达缺失，提示细胞凋亡功能降低，从而为口腔癌的研究提供了一个新的可深入探讨的细胞凋亡基因，对于指导防治口腔白斑癌变的研究有一定价值。

（高文信）

卡介苗多糖核酸局部治疗顽固性糜烂型OLP预试验结果分析［郑华　申俊　徐小萌等．临床口腔医学杂志，2005，21(7)：438～439］

选择15例顽固性糜烂型口腔扁平苔藓(OLP)患者，行卡介苗多糖核酸局部基底封闭治疗。肌肉注射0.25～0.50 mL/次，隔日1～6次不等，观察其疗效及不良反应。结果，1例经1次、8例经3次、4例经5次治疗后糜烂面愈合，充血、疼痛消失；2例经6次治疗后，糜烂面部分愈合，充血疼痛程度减轻。15例中仅有1例在治疗后局部有短暂胀痛。治疗完成后15 d和30 d各有1例复发，但糜烂面积及局部充血程度较治疗前减轻。

述　评

许多研究结果都表明，OLP是一种与全身或局部免疫功能紊乱密切相关的疾病，由于病因复杂，到目前为止尚无确切的治疗方法。该研究结果表明，卡介苗多糖核酸局部治疗顽固性OLP具有较好的临床疗效，但应进一步增加病例数，观察卡介苗多糖核苷酸局部治疗的远期疗效，以期进一步验证临床疗效。

（高文信）

口腔扁平苔藓发病相关基因cDNA消减文库的建立［刘青　金岩　吴织芬等．口腔医学研究，2005，21(2)：166～168］

以扁平苔藓病变组织mRNA为实验组，正常黏膜组织总mRNA为驱动组，应用改良消减杂交技术，改良的SMART PCR cDNA合成技术进行反转录，扣除杂交，选出了两组差异表达的cDNA，并与载体进行T/A连接构建文库。采用转化高效感受态大肠杆菌DH5a进行文库扩增，随机挑取阳性克隆进行酶切鉴定。该研究结果表明成功地构建了口腔扁平苔藓差异表达基因的消减cDNA文库。

述　评

口腔扁平苔藓是一种常见的口腔黏膜疾病，具有一定的癌变倾向，至今病因不清。随着免疫病理学和分子生物学技术的发展，在口腔扁平苔藓免疫活性细胞增殖、细胞凋亡等相关基因的研究方面已经有了突破性进展。作者通过改良消减杂交技术，成功地建立了口腔扁平苔藓发病相关差异表达基因的消减 cDNA 文库。这就为进一步筛选、克隆口腔扁平苔藓发病相关基因奠定了基础，也为进一步通过基因水平研究，探讨口腔扁平苔藓的发病病因，提供了一条研究途径。

（高文信）

口腔扁平苔藓组织中表皮生长因子及其受体表达变化的研究［付洁　陈伟　孙正. 中华口腔医学杂志，2005，40(6)：455～458］

选取新鲜组织标本 31 例，其中糜烂型扁平苔藓 10 例，网状扁平苔藓 12 例，正常口腔黏膜 9 例，用反转录聚合酶链反应技术(RT-PCR)检测表皮生长因子(EGF)、表皮生长因子受体(EGFR)两种原癌基因 C-*fos* 和 C-*jun* 在不同组织中的表达，并利用免疫组化方法比较其 4 种蛋白在不同组织中的定位、表达含量的变化。结果发现，糜烂型扁平苔藓 EGFR 基因的 mRNA 和蛋白质量都明显高于网状扁平苔藓和正常口腔黏膜。表明糜烂型扁平苔藓的癌变率可能大于网状扁平苔藓，其重要原因可能是 EGF 及其受体引导的信号传导通路起着十分重要的作用。

述　评

很多研究都表明，萎缩型和糜烂型 OLP 易发生癌变，但对其可能发生的机制缺乏了解。作者采用 RT-PCR 技术及免疫组化法，探讨了 EGF、EGFR 的两种原癌基因 C-*fos*、C-*jun* 在 OLP 中的基因表达、蛋白质量的变化。初步揭示了萎缩型和糜烂型 OLP 易发生癌变的可能机制，为进一步研究 OLP 的恶变提供了一条途径。

（高文信）

口腔中幽门螺杆菌与 RAU 的关系研究［聂敏海　张特　胡佳等. 临床口腔医学杂志，2005，21(9)：560～562］

收集 42 例复发性阿弗他溃疡(RAU)患者口腔溃疡表面的假膜和上皮组织刮取物以及患者口腔其他部位正常黏膜上皮刮取物。对照组 42 例，取材方法同实验组。采用巢式 PCR 法，利用内引物 ET-5U/ET-5L、外引物 EHC-U/EHC-L 检测 RAU 患者及对照组口腔中幽门螺杆菌。结果表明，RAU 患者口腔溃疡组织、正常黏膜组织之间无相关性；RAU 患者组与对照组正常口腔黏膜也无相关性；口腔幽门螺杆菌与 RAU 发病无相关性。

述　评

RAU 是常见的口腔黏膜疾病，发病病因复杂，多年来感染因素被认为是 RAU 发病的重要因素之一。幽门螺杆菌被许多学者认为可能与 RAU 的发病有关，但尚缺乏有力证据。该研究结果表明幽门螺杆菌与 RAU 的发病无相关性，这一结果与部分学者的研究结果一致。虽然作者在实验过程中也考虑尽可能避免有影响结果的一些因素，如严格采取防污染、取正常口腔黏膜上皮混合物、增加样本量等措施。但是从实验结果分析 RAU 患者溃疡面刮取物中幽门螺杆菌阳性率与对照组无明显差别，阳性率不高，不能得出幽门螺杆菌与 RAU 发病有关的结论。因此幽门螺杆菌与 RAU 的发病关系尚需进一步深入研究。

（高文信）

人体口腔黏膜上皮细胞体外培养和鉴定［陈文　李森恺　史宏道等. 现代口腔医学杂志，2005，19(5)：489～491］

取正常人口腔颊黏膜细胞，应用中性蛋白酶和胰蛋白酶消化后将获得的黏膜上皮细胞放置在含体积分数 10% 的胎牛血清培养液中培养，探讨建立稳定的人口腔黏膜组织体外培养细胞的最佳条件，并对细胞进行鉴定及形态学观察。结果表明体外培养细胞为单一的上皮细胞，细胞可传 9～10 代，生长期为 50～60 d。原代接种 3 d 后，细胞增殖加速，传代细胞贴壁能力增强，4 代前细胞形态大小均一，4 代后细胞形态大小出现差异。实验结果支持使用 2~3 代细胞作为口腔黏膜组织工程种子细胞，并为组织工程技术构建口腔黏膜开辟了一条重要途径。

述　评

组织工程技术为解决口腔内大创面修复这一难题开辟了一条新途径，掌握口腔黏膜上皮细胞体外培养方法是组织工程技术构建口腔黏膜组织的必要条件。但是口腔黏膜上皮细胞体外培养较困难，应进一步探索体外培养细胞的最适宜条件和培养过程中细胞形态、特征的变化，以便为组织工程化提供优质的种子细胞，为修复口腔黏膜组织大面积缺损的修复提供最佳途径。

（高文信）

致病性口腔白色念珠菌耐药株和药物敏感株的 ITS 基因型比较［周曾同　赵民．临床口腔医学杂志，2005，21(8)：498~501］

采用国家临床实验室标准协会(NCCLS)最新公布的 M27-A2 微量稀释法标准方案，检测头颈部肿瘤化疗患者合并假丝酵母菌(念珠菌)感染组、单纯口腔假丝酵母菌感染组的感染菌株对 4 种抗真菌药物氟康唑、两性霉素 B、5-氟胞嘧啶和伊曲康唑的药物敏感性，并对两组口腔假丝酵母菌感染菌株及耐药株和敏感株的 ITS_1-ITS_2 区域核苷酸碱基序列进行测序比较其差异。结果表明，全部菌株对 5-氟胞嘧啶敏感，92.1% 对两性霉素 B 敏感，放化疗组和单纯白念菌感染组对氟康唑的耐药比例分别为 26.7% 和 8.7%，对伊曲康唑的耐药比例分别为 40% 和 13%，菌株 ITS_1-ITS_2 序列的差异与分组和药物敏感性无关。

述　评

口腔假丝酵母菌感染与多种口腔黏膜病有关系，同时与肿瘤放化疗、与各种免疫缺陷患者的真菌感染也有密切关系。许多研究表明，口腔假丝酵母菌有大量的耐药菌株，且不同种假丝酵母菌在致病性和耐药性方面存在着差异。同一种菌群的假丝酵母菌致病性和耐药性方面也存在差异。该研究结果证实致病性口腔假丝酵母菌 ITS_1-ITS_2 区域进化中变异的序列与接受化疗无相关性，与菌株对抗真菌药物的敏感性无明显相关性。对于指导临床治疗由各种原因所致的口腔白假丝酵母菌具有重要意义。

（高文信）

原位杂交、免疫组化及 AgNoR 染色法在口腔念珠菌性白斑诊断中的应用［蒋文晖　王文梅　黄晓峰．临床口腔医学杂志，2005，21(12)：752~755］

应用原位杂交、免疫组化及嗜银蛋白(AgNoR)，对照糖原染色(PAS)检测了 154 例口腔白斑及鳞癌组织中假丝酵母菌感染情况，比较原位杂交、免疫组化及 AgNoR 染色在口腔假丝酵母菌性白斑(OCL)诊断中的价值。结果表明，假丝酵母菌感染与口腔白斑的发生关系密切，白色假丝酵母菌是口腔白斑和鳞癌真菌感染的主要感染菌。4 种检测方法检出率无显著性差异。由于 AgNoR 染色简便易推行，同时可以反映细胞增殖活性，作者建议临床上使用 AgNoR 染色，以便为 OCL 的诊断、预后判断、监测及治疗提供客观依据。

述　评

口腔假丝酵母菌性白斑为口腔白斑病伴随有假丝酵母菌慢性感染，其癌变率远大于非假丝酵母菌性感染，两者的治疗方法、预后都有明显的差异，准确的诊断对于预防其癌变是十分重要的。采用 AgNoR 染色最重要的是显示定位于核仁组成区的嗜银蛋白，应用此法能准确地反映出细胞增殖的活性，而且可以同时检测出真菌。因此对 OCL 的诊断、预后判断、监测及治疗有很重要的临床意义。

（高文信）

老年口腔医学

老年人牙髓感觉功能昼夜节律性变化的研究［徐真　郭斌　周学东等. 中华老年口腔医学杂志，2005，3(1)：14～16］

对 20 例健康老年受试者，用 NEOSONO Ultima EZ™ 牙髓活力测定仪于第 1 天的8:00至次日8:00每隔 4 h 的牙髓活力阈值进行测试，用 Halberg 余弦节律分析法对数据进行统计分析。结果显示，老年人牙髓感觉功能具有昼夜节律性，变化呈近似余弦的曲线，活力阈值的最高峰(感觉最迟钝)和最低谷(感觉最敏感)分别出现在0:00和12:00。老年女性牙髓活力阈值波动较大，但与老年男性差异无显著性差异($P>0.05$)。

述　评

一般认为，随着年龄的增长，牙髓中细胞成分减少，胶原含量相对增加，神经、血管数目的减少使牙髓敏感性降低。对老年人牙髓感觉功能昼夜节律性的研究，有助于了解牙髓活动状况的增龄性改变，为认识老年人牙髓疾病的特点提供依据，对临床该类疾病的诊断和治疗有指导意义。该研究采用的方法属牙髓活力电测试，应考虑受试者的心理状态、情绪等对结果的影响。

（栾文民）

老年人牙根纵折临床分析［王文蕾　杨绍俊. 中华老年口腔医学杂志，2005，3(1)：17～19］

对 59 例老年患者共 62 颗牙根纵折患牙的临床资料进行回顾性分析，探讨老年人牙根纵折发生的原因、临床表现以及治疗和预防措施。该组病例牙根纵折最多见于下颌第一磨牙，其次为上颌第二磨牙；纵折牙中，有 76% 曾行牙髓治疗；患牙均有明显的咬合创伤和牙周病变。咬合痛为牙根纵折最常见症状，未行根管治疗的患牙可有明显的冷热刺激痛。关于纵折牙的治疗，作者建议，对未行牙髓治疗的患牙应做根管治疗，半牙切除是较肯定的保存办法，所有保存的患牙均应进行牙周的系列治疗。

述　评

由于发病的特殊部位，牙根纵折早期不易发现；而且一旦发生，治疗比较困难，患牙常需拔除。因此，牙根纵折是造成老年人牙齿丧失、影响咀嚼功能的原因之一。对老年牙根纵折病例进行回顾分析，对该病的早期诊断和治疗有指导意义，也可为老年牙根纵折的预防干预提供依据。

（栾文民）

Carisolv(伢碘)微创化学机械去龋法治疗老年人龋齿的临床研究［张勇　储冰峰　刘洪臣. 中华老年口腔医学杂志，2005，3(2)：81～83］

选择门诊老年龋病患者 48 例，将其随机分为伢碘治疗组(30 例)和对照组(18 例)，分别采用伢碘凝胶去龋和常规磨牙去龋，比较两组患者的感受，治疗所用时间及治疗效果，以评价伢碘微创化学机械去龋法治疗老年人龋齿的有效性和安全性。结果表明，伢碘治疗组操作所用时间虽长于对照组，但患者感觉治疗过程舒适、无痛，去龋过程中无露髓发生。经 3 个月随访，效果良好。

述　评

老年人由于生理和心理的变化，会出现身体衰弱、耐受力降低等，到牙科就诊常有畏惧心理。Carisolv(伢碘)化学机械去龋系统属微创技术，能有效去除龋坏组织，不损害健康釉质和牙本质，可避免意外露髓的发生。治疗过程中没有噪音，避免了温度变化等对牙髓的刺激，患者感觉舒适，无痛苦。医生操作方便，视野清楚，可同时治疗多个患牙。可以认为伢碘微创化学机械去龋法适用老年人龋病的临床治疗。

（栾文民）

根管治疗仪测定老年人磨牙根管工作长度准确性的初步研究［张雪峰 刘洪臣 刘荣森. 中华老年口腔医学杂志，2005，3(2)：65～67］

选取须进行根管治疗的老年人磨牙 132 颗，将其随机分为实验组和对照组。实验组 86 颗牙又分为根管治疗仪组 44 颗和手感法组 42 颗，对照组 46 颗牙采用摄 X 线片测定工作长度作为标准组。所有根管在预备后插诊断丝摄 X 线片，比较各组测定工作长度的准确率。结果显示，治疗仪组准确率为 95.42%，与对照组 95.21% 的准确率相比，差异无显著性($P>0.05$)；手感法组准确率为 81.75%，同对照组相比差异有显著性($P<0.01$)。该研究表明，根管治疗仪对老年人磨牙根管工作长度的测定有与摄 X 线片法相同的准确率。

述 评

准确测定根管工作长度可以提高根管治疗的质量。该研究证实根管治疗仪可准确确定老年人磨牙根管工作长度，避免了多次摄 X 线片的不便和 X 线的危害，省时、经济。使用根管治疗仪有助于良好地完成老年人的根管治疗，以提高牙髓病和根尖周病的疗效。

（栾文民）

老年性慢性颌下腺炎［马大权 孙开华 郭传瑸等. 中华口腔医学杂志，2005，40(2)：129～130］

收集 35 例年龄 50 岁以上，临床诊断为颌下腺肿瘤的患者为研究对象。临床表现均为无意发现颌下腺肿块，其与进食无关，X 线检查无导管结石、无舍格伦综合征及相关自身免疫性疾病，术后病理诊断为慢性炎症。病理表现为腺泡破坏、慢性炎症细胞浸润，有的闰管腔内存在微小钙化。结果提示，老年患者颌下腺肿块，影像学检查无结石和占位性病变，应考虑诊断老年慢性颌下腺炎，可严密观察 3～6 个月，不必切除颌下腺。

述 评

该研究提示，以无痛性颌下腺肿块为主诉，临床表现类似肿瘤的老年慢性颌下腺炎症并不少见。首先应和发生于颌下腺区的真性肿瘤相区别，其次要和舍格伦综合征的结节性肿块鉴别。另外，亦不能忽视老年人颌下区淋巴系统肿瘤和转移瘤多发的特点。

（栾文民）

6 312 例老年人颌面创伤临床分析与医学干预［王津惠 刘懋卿. 中华老年口腔医学杂志，2005，3(2)：88～90］

通过对 312 例老年人颌面部创伤的流行病学分析发现，老年人创伤的发病存在年龄、时段、病因、季节的差异，而与老年人的性别及创伤类型无显著关系。意外伤为主要病因(59.29%)，早晨(44.23%)及傍晚(36.86%)时段最易受伤，春、夏季节创伤发病率最高。颌面创伤对老年人的生命安全和生活质量构成很大威胁，采取有效的针对老年人颌面创伤的医疗措施和进行预防干预已刻不容缓。

述 评

现代医学应不断提高对老年人意外伤及其预防、救治和康复等方面的科学研究，建立完善的意外损伤监护网，加强家庭、社会、医疗卫生部门及政府等多方面的协作，对提高老年人的健康水平和生活质量非常有益。

（栾文民）

老年人颌面部间隙感染的临床特点分析［杨舸 步荣发 张磊等. 解放军医学杂志，2005，30(5)：428～429］

对老年组 22 例(60 岁以上)与对照组 35 例(18～59 岁)患者基本情况、发病原因(牙源性、非牙源性)、病程、感染部位、系统性疾病、有创治疗(切开、引流)、住院时间等进行调查，分析老年人颌面部间隙感染的临床特点。结果表明，老年组的病因构成与对照组相同，老年组合并系统性疾病的比例(14/22)高于对照组(3/35)，老年组有创治疗的比例(10/22)高于对照组(7/35)，老年组住院时间长于对照组。老年人颌面部间隙感染有其自身的特点，应进行针对性的预防和治疗。

述　评

颌面部间隙感染是头颈部常见的炎症性疾病，及时诊断和恰当的治疗处置，可改善治疗效果和预后。老年人牙体牙髓疾病多发，且多合并有其他系统疾患，是颌面部间隙感染的易感人群，应引起临床足够的重视。

（栾文民）

高龄患者下颌牙列即刻负重种植的修复对策［黄建生　周磊. 广东牙病防治，2005，13(1)：9～12］

对 1 例下颌牙列缺失的 82 岁高龄患者采用保留上颌残根和不良固定修复体，下颌植入 4 颗 Xive 种植体，同期接入 TempBese 临时基台，用复合树脂临时桥修复。术后 8 个月后重新制作烤瓷固定桥修复。追踪观察两年，患者对义齿的咀嚼效能和美学效果均满意。结果提示，对高龄患者采用即刻负重种植修复时应严格掌握适应证，兼顾老年人生理和心理上的特殊性，综合设计。

述　评

种植修复缺失的牙齿或牙列，是近年来继传统的活动修复和固定修复后出现的新的修复方法，手术简便，在发挥咀嚼、语言效能，特别是在满足特定人群的美观和功能要求方面，越来越受到好评。该研究对于老年人的下颌总义齿的即刻负重种植修复，是一次很好的尝试，如果观察时间更长一些，对临床会有更好的指导意义。

（栾文民）

覆盖义齿与牙槽骨吸收关系初步探讨［王汝丽　王宁　曹良菊等. 中华老年口腔医学杂志，2005，3(2)：91～93］

对 81 例老年患者覆盖义齿修复后双侧下颌牙槽骨高度的进行比较，研究在有无牙根保留的情况下，牙槽骨的吸收状况。采用 Wical 氏测量法测量牙列缺损侧与覆盖义齿修复侧下颌体下缘至牙槽嵴顶的高度。结果发现对照侧 1～2 年内牙槽骨高度平均降低 2.08 mm 和 2.54 mm，实验侧牙槽骨高度平均降低 0.85 mm 和 1.13 mm，两者有显著性差异。因此，保留牙根对减缓牙槽骨吸收、保持牙槽骨高度有积极作用，且能延长覆盖义齿的使用寿命。

述　评

该研究进一步证实保留牙根对防止牙槽骨吸收的意义，牙槽骨吸收的减缓，有利于老年患者的义齿修复。该研究中作者仅观察了保留牙根对牙槽嵴高度的影响，而对牙槽嵴宽度的影响尚需进一步研究。

（栾文民）

固定义齿修复老年人𬌗重度磨耗的咀嚼效能分析［刘根娣　牟永斌　李斌. 口腔医学，2005，25(6)：377～378］

采用吸光度法分别对 17 例老年患者修复前及修复后 3、6 个月进行咀嚼效能的定量分析，以观察重度磨耗的老年患者一次性升高咬合、固定修复后的咀嚼效能变化。结果提示𬌗重度磨耗经修复治疗后，其咀嚼效能均高于修复前，且随着义齿使用时间的延长，咀嚼效能亦逐渐提高。因此对重度磨耗、垂直距离降低的老年患者，可以采用固定义齿修复并适当增加咬合高度。

述　评

对于老年患者进行固定修复的探讨，有助于提高老年患者口腔修复治疗的质量。在老年患者应用固定修复进行𬌗重建时，除需考虑患者的口腔局部因素外，尚应考虑老年患者的全身因素。该研究的设计如能区分固定义齿修复与升高咬合对提高咀嚼效能的贡献，则更具临床参考价值。

（栾文民）

预防口腔医学

氟化钠滴剂预防儿童乳牙龋齿的 2 年临床效果评价［李少敏　范旭　邹静. 华西口腔医学杂志，2005，23(2)：136～137］

将 1 200 名 3～4 岁的儿童平均分为 3 组，第 1 组给予氟化钠滴剂，第 2 组使用含氟牙膏刷牙，第 3 组未采用干预措施，氟滴和含氟牙膏由幼儿园教师统一管理和使用。分别在 1 年、2 年后进行龋患检查。氟滴组和含氟牙膏组 1、2 年后乳牙新增龋面均均显著少于对照组，其差异有统计学意义；氟滴组的新增龋面均也小于含氟牙膏组，但两者间的差异无统计学意义。结果表明高浓度氟化钠液防龋效果明显。

述　评

氟化物有效的防龋作用已经被国内外众多学者所证实，但国内有关氟滴剂的应用和研究不多。该文作者使用氟化钠滴剂对儿童进行防龋，取得了明显的效果，且使用简单方便、经济，可由幼儿园医师监督执行，易于管理。为在幼儿园推广应用氟滴剂预防儿童乳牙龋齿提供了具有参考意义的资料。但是研究中没有考虑儿童日常生活中含氟牙膏对实验结果的协同影响。

（胡德渝）

口腔健康教育对改善中学生口腔卫生状况的效果评价［范旭　李雪　周智等. 牙体牙髓牙周病学杂志，2005，15(6)：337～339］

为了评价口腔健康教育对改善中学生口腔卫生状况的效果，将 218 名中学生分为教育组和对照组，教育组通过讲课的方式进行口腔健康知识宣传教育并在教师的监督下认真刷牙，对照组不采用任何干预措施。3 个月后检查发现，教育组学生的简化软垢指数（DI-S）和简化牙石指数（CI-S）分别下降，牙龈指数（GI）也明显下降，而对照组的 DI-S、CI-S 及 GI 则出现不同程度的上升，两组间差异皆有显著性。

述　评

作者采用随机对照的方法评价了口腔健康教育对改善中学生口腔卫生状况的效果。结果表明口腔健康教育对受试中学生口腔卫生的改善起到了积极的作用。该研究说明只要让学生认识到刷牙的重要性和有效性，同时有家长的参与、老师的监督，改善学生口腔卫生状况的效果一定明显。应动员全社会、家庭、学校广泛参与口腔卫生的自我保健活动，自觉采取有利于口腔健康的自我保健措施。

（胡德渝）

刃天青纸片法预测龋活性的研究［何克新　李志辉　朱莲娜等. 广东牙病防治，2005，13(3)：214～215］

采集 94 名 6～12 岁儿童的非刺激性唾液和右下颌后牙区邻间隙的菌斑，分别进行厌氧培养以及进行菌落计数和细菌鉴定。采用刃天青纸片法，研究纸片变色程度与唾液、菌斑中致龋细菌以及龋失补牙数的关系。结果表明，刃天青纸片法纸片变色程度与唾液、菌斑中致龋细菌以及龋失补牙数呈正相关关系，敏感度为 58.8%，特异度为 83.7%，阳性预测值为 70.2%。提示刃天青纸片法能够反映唾液、菌斑中致龋细菌数量以及受试者的患龋现状。

述　评

刃天青纸片法是龋活性试验方法之一，用来检测个体和人群发生龋病的危险程度，以便及时采取相应的预防措施。该研究表明，刃天青纸片变色程度与唾液、菌斑中致龋细菌以及龋失补牙数呈正相关关系，可以反映受试者的患龋现状。通过横断面调查进行龋活性试验得出了有意义的结果，如能进行前瞻性研究以预测新龋的发生则更有意义。另外要充分发挥刃天青纸片法的价值，可以将其与其他检测方法联合预测，以提高敏感度。

（胡德渝）

北京怀柔区儿童全身氟摄入和尿氟的实验室研究——北京怀柔区调节水氟浓度预防龋齿可行性研究（二）［王左敏　张博学　司燕等. 临床口腔医学杂志，2005，21（9）：530～533］

随机抽取北京怀柔区 5 岁和 12 岁儿童各 10 名，利用双份膳食法收集其 3 日饮水、食物，直接采集水、空气和实验儿童晨尿样品。测定当地自来水和空气中氟的质量浓度以及 20 名儿童饮水、食物和尿液中氟的质量浓度。结果显示，5 岁组人均总摄氟量（0.534 ± 0.190）mg/（人·d），平均尿氟质量浓度（0.504 ± 0.367）mg/L；12 岁组人均总摄氟量（0.607 ± 0.176）mg/（人·d），平均尿氟质量浓度（0.577 ± 0.243）mg/L。研究表明，北京市怀柔区自来水覆盖区儿童自水、食物、空气等途径摄入的氟处于很低水平，低于所建议的适宜安全氟摄入水平。

述　评

该研究通过测定北京怀柔区自来水和空气中氟的质量浓度以及自出生后即生活在怀柔区部分儿童的饮水、食物及尿氟，从全身方面对儿童从不同途径摄入的氟化物进行了综合研究，为在怀柔区开展调节水氟浓度的饮水氟化全身用氟方法预防龋齿试点项目提供了可行性依据，并为确定适宜、安全的加氟剂量提供了参考资料。

（胡德渝）

不同刷牙方法清除菌斑效果的对比［张京华　沙月琴　曹采方. 北京大学学报（医学版），2005，37（5）：542～544］

对 40 名志愿者采用随机、单盲、自身前后交叉的对照试验，研究改良 Bass 刷牙法和竖刷法有效地清除牙龈沟附近及邻间隙区菌斑的效果。检查者采用改良 Benson 邻面边缘指数和 Turesky 菌斑指数，检查每位受试者的 16 个指数牙即中切牙、第一前磨牙，第一、第二磨牙，每个指数牙查 6 个位点即颊舌侧近中、中央、远中区。结果表明，改良 Bass 刷牙法对整个口腔，尤其是中央龈缘区的菌斑清除效果明显优于竖刷法。

述　评

通过刷牙清除菌斑对于预防牙龈炎的效果已被广泛证明。刷牙已成为被广泛应用的保持口腔卫生的方法，它在牙周病预防方面起到了十分重要的作用。作者比较了两种刷牙方法对龈缘区和邻间隙区菌斑的清洁效果，得出了改良 Bass 法能更有效清除菌斑的结论，为临床推荐这种刷牙方法提供了参考依据。

（胡德渝）

老年口腔健康评价指数中文版的信度考评［王阿丹　凌均棨　林家成等. 牙体牙髓牙周病学杂志，2005，15(7)：379～381］

按照国际生存质量评价项目的标准程序，对老年口腔健康评价指数（GOHAI）进行翻译、回译和文化调适，建立中文版；使用 GOHAI 中文版和一般项目表对随机抽取的 343 位 60 岁及以上老年人进行口腔健康生存质量调查，考评量表的内部一致性信度和重测信度。结果 GOHAI 中文版的内部一致性 Cronbach's α 系数为 0.81，分半信度系数 0.80，条目-量表相关系数在 0.25～0.71 之间；重测相关系数为 0.866。说明 GOHAI 中文版具有良好的信度。

述　评

国外的健康相关生存质量评价表在用于中国前必须经过跨文化适应过程，量表心理测量学性质的考评是量表的跨文化适应过程中的重要步骤。该研究对作者自己翻译编制的 GOHAI 中文版进行了信度考评，为今后研究老年人口腔健康的新方法提供了依据。

（胡德渝）

影响家庭成员口腔卫生服务利用的多因素分析 [李刚　胡德渝　张博学等. 上海口腔医学，2005，14(1)：6～10]

根据我国不同地区的经济发展水平，采用分层抽样方法，调查了 6 个样本县(区)共 1 558人，采用 Logistic 回归，建立了口腔卫生服务利用的就诊概率模型。得出了我国家庭成员的口腔卫生服务利用取决于多种因素的结论，除自我口腔疾病的判断外，医疗费用支付方式、家庭居住分区、有无龋病是影响中国居民牙科就诊概率的主要因素。

述　评

目前国内关于口腔卫生服务利用方面的研究较少。随着经济的发展和医疗体制的改革，卫生服务体系的使用必将随之发生变化。该研究取得的大量横断面资料为我国今后开展此方面的研究提供了必要的基础参考信息。

（范旭）

家长态度与儿童口腔卫生习惯形成的关系 [何艳　冯希平. 上海口腔医学，2005，14(5)：473～475]

用整群、分层和随机抽样相结合的多阶段抽样方法，选出 200 名上海市 4～5 岁儿童，检查龋齿情况，按照 dmft = 0 和 dmft ≥3 分成无龋组和有龋组；对这些儿童的家长进行问卷调查，从刷牙次数和甜食消费两个方面分析家长对龋病易感因素的态度与儿童实际龋相关行为的关系。结果表明，家长对待儿童刷牙的态度和对待儿童甜食问题的态度分别与儿童实际刷牙情况和儿童实际甜食摄入行为有密切关系。调查结果表明可以通过卫生宣教，提高家长在儿童龋病预防中的作用，减少龋病的发生率。

述　评

家长直接与儿童接触，在儿童卫生习惯形成和保持过程中发挥着关键作用。该调查结果说明家长对儿童刷牙、甜食问题的态度对儿童形成的口腔卫生习惯有显著影响。提示研究者在今后的工作中应改进健康教育的方法，加强家长在儿童龋病预防中的作用。

（胡德渝）

牙体缺损修复

不同材质桩核修复漏斗状残根的抗疲劳强度 [胡书海　长田贵幸　割田研司等. 中华口腔医学杂志，2005，40(4)：287～290]

将 30 颗体外上颌中切牙均分为无领圈和有领圈两个实验组，分别采用铸造金属桩核(MPC)、单纯复合树脂桩核(PCP)和预成碳纤维桩联合复合树脂桩核(FRC)进行修复。各样本在热循环实验后，再进行循环疲劳实验，记录其牙疲劳强度和破折类型。双因素方差检验发现，同一实验组 FRC 修复的样本牙比其他两种材料修复者的抗疲劳强度明显高，有领圈组可显著提高不同材质桩核修复牙的抗疲劳强度。MPC 和 FRC 组的样本破折类型为牙齿垂直型折断，RCP 组则为桩核根上段的水平型折断。提示 FRC 在提高前牙牙根抗疲劳强度方面具有明显优点，预备牙本质领圈对提高牙根的抗疲劳程度很有必要。

述　评

临床上漏斗状残根的修复治疗预后较差，其中牙根折裂是其修复后常见并最具破坏性的并发症，因此从提高牙根抗折能力的角度来探讨其牙体预备设计和桩核设计对临床很有指导意义。该研究结论进一步佐证了牙本质领圈在桩核冠修复中的重要性，并指出了 FRC 在漏斗状残根修复中的优势，但也要看到该研究中 FRC 修复的破折类型为不可再次修复的垂直型根折，若能增加完整牙体的全冠修复牙作为对照，将更有助于结果的分析。

（王贻宁）

全冠牙体预备后影响牙髓-牙本质复合体反应因素的研究［张倩　程祥荣　何俐等. 武汉大学学报(医学版)，2005，26(3)：355～358］

选择因正畸需拔除的健康第一磨牙38颗，根据牙体制备的深度不同分为3组，分别于暂时冠修复后1、3、6周拔牙。经组织学观察，结果显示，一般牙体预备组的牙髓组织主要表现为轻度炎症反应，牙体预备深度大的组主要为中度炎症反应。6周左右可见修复型牙本质形成。当平均剩余牙本质厚度小于2 mm时，牙髓修复时间与牙髓反应关系密切；其厚度为2～2.5 mm时，时间与牙髓的反应相关；其厚度大于2.5 mm时，时间与牙髓反应无关。表明剩余牙本质厚度影响牙髓反应，其厚度越大，牙髓炎症反应越轻。牙体预备所引起的轻、中度牙髓反应可因牙髓的自身修复能力逐渐好转。

述　评

牙体预备是固定修复临床的关键环节，既要充分预留修复体所需的材料厚度，又要最大限度降低对牙髓的刺激与反应。该研究支持了牙髓反应与剩余牙本质厚度、时间明显相关的观点，可为临床操作提供指导。最小剩余牙本质厚度可能与牙髓反应关系更为密切，该研究若能从最小剩余牙本质厚度的角度进行分析，就能充分利用结果数据以提供更多有效信息。

（王贻宁）

正畸-牙周手术-修复联合治疗保存残根的疗效观察［范莉　黄庆丰. 上海口腔医学，2005，14(3)：231～233］

根据纳入标准，选择残根患者10例，其中前牙8例，前磨牙2例，残根根面至少一侧位于龈下2～3 mm，不超过5 mm。采用正畸方法将残根进行殆向伸长移动，保持6个月后行牙周手术。暂时桩冠修复6个月后，再行金属烤瓷桩核冠永久修复。经17个月的临床随访发现，残根经联合治疗后，牙冠形态、功能恢复良好，龈缘形态美观，X线片显示修复后的冠根比协调。作者认为，正畸-牙周手术-修复联合治疗能有效保存治疗无法单纯修复的严重缺损残根。

述　评

如何保证有足够长度的严重缺损残根具有良好的预后是牙体缺损修复的难点，该研究采用的正畸殆向牵引-牙周手术-修复联合治疗是比较理想的方案。虽然其疗程较长，但避免了只采用牙冠延长可能带来的临床牙冠过长、龈缘与邻牙不协调等问题。但该研究有待严格其纳入标准，如确定牙槽骨内牙根的长度、残根松动度等；疗效评价标准需细化，联合治疗的疗效也有待增加病例，延长观察时间。

（王贻宁）

不同种类的熔模材料对铸造冠边缘适合性影响的实验研究［侯晓冲　王忠义　王宝成等. 实用口腔医学杂志，2005，21(1)：118～120］

制作模拟后牙全冠外形的标准帽状试件及圆管，将30个试件随机均分为3组，每组分别采用不同的熔模材料制作熔模，第1组用软质嵌体蜡，第2组用硬质嵌体蜡，第3组用自凝复合树脂制作。采用Dentaurum包埋料有圈包埋熔模，Dentaurum Ni-Cr-Mo合金进行铸造。铸造冠在原试件上试合后，用扫描电镜测量铸件的边缘浮出量。结果发现，前2组间的边缘浮出量无显著性差异，第3组的边缘浮出量显著高于前2组。作者认为不同熔模材料的软化温度对铸造冠边缘适合性有影响，熔模材料软化温度越高，铸造冠边缘浮出量越明显。

述 评

选择铸件熔模材料时，不能囿于材料的可操作性和个人喜好，还应考虑熔模材料对不同类型铸件精度的影响。作者认为高硬质嵌体蜡、自凝复合树脂作为全冠熔模材料因其较高的软化密度和硬度会降低铸件的适合性，该结论值得医师与技师关注。该实验中铸件就位时如能采用恒定压力与时间的压力器，可避免指压就位铸件的不恒定性。

（王贻宁）

Cerec 2 型机摄像头的口外控制装置对 CAD-CAM 全冠底层冠适合性的影响［陈悦　黎红　赵云凤等. 华西口腔医学杂志，2005，23(3)：247～250］

采用口外控制装置的摄像头和未使用控制装置的摄像头分别采集光学印模和数字化模型，分别加工 Vita MKⅡ和自行研制的多孔氧化铝瓷各 6 个，共制作 24 个全瓷底层冠。使用扫描电镜和计算机图像分析仪测量底层冠内部和边缘间隙，比较其适合性差异。结果显示，使用控制装置组的底层冠内部的平均间隙和在颊侧的颈部边缘间隙显著小于未使用控制装置组，Vita MKⅡ底层冠与多孔氧化铝底层冠在边缘间隙和内部间隙均无显著性差异。作者认为，使用控制装置的 Cerec 2 型机有效地减小了人为存在造成底层冠内部间隙的误差。自行研制的多孔氧化铝瓷加工后的适合性与 Vita MKⅡ相似，达到了临床要求。

述 评

数字化光学模型的成像条件和图像质量直接影响 CAD-CAM 修复体的精度和适合性。尽管目前最新的 Cerec 3 D 型机在光学印模方面作了很大改进，但该研究基于现有 Cerec 2 型机的成像控制装置对于提高修复体精度具有一定的临床意义。

（王贻宁）

不同金属基底和遮色瓷厚度对金瓷修复体色彩的影响［裴延平　陈吉华　常青等. 华西口腔医学杂志，2005，23(2)：133～135］

制作贵金属合金、金沉积与镍铬合金片各 5 个，分别以其为基底依次制作遮色瓷厚度为 0.05、0.1、0.2、0.3、0.4、0.5 mm 的试件。用 CR-321 色差计对试件测色，计算色差并进行统计分析。结果发现，以镍铬合金与贵金属合金为基底的修复体遮色瓷厚度为 0.3 mm 时可完全遮住底色，但遮色瓷厚度为 0.2 mm 时色差值小于 1.5 NBS；金沉积为基底的修复体遮色瓷厚度为 0.1 mm 即可完全遮住底色，遮色瓷厚度为 0.2 mm 的色差值小于 1.5 NBS。提示对于不同的金属材料，有不同的遮色瓷厚度要求，随着遮色瓷厚度的增加，以镍铬合金与贵金属为基底的遮色瓷彩度增加，以金沉积为基底的遮色瓷彩度略有下降。

述 评

遮色瓷厚度及其遮色能力是影响金瓷修复体美学效果的要素之一。该研究针对不同金属基底提出的最佳遮色瓷厚度，对提高金瓷美学颇有实际意义。但该研究在遴选最佳的遮色瓷厚度时，采用肉眼观察是否完全遮住金属底色为标准，似欠客观，也与选用的色差值指标不太吻合。另外，每组中设计有 6 种不同的瓷层厚度，而样品只有 5 个，如果选用更多的样品，可避免重复使用样品烧结对颜色评价的干扰。

（王贻宁）

金沉积基底烤瓷冠修复上颌切牙对牙周组织的影响［江泳　冯海兰　陈智滨. 口腔颌面修复学杂志，2005，6(3)：190～192］

将 20 例患者的 24 颗金沉积基底烤瓷冠修复的上颌切牙分为实验组，以同一患者口内健康的对侧天然牙为对照组，患者在全冠戴入 6～8 个月后复诊，进行牙周状况检查。分别取患牙及其对侧同类牙的龈沟液，进行龈沟液量测定，并对龈沟液内的肿瘤坏死因子-α(TNF-α)和弹性蛋白酶(EA)水平采用夹心 ELISA 和底物分解法检测。结果显示，修复体边缘的深度及密合度均符合临床要求，修复后患牙的菌斑指数、龈沟液量，龈沟液内 TNF-α 和 EA 含量均无明显变化，但修复牙的龈沟出血指数高于对照组。作者认为，临床合格的金沉积基底烤瓷冠修复后对患牙牙周组织没有明显的不利影响。

述　评

金沉积基底烤瓷冠比铸造金属基底烤瓷冠具有更好的精度与美学效果，但其修复对医生与技师的要求更高，该修复体戴入后对牙周组织的影响也颇令人关注。该研究从牙周健康角度进一步支持了金沉积基底烤瓷冠的临床应用。如果将患牙修复前的牙周状况设为基线，更能说明金沉积烤瓷冠修复前后的牙周组织变化。此外，该研究也有待于增加病例并进行长期观察。

（王贻宁）

基于逆向工程技术的嵌体计算机辅助设计 [刘明丽　吕培军　王勇等. 中华口腔医学杂志，2005，40(1)：70～73]

取一个别正常殆志愿者的牙颌超硬石膏模型，在模型上牙体预备 Black Ⅰ、Ⅱ、Ⅳ类(MOD)洞嵌体洞型，以牙科自凝树脂取牙尖交错位殆记录与模拟功能性殆记录。在同一坐标系下，采集预备体、邻牙及殆记录数字印模。运用逆向工程软件进行数据处理，同时结合标准牙数据库完成计算机辅助设计(CAD)。结果显示，在逆向工程软件基础上确立了嵌体 CAD 的技术路线，CAD 完成后的各类型后牙嵌体形态协调美观，表面光滑，咬合及邻接关系符合生理要求。表明基于通用逆向工程软件二次开发构建的嵌体 CAD 专用平台，是一种可行的方法。

述　评

口腔修复体的 CAD-CAM 技术是信息技术在口腔修复学领域的延伸，是口腔修复发展的重要方向。嵌体修复是牙体缺损修复的常见修复方式，该研究在牙科 CAD-CAM 技术国产化方面颇具开拓意义。不过，该研究的嵌体 CAD 平台有待于后续的 CAM 技术的验证，今后对具有独立知识产权的专用平台软件的开发也意义重大。

（王贻宁）

牙列缺损修复

固定桥桥体龈底形态对接触区黏膜微生态影响的研究 [汪振华　王金玉　刘素辉等. 中华口腔医学杂志，2005，40(3)：227～229]

对 60 例单个磨牙缺失采用双端烤瓷固定桥修复的患者，用常规细菌培养和计算机鉴定的方法，检测分析烤瓷桥桥体龈端不同形态设计对牙槽嵴顶黏膜微生态的影响。结果显示，3 种桥体经戴用 3 个月后，其龈底接触区检出的细菌种类均较牙体预备前有不同程度的增多。采用改良鞍式和改良盖嵴式桥体后接触区黏膜细菌种类较牙体制备前增多，而舟底式桥体接触区黏膜细菌种类无明显改变。同时，3 种桥体龈底接触区所检出的细菌中，链球菌检出率均有不同程度的降低，而其余细菌检出率大部分为升高，但是仅链球菌和奈瑟菌检出率的变化有统计学意义。作者认为，从对桥体底黏膜微生态的影响考虑，舟底式桥体优于改良鞍式和改良盖嵴式桥体。

述　评

固定桥是永久性修复体，戴入口腔内必然会导致口腔原有微生物种类和数量的变化。设计优良的固定桥对修复部位微生态环境只有很小的改变，合适的桥体龈底设计对保证修复体的长期效果有一定的临床意义。该研究利用常规细菌培养和计算机鉴定的方法，将三种桥体龈底设计类型分别与桥体底黏膜微生态环境产生的影响进行了比较研究，其研究结果为临床选择适合的桥体类型提供依据。

（高平）

全瓷树脂粘接固定桥的临床应用探索［刘亦洪　聂宇光　冯海兰. 现代口腔医学杂志，2005，19(6)：581～583］

选择8例前牙或前磨牙单个缺失的患者为研究对象，分别为其制作应用IPS Empress Ⅱ热压铸陶瓷材料制作的全瓷树脂粘接固定桥8个，于修复后2天、3个月、1年及以后每年进行临床检查，对它们的边缘适合性、颜色、牙龈状态、固位、折断或破损情况、功能指标进行评价。临床检查结果显示各项指标均为良好：修复体无折断、裂纹和松动现象；基牙和固位体边缘密合；修复体颜色与邻牙协调一致，无变色；解剖形态，咬合关系良好；基牙牙龈无炎症表现，患者主观评价较为满意。

述　评

现今临床应用的种植义齿、三单位固定桥及传统粘接桥等方法都存在各自的特点。作者利用改良后的全瓷材料IPS Empress Ⅱ代制作全瓷树脂粘接固定桥来修复前牙缺失，为临床提供了新的修复材料，拓宽了临床修复方法，并提出了义齿制作要点及注意事项，供临床参考。该研究随访时间最长为17个月，还有待更长时间观察修复效果。

（高平）

固定义齿修复材料对MRI图像的影响［刘玉华　孙樱琳. 现代口腔医学杂志，2005，19(6)：588～589］

通过动物实验研究不同口腔固定修复合金材料在磁共振成像(MRI)图像上产生伪影的大小，分析它们对MRI检查的安全性和可靠性的影响。结果显示不同的金属、同类金属不同的成分在MRI图像上产生伪影的大小不同：镍铬合金产生伪影并形成边缘高信号带且镍含量越高则产生的变形越大，同时对于含钛的镍铬合金在MRI图像上形成的伪影相对较小；金合金对MRI检查的图像影响很小，高含金成分的金合金在MRI图像中几乎不形成伪影，含金成分低的金合金形成的伪影也相对较小。

述　评

MRI是目前头颈部疾病常用的影像学诊断技术之一，对于接受口腔修复治疗的患者如选择永久性修复体，则可能为今后的MRI检查带来不便。通过动物实验分析不同牙科合金材料在MRI图像上产生伪影的大小以评价其影响程度，其结果对临床考虑选用合适的修复材料提供了一定的理论依据。

（高平）

三维激光扫描技术建立附着体义齿的三维数字化模型［于书娟　汪大林　李笑梅等. 临床口腔医学杂志，2005，21(3)：160～162］

以无牙颌模型所制作的前牙区种植体固定桥和冠外弹性附着体阴性部分与后牙区活动义齿和冠外弹性附着体阳性部分为扫描模型，通过激光扫描技术分段获取附着体义齿的数字信息后重新拼接；在逆向处理软件中建立其三维模型。结果显示，三维激光扫描仪获得数据建立模型清晰，窝沟点隙和附着体结构准确，不存在明显的扫描盲区。

述　评

三维激光扫描技术简单快捷，建立的模型清晰准确，这是进行复杂修复体研究的必要条件。该文作者以激光扫描的方法建立了附着体的三维模型，为后续研究工作提供了基础。

（高平）

三种活动义齿基牙及其支持组织表面的应力分析［郭莉　李文荟　孟慧萍等. 临床口腔医学杂志，2005，21(1)：38～40］

分别以锻造卡环、铸造卡环可摘局部义齿和隐形义齿三种不同修复方式制作双端游离义齿，施加垂直应力，应用电测法测试不同位点牙周组织表面应力。结果显示，三种卡环义齿对基牙根尖部牙周组织的作用力无显著差别，而对牙颈部牙周组织及支承牙槽嵴的应力差异显著，具有统计学意义。提示在相同加载条件下，铸造卡环对牙颈部牙周组织产生的应力最大，隐形义齿对支承牙槽嵴产生的应力最大。

述　评

游离端缺失进行义齿修复时应特别注意末端基牙牙周组织受力及缺牙区牙槽嵴受力情况。电测法是测试物体表面受力的实验力学方法之一，应用此方法测试结果对临床有一定参考价值。如能结合光弹法等能反应物体整体及内部受力的结果则更有说服力。

（高平）

铸造三臂卡环固位臂动态应力分析方法的探讨［王淑英　张振庭　白保晶等. 口腔颌面修复学杂志，2005，6(2)：124～126］

通过CT断层扫描图像，应用计算机图像处理软件UG和有限元分析系统MARC以及编写子程序等方法，建立前磨牙以及其颊面具有不同宽度和倒凹深度的铸造三臂卡环固位臂的三维有限元模型，模拟卡环在义齿摘取过程中的动态载荷情况。结果显示，在三维模型上模拟推拉卡环的方法摘取义齿，在卡环固位臂的中部施加动态位移载荷，能够计算卡环在义齿摘取过程中的应力分布及变化，得到了收敛的结果。

述　评

有限元是进行受力分析的理论力学方法，多在模型上进行静态加载。该文作者在有限元的分析方法中，采用动态加载方法，模拟义齿的动态摘取过程，使实验结果更接近临床实际，为进一步研究打下了基础。

（高平）

可摘局部义齿基托表面形态对语音影响的分析［徐正红　李隽　张富强. 口腔颌面修复学杂志，2005，6(2)：127～128］

选取符合实验条件的30例年轻志愿实验者，分别戴入上颌光滑基托和有腭皱基托，应用计算机语音分析系统(CSL)测量发/d/、/t/、/l/音后第一、第二共振峰值。结果显示，发/d/音，两组基托的第一、第二共振峰差异均有显著性，发/l/音，两组间在第二共振峰差异有显著性。该研究提示，腭皱作为一种有助于舌腭音发音的解剖定位标志，在义齿修复时理应考虑恢复。

述　评

上颌基托是影响发音的主要结构。该实验将CSL-4300B计算机语音处理系统运用于口腔修复领域，使定性研究辅音向定量研究转化，通过对有腭皱的塑料基托和腭部光滑的塑料基托初戴后的辅音做定量分析比较，研究活动义齿腭部基托表面形态对语音功能的影响，对临床有一定参考价值。但两种基托戴用一段时间后是否有差别尚待进一步研究。

（高平）

可摘局部义齿设计三维可视化专家系统［卞晓东　邱憬　秦文虎等. 中国生物医学工程学报，2005，24(2)：254～256］

采用西门子常规CT对一青年男性头骨标本的32颗恒牙进行扫描，并充分利用现有较为成熟的WinTopo图像处理、3D Max三维建模软件，构建了一套标准的牙列三维模型和大量的修复体部件模型，并在此基础上建立了一套可全方位实时显示立体效果的可摘局部义齿设计专家系统。该研究表明，利用三维可视化技术，可直观、立体地显示修复设计效果。

述　评

三维可视化可摘局部义齿设计专家系统可使初学者对各种可摘局部义齿修复设计的认识直观、形象，大大提高教学效果；也可使患者对修复方案、治疗效果产生感性认识，有助于医患之间的沟通。因此，其在口腔医学教学和临床应用领域有着良好的前景。

（高平）

牙列缺失修复

上颌全口义齿固位与稳定性的三维有限元分析［白保晶　张振庭．现代口腔医学杂志，2005，19(1)：79～81］

应用三维有限元方法研究牙尖斜度、腭穹隆形状和人工牙排列位置对上颌全口义齿基托位移状况的影响。结果发现，颊侧基托边缘区位移均为压向黏膜方向，使基托下沉的移位；后牙从牙槽嵴顶向颊侧移动，前牙唇向偏离牙槽嵴时，唇、颊侧基托边缘区位移增大；牙尖斜度为0°和10°时，基托后缘区垂直向位移、唇侧基托的垂直向和纵向位移均为背离黏膜方向，牙尖斜度大于等于20°时，基托后缘区和唇侧基托边缘区的垂直向位移变为压向黏膜方向。腭穹低平和腭穹高隆者位移较腭穹隆适中者大。说明这些因素对上颌全口义齿的固位与稳定有明显的影响作用。作者认为选用牙尖斜度为22°～24°的人工牙有利于义齿的固位与稳定。

述　评

作者从理论上说明牙尖斜度、腭穹隆形状和人工牙排列位置对上颌全口义齿固位稳定性的影响，与临床实际基本相符。

（冯海兰）

线性𬌗总义齿和解剖𬌗总义齿下颌运动轨迹的比较［张苹　徐军．实用口腔医学杂志，2005，21(5)：633～636］

利用K5AR型下颌运动轨迹描记仪，对33例线性𬌗总义齿修复患者和30例解剖𬌗总义齿修复患者的下颌运动特征包括咀嚼循环的轨迹特征、咀嚼运动幅度及运动速度等进行检测。结果显示线性𬌗总义齿的额状面轨迹无明显𬌗接触滑动，矢状面前伸运动轨迹为直线，其咀嚼循环运动时开口最大速度相对较大，闭口最大速度相对较小（$P<0.05$）。表明线性𬌗总义齿可依赖良好的稳定性以充分发挥咀嚼功能。

述　评

线性𬌗是一种非解剖𬌗型，由于侧向运动无障碍，对义齿的稳定性有好处。作者的研究进一步动态观察了佩戴者的咀嚼过程，说明义齿稳定性的机制。

（冯海兰）

无牙颌患者种植修复的体会［徐淑兰　周磊　黄建生等．口腔颌面修复学杂志，2005，6(2)：115～117］

对34例单颌、全颌无牙颌患者进行了种植修复。单颌无牙颌26例中10例进行了杆卡修复，5例球帽修复，2例磁性固位体修复，9例种植固定修复。全颌无牙颌8例中3例种植固定修复，3例杆卡修复，2例球帽修复。经6～60个月的临床观察，256枚种植体中除3枚种植体形成纤维愈合(1.17%)外，其余253枚种植体均形成了良好的骨性结合(98.83%)，种植义齿功能较好，收到了满意的临床效果。

述　评

作者对约1/3的病例用种植固定修复，并用各种固位方式对另外病例进行种植覆盖义齿修复，观察较长时间，得到较为满意的结果。说明针对患者的不同情况选择不同的种植修复方法，均能给无牙颌患者带来好的效果。

（冯海兰）

上颌半口义齿金属基托的计算机辅助设计［王晓波　高勃　姚月玲等．实用口腔医学杂志，2005，21(1)：5～7］

采用数控铣床及新型层析数据采集系统，通过对标准无牙颌模型的层切、二维轮廓数据获取和计算重建无牙颌模型。在此数据基础上，通过SURFACER软件设计上颌半口义齿金属基托，获得了无牙颌三维数据及上颌金属基托的数据文件。该研究证明，通过新型层析系统可实现对无牙颌三维建模，为进一步激光立体成形制作奠定基础。

述　评

作者的研究涉及层析数据采集及激光立体成型技术，这是一项有创新性的跨学科研究工作。将工业领域的成熟技术用于义齿制作，有着研究和应用前景。

（冯海兰）

两种附着体固位的下颌种植覆盖义齿三维有限元应力分析［刘政　王云芬　赵艳威等．中国口腔种植学杂志，2005，10(3)：121～123，154］

应用三维有限元法，对比球形和杆式附着体固位的全下颌种植覆盖义齿及支持组织应力分布的差异。结果显示，两种固位方式的覆盖义齿对侧向力的抵抗性均差，种植体-骨界面应力峰值高，为垂直载荷的1.6～9.2倍；剩余牙槽嵴表面应力，球形附着体大于杆式附着体；球形基桩颈部、种植体与杆、附着体阴型与基托连接处应力集中、峰值高。作者认为杆式附着体覆盖义齿的固位、稳定性较好。

述　评

在种植覆盖义齿的制作中，如何选择附着体是临床医师面临的问题。作者从应力分布的角度认为杆式附着体更好。临床尚需根据不同情况进行选择，并且需长期观察。

（冯海兰）

杆卡和球帽附着体下颌种植覆盖总义齿的短期放射学分析［黄建生　周磊　曾雄群．中国口腔种植学杂志，2005，10(3)：138～140］

对完成的2枚种植体支持杆卡下颌种植覆盖全口义齿19例，球帽式下颌覆盖全口义齿23例行定期放射学检查。结果显示修复体完成1年时，两组病例种植体周围骨吸收之差异无显著意义。

述　评

放射学检查是评价种植体效果的必须检查的项目之一。作者对完成1年后的种植体进行检查，未发现两种种植体的周围骨吸收差别。这些资料可作为长期观察的基础。

（冯海兰）

翻蜡法精确复制全口义齿［唐昊喆　周至强　孟庆胜等．中华老年口腔医学杂志，2005，3(4)：211～213］

采用复制义齿的方法制作石膏型盒内的原义齿阴模腔，充填齿科蜡，以塑料牙列取代蜡牙列。311例患者戴上复制的义齿后，271例患者满意；29例患者感觉稍有不适，7 d后适应；11例患者经适度调𬌗或衬垫后适应。

述　评

复制义齿对于旧义齿仅有𬌗面磨损而无其他不适者是一种好的治疗方法，利于患者较快适应，尤其当老年患者对重作义齿难以适应时，采用复制旧义齿的方法会取得好的效果。

（冯海兰）

种植覆盖义齿修复牙槽骨严重萎缩的无牙下颌［汪大林　邱晓倩　唐卫忠等．中国口腔种植学杂志，2005，10(1)：18～21］

在每个无牙下颌前牙区植入2～3枚Replace种植体或MIC种植体。连接基台，制作固位用的杆结构。覆盖义齿通过放置在组织面的塑料或合金夹子固位到杆结构上。修复严重萎缩的无牙下颌19例，其中17例患者按期进行了复查。结果发现17例按期复诊者的43枚种植体及其支持的杆结构稳定。修复后患者的咀嚼功能恢复良好，面容和语音功能有显著改观，患者对种植修复治疗结果感到满意。

述　评

作者的临床实践说明，用种植覆盖义齿的方法为严重牙槽嵴吸收的无牙颌患者作修复，效果良好，为其带来福音。

（冯海兰）

口腔正畸学

亚历山大矫正技术减数矫治的稳定性研究［魏松　傅民魁. 中华口腔医学杂志，2005，40(4)：271～274］

选择15例恒牙𬌗患者，开始矫治时年龄10.3～16.2岁。设计减数4个第一前磨牙，采用亚历山大矫正技术对矫治前、矫治后及保持结束后平均27.8个月的观察期内的模型进行测量，统计学处理采用配对t检验。结果发现上下尖牙之间的宽度在保持后的回访期内分别减小0.37 mm和0.72 mm，上下颌牙弓排列在回访期内分别有0.53 mm和0.98 mm的拥挤。由于内收前牙，矫治后的上下颌牙弓长度明显减小，在回访期内分别增加0.28 mm和0.05 mm。作者认为，亚历山大矫正技术中的矫治器设计及其矫正理念有利于拔牙矫正后的稳定，但长期稳定性尚待进一步观察。

述　评

已往的研究对拔牙矫治的颌、𬌗、面疗效均给予了充分肯定，但对拔牙矫治后的稳定性存在争议。作者运用亚历山大矫正技术，将提高稳定性体现在矫治理念及矫治器的设计中，探讨了亚历山大矫正技术在拔牙矫治中的应用及其效果的稳定性。但该研究样本量稍小，尚未能探讨原始牙位、牙弓形态与尖牙间宽度之间的关联性；且研究对象均为儿童，观察期较短，尚不能说明亚历山大矫正技术拔牙矫治的长期稳定性。

（王林）

中国先天性缺失牙患者*pax9*基因的新突变［赵计林　陈扬熙　鲍朗. 中华口腔医学杂志，2005，40(4)：266～269］

应用聚合酶链反应-单链构象多态性(PCR-SSCP)分析方法，对4个常染色体显性遗传少牙畸形家系(共45名成员，22例患者)中的13例患者和9名健康成员、16例散发性牙齿发育不全患者以及196名健康对照者的*pax9*基因进行研究。结合DNA序列分析方法，对发现异常SSCP条带的患者进行突变分析。结果发现2个少牙畸形家系(家系A和家系B)的先证者出现异常SSCP条带，家系A和家系B内患者均出现与各自先证者相同的异常SSCP条带。经过DNA序列分析，发现*pax9*基因第2外显子的2个新突变：碱基插入(109 InsG)导致的移码突变，碱基置换(C139T)导致的错义突变。其余家系患者、散发性患者均无异常SSCP条带。

述　评

先天性缺失牙是常见的牙颌畸形，预防和矫治一直是学者们关注的问题，经国外学者发现*pax9*基因突变与此密切相关。作者通过对遗传少牙畸形家系的*pax9*基因进行研究，在原已发现的9个*pax9*基因突变之外又发现2个新突变，扩大了先天性缺失牙患者的*pax9*基因突变谱，为我国先天性缺失牙的基因诊断提供依据。有助于明确中国人多数恒牙缺失的分子缺陷，对牙颌畸形的预防、矫治计划的制定等有重要的临床价值，同时有助于进一步研究*pax9*基因在牙齿发育中的作用。

（王林）

北京地区中国人颅面网格正常图的建立及网格分析法的初步应用［江久汇　许天民　汪国平等. 中华口腔医学杂志，2005，40(1)：46～49］

选择北京地区正常𬌗个体28例，分别在其13和18岁拍摄头颅侧位X线片，应用近似Moorrees的方法建立个人网格图。经统计计算，分别得到代表北京地区中国人两年龄段男女性的网格正常图，并进行了网格分析系统的初步临床应用。结果表明网格分析法直观、简捷、整体化，是对其他角度、线距等头影测量方法的有益补充和适当校正，在口腔正畸及正颌外科临床中有一定参考价值。

述　评

已往的头影测量方法多采用角度、线距等定量指标来评判颅颌面软硬组织关系和生长发育情况。该研究在参考国外研究成果的基础上，建立了北京地区中国人颅面网格正常图，并将网格分析法初步应用于临床，弥补了以往头影测量方法的一些不足，具有一定实用价值。但是，此方法和以往常用的头影测量方法都是使用二维图像来反映三维实体，不可避免地产生测量误差。因此如何应用计算机三维重建技术实现三维头影测量，将是头影测量发展的一个重要研究方向。

（王林）

口腔矫治器与射频联合治疗阻塞性睡眠呼吸暂停的初步研究［李强　刘月华. 口腔正畸学，2005，12(2)：66～69］

选择15例阻塞性睡眠呼吸暂停综合征患者，先后两次(间隔6周)接受软腭双极射频消融治疗，其中10例患者再接受口腔矫治器治疗。各阶段治疗前后对患者拍摄头颅定位侧位片并行多导睡眠图监测。分析各阶段疗效，并对多导睡眠图测量值变化与治疗前生理及头影测量参数的相关性进行统计分析。结果表明，射频治疗对阻塞性睡眠呼吸暂停综合征有一定疗效，经与口腔矫治器联合治疗后疗效明显加强。同时，该研究还发现具有以下特征者更适合联合治疗：①肥胖伴颈围粗大，②软腭肥厚且较直立，③下颌升支较长且牙骀平面平坦。

述　评

阻塞性睡眠呼吸暂停综合征是一种具有致死危险的常见疾病。相关治疗方法虽有多种，但迄今为止临床上尚无一种疗效既好又易为患者接受的治疗手段。许多正畸学者曾采用患者易接受的口腔矫治器治疗该病，但其适应证范围和疗效仍有限。近年来，射频消融术已在欧美等少数国家初步用于治疗该疾患，该文作者则采用口腔矫治器与软腭双极射频联合治疗此病，探索该联合治疗措施的适应证，取得了阶段性成果。但样本量较小，且影响阻塞性睡眠呼吸暂停综合征发生的因素较多，要充分证实以上两种方式联合治疗的适应证还有待于将来较大样本的临床研究。

（王林）

正常骀人牙骀特点在固定矫治器中的应用［白丁　罗颂椒　肖立伟. 华西口腔医学杂志，2005，23(1)：32～34］

比较恒牙列正常骀黄种人(中国人)与白种人的牙冠突距、冠角、牙冠转矩及磨牙补偿角的差异，测量正常骀中国人牙冠唇颊面中心区的近远中向、骀龈向轮廓形态和牙弓形态。结果发现，在黄种人(中国人)与白种人之间，正常骀的特征、牙弓形态以及牙冠唇颊面中心区的近远中向和骀龈向轮廓形态都存在着人种之间的差异。提示临床上使用方丝弓、直丝弓矫治器治疗中国错骀畸形患者时，弓丝弯制中应进行必要的调整，认为有必要设计适合中国人使用的直丝弓矫治器。

述　评

自从1972年Andrews根据正常骀所具有的6个共同特征设计了直丝弓矫治器以来，经Roth等的改进，已为多数发达国家的正畸医师所使用。目前我国正畸医师采用的主要是经Roth改良设计的直丝弓矫治器。但在使用Roth直丝弓矫治器时未注意到正常骀的牙骀特征存在人种差异，因此在临床矫治各类错骀畸形患者时，常常出现上颌第一磨牙舌倾、过度的远中向旋转等牙位置排列异常。该研究结果提示，在临床上使用方丝弓、直丝弓矫治器治疗时应根据中国人牙骀特点以及个体的牙弓差异制作相应的弓丝弯曲来调节牙位，以达到既建立最佳功能又符合美观的要求。

（王林）

牙颌模型三维CT扫描测量分析系统的建立和研究［严斌　王林　胡遒生等．华西口腔医学杂志，2005，23(4)：329～331］

采用高分辨率螺旋CT扫描石膏牙颌模型获得其断层图像，编制三维图形重建分析软件完成牙颌模型的三维数字化测量。该系统经检测精度合乎临床要求，与手工方法对20副恒牙颌模型进行测量比较，两者间差异无显著性($P>0.05$)。作者认为，牙颌模型三维CT扫描测量分析系统是一套具有临床实用价值及推广意义的计算机辅助诊疗系统。

述　评

牙颌模型的三维数字化一直是许多学者关注的焦点，该文作者在国内首次应用螺旋CT扫描并三维重建数字化牙颌模型，建立了具有自主知识产权的数字牙颌模型测量系统。数字牙颌模型易于储存、管理，又节省空间，方便携带；测量较手工方法简便、快捷、准确，且能完成一些以往靠手工测量难以实现的功能，具有一定实用价值。但目前螺旋CT扫描费用较昂贵，使得该系统广泛应用于临床仍有一定困难。相信随着相关技术的不断发展，三维数字化牙颌模型必将替代传统石膏模型。

（陈文静）

前伸大鼠下颌后髁突局部甲状旁腺激素相关蛋白含量的季节性变化规律［李江宁　陈扬熙　王正荣．实用口腔医学杂志，2005，21(1)：81～84］

选用4周龄雄性大鼠64只随机等量分为对照组和实验组，每组各32只，在一年中不同季节给大鼠戴用功能矫治器。采用免疫放射(IRMA)的方法计测与髁突软骨内成骨密切相关的因子——甲状旁腺激素相关蛋白(PTHrP)的质量浓度变化。发现青春期大鼠髁突软骨内PTHrP的质量浓度随季节的不同而变化，春季（冬末春初）质量浓度最高，其余依次为：冬季、秋季、夏季。在每一季节，实验组的髁突局部PTHrP质量浓度均比对照组增加，春季较其他季节增加更明显，但实验组质量浓度随季节变化的总体趋势与对照组相似。作者认为，季节变化对功能矫形治疗有影响。

述　评

将时间生物学引入到功能矫形治疗中，充分利用机体内环境随时间变化的节律特征来探索矫治机制和提高矫治效率是一种新的思维和方法。功能矫治器的戴用是一个相对漫长的过程，一年四季的变化是否对功能矫形的治疗有影响？有何影响？这是目前国内外的研究热点之一。该研究仅对与髁突软骨内成骨密切相关的因子——PTHrP质量浓度是否存在季节性变化进行了观察，但是人体内髁突软骨改建活动存在多种因子和激素之间的相互协调和制约作用，对于人体内髁突软骨改建活动的季节性特征尚需要进行更深入的研究。

（王林）

腭部种植体在加强后牙支抗的三维有限元分析［吴丽萍　许项杰　卢军．现代口腔医学杂志，2005，19(4)：401～404］

采用螺旋CT扫描及CAD技术建立含腭部种植体的上颌骨三维有限元模型，Ansys软件分析腭部种植体在加强后牙支抗时的位移及应力分布情况。结果显示，在受力状态下，种植体骨界面应力最大处在种植体颈部，支抗种植体出现骨外段向近中、骨内段向远中的杠杆样翘动以及向颅顶垂直压入的复合运动。上颌第一恒磨牙的近中颊尖的腭向位移最大，远中舌尖的颊向位移最大，整体上表现为腭向倾斜及近中舌向扭转的运动趋势。提示腭部种植体加强磨牙支抗时具有良好的稳定性，在选择腭部种植体时应该对种植体的长度、直径和外形予以考虑。

述　评

有关腭部种植体增强上后牙支抗的报道较多，但少见其应力分析的研究。该研究采用 CT 重建及有限元方法分析了受力状态下，种植体和磨牙的应力分布及位移情况，为临床和动物实验提供一定的理论依据。作者已成功建立了模型，可进一步探讨腭部支抗种植体选择的有限元研究证据。

（王林）

转矩力作用下托槽槽沟变形的实验研究［厉松　王邦康　秦晓桐. 北京口腔医学，2005，19(4)：213～216］

设计模拟临床转矩力对托槽作用的体外装置，采用电测法和光测法对国内常用的 9 种正畸托槽在转矩力作用下托槽槽沟的变形和断裂情况进行研究。测量结果表明检测样本中，3M Victory miniature 标准方丝托槽在转矩力作用下发生永久变形所需的力值显著大于其余被检测的托槽；迷你型金属托槽的强度显著低于标准型托槽；陶瓷托槽抵抗转矩力的强度高于被检测的两种迷你型金属托槽，低于其他金属托槽。

述　评

正畸矫治弓丝转矩力对托槽槽沟形变影响的相关研究并不多见。该文作者设计了体外装置模拟临床转矩力对托槽的作用，选用电测法和光测法对国内常用的托槽在转矩力作用下托槽槽沟的变形和断裂情况进行了检测，并得到了较为可信的结论，对正畸临床选择托槽有一定指导意义。此外，作者设计的体外托槽加力装置，为今后进行相关研究奠定了基础。

（王林）

白介素-6 与 1,25(OH)$_2$ 维生素 D$_3$ 联合作用下大鼠骨髓破骨细胞的体外诱导培养［李永明　林珠　唐林等. 口腔医学，2005，25(5)：264～266］

选用 4 周龄 S-D 大鼠，在无菌条件下取出其股骨，剪去两骺端，以 α-MEM 培养液将骨髓细胞冲出，将细胞悬液接种于 24 孔培养板内，24 h 后换液。实验分为 A 组：不加任何诱导因子；B 组：加入白介素(IL)-6 (10 kU/L)；C 组：加入 1,25(OH)$_2$ D$_3$ (1×10^{-8} mol/L)；D 组：加入 IL-6 (10 kU/L) 和 1,25(OH)$_2$ D$_3$ (1×10^{-8} mol/L)，每组各 6 孔。于培养的第 7 天进行多核细胞计数，观察联合应用 IL-6 和 1,25(OH)$_2$ D$_3$ 对大鼠骨髓破骨细胞生成诱导的影响。结果显示，IL-6、1,25(OH)$_2$ D$_3$ 在体外均可单独诱导骨髓多核样破骨细胞形成，所形成的多核细胞数量无明显差别，说明 IL-6、1,25(OH)$_2$ D$_3$ 单因素作用下对骨髓破骨细胞的诱导效应无明显差异；而 D 组多核细胞数量与 B、C 组相比增多。说明 IL-6、1,25(OH)$_2$ D$_3$ 双因素联合作用下可促进骨髓破骨细胞的形成。

述　评

IL-6、IL-1、肿瘤坏死因子以及甲状旁腺激素和 1,25(OH)$_2$ D$_3$ 等生物因子各自具有诱导破骨细胞生成、激发骨吸收的作用。在体内各种因子会相互影响，形成错综复杂的网络，破骨细胞的分化形成是多种因素协同作用互相影响的结果。该研究发现 IL-6 与 1,25(OH)$_2$ D$_3$ 联合作用下对骨髓破骨细胞的诱导作用强于各自单独使用，所形成的多核破骨细胞数量明显增多。但其具体原因尚不清楚，有待进一步研究。

（王林）

口腔种植学

上颌菲薄牙槽骨劈开同期人工牙种植的初步观察［黄建生　周磊　徐淑兰等. 中国口腔颌面外科杂志，2005，3(3)：193～197］

采用骨劈开同时植入种植体及人工骨的

方法对 9 例上颌非薄牙槽骨进行种植义齿修复，追踪观察 12 个月以上，结果证实骨结合良好，无种植失败。作者认为此法解决了上颌非薄牙槽骨患者的种植修复难题，操作简单，效果良好。但只适用于剩余牙槽骨宽度为 3～4 mm，高度大于 12 mm 且牙槽骨垂直向无骨缺损及唇侧不存在倒凹的病例。

述　评

自 1995 年 Summers 骨凿技术被推广应用以来，很多学者在萎缩牙槽骨种植手术中采用了骨扩张技术（ridge expansion technique）。"骨劈开"不失为简单易行的方法，值得推广。应注意的是黏骨膜瓣的分离对骨愈合有何影响以及更长期的远期效果如何？可进行相应的实验研究进一步证实。

（刘宝林）

负载骨结合式牙种植体的骨构建实验研究［付松军　王玉新　陈富林等．中华口腔医学杂志，2005，40（4）：323～326］

采用组织工程方法将种植体植入骨松质基质中，在其表面及孔洞内接种培养扩增的骨髓基质成骨细胞（MSO）和骨松质基质，形成负载牙种植体的骨髓基质成骨细胞-藻酸盐-骨松质基质复合人工骨，然后植入裸鼠背部皮下组织中，对照组植入负载牙种植体的藻酸盐-骨松质基质复合物。植入后 4、8 周取材，通过大体标本、X 线和组织学观察及组织学定量分析，结果证实实验组有大量新骨形成并以膜内成骨为主，种植体实现骨结合；对照组成骨不明显且为单纯软骨内成骨，与种植体未见结合。说明用组织工程学方法进行颌面部骨修复时，可以同期植入种植体。

述　评

种植体与骨髓基质成骨细胞-藻酸盐-骨松质基质复合人工骨复合移植，其成骨量和成骨速度均明显提高，提示骨种子细胞的加入有利于骨组织的形成。实验结论为采用组织工程学方法进行颌骨修复同期植入种植体的可行性提供了依据。

（刘宝林）

牙种植体结合上皮形成的动物实验［刘丽　张李明　张晓聪．浙江大学学报（医学版），2005，34（3）：230～232］

以 Beagle 犬为实验动物，采用 H-E 染色及增殖细胞核抗原（PCNA）免疫组化染色，观察牙种植体结合上皮形成的组织学过程。结果发现，种植术后第 12 天在牙种植体周围结合上皮开始形成，PCNA 呈强阳性表达；第 15 天上皮细胞增生趋于平稳，PCNA 表达减弱；第 20 天有类似天然牙的结合上皮细胞附着，PCNA 维持低水平表达。说明纯钛牙种植体周围能形成类似天然牙的结合上皮。

述　评

牙种植体的长期稳定，与其龈界面形成生物学封闭有关。PCNA 表达反映了上皮细胞增殖状况可以作为反映结合上皮形成的一个指标。实验证实牙种植体颈部能够形成类似天然牙的结合上皮。但在种植体上皮愈合过程中，上皮细胞是如何被诱导增殖而不会根向过度延伸，还有待进一步研究。

（刘宝林）

下颌垂直牵引成骨术后口腔种植修复患者咀嚼功能的评估［向军　林野　王兴等．中国口腔种植学杂志，2005，10（2）：66～69］

采用杏仁、小枣过筛称重法分别测量正常健康组（A）、正常下颌骨高度种植患者组（B）和重度下颌骨高度不足垂直牵引成骨种植患者组（C）的咀嚼效率。结果显示，C 组平均咀嚼效率（杏仁、小枣）分别达到 A 组的 86.1% 和 89.8%。采用单因素方差分析两两比较，除 A 组与 C 组采用杏仁测量的平均咀嚼效率有显著性差异（$P<0.05$）外，其余各组两两比较平均咀嚼效率均无显著性差异（$P>0.05$）。在 A 组中，采用配对 t 检验两两比较，种植冠、桥修复患者平均咀嚼效率与种植覆盖义齿修复患者平均咀嚼效率无显著性差异($P>0.05$)。表明下颌垂直牵引成骨术后行口腔种植修复，能够有效地恢复患者的咀嚼功能。

述　评

牙槽骨垂直牵引成骨术，为重度下颌骨高度不足的牙种植修复创造了条件。该研究有效地重建了牙槽突，而且种植修复的咀嚼效率也达到正常水平。然而该组病例较少，观察时间也短，对其远期效果，尤其是种植义齿修复方式的差异尚待进一步研究。

（刘宝林）

种植体周围炎动物模型建立及意义［邹德荣　朱红　瞿晓辉. 实用口腔医学杂志，2005，21(4)：463～466］

采用丝线拴结法建立近似临床的种植体周围炎实验用动物模型。即在 Beagle 犬下颌前磨牙及第一磨牙区常规植入 Brånemark 纯钛种植体，3 个月后连接基桩并在其连接处拴结丝线，术后 1、3、5 个月作临床及组织学观察。结果发现，丝线拴结后 1 个月临床指数(菌斑指数、种植体周探诊深度、牙龈指数、松动度)即有明显上升，与拴结前存在着显著性差异($P<0.001$)；X 线片和手术直观评价显示种植体周围存在明显骨缺损；种植体周龈沟液 IL-8 测定拴结前后存在着显著性差异($P<0.05$)；组织学显示种植体周围牙槽骨吸收，破骨细胞增生活跃。表明此法可成功建立种植体周围炎模型，成功率高，容易控制，为临床研究提供了有效手段。

述　评

丝线拴结法引入炎症致骨组织吸收，为进一步研究种植体周围炎提供了与临床实际近似的实验用动物模型。如果实验在种植义齿修复后进行，则更接近临床实际情况。

（刘宝林）

骨挤压联合骨引导再生术在上颌前牙种植中的应用［陈钢　李树春　马练等. 广东牙病防治，2005，13(3)：177～179］

用骨挤压联合骨引导再生术行种植体植入牙槽骨吸收的上颌前牙区，即先用2.0 mm 先锋钻，再用骨挤压器逐级扩大，对唇侧骨板裂开或过薄者联合骨引导再生术。共计 16 例单牙缺失，植入 16 颗种植体，术后 6 个月暴露种植体，最终完成烤瓷冠修复。结果显示，修复完成后观察 7～26 个月，无明显并发症，种植体行使功能良好，无种植体丧失。作者认为，此技术适用于上颌前牙区牙槽骨吸收厚度大于 3.0 mm 和小于5.0 mm 者，可改善牙槽骨质，保存骨量，临床效果良好。

述　评

上颌前牙缺失同时多有唇侧骨量不足，此法对牙槽嵴大于 3 mm 小于 5 mm 者，不失为一种简便易行值得推广的方法。

（刘宝林）

非血管化骨移植种植体以及即刻种植体与软组织结合的实验观察［韩泽民　刘宝林　于开涛等. 实用口腔医学杂志，2005，21(6)：838～840］

以犬为实验动物，拔除其一侧下颌前磨牙，对截除无牙下颌骨段，自身非血管化髂骨移植的同时植入种植体修复骨缺损(A 组)和单纯即刻植入种植体(B 组)，术后 4、8、16 周经大体、H-E 染色、透射电镜观察种植体钛表面与软组织的结合状况。结果发现，两组动物在术后 4 周时，种植体顶端自然穿龈，颈部已达初步封闭；两者的结合还较疏松，细胞膜的表面突起较少。8 周时，其颈部软组织已完全封闭，可见明显的结合上皮；超微结构可见结合上皮有较多的细胞膜突起。整个实验过程未发现桥粒结构的形成。表明在正常情况下，两者均可形成良好的骨结合。

述　评

两组均有良好的牙龈封闭，说明两种种植方式是可行的。上皮组织以半桥粒结构的形式结合是理想的，人类牙齿发育末期的缩余釉上皮是结合上皮形成桥粒的关键。该研究仅观察到结合上皮细胞膜的突起与种植体表面以凸凹交叉的方式相结合，并未见到形成半桥粒结构，值得进一步探讨。

（王大章）

离体时间对非血管化骨牙种植体骨结合影响的组织学观察［于开涛　刘宝林　韩泽民等. 临床口腔医学杂志，2005，21(3)：137～139］

以狗为实验动物，拔除其一侧前磨牙，6周后在拔牙区制作长约3 cm阶段性缺损，取游离髂骨移植同期植入种植体进行修复。实验分A、B两组，其髂骨体外时间分别为40 min以内和80 min以上，术后4、12、2周进行组织学观察植骨块与种植体骨结合的差异。结果发现4、12周时，A组新骨形成和骨结合情况优于B组；24周时，两组均形成骨结合。说明两组均能形成种植体骨结合，而体外时间越长可能新骨形成和骨结合形成越慢。

述　评

不少学者认为游离骨移植因为受“爬行替代”的限制，同期植入种植体不能完成骨结合。该实验证实非血管化骨移植同期牙种植可以形成种植体骨结合，其移植骨离体时间的长短明显影响骨组织中成骨相关细胞活力外，一些与骨形成有关的活性因子对于骨结合的影响还有待进一步深入研究。该研究结果具有重要的理论意义和临床应用价值。

（王大章）

碱性成纤维细胞生长因子对成骨细胞和牙周膜成纤维细胞迁移、增殖的影响［谭震　宫苹　赵青. 华西口腔医学杂志，2005，23(3)：201～203］

对S-D大鼠经传代培养至第4代的牙周膜成纤维细胞建立体外创伤模型，分别在普通培养液和含碱性成纤维细胞生长因子(bFGF)的培养液中培养，观察细胞迁移情况，MTT法测定细胞的增殖速度。结果发现，bFGF能明显促进成骨细胞和牙周膜成纤维细胞的增殖并可显著促进牙周膜成纤维细胞的增殖、移行。作者认为，这与牙再植容易形成不规则的纤维结缔组织、长上皮结合或骨粘连有一定的相关性，提示局部联合应用生长因子可作为牙周和种植牙治疗的一种手段。

述　评

牙周膜是牙周组织中重要和特殊的结构，已成为牙周治疗和种植牙周研究的重要对象。广泛存在于多种中胚层和神经外胚层来源细胞bFGF可诱导中胚层、血管形成、调节细胞外基质的合成和软骨细胞增生等许多生理功能。研究发现，没有bFGF作用时成骨细胞的增殖及移行速度均明显高于牙周膜成纤维细胞。该结论对牙周疾病和种植牙周疾患治疗的研究有重要指导价值。

（刘宝林）

种植体磷酸钙溶胶表涂与早期骨整合研究［杨成　东耀峻　孟丽娥等. 中华实验外科杂志，2005，22(7)：837～838］

制备厚1.0～1.5 μm的磷酸钙溶胶表面涂层多孔型钛合金(Ti-6Al-4V)种植体，探讨磷酸钙溶胶涂层对Ti-6Al-4V表层的早期骨整合影响。利用反向扫描电镜摄像技术和Bioquant图像分析系统进行兔左侧胫骨涂层种植体植入区形态观测研究。结果发现在Ti-6Al-4V种植体表面，磷酸钙涂层组所测量出的绝对骨接触长度(ACL：1.18 mm)、接触长度分数比(CLF：40.4%)、骨生长直线距离(SLBG：1.19 mm)均高于对照组($P<0.01$)。表明多孔型种植体磷酸钙溶胶涂层能有效传导并增强骨组织长入，形成骨与种

植体界面的广泛骨整合。

述　评

种植体表面改性，加大与骨结合面积和强度是种植体设计需十分关注的问题。通常采用的等离子喷涂技术制成磷酸钙表面涂层厚达 30～100 μm，涂层与基底分离是该方法的最大缺陷，常导致骨整合失败。该实验采用溶胶薄膜技术，使其形成一定量的无机物颗粒的胶状悬浮液，得以稳定方式缓慢垂直抽出已被表面涂层的种植体，使多孔型种植体表面能涂上仅厚 1.0～1.5 μm 薄膜，涂层对多孔型种植体表面结构不产生影响，可明显加快涂层种植体与骨密质之间骨整合。

（宫苹）

RGD 修饰钛表面对人牙龈成纤维细胞初期粘附和铺展的影响［赵宝红　战德松　田维明等. 材料研究学报，2005，19(40)：367～374］

组织对植入种植体的早期反应对种植体-组织界面的结构及功能有着十分重要的影响。通过羰基二咪唑(CDI)将多肽分子精氨酸-甘氨酸-天门冬氨酸(RGD)肽共价连接到纯钛表面，观察其对原代培养的人牙龈成纤维细胞初期黏附和铺展的影响。结果表明，RGD 肽修饰的纯钛表面细胞黏附是对照组的 3 倍，更有利于人牙龈成纤维细胞黏附、增殖和铺展。表明 RGD 肽涂层改善了钛表面的生物相容性。

述　评

探讨种植材料表面对宿主细胞结构成分的影响，对了解种植体-组织界面反应机制有着重要意义。作者分析了生物学性能较稳定的 RGD 肽对钛表面进行修饰后，人牙龈成纤维细胞的性能，证明了 RGD 肽可有效改善钛表面性能。该结论对种植体颈部设计有重要的指导意义。

（宫苹）

种植体周围骨内应力分布的三维有限元分析［王晓洁　罗教明　杨立等. 实用口腔医学杂志，2005，21(5)：592～596］

采用三维有限元分析方法，对圆柱状、螺纹状和台阶状种植体在 Lekholm 及 Zarb 拟定的四类骨质密度结构中的应力分布进行分析。结果显示在同种骨质密度模型中，圆柱状种植体颈部周围骨内的应力集中最小，表明圆柱状种植体是一种最有利于降低颈部骨质吸收的形态结构，但其周围骨内应力最大值大于圆柱状；尽管螺纹状种植体的非力学优势极大地拓展了该型种植体的使用范围，但其周围骨内应力较大，尤其是螺纹尖端处的高应力区域和螺纹之间的低应力区域，对长期使用效果存在潜在的不利因素；台阶状种植体较适合良好的骨质结构区域。

述　评

种植体形态设计是决定其应力分布的重要因素，直接影响人工种植牙治疗中远期效果。作者采用三维有限元分析方法，将圆柱状、螺纹状和台阶状三种不同形态结构的种植体植入下颌第一磨牙位，对四类不同骨质条件下的骨内应力分布进行分析比较，提出了对不同类型的牙槽骨结构，科学合理地选用一定形态结构种植体的重要性。研究结果对种植体形态设计研究和临床治疗选择有一定指导价值。

（宫苹）

牙及牙槽外科学

颌骨牙列曲面体层技术和根尖定位片在埋伏阻生牙定位中的应用评价［汪隼　樊林峰. 上海口腔医学，2005，14(2)：134～136］

对 43 例埋伏阻生牙及多生牙分别采用颌骨牙列曲面体层技术和根尖定位片进行投照定位并比较这两种方法的应用价值。结果表明，这两种方法均能较准确显示埋伏阻生牙在颌骨中的位置，两者无显著性差异。但根尖定位片主要显示埋伏牙在相对参照牙的唇侧或腭侧，而不能清楚显示牙轴方向，牙的形态及离开唇腭侧骨密质的距离。而采用颌骨牙列曲面体层技术可测量阻生牙距离唇，腭侧骨密质的距离，清楚反映上颌骨埋伏阻生牙和鼻底及上颌窦底位置的关系以及下颌阻生牙与下牙槽神经管的关系。

述 评

对颌骨内埋伏牙或多生牙的定位诊断除采用根尖定位片外应提倡利用颌骨牙列曲面体层技术，其优点是影像直观，可明确判断其唇腭向位置，牙轴方向；结合多张体层片可了解牙体形态、牙冠及牙根在颌骨中的具体位置。

（李金荣）

智齿拔除后羟基磷灰石恢复牙槽骨高度的临床研究［黄桂林 程贤书 姜群等. 口腔颌面外科杂志，2005，15(4)：357～359］

对32例伴有第二磨牙远中牙槽骨吸收达1/3以上的下颌阻生智齿(第三磨牙)拔除后采用羟磷灰石微粒人工骨填塞牙槽窝，以期恢复第二磨牙远中面牙槽骨高度。结果表明32例患者拔牙创口均愈合良好。术后12周牙槽嵴表面平整，过敏症状、牙龈指数明显改善。X线片见羟磷灰石无明显移位，且与牙槽骨较好融合。第二磨牙远中面牙槽嵴高度均达牙根2/3以上。拔牙前第二磨牙远中牙周袋平均最大深度为(5.1±2.1)mm，填塞后为(2.3±0.8)mm，说明术前、术后最大牙周袋深度有明显改善，经 t 检验 $P<0.05$。

述 评

下颌近中阻生智齿(第三磨牙)常引起第二磨牙远中面牙槽嵴的损害，破坏牙周组织形成牙周炎。有学者已证实阻生牙拔除后，术后菌斑控制不力，常导致第二磨牙远中面牙周袋深度增加，牙周附着丧失，造成牙周组织更严重的破坏。该研究为解决这一问题提供了一种有效方法，可资借鉴，但其远期疗效尚需进一步观察。

（李金荣）

富血小板血浆在抗凝治疗患者拔牙术中的应用［周海孝 丁俊清 廖声荣等. 临床口腔医学杂志，2005，21(10)：615～616］

将48例处于抗凝治疗期间需拔牙的患者随机分为实验组和对照组。拔牙术后实验组拔牙创置自身富血小板血浆，对照组拔牙创行吸收性明胶海绵填塞。结果发现，填塞富血小板血浆的实验组24例患者仅1例术后轻度出血，而对照组有3例轻度出血和1例中度出血。术后10 d实验组拔牙创软组织愈合(15/24)优于对照组(4/24)。表明自身富血小板血浆局部应用能有效预防抗凝治疗患者拔牙术后出血，促进拔牙创软组织早期愈合。

述 评

近年来因心脏瓣膜置换术或血管栓塞等疾病接受抗凝治疗的患者不断增多，成为拔牙手术的棘手问题，处理不当可能导致术后出血，或者因减少或调整抗凝药物剂量而导致血栓形成等严重并发症。富血小板血浆是通过离心患者自身全血而得到的血小板浓缩物，用于抗凝治疗患者拔牙创止血是一种值得借鉴的方法。

（李金荣）

近中阻生的下颌第三磨牙萌出情况与其倾斜角度的关系研究［夏永华 尚姝环 李成章. 口腔医学研究，2005，21(4)：438～439］

对72例18～20岁青年人的108颗下颌近中阻生第三磨牙进行萌出情况研究。研究开始和结束时分别拍摄全颌体层断层片，检查下颌第三磨牙倾斜程度和萌出水平。结果发现3年随访观察结束时，71.4%最初倾斜角度在5°～10°之间的下颌第三磨牙变为直立，33.3%最初倾斜角度在15°～20°之间者变为直立，25%最初倾斜角度在25°~30°者变为直立，而倾斜角度在35°以上者则无一颗变为直立。

述　评

近中阻生的下颌第三磨牙有时会导致第三磨牙冠周炎和第二磨牙远中邻面龋等，故有些医师主张行预防性拔除。该文资料显示，倾斜角度小于35°者是有可能完全萌出的，尤其是倾斜角度在5°~10°的近中阻生牙变为直立，完全萌出的可能性很大，而不必作预防性拔除。在临床工作中一定程度上可根据阻生牙近中倾斜的角度预测阻生牙的日后萌出状况，选择恰当治疗方案。

（李金荣）

纳米晶羟基磷灰石复合胶原材料在拔牙创修复中的应用［刘冰　王忠义　陈鹏等. 临床口腔医学杂志，2005，21(5)：259~261］

拔除12只犬的两侧下颌第二及第三切牙并去除牙槽间隔。实验侧植入纳米晶羟磷灰石复合胶原材料（nHAC），对侧植入致密多晶羟磷灰石微粒人工骨HA作为对照。于植入后4、8、12周分别取材，应用^{99m}Tc-MDP核素骨显像、组织学观察、图像分析等方法比较两种植入材料在牙槽窝中的骨修复能力。结果发现，nHAC植入牙槽窝后，材料被逐渐降解吸收，新骨不断形成，12周时植入材料几乎完全被成熟的骨组织取代。图像分析显示不同时间nHAC组新骨形成的比值均显著高于HA组($P<0.01$)。表明nHAC在修复拔牙创缺损时比HA效果更好。

述　评

牙齿拔除后，牙槽嵴呈进行性、不可逆性吸收，对义齿修复和种植体植入造成困难。近年来许多学者采用HA植入重建牙槽嵴，取得一定疗效，但亦不甚理想。该研究中的nHAC与HA相比更具优势，是一种优良的骨替代材料。

（李金荣）

不同型号记忆合金牵张器对牙槽嵴增高高度的影响［谢旻　胡敏　刘洪臣等. 华西口腔医学杂志，2005，23(1)：14~16］

用钛镍记忆合金丝加工成A、B、C三种不同型号的牵张器，其固定脚间距和最大复形力分别为20 mm、700 g，15 mm、1 000 g，20 mm、1 000 g。选用成年杂种犬15只，按使用牵张器型号随机分为A、B、C组，拔除下颌两侧前磨牙及第一磨牙。1个月后用全埋置的钛镍记忆合金牵张器完成牵张手术。于术前及术后5周连续测量术区颌骨高度并拍摄X线片。结果显示，A、B、C组在术后5周牙槽嵴增高高度分别为(7.20±1.05) mm、(4.93±0.21) mm和(8.04±0.78) mm。A、C组增高高度间差异无统计学意义，B组与A、C两组的差异有统计学意义。X线片可见术后有明显的牵张间隙，5周时牵张区骨密度增高，有新骨生成。表明在允许的范围内牙槽嵴增高的高度与钛镍记忆合金牵张器的大小即固定脚间距有关。

述　评

作者应用钛镍记忆合金制作完全埋置的微型牵张器用于增高牙槽嵴有其独特优势，口腔内不遗留创面，不易感染。对不同牵张力、不同固定脚间距的牵张器对牙槽嵴增高高度的影响的研究，具有临床实用价值。

（李金荣）

牙槽嵴黏骨膜扩增术应用于牙槽嵴增高的研究［董宇　何勇　赵辉等. 临床口腔医学杂志，2005，21(3)：184~185］

对170只大耳白兔建立萎缩性牙槽嵴模型和卵巢切除术模型，按牙槽嵴黏骨膜扩张强度、频率、不同模式将其随机分为18组，采用Teflone扩张器进行黏骨膜扩增，并对各观察时段牙槽骨骨组织和软组织的变化进行比较。结果显示，植入区牙槽嵴软硬组织的变化与扩张强度呈正相关，与扩张频率呈负相关。卵巢切除组各观察时段内牙槽嵴软硬组织变化均显著高于非卵巢切除组。表明黏骨膜扩张术对牙槽嵴软硬组织均存在一定的不利影响，应注意选择适当的扩张方案。

述　评

牙槽嵴增高术是治疗严重萎缩性牙槽嵴的方法之一。但常规羟磷灰石增高术存在软组织量的不足，植入骨替代材料易移位，扩增形态不理想。作者通过对动物黏骨膜下扩增过程中不同扩张条件下黏骨膜及骨组织的短期反应的研究，证实了选择适宜的黏骨膜下扩增模式对牙槽嵴增高效果具有重要意义。

（李金荣）

口腔颌面部感染

广西地区64例人免疫缺陷病毒感染及艾滋病感染患者口腔病损的临床观察［陶人川　邓华颔　牙祖科等. 华西口腔医学杂志, 2005, 23(4): 338~340］

选取经广西壮族自治区疾病控制中心确诊为人类免疫缺陷病毒及获得性免疫缺陷综合征(HIV/AIDS)感染患者64例为调查对象，由专业人员采集病史，进行口腔专科检查，并将其结果与世界卫生组织艾滋病感染口腔表征协作中心制定的艾滋病口腔表征分类及诊断标准相比较。其中48例有口腔主诉，以口干、疼痛、吞咽困难为主；口腔表现为口腔假丝酵母菌病39例、口干症20例、口腔溃疡11例、艾滋病相关的牙周病7例、单纯疱疹病毒感染口炎6例、带状疱疹3例、口腔毛状白斑2例、卡波西肉瘤和淋巴结炎各1例。结果表明，口腔假丝酵母菌病是HIV/AIDS患者最常见的口腔表征，多数患者伴有口干、唾液分泌减少。

述　评

HIV/AIDS患者口腔损害已引起世界各国广泛关注。HIV/AIDS口腔表征不仅是发现和诊断HIV/AIDS感染的早期指征，同时也在监控HIV/AIDS进程方面具有重要价值，而且，其口腔表征可具有一定的地域特点。了解广西人HIV/AIDS患者口腔病损状况，能为我国HIV/AIDS人群口腔疾病的防治提供参考。

（赵士芳　朱赴东）

HIV感染者及艾滋病患者口腔白色念珠菌毒性的体外研究［刘晓松　刘宏伟　郭子杰等. 中华口腔医学杂志, 2005, 40(3): 211~214］

通过体外试验从天冬氨酸蛋白酶活性、对颊黏膜上皮细胞的黏附性两方面比较HIV阳性与阴性宿主口腔内白色假丝酵母菌(曾称白色念珠菌)的致病能力。结果显示，在天冬氨酸蛋白酶活性和黏附性方面，HIV阳性口腔假丝酵母菌病致病菌的毒性显著低于HIV阴性口腔假丝酵母菌病致病菌($P<0.01$)，寄生菌间差异无统计学意义；HIV阳性宿主中，口腔假丝酵母菌病致病菌与寄生菌间差异无统计学意义；而HIV阴性宿主中，口腔假丝酵母菌病致病菌毒性显著高于寄生菌($P<0.01$)。结果表明，HIV感染者口腔假丝酵母菌病与某些占主导优势的高毒性菌株无关，而HIV阴性的普通宿主则可能与其选择毒性更强的菌株有关。

述　评

口腔假丝酵母菌病是AIDS前期和AIDS期的常见并发症，多数学者认为它的出现是免疫抑制的先兆，预示疾病即将从HIV感染进入到AIDS阶段，是早期发现和诊断AIDS的重要线索。

（赵士芳　朱赴东）

口腔颌面部间隙感染78例临床分析［李逸松　李志军　刘流等. 昆明医学院学报, 2005, 26(2): 96~98］

对收治的78例口腔颌面部间隙感染病例进行临床分析。结果显示，颌面部间隙感染中牙源性感染占第一位(67.9%)，老年人(60岁以上28.2%)、青年人(20~30岁

26.9%)多发。结果表明，应根据颌面部间隙感染特点，采取全身抗感染治疗、支持治疗与局部治疗结合的综合治疗。

述　评

颌面部间隙感染是口腔颌面外科的常见疾病，起病急，发展变化快，如治疗不及时，可引起严重的并发症，甚至危及生命，故必须引起足够的重视。

（赵士芳　朱赴东）

口腔颌面部间隙感染的CT诊断［唐国桂　孙宁　黄凌春等. 上海医学影像，2005，14(2)：99~101］

对67例口腔颌面部间隙感染CT表现和定位进行分析。结果显示，口腔颌面部间隙感染主要CT表现为①间隙增大，密度不均匀增高，可伴脓肿形成，周围软组织及骨质改变；②涎腺肿胀增大，淋巴结增大。结果表明，CT可准确定位感染间隙，对口腔颌面部间隙感染的诊断具有重要的价值。

述　评

口腔颌面部间隙感染临床上并不少见，CT不仅可发现间隙内疏松结缔组织炎、唾液腺炎、淋巴结炎，且可发现有无脓肿形成，并准确定位，对是否切开引流及对引流切口部位的选择都有很重要的作用。

（赵士芳　朱赴东）

口腔颌面部间隙感染的免疫球蛋白测定与临床治疗［庄乾瑞　李安泽　薛维霞等. 现代口腔医学杂志，2005，19(3)：328］

通过测定196例颌面部不同间隙感染住院患者的免疫球蛋白(Ig)水平，发现此类患者的Ig水平有显著的改变，轻、重型感染患者之间各种Ig水平比较具有显著差异($T=2.76$，$P<0.01$)，感染组与正常对照组之间Ig水平比较，也具有显著差异($T=3.78$，$P<0.01$)。使用免疫制剂组与单纯抗生素组对比，其症状缓解、体温下降天数、炎症消退天数及住院天数、创口愈合时间等明显优于后者，表明Ig水平对治疗效果有一定影响。

述　评

免疫制剂可使机体特异性反应性增高。使用免疫制剂的患者不但在以上临床治疗疗效方面明显优于仅使用抗生素患者，而且还减轻了痛苦和经济负担。该治疗方法对临床有应用价值。

（赵士芳　朱赴东）

颌骨缺损骨移植修复后感染分析［胡敏　许亦权　张立海等. 中华医院感染学杂志，2005，15(3)：287~289］

回顾分析30年来92例骨移植患者手术后感染情况。结果显示，92例中有10例发生术后切口感染，感染率为10.87%。其中非血管化骨移植术后感染9例，血管化骨移植术后感染1例；恶性肿瘤术后骨移植感染1例，其余均为下颌骨良性病变切除后感染。所有植骨后发生感染者无一例发生口腔内外创口相通。提示口腔区域骨移植手术后容易发生感染，手术前后做好口腔局部的各项准备和预防措施对于防止和减少手术后感染很有帮助。

述　评

由于肿瘤切除、创伤和感染等原因造成的颌骨缺损常常需要移植自身骨作修复重建，无论是血管化或非血管化游离骨移植，术后感染都会导致手术失败。下颌骨区域植骨手术常与口腔内相通，创口细菌沾染在所难免，预防和治疗术后感染是口腔颌面外科的重要课题之一。至少有两方面的工作是重要的，首先要注重口腔局部的预防和治疗措施，要重视口腔局部环境的改善处理，其次，应该积极地进行术前检查和准备，术中减少组织创伤及术前后合理地选择和应用抗生素。

（赵士芳　朱赴东）

西吡氯铵含漱液辅助治疗口腔念珠菌感染临床观察［王建滨　戴青　葛化冰等. 北京口

腔医学，2005，13(2)：115～117]

选择白色假丝酵母菌(曾称白色念珠菌)感染患者60例，分为试验组(西吡氯铵含漱液治疗)和对照组(复方氯已定和制霉菌素甘油治疗)，经治疗后观察其临床表现和涂片检查结果的变化，分析其疗效。结果显示，经4周治疗各组均有不同程度的疗效，制霉菌素效果最好，与试验组之间的差别有统计学意义；西吡氯铵含漱液对白色假丝酵母菌感染患者的临床表现有改善作用，对白色假丝酵母菌有一定的抑制作用，未发现明显的副作用。表明西吡氯铵含漱液对白色假丝酵母菌感染有一定的治疗作用，由于其口感较好且无口腔黏膜及牙齿着色，是临床治疗和预防口腔假丝酵母菌感染的一种安全有效的辅助药物。

述　评

口腔黏膜白色假丝酵母菌感染是临床上比较常见的一种疾病，除各种假丝酵母菌性口炎外，相当一部分其他的口腔黏膜病也可并发有白色假丝酵母菌感染。因此选择对假丝酵母菌感染治疗有效而且可用于预防假丝酵母菌感染的药物是口腔黏膜病临床上很值得探讨的问题。作者采用的治疗方法对临床有一定的帮助。

(赵士芳　朱赴东)

口腔癌术后放疗患者口腔菌群的变化［刘坤　高宁　王翼川等. 华西口腔医学杂志，2005，23(2)：128～129，135］

对32例口腔鳞癌患者术后于放疗前后分别在照射野的中心区域与对侧黏膜采集唾液标本，进行细菌的分离培养鉴定，测量可培养细菌的检出率、检出量和构成比。结果显示，放疗后照射侧和非照射侧的链球菌属、白色假丝酵母菌和绿脓杆菌检出率比放疗前增加；而照射侧的放线菌属和奈瑟菌属检出减少($P<0.05$)。表明口腔癌术后放射治疗可影响口腔微生态的平衡，是导致口腔癌术后放疗患者发生感染的重要原因之一。

述　评

随着口腔鳞癌综合序列治疗概念的提出，越来越多的口腔鳞癌患者在肿瘤切除术后接受放射治疗。肿瘤手术和放射治疗均可对患者口腔菌群造成影响。近年来为治疗肿瘤临床开展了许多超根治的复杂术式，并采用了侵袭性更强的放化疗方案，因此治疗中、治疗后的感染也日益常见。由于肿瘤患者局部和全身抵抗力下降，感染常不易控制，而一旦发生感染将导致治疗计划中断，影响治疗的效果，严重者可直接威胁患者的生命。控制肿瘤术后放疗患者的继发感染是口腔颌面外科学研究的重要方向之一。

(赵士芳　朱赴东)

口腔颌面部肿瘤学

腺样囊性癌肺转移模型的动态观察［陈绍维　黄洪章　刘习强. 中华口腔医学杂志，2005，40(5)：383～385］

将增强型绿色荧光蛋白(pEGFP-1)转化和导入人涎腺腺样囊性癌高转移细胞(ACC-M)细胞株，并筛选出ACC-M-GFP细胞。然后将ACC-M-GFP细胞经静脉接种于裸鼠，建立腺样囊性癌肺转移灶的裸鼠动态观察模型，并用激光共聚焦显微镜观察。结果显示，仅有极少数细胞有能力形成集落；从接种第2周开始，随接种时间延长，荧光细胞的集落数量和荧光强度逐渐增加，到第4周时荧光表达强烈，多数成片分布。

述　评

在一定时段内对转移肿瘤细胞进行连续的活体动态观察，为研究肿瘤的转移提供了一种直观的方法。该研究建立了一种可连续观察裸鼠腺样囊性癌肺转移的模型，并作了初步的观察。研究结果揭示腺样囊性癌仅少数细胞有能力形成集落的转移特性。该动物模型的建立对进一步研究腺样囊性癌转移的生物学行为提供了有价值的工具。

（赵怡芳）

涎腺腺样囊性癌 *p16* 基因失活机制的研究［郭小玲　孙善珍　魏奉才．华西口腔医学杂志，2005，23(5)：418～420］

应用聚合酶链反应-单链构象多态性分析(PCR-SSCP)及甲基化特异性PCR技术(MSP)检测53例腺样囊性癌中*p16*基因的纯合性缺失、突变及甲基化。结果发现53个病例中16例(30.2%)纯合性缺失，4例(7.5%)突变，26例(49.1%)高甲基化。作者认为，*p16*基因在腺样囊性癌中的主要失活机制是启动子高甲基化和纯合性缺失，而基因突变较少见。

述　评

*p16*基因是一种抑癌基因，在多种人类肿瘤中表现为失活状态，但对其失活机制还不清楚。该研究初步探索了腺样囊性癌*p16*基因的失活机制，证明*p16*基因高甲基化及纯合性缺失在该肿瘤发生中的作用。

（赵怡芳）

上皮钙粘素与β-连环素在口腔鳞癌浸润前沿表达的研究［周茜　王新红　陈新明等．口腔医学研究，2005，21(2)：132～134］

利用免疫组化方法检测52例口腔鳞癌中上皮钙黏素(E-cad)和β-连环素(现名β-连环蛋白，β-cat)的表达，比较两者在癌浸润前沿、非前沿及癌旁黏膜的表达。结果发现，口腔鳞癌E-cad、β-cat的表达低于癌旁黏膜；癌前沿区E-cad、β-cat的表达明显低于非前沿部分。E-cad表达与肿瘤分化程度呈正相关，前沿区E-cad表达与口腔癌浸润前沿的分级系统(IFG)总分相关。

述　评

近年来癌浸润前沿的结构及功能特征日益受到国内外学者的关注，许多研究表明浸润前沿肿瘤细胞的生物学特性不同于癌中心区域。上皮E-cad与β-cat广泛存在于胚胎和成年组织的上皮细胞中，介导细胞黏附，维持细胞极性。该研究证实口腔癌E-cad、β-cat的表达降低，且浸润前沿区域表达明显低于非前沿部分，它有助于进一步认识口腔癌浸润前沿肿瘤细胞的生物学行为和口腔癌的转移特性。

（赵怡芳）

平阳霉素固体植入式缓释剂间质化疗口腔鳞癌的实验研究［陈传俊　张志愿．上海口腔医学，2005，14(5)：519～524］

应用含平阳霉素的可吸收固体植入式缓释剂进行荷瘤裸鼠动物实验，观察肿瘤体积、组织学变化，原位末端脱氧核苷酸转移酶标记技术(TUNEL)、流式细胞术检测抑瘤率、凋亡率。结果发现间质化疗组抑瘤率、细胞凋亡率显著高于静脉化疗组、瘤内注射组和缓释剂瘤内植入组。作者认为，平阳霉素固体植入式缓释剂间质化疗的抗癌效果优于其他给药方式，在体表肿瘤特别是口腔癌的治疗中有较好应用前景。

述　评

间质化疗是20世纪末引入临床医学的化疗新技术，但尚未见应用于治疗口腔癌的报道。作者将平阳霉素与聚乳酸制成缓释系统，进行人舌癌荷瘤裸鼠动物实验，证明了该治疗方法的有效性，为这项技术的临床应用提供了实验依据。

（赵怡芳）

中药“参阳”方冲剂对舌鳞癌S-D大鼠外周血淋巴细胞亚群的调节作用［蒋灿华　叶冬霞　陈万涛等．中华口腔医学杂志，2005，40(2)：118～121］

应用中药“参阳”方冲剂和刺五加分别喂养已诱发舌癌的61只S-D大鼠15 d，药物干预前后分别采血，运用双色荧光标记抗体、流式细胞术分析外周血淋巴细胞亚群的变化。结果发现，“参阳”方冲剂能增加外

周血 $CD_3^+CD_4^+$ T 淋巴细胞与 CD_3-CD_{161a}^+NK 细胞的百分比；在提高 CD_3-CD_{161a}^+NK 细胞比例方面优于阳性对照刺五加。作者认为，纠正机体 T 淋巴细胞亚群的紊乱并提高 CD_3-CD_{161a}^+NK 细胞的比例可能是“参阳”方冲剂发挥抗癌作用的主要效应机制之一。

述 评

部分中药具有抗肿瘤、增强机体免疫的作用，但其机制并不清楚。该研究表明“参阳”方冲剂是通过调节外周血淋巴细胞亚群的比例达到了调节机体抗肿瘤免疫的作用，这对研究中药抗肿瘤的机制有较重要意义。

（赵怡芳）

***p*53 内含子 7 多态性与口腔肿瘤遗传易患性的关系**［李叶青 李运良 顾其华等. 中华口腔医学杂志，2005，40(5)：386～389］

选取 95 例口腔肿瘤患者及 105 例健康对照者标本，采用聚合酶链反应-限制性片段长度多态性（PCR-RFLP）方法检测 *p*53 内含子 7 Apa Ⅰ 酶切位点多态性，并随机抽取 30 例进行四色荧光单通道测序。结果显示，T-G 等位基因携带者患口腔肿瘤的危险性较 C-T 等位基因携带者高；纯合子 T-G/T-G 和杂合子 C-T/T-G 型基因携带者口腔肿瘤患病危险性较纯合型 C-T/C-T 高。作者认为，*p*53 基因内含子 7 多态性可能与口腔肿瘤发生有关。

述 评

*p*53 基因是重要的细胞周期与凋亡调节基因，P53 蛋白功能的改变在肿瘤发生中起了重要作用。除基因外显子外，目前发现内含子的功能也与基因的表达和调控密切相关。该研究表明口腔肿瘤的易患性与 T-G 等位基因有关，它对进一步探讨肿瘤的遗传易患性有一定的参考价值。

（赵怡芳）

平阳霉素白蛋白微球对血管内皮细胞形态的影响［郑根建 高庆红 周岚等. 实用口腔医学杂志，2005，21(4)：511～514］

通过细胞培养和动物实验的方法，观察平阳霉素-白蛋白（清蛋白）微球（PYM-AMS）、平阳霉素（PYM）、清蛋白微球对血管内皮细胞的影响。结果发现，PYM-AMS 与 PYM 都能引起血管内皮细胞肿胀、变性、坏死。动物实验发现 PYM-AMS 可引起血管内皮细胞肿胀、脱落、血管壁增厚、官腔缩小、闭锁。作者认为 PYM-AMS 对血管内皮造成的损伤较单一 PYM 明显。

述 评

平阳霉素作为一种治疗脉管畸形的药物已得到广泛应用，但对高流速型脉管畸形的疗效并不满意。作者制备平均粒径 150 μm 的 PYM-AMS 作用于兔耳中央动脉，证实 PYM-AMS 对血管内皮细胞的杀伤作用，该研究可能为高流速型脉管畸形的治疗提供新方法。

（赵怡芳）

口腔颌面部损伤学

骨折愈合中纤维粘连蛋白和整合素 β_1 的基因表达［刘少华 程刚 李声伟等. 华西口腔医学杂志，2005，23(5)：434～437］

采用原位反转录-聚合酶链反应（RT-PCR）技术检测兔下颌骨骨折愈合过程中不同时期的纤维粘连蛋白（FN）和整合素-β_1（Itg-β_1）表达情况，对愈合过程中这两种基因表达的时空规律进行分析。结果显示在骨折愈合过程中，FN 和 Itg-β_1 在骨组织中广泛表达，其 mRNA 细胞内定位于细胞质和细胞核中。两者在骨折后短期内均出现表达迅速增高，随着骨折的愈合又逐渐下降。表明这两种信号均参与了骨折的愈合过程，并在时空关系上具有协同作用。

述　评

骨折愈合是一种多种细胞参与由全身激素信号调控的复杂过程。在此过程中，FN和Itg-β_1分别作为细胞因子和细胞表面黏附分子，对骨折愈合中细胞间相互作用发挥着重要影响。作者在前期研究基础上，从转录水平检测两者间表达的时空关系，结果显示两者间有协同作用。其结论对于骨折愈合修复调控机制方面的基础研究有一定借鉴意义。

（周树夏　王彦亮）

髁突颈部骨折坚固内固定后骨折愈合进程中髁突表面应力分布［杨壮群　虎小毅　王正辉等. 华西口腔医学杂志，2005，23(6)：485～488］

采用三维有限元法建立正常咬合功能状态的颌骨应力模型，并模拟左侧髁突颈部骨折后微型钛板内固定下双侧髁突不同愈合时期髁突表面各部位应力分布，以分析微型钛板内固定术对髁突颈部骨折愈合中髁突表面应力的影响。结果显示，骨折后双侧髁突应力分布均不同于正常情况；双侧髁突各部位应力与正常值间的差距在骨折内固定后随愈合的进程而不断减小，但直到固定12周后仍与正常值间有差别。作者指出，这种与正常应力的差别可能是造成临床上髁突骨折内固定术后出现颞下颌关节症状的力学原因。

述　评

颌骨骨折及其治疗的生物力学研究是颌面部创伤治疗基础研究中的重要方面，过去在该方面国内文献报道相对较少。作者通过对骨折及内固定前后髁突各部位应力分布的分析，从生物力学角度揭示了髁突颈骨折内固定术后出现颞下颌关节功能紊乱的部分原因。因临床实际的复杂性，该研究还有待进一步深入。通过对骨折和固定部位、手术方式及材料弹性等具体因素的三维有限元模拟，进一步探讨不同骨折和固定情况下颞颌关节症状的生物力学机制。

（周树夏　王彦亮）

髁突骨折分类与治疗方法选择［李祖兵　廖锋　赵吉洪等. 中华创伤杂志，2005，21(12)：888～891］

对304例髁突患者临床资料进行全面回顾分析，分别按照骨折线位置(position)、骨折片移位程度(displacement)和患者年龄(age)进行分类，即PDA分类，并参照是否双侧髁突骨折、有无面中部骨折和咬合异常等因素，将髁突骨折分为Ⅰ、Ⅱ、Ⅲ三型。按其分型选择治疗方法，即手术开放复位固定、非手术治疗和手术相对适应证。1年后复诊，手术和非手术治疗的患者均获得满意疗效，表明这种髁突骨折分类对治疗方法的选择有一定指导作用。

述　评

因手术和非手术方法治疗髁突骨折具体情况差别较大，所以在缺乏统一的分类基础上直接对两种治疗方法的疗效所进行的比较并不恰当，这也是长期在该问题上存在争议的重要原因。一种好的分类方法应对临床治疗方法的选择起到指导作用。该文作者所提出的PDA分类方法全面考虑到髁突骨折的位置、移位程度、患者年龄以及其他所涉及的影响治疗方法选择的各种相关影响因素，能比较全面地反映髁突骨折的各种不同情况。并通过大量病例的实际疗效检验了这种以治疗方法选择为目的分类的可靠性。该分类方法简便、实用、客观全面，对临床治疗有很好的指导作用，也为髁突骨折的临床研究和疗效比较提供了统一的参照标准。

（周树夏　王彦亮）

翼外肌-髁突解剖复位内固定治疗髁突骨折的探讨［马建军. 上海口腔医学，2005，14(3)：251～253］

对23例需进行手术治疗的髁突骨折患者进行翼外肌-髁突的解剖复位及固定，术后3～6月复诊评价疗效。术后所有患者骨折恢复良好，部分术后出现暂时面瘫的患者均恢复正常。作者根据适应证选择病例，进行翼外肌-髁突解剖复位内固定，较之单纯髁突解剖复位能更好地重建翼外肌和颞下颌关节功能，减少术后髁突吸收，是一种既能恢复形态又能更好恢复功能的方法。

述　评

翼外肌对于髁突在生理状态下行使功能发挥着重要作用。常规的髁突复位固定手术多强调对髁突结构的解剖复位，而对翼外肌的复位重视不够。近年来国外不断有相关报道，提出在髁突复位同时对翼外肌一并解剖复位。作者根据 23 例合适患者采用翼外肌-髁突解剖复位来治疗髁突骨折，取得良好疗效。文中所提出的经验值得在髁突骨折复位手术中借鉴。

（周树夏　王彦亮）

口腔入路髁突颈及下颌升支骨折［张海钟　柳春明　步荣发等. 中华创伤杂志，2005，21(9)：641～645］

采用口腔内手术入路，经下颌骨矢状截骨手术切口，将下颌骨升支后缘垂直截开并取出。对于骨折线过高，口内复位固定困难的病例，剥离髁突上的翼外肌附丽，取出髁突。体外直视下固定髁突与下颌升支后缘骨块，再从口内切口处植入。对 15 例采用该方法治疗的患者 1 年后术后疗效分析，除部分患者咬合及张口度欠佳外，大部分患者临床表现良好。结果表明，口内入路下颌升支后缘截骨治疗髁突骨折具有无面部瘢痕、不损伤面神经等优点。

述　评

髁突骨折手术复位固定常用耳前、颌下、颌后等口外切口，其主要优点在于显露好，利于手术操作。而口内切口虽然可以避免面颈部瘢痕，但因为术中显露困难，术野狭小，操作困难而一直很少被应用。该文作者采用的口内手术入路方法，把本来需在口内进行的复杂操作转移到了体外进行。该术式新颖，既避免了口外皮肤瘢痕，又解决了口内入路的限制，具有明显的创新性和实用性，为更好满足临床上针对患者的不同要求提供了新的选择。但该术式疗效观察的时间和病例数量有限，且术中增加了因截骨所造成的创伤，其远期疗效尚待进一步研究。

（周树夏　王彦亮）

鼻骨-眶-筛骨骨折的手术治疗［张益　安金刚　孙勇刚等. 中华口腔医学杂志，2005，40(6)：471～473］

对 29 例鼻骨-眶-筛骨骨折(NOE)临床表现、手术方法和疗效进行回顾分析。临床表现为内眦距增宽，鼻畸形，眼球内陷伴复视。手术治疗包括骨折复位、眶壁缺损重建、内眦韧带悬吊和鼻成形。对局部骨折手术切口主要采用内眦旁弧形切口。术后形态测量比较发现，术后内眦距变小，内眦处鼻梁矢状高度增加，并有部分患者出现泪囊炎。结果提示根据临床表现采用多种术式组合治疗 NOE 骨折，多数可以取得满意效果，但存在较大不确定性。

述　评

NOE 骨折是临床上处理比较困难的一类骨折，治疗的原则是骨折复位，内眦间距和鼻外形的恢复。近年来国内在这方面的研究已逐渐增多，但其疗效的评估往往单纯停留在伤口愈合情况、眼球内陷和复视的改善情况的一般性指标上。作者通过对手术前后的内眦间距、内眦水平鼻梁矢状高度、鼻根指数和睑裂对称指数等 NOE 区形态指标和指数进行定量评价，更客观、准确地反映了该类骨折治疗效果。这种疗效评估方法和文中对 NOE 骨折中各种术式组合治疗的经验，对临床进一步研究中具有重要的参考价值。

（周树夏　王彦亮）

网状眶底修复钛板治疗眶底骨折［王彦亮　王大章　刘彦普等. 实用口腔医学杂志，

2005，21(6)：723～725]

采用坚强内固定技术治疗 27 例眶周骨折患者，并对不易固定的眶底骨折采用网状眶底修复钛板治疗。通过复查术后眶区外形、复视、神经症状等恢复情况观察其疗效。结果表明使用眶底或眶内壁修复钛板能有效恢复眶腔骨质延续性、手术创伤和并发症，是处理眶周复杂骨折的有效方法。

述　评

眶周骨折治疗中主要需要解决复视、眼球内陷和眶下神经感觉迟钝等症状，由于局部涉及的解剖结构复杂，骨质薄弱，不易达到可靠的固定。传统的钛网因不易塑型而给术中操作带来不便。该文作者采用的专用眶底修复钛板和眶内侧壁修复钛板，由于有特殊的应力吸收和固位结构而较传统的钛板使用更为方便、可靠，其使用经验值得在处理眶周骨折时参考和借鉴。

（王翰章）

全面部骨折手术治疗的临床研究［汤炜　田卫东　郑晓辉等. 中华创伤杂志，2005，21(12)：881～883]

采用 X 线头影测量、模型外科和骨切开复位术等方法，对 48 例因全面部骨折而致牙颌面畸形和咬合紊乱的患者结合生物力学原则进行手术矫治，获得满意疗效。作者提出在全面部骨折治疗中应恰当应用坚强固定系统，并结合使用坚强固定和弹性固定，以避免应力遮挡作用造成的骨皮质萎缩及有利于骨折后紊乱的口颌系统功能恢复。

述　评

全面部骨折是涉及颅颌面多部位的严重损伤，治疗时应在术前精确设计，尽可能达到恢复功能和形态并举的效果。该文作者在对全面部骨折患者治疗过程中，一方面按照恢复咬合关系，应用“自下而上，由外向内”的原则；另一方面，根据几年来国际上国际内固定研究协会(AO)提出的生物学固定(BO)新概念，提出通过选择恰当接骨板和螺钉系统并结合应用坚强和弹性固定来使骨折的复位固定更符合骨生物学特性，从而达到保护骨膜血运，减少发生骨质疏松和骨皮质萎缩的效果。这些观点都对临床治疗全面部骨折有很好的指导意义，具有重要而实用的参考价值。

（周树夏　王彦亮）

颞部发际前缘切口在颧骨复合体骨折内固定术中的应用［杨庆福　王凡　应凯等. 上海口腔医学，2005，14(2)：113～116]

对 99 例颧骨复合体骨折患者采用颞部发际前缘切口，根据实际情况辅以眶周及口腔前庭小切口，复位并固定颧骨体。通过临床疗效观察，全部病例均一期愈合，表明颞部发际前缘切口不会影响面神经颧、额支的功能，不影响伤口愈合和美观。作者认为该切口具有术野清晰，操作方便，创伤小，出血少，瘢痕隐蔽等优点。

述　评

头皮冠状切口或半冠状切口在颧骨复合体骨折复位内固定术中已经被广泛应用。它具有很多优越性，如显露好，不遗留面部瘢痕，在直视下易精确复位等；但也存在创伤大，出血多的缺点，应该严格掌握其适应证，临床上已有出现扩大适应证的滥用现象。该文作者采用的颞骨发际前缘的经典切口，辅以眶周小切口及口内切口，显露颧骨处的骨折线，创伤小、出血少，并且瘢痕比较隐蔽。对无严重错位畸形的颧骨复合体骨折病例，有实用参考意义。

（周树夏　王彦亮）

口腔颌面部畸形整复外科学

脱细胞真皮基质结合表皮细胞悬液移植修复组织缺损［左金华　李金荣　李武修等. 中华口腔医学杂志，2005，40(5)：412～415]

应用组织工程学的方法，将实验制备的异体脱组织真皮基质移植到大鼠背部全层皮肤缺损创面，待其血管化后，在其上面移植自体表皮细胞悬液，于术后 2 周、5 周观察表皮的形态，取标本行组织学检查，并行Ⅳ型胶原免疫组织化学染色以观察基膜的重建。结果显示，2 周时新生表皮分化良好，厚薄不均，有 4~10 层细胞，免疫组化染色发现Ⅳ型胶原在表皮-真皮连接处有明显表达，着色不连续；5 周时，新生表皮与正常表皮相似；Ⅳ型胶原在表皮-真皮呈棕黄色连续完整表达，与正常基膜相似。

述　评

应用组织工程学方法构建自体组织或器官，是当今生物医学领域研究的热点。该研究结果为口腔颌面部皮肤缺损的修复开拓了一条思路，奠定了临床应用的理论基础，具有良好的临床指导价值。

（翦新春）

脱细胞异体真皮基质修复口腔黏膜缺损的临床研究［张伟　胡敏　王恩博等. 中华口腔医学杂志，2005，40(3)：241~243］

用同种异体脱细胞真皮基质修复口腔黏膜各部位浅表缺损面积在 2.25~12.00 cm^2 之间的患者 42 例。术后随访 3 个月至 1 年。随访观察发现，异体真皮基质修复术后收缩发生在 2~4 周，4 周内收缩率为 3.7% ± 1.1%。3 个月后基本稳定，无瘢痕挛缩。结果显示，完全成活 40 例，大部成活 2 例。

述　评

该研究结果表明，脱细胞异体真皮基质是一种较好的黏膜缺损修复的替代材料，为口腔黏膜浅表缺损修复开辟了新途径。但脱细胞异体真皮基质对大范围的口腔黏膜缺损的修复效果，还有待于进一步的研究。

（翦新春）

全硬腭岛状黏骨膜瓣修复颊腭部缺损［张令达　后军　潘涛等. 中华整形外科杂志，2005，21(3)：214~215］

采用以一侧腭大神经血管束为蒂的全硬腭岛状黏骨膜瓣修复颊及软腭 5 cm×5 cm 缺损患者 25 例获得较好的效果，其中 22 例完全成活，2 例大部成活，1 例失败。术后多数患者早期开口轻、中度受限，开口度 1.5~2.5 cm。经开口训练 3~6 个月后，除 1 例外，其余开口度均大于 3 cm。供瓣区硬腭骨面术后 3~6 个月均经肉芽组织生长和上皮化而愈合。

述　评

对于因肿瘤切除或其他原因造成的软腭或颊后部的黏膜缺损，选用硬腭岛状黏骨膜瓣修复，因其切取方便，血供可靠，不影响腭部外形与功能而常被考虑。但值得注意的是被暴露硬腭骨质上肉芽生长较缓慢，患者较长时间不能进纤维性食物；全硬腭瓣的供血血管较短，使其该瓣难以做较远距离的转移修复；全硬腭岛状黏骨膜瓣总面积有限，且缺乏皮瓣所具有的弹性，仅能修复一定范围的缺损。

（翦新春）

应用胸大肌岛状肌皮瓣重建全舌体、口底的初步报告［李劲松　潘朝斌　陈伟良等. 中华整形外科杂志，2005，21(2)：112~114］

对 7 例累及双侧的舌鳞状细胞癌患者行根治性手术，同期应用胸大肌岛状皮瓣重建全舌体、口底的大面积缺损。胸大肌肌皮瓣的面积为 8 cm×6 cm~10 cm×8 cm，包括胸肩峰动脉肌支的肌蒂长 17~19 cm。5 例肌皮瓣从锁骨下隧道穿过，2 例从锁骨上翻转越过。结果 6 例转移肌皮瓣完全成活，1 例肌皮瓣远端部分皮肤坏死，但无口底颌下瘘及炎症发生。术后随访 2~16 个月，重建舌体和口底形态基本满意，语言尚清晰，吞咽功能恢复良好。

述　评

采用胸大肌肌皮瓣修复肿瘤切除后的舌

及口底缺损，国内外早有报道。该文作者应用胸大肌岛状肌皮瓣重建全舌体及口底的大面积缺损获得成功，为临床行岛状胸大肌肌皮瓣修复全舌体及口底缺损提供了可供借鉴的经验。

（蓢新春）

岛状斜方肌肌皮瓣移植后肩臂功能障碍的临床分析［庞芳河　周诺　蒙宁等. 口腔颌面外科杂志，2005，15(2)：173～174］

对 1998 年 5 月至 2003 年 5 月 5 年间行岛状斜方肌肌皮瓣修复颌面部组织缺损的 50 例患者的肩臂功能进行了主观和客观评价。评价采用视觉模拟评分法进行肩周疼痛程度、患者的上肢外展的最大角度、上肢上举能力分析。结果显示，有 68% 的患者因行岛状斜方肌肌皮瓣修复颌面部组织缺损后出现肩臂功能障碍，生活及工作均受到明显影响。所有患者术侧均有斜方肌功能障碍、上肢外展及上举功能受损。

述　评

斜方肌肌皮瓣或斜方肌岛状肌皮瓣为口腔颌面整形重建外科中较常应用的肌皮瓣，但对行该肌皮瓣修复后对患者功能的影响，国内研究不多。该研究结果提示，岛状斜方肌肌皮瓣满足了临床修复颌面部组织缺损的需要，但却付出了斜方肌功能损害的代价，降低了患者的生活质量。寻找更科学、更合理的修复手段是口腔颌面外科医师面临的紧迫任务。

（蓢新春）

膜引导辅助弹力牵引成骨重建节段缺失下颌骨的实验研究［周宏志　胡敏　刘洪臣等. 中华口腔医学杂志，2005，40(6)：474～477］

采用手术截除杂种犬一侧下颌骨 2.5～4.0 cm 骨段，按 bi-focal 牵引成骨原理安置记忆合金牵引固定装置，并将聚四氟乙烯膜覆盖于骨膜剥离的下颌骨颊侧面；术后 3 个月取下颌骨观察并测量骨密度和强度。结果显示，节段缺失下颌骨得到重建，传送盘前后各形成 1.5～2.5 cm 再生骨段；新骨高度及厚度接近正常下颌骨，骨密度和强度接近或超过正常骨半量值。

述　评

颌骨牵引成骨技术，近期被广泛应用于颌骨肿瘤切除或外伤造成的缺损重建中，有其独有的优势。该研究把膜引导技术应用于牵引成骨中，以避免骨不连续，加快弹力牵引再生骨的骨化成熟过程。该材料的应用实验具有一定的创新性，值得临床推广。

（蓢新春）

应用三焦点牵引成骨术重建下颌骨缺损的初步临床研究［孙健　王兴　李宁毅等. 中国口腔颌面外科杂志，2005，3(3)：202～206］

对 4 例下颌体骨段切除的患者，使用内置式三焦点牵引器同期行下颌骨缺损牵引成骨(DO)重建。牵引间歇期 8 d，牵引速度 0.25 mm×4 次/d，稳定期 4 个月；1 例于稳定期结束后在成骨区行种植义齿修复。结果显示：下颌骨牵引成骨最长 45 mm；牵引成骨区骨量充足，组织结构及硬度接近正常颌骨；牵引成骨区种植义齿可满足正常功能的需要。

述　评

该文作者在国内首次报道采用三焦点式 DO 技术整复下颌骨节段性缺损，而且采用经口腔内途径安置牵引装置，对拓展 DO 技术在口腔颌面部修复重建外科领域的应用范围有实际参考意义。但需要指出的是三焦点式 DO 存在 2 个输送盘相接处是否有真正骨性愈合的争论，因此，有学者建议用钛板加强固定，以免此薄弱部位发生骨折。

（蓢新春）

下颌骨缺损钛板修复后的放射治疗［王中和　张志愿　蔡以理等. 中华口腔医学杂志，

2005，40(2)：123-125]

对1997年1月至2002年5月5年间58例下颌骨缺损钛板修复患者，30例行术后放射治疗，放疗剂量4 050～6 540 cGy，钛板在放射野内受到全程照射，28例不行放射治疗，作为对照组。放疗后随访10～56个月。观察结果显示：放疗组6例局部感染和瘘管形成，5例钛板外露；对照组4例局部感染和瘘管形成，3例钛板外露。放疗组6例、对照组4例因局部感染在术后4～15个月手术取出钛板，术后放疗组下颌骨缺损钛板立即修复成功率为80.0%，对照组为85.7%。两组差异无统计学意义。

述　评

与自身骨移植相比，钛板立即整复下颌骨缺损有手术时间短、无需骨供区手术及护理、手术成功率高等。该研究结果表明，钛板修复患者在接受4 050～6 540 cGy的放射治疗后，钛板立即修复成功率为80.0%，与未作放疗的对照组相比差异无统计意义。这对口腔颌面部恶性肿瘤根治术后需要术后放疗的患者无疑有重要意义，术后放疗将明显减少局部复发率。

（翦新春）

筋膜悬吊联合前臂皮瓣修复唇或口角缺损10例报道［胡永杰　曲行舟　李思毅等．上海口腔医学，2005，14(2)：117～119］

对10例术后唇颊或口角部缺损的病例，行筋膜悬吊联合前臂皮瓣进行修复，评价修复后唇和口角的形态和功能。术中根据缺损范围设计前臂皮瓣，依照缺损长度切取大腿阔筋膜或掌长肌腱，在前臂皮瓣折叠的内面行筋膜悬吊，筋膜分别与颊肌、口轮匝肌缝合。结果皮瓣全部成活，2例患者口角轻度闭合不全；其他患者外形修复满意，并显示良好的开闭口、咀嚼、发音等功能。

述　评

因外伤或肿瘤根治等原因造成的唇部及口角缺损的功能性修复是整形外科领域的难点。单纯以皮瓣修复，由于无神经支配，术后的形态功能难以让人满意。采用筋膜悬吊联合前臂皮瓣修复唇或口角缺损，在形态方面得到了较大的改善，并有助于皮瓣的功能性修复。筋膜悬吊对无神经支配的皮瓣功能性修复起到一定的代偿作用。

（翦新春）

头颈部游离组织瓣移植术后的血管危象及其处理［毛驰　俞光岩　彭歆等．中华耳鼻咽喉头颈外科杂志，2005，40(6)：415～418］

对803例患者的849块头颈部游离组织瓣行移植术，对术后出现血管危象的患者及游离瓣作回顾性分析，探讨头颈部游离组织瓣移植术后血管危象的发生、处理方法和游离瓣的成活情况。结果显示，共有27例患者28块(3.3%)游离瓣术后8～120 h出现血管危象，其中13块抢救成活，15块坏死。抢救成功率为46.4%，游离瓣总体成活率为98.2%。作者认为，术后临床观察游离瓣血供十分重要，早期发现血管危象并尽早行手术探查是挽救游离瓣唯一有效的方法。

述　评

游离组织瓣移植失败的最主要原因是移植术后的血管危象，而早期发现并及时处理是提高游离瓣成功率的关键所在。作者总结的经验提示，降低血管危象发生的措施包括游离瓣供区选择、受区血管选择、术后药物应用、同时吻合两根静脉和危象后及早手术探查等，其对临床相关工作具有一定的指导意义和参考价值。

（王佐林）

口腔颌面部缺损的修复重建——1 973例临床分析［张陈平　张志愿　邱蔚六等．中国修复重建外科杂志，2005，19(10)：773～776］

对1 973例口腔颌面部修复重建患者进行临床统计分析，对比研究口腔颌面部缺损游离组织瓣修复方式。结果显示，缺损部位依次为舌、下颌骨、腮腺、颊、上颌骨、口咽、口底等；血管化游离组织瓣修复 904 例(45.82%)，带蒂组织瓣 753 例(38.17%)，随意瓣 201 例(10.19%)；其中游离前臂瓣 594 例，腓骨肌(皮)瓣 143 例，带蒂胸大肌(皮)瓣 369 例；游离组织瓣总成功率 98.19%。因此，前臂皮瓣、腓骨肌(皮)瓣、带蒂胸大肌皮瓣可作为口腔颌面缺损修复的常用组织瓣。

述　评

作者收集了口腔颌面部修复重建患者 1 973例，分别对其年龄、性别、病种、缺损部位和修复类型等情况进行统计分析、排序。收集的资料齐全，充实了口腔流行病学的内容，对口腔颌面外科的临床诊断治疗、基础实验研究等领域都具有一定指导意义和重要参考价值。

（王佐林）

肩胛骨及邻近瓣在颌面复合缺损修复重建中的应用［徐兵　史俊　唐友盛等. 中国口腔颌面外科杂志，2005，3(2)：108～112］

对 12 例颌骨缺损及其周围软组织缺损的患者，用肩胛骨及其复合瓣进行修复。术前根据软硬组织缺损部位、大小等选择肩胛骨及与其匹配的肌瓣或肌皮瓣。结果 11 例组织瓣全部成活。作者认为，肩胛骨及其复合瓣具有切口隐蔽、血供丰富、易于成形、对供区影响小、修复范围广等优点，修复效果令人满意。

述　评

肩胛骨及邻近复合组织瓣主要选择不同部位的肩胛骨来修复下颌骨缺损，其周围搭配由同一主要血管蒂支配的软组织瓣，可根据缺损部位的要求自行设计，是Ⅰ期修复颌面软硬组织缺损的良好方法。该方法的临床应用扩大了口腔颌面外科手术适应证，值得在临床上推广应用。

（王佐林）

颈部带蒂组织瓣修复口腔颌面部肿瘤切除术后软组织缺损［赵怡芳　张文峰　赵吉宏等. 中国修复重建外科杂志，2005，19(10)：780～783］

总结 172 例口腔颌面部肿瘤切除术后行颈部带蒂组织瓣修复的病例，介绍 4 种组织瓣修复颌面部大型软组织缺损的方法并进行效果评价。病例包括口腔鳞癌 165 例，涎腺癌 7 例；好发部位依次是舌、颊、下牙龈、口底等；应用颈阔肌皮瓣修复 45 例，胸锁乳突肌皮瓣 59 例，舌骨下肌皮瓣 60 例，颏下岛状皮瓣 8 例。术后皮瓣成活 153 例，坏死 19 例。上述皮瓣修复成功率分别为 91.67%、88.89%、88.14% 和 75%。作者认为，颈部带蒂组织瓣适用于修复口腔颌面部肿瘤切除后的中小型软组织缺损。

述　评

口腔颌面部缺损的修复具有独特的特点，即要考虑功能的恢复，又要考虑美观的要求。游离组织瓣虽然已被广泛应用，但邻近带蒂组织瓣因其色泽、质地与缺损部位相近，且操作简单易行，仍是修复口腔颌面部中小型组织缺损的良好方法。作者回顾性分析了 4 种颈部带蒂组织瓣的临床应用情况，探讨了各自的适应证、优缺点，对于颈部带蒂皮瓣的合理使用具有重要参考价值。

（王佐林）

股前外侧脂肪筋膜瓣游离移植矫治半侧颜面萎缩［滕利　吴国平　张智勇等. 口腔颌面外科杂志，2005，15(1)：60～62］

对 24 例半侧颜面萎缩的患者，行吻合血管的股前外侧脂肪筋膜瓣游离移植修复，其中 8 例加以 Medpor 植入。术后对组织瓣行Ⅱ期手术修整，均获得满意的临床效果。作者认为，吻合血管的股前外侧脂肪筋膜瓣具有组织量充足、存活率高、供区隐蔽、不牺牲重要血管等优点。

述　评

半侧颜面萎缩畸形的矫治方法有很多种，主要采用局部充填以恢复和重建面部外形和丰满度。单纯用软组织移植修复对伴有严重骨骼畸形的患者，因软组织量大而显得过于臃肿和下垂。单纯用硅胶等代用品充填也会因软组织量不足而显得生硬、缺乏弹性。作者所采用的方法，克服了上述两种修复方法的部分缺点，是一种较为理想的修复半侧颜面萎缩的治疗方法。

（王佐林）

应用吻合血管的骨肌皮瓣修复下颌骨放射性骨坏死［殷学民　邱蔚六　张陈平等. 中华显微外科杂志，2005，28(1)：14～16］

对20例下颌骨放射性骨坏死的病例行死骨扩大切除术，同期用吻合血管的骨肌(皮)瓣移植修复组织缺损。其中髂骨肌皮瓣9例、髂骨肌瓣串联前臂皮瓣5例、腓骨肌皮瓣5例、腓骨肌皮瓣串联前臂皮瓣1例。术后组织瓣成活19例，移植成功率为95%。结果表明，下颌骨放射性骨坏死行死骨扩大切除，同期应用吻合血管的骨肌(皮)瓣移植可有效修复手术所致的颌面部组织缺损。

述　评

放射性骨坏死的有效治疗方法是行死骨扩大切除术，但手术同时会造成颌面部软、硬组织缺损等继发畸形。在放射线照射区内行显微外科手术治疗，对临床医师是极富挑战性的工作，要求所提供的组织瓣一定要有丰富的血供。作者所选用的骨肌(皮)瓣及其串联前臂皮瓣的应用，获得了理想的临床效果。为临床治疗放射性颌骨坏死提供了一个良好的方法，对相关临床工作具有一定的指导作用和参考价值。

（王佐林）

应用游离前锯肌瓣矫治半侧颜面萎缩的初步临床研究［田卫东　王栋　刘磊等. 中国修复重建外科杂志，2005，19(10)：799～801］

对3例严重半侧颜面萎缩患者采用游离前锯肌瓣移植术进行矫治，探讨该方法的可行性及前锯肌瓣的解剖、制作和注意事项。前锯肌瓣以胸背动、静脉为蒂，同时解剖胸长神经并与面神经上颊支吻合。结果显示，肌瓣全部成活，面颊部外形恢复满意，供区无功能障碍。作者认为，应用前锯肌瓣矫治半侧颜面萎缩安全可靠，外形恢复满意。

述　评

半侧颜面萎缩的矫治方法很多，如真皮脂肪组织，带血管蒂的筋膜、背阔肌肌皮瓣移植等，还有各种人工替代物充填。但均难获得理想的临床效果，如术后臃肿或移植组织瓣萎缩等难题一直困扰着临床医师。前锯肌瓣有3～5个锯齿，与面部肌肉的走行方向相近，且厚度适宜，并带有知名神经血管蒂。用其与病损部位进行血管、神经吻合，以期恢复肌肉功能及防止肌肉萎缩，为临床提供了一个较好的治疗方法。

（王佐林）

唇裂与腭裂

地塞米松对体外培养A系小鼠腭突腭中嵴上皮融合的影响［黄磊　石冰　孙晋虎等. 华西口腔医学杂志，2005，23(2)：103～105］

采用孕期在14.3 d的A系小鼠胚胎，无菌条件下解离腭突并分组进行半浸静式体外培养腭突。实验组培养基中加入20 μg/L地塞米松。分别在24 h和72 h取出腭突进行光镜和电镜观察。结果显示，腭突培养24～72 h后，对照组中嵴上皮完全接触，细胞向间充质转化，基膜崩解，两侧间充质细胞相连；实验组中嵴上皮向复层扁平上皮分化，间充质细胞分化出软骨样细胞，两侧间充质没有贯通。作者认为这与地塞米松影响腭突细胞中膜联蛋白Ⅰ和细胞质磷脂酶A_2

的合成，促进EGF、TGF-β_1表达，加速中嵴上皮和间充质细胞的分化有关。

述　评

作者利用半浸静式器官培养技术进行腭突发育研究，使得腭发育的体外研究对象不再是离散的细胞，而是细胞的有机集团——器官，从而纯化了实验条件，有利于进一步的观察和分析。地塞米松诱导离体腭突发生腭裂的若干表现，与以往的实验观察一致。有望在此基础上进行进一步的药物作用机制研究。

（黄洪章）

腭裂术后腭咽闭合不全患者成年期腭咽结构特征的分析［鲁勇　石冰　宋庆高等. 实用口腔医学杂志，2005，21(4)：495～498］

应用回顾性研究方法，拍摄23例初期腭成形术后腭咽闭合不全患者(VPI)和20例健康对照组的静止X线头颅定位侧位片，对其中软腭长度、咽腔深度、咽腔高度、软腭长度与咽腔深度比、咽三角及软腭与咽后壁的交点(PPW)在咽三角的位置等参数进行比较。结果发现，VPI组软腭长度、软腭长度与咽腔深度比(<1.0)小于对照组，PPW在咽三角的位置比对照组偏上方。而翼颅基点和第一颈椎位置两组无显著性差异。提示软腭长度不足是影响腭裂术后腭咽功能的因素之一。

述　评

通常认为，软腭的长度是影响腭咽闭合的一个重要因素。作者对病例资料的参数进行了精心的选取和分析，既认识到软腭长度不足是影响腭裂术后腭咽功能的因素之一，又注意到少数VPI患者软腭长度充分，却仍然发生VPI的事实。尽管对于患者骨性标志点的测量结果和国外文献不尽相同，但仍为今后腭咽形态结构的研究提供了重要的参考依据。对于临床手术操作，也有较大的指导意义。

（黄洪章）

原代培养小鼠胚胎腭突间充质细胞的纯化方法研究［肖文林　石冰　李盛等. 口腔医学研究，2005，21(4)：365～366］

采用dispose酶，对妊娠13 d的C57BL/6J胎鼠腭突进行4 ℃过夜消化，振荡后使腭突的上皮与间充质分离。再以含0.25%胰酶和0.01乙二胺四乙酸(EDTA)液消化去上皮的腭突得到单细胞悬液。与传统的胰酶消化法得到的腭突单细胞悬液比较，用流式细胞仪检测到dispose酶法波形蛋白染色阳性的间充质细胞(EPM cell)达到99.7%。

述　评

在腭裂研究的动物体外实验中，腭突上皮细胞与间充质细胞的分离和纯化始终比较困难。传统方法往往具有细胞纯度低、活力下降、不能在原代纯化、方法过于复杂等缺点。该文作者根据前人用胰酶分离获取腭突上皮的经验反复用之，摸索出采用dispose酶消化分离上皮和间充质的方法，为纯化EPM细胞，进行进一步实验创造了良好的条件。

（黄洪章）

非综合征性唇腭裂与*bcl*-3基因多态性的研究［静广平　焦晓辉. 口腔医学研究，2005，21(2)：156～159］

采用聚合酶链反应(PCR)和聚丙烯酸酰胺变性凝胶(PAGE)技术，对124例非综合征性唇腭裂(NSCL/P)患者和103例健康对照者进行B细胞淋巴因子-3(*bcl*-3)基因多态性分析。结果检测到*bcl*-3具有3种等位基因，所有被测人基因型均为杂合子。*bcl*-3基因多态性分析结果，患者组与健康人组、单纯唇裂组与唇腭裂并发组、单纯腭裂组与唇腭裂并发组、单侧唇腭裂组与双侧唇腭裂组分别无显著性差异。但单纯唇裂组与单纯腭裂组，有家族史与无家族史组比较分别有显著性差异。作者认为，*bcl*-3基因多态性与国人NSCL/P发病、严重程度无相关性，但与国人NSCL/P家族史相关，并且在单纯唇裂和单纯腭裂患者中基因频率分布不同。

述　评

尽管许多基因被认为与非综合征性唇腭裂发生相关，但在遗传学上都缺乏强有力的证据。一方面不同研究者的调查无一致结果，另一方面种族、地域、环境对NSCL/P的发生也有影响，使得遗传学研究结果不易获得普遍性的结论。如果考虑基因不发生可遗传的突变也可发病的可能性，仍不能排除*bcl*-3基因多态性与NSCL/P的关系，还需作进一步深入研究。

（黄洪章）

大鼠硬腭不同面积裸露后的组织学变化［黄旭　石冰　宋庆高等. 上海口腔医学，2005，14(5)：515～518］

选取3周龄S-D大鼠16只，随机分为3个实验组和1个对照组。实验组动物分别被切去硬腭1/4、1/2、3/4面积大小的黏骨膜瓣。术后每2周各组随机处死大鼠一只，进行HE和Masson染色。结果发现，切去硬腭1/4组与正常组相似，1/2组瘢痕严重，与牙周纤维相连，3/4组除前述表现外还在硬腭中部出现坏死。提示硬腭骨面裸露面积的大小不同，其创面愈合的组织学改变也不同；骨面裸露越多，组织结构改变越明显。

述　评

裸露骨面愈合过程中形成的瘢痕组织挛缩，是造成腭裂患者术后颌面部及牙弓发育畸形的主要原因。但以往并未将硬腭裸露面积大小与组织学改变联系起来。该文作者观察到硬腭裸露面积越大，其愈合过程中形成的胶原纤维越粗大，与牙周纤维的关系越密切。而常规腭裂修复术为延长软腭所做的腭瓣后退，却往往裸露出较多骨面。该研究再一次印证了手术在平衡术后颌面发育和语音功能问题上所处的两难境地。

（黄洪章）

双侧唇裂或唇腭裂修复后口哨畸形的分级与修复［覃新春　雷荣昌　尹乒. 中华整形外科杂志，2005，21(4)：261～263］

对136例双侧唇裂或双侧唇腭裂患者术后上唇吹口哨状唇畸形进行分级，根据上颌前门牙牙冠及相应牙龈暴露的程度将吹口哨状唇畸形分为Ⅳ级。Ⅰ级：$\underline{1|1}$牙冠显露1/2；Ⅱ级：$\underline{1|1}$牙冠全显露或$\underline{1|1}$牙冠全显露伴$\underline{2|2}$显露近中纵行牙冠1/2～2/3；Ⅲ级：$\underline{1|1}$牙冠全显露和附丽龈显露1/2或$\underline{1|1}$牙冠全显露伴附丽龈露1/2及$\underline{2|2}$牙冠显露2/3以上；Ⅳ级：$\underline{1|1}$牙冠及相应牙龈全显露伴$\underline{2|2}$近中牙冠纵显露2/3以上。通过对吹口哨状唇畸形严重程度与双侧唇裂或唇腭裂修复术式的关系分析，作者发现Ⅰ、Ⅱ级畸形在临床上占大多数。

述　评

双侧唇裂，尤其是双侧唇腭裂患者，由于唇部组织缺损大，前颌发育不良，前唇短小，前唇口轮匝肌发育极度不良，给双侧唇裂修复带来极大困难。吹口哨状唇畸形是这类患者术后较易出现的继发畸形。该文作者对双侧唇裂术后吹口哨状唇畸形的分类，不仅建立了双侧唇裂术后效果评价的一个客观标准，而且为修复畸形的术式选择提供了客观依据。

（黄洪章）

牙槽嵴裂骨移植修复术后影响骨吸收因素的初步研究［王鑫　罗奕. 中华口腔医学杂志，2005，40(5)：373～375］

对108例牙槽嵴裂骨移植患者术前和术后3个月拍摄的曲面断层片、上颌体腔片、上颌前部咬合片，依据Bergland等的评价标准评价其疗效，采用多因素回归统计方法进行数据分析。结果发现植入骨成活率为88%，临床成功率60%。影响骨吸收的主要因素是感染、手术年龄、裂隙类型、功能刺激、手术操作等。其中感染者成功率仅为 26.7%；非感染因素中疗效与手术年龄和术者呈正相关，与裂隙类型和功能刺激负相关。

述　评

自身髂骨移植修复牙槽嵴裂是目前临床上最多见的方法，但其治疗效果，特别是远期治疗效果尚不完全令人满意。作者较为客观地评价了随访病例，使人们对术前病例选择、术前正畸治疗、术中操作和术后处理有了比较客观的判断依据，具有较大的临床参考价值。如能进一步长期随访，必将对提高牙槽嵴裂骨移植术成功率有更大的促进。

（黄洪章）

重建腭咽部肌肉对腭裂修复术后腭咽闭合状况的影响［程宁新　赵敏　戚可名等. 中华整形外科杂志，2005，21(2)：119～123］

将 62 例腭裂及腭咽闭合不全(VPI)患者分为腭咽部肌肉重建腭裂修复术组(重建组)和改良兰氏腭裂修复术组(非重建组)。重建组采用软腭双 Z 反向黏膜肌瓣腭裂修复术和隧道咽腭肌瓣咽成形术；非重建组兰氏手术应用凿断腭骨水平板的改良术式。复查时间在术后半年以上。结果发现重建组术后 VPI 发生明显少于非重建组；鼻咽腔中、下份腭咽距离，鼻咽腔面积减少也较非重建组明显。并且咽成形术所做的咽后隆突可缩短发音时与软腭的距离，而对软腭运动无不良影响。

述　评

腭咽闭合运动的肌肉功能区域位于鼻咽腔中部，软腭和咽后壁之间。腭帆提肌和咽上缩肌是腭咽闭合功能的主要肌肉。如何重建腭裂及 VPI 患者的肌肉功能，仍是一个值得深入探讨的课题。尽管该文作者所做提肌隆突并未达到术前设计位置，但通过双向反 Z 黏膜肌瓣与隧道腭咽肌瓣建立的括约肌环明显缩小了功能区域的鼻咽腔面积，并使腭咽闭合过程中肌肉协调运动和咽腔环缩动作更易完成。为今后腭裂修复手术，特别是术后 VPI 患者的修复手术提供了较好的参考。

（黄洪章）

正颌外科学

Le Fort I 型截骨术相关骨性解剖标志的多层 CT 测量研究［华泽权　孙连军　邹明宇等. 临床口腔医学杂志，2005，21(8)：485～486］

应用多层 CT 扫描 60 例成人上颌勒福(Le Fort)I型截骨相关的骨性解剖标志，利用 efilm 1.94 软件测出颧牙槽嵴至翼腭管的距离平均为 26 mm，犁状孔边缘至翼腭管的距离平均为 37 mm，鼻前后棘的距离为47 mm，翼突的宽度为 13 mm，犁状孔边缘至翼腭管连线与矢状面的角度为 7°8′。用 t 检验的方法对左右侧的所有测量值进行比较，结果在统计学上均无显著性差异，从而为避免 Le Fort I 型截骨术中损伤腭降动脉提供了参考数据。

述　评

腭降血管是 Le Fort I 型截骨术中涉及的最大血管，该文作者应用 CT 扫描获得了相关的腭降动脉解剖数值，提供了避免术中损伤血管继发出血的一个手段，即术前进行 CT 扫描检查并测量相关数值，具有一定的参考意义。

（宿玉成）

下颌牵张成骨速度对大鼠下颌骨形态的影响［汪玲丽　欧阳喈　张栋梁等. 现代口腔医学杂志，2005，19(1)：70～71］

将 139 只大鼠单侧乙状切迹至下颌骨下缘纵向骨切开后放置口外牵张器，按照不同速度进行牵张，利用 X 线测量的方法，观察不同牵张速度对于下颌骨形态的影响。结果显示，不同速度骨牵张组的下颌骨长度随时间变化有显著性差异，而中、快速骨牵张组的下颌骨伸长量小于预期值。提示在临床上应慎重考虑快速骨牵张技术的应用。

述　评

骨牵张技术已是行之有效的增加颌骨骨量的方法。但该研究表明中、快速骨牵张不能得到预期的下颌骨伸长量，尤其是快速骨牵张可能导致下颌骨预期长度的减少。因此临床上应用骨牵张技术应注意牵引速度问题。

（宿玉成）

骨性Ⅲ类错𬌗畸形患者正颌手术前后咀嚼肌功能变化的初步研究［蔡鸣　沈国芳　郁春华等．中国口腔颌面外科杂志，2005，3(1)：10~14］

选择16例骨性Ⅲ类错𬌗畸形患者(病例组)和20例正常𬌗者(对照组)，应用Medelec Synergy肌电图仪测定其咀嚼肌在不同生理活动时的功能状况，比较病例组正颌手术前后各项指标的差异。结果显示术前病例组的咀嚼肌电位小于对照组，紧咬和咀嚼时尤其明显，咀嚼肌不对称指数差异则无统计学意义。术后6个月时紧咬咀嚼肌电位增加，而肌不对称指数下降。提示错𬌗畸形患者咀嚼肌功能与正常𬌗者有差异，正颌手术联合正畸治疗后可以得到改善。

（宿玉成）

骨性Ⅲ类错𬌗畸形患者正颌手术前后𬌗力变化的初步研究［蔡鸣　沈国芳　房兵等．中国口腔颌面外科杂志，2005，3(1)：15~18］

选择15例骨性Ⅲ类错𬌗畸形患者，用T-Scan Ⅱ𬌗诊断分析系统测定正颌手术前后不同时段的𬌗力指数。结果显示术后3个月和6个月时总𬌗力增大，𬌗力不对称指数下降明显，𬌗力中心点位置落入正常范围，MIP/MAX在术后6个月时增加明显，𬌗力中心点位置的最大位移下降。结果说明在正颌手术联合正畸建立了正常的咬合关系后，术后短期内𬌗力水平提高，咬合功能有一定改善。

（宿玉成）

骨性Ⅲ类错𬌗畸形患者正颌手术前后下颌运动轨迹变化的初步研究［蔡鸣　沈国芳　程蕙娟等．中国口腔颌面外科杂志，2005，3(1)：19~23］

选取15例骨性Ⅲ类错𬌗畸形患者和20例正常𬌗者(对照组)，应用ARCUSDigma下颌运动轨迹仪评价患者在正颌手术前后及正常𬌗者的下颌运动功能，发现患者术前正常的开口度在术后短期内减小，6个月后明显改善；术前小于对照组的前伸距离在术后增加；术前小于对照组的侧方运动距离术后短期内下降，6个月时则大于对照组；髁突运动最大差数(MRC)术后6个月时都与对照组接近。结果表明患者术前的前伸及侧方运动受限，而正颌手术可以改善下颌运动功能。

述　评

正颌手术主要是纠正畸形的颌骨关系，但与此同时还会造成患者口腔颌面部各方面的生理指数变化，对功能产生各种影响。骨性错𬌗患者的咬肌功能、𬌗力以及下颌运动轨迹与正常𬌗人存在差异，通过比较正颌手术前后与这三种生理功能相关指数的变化，可初步了解正颌手术对于患者的多方面功能改善都有益，可以在短期内纠正大部分不正常的相关指数。从而表明正颌手术除了达到美观的效果外，还可以达到纠正不良生理功能的目的。但同时不能忽略长期疗效的追踪，以便得知效果是否稳定。

（宿玉成）

坚强内固定技术在牙颌面畸形外科矫治中的临床应用研究［林润台　宿玉成　徐刚等．口腔医学研究，2005，21(3)：306~308］

选择68例颌骨畸形患者，根据不同畸形情况分别行双侧下颌升支劈开截骨术、Le Fort Ⅰ型截骨术、上颌前部截骨术和下颌前部根尖下截骨术、颏成形术。截骨后应用钛板按照戴入定位殆板后定位结扎的上下颌骨位置关系固定骨块。术后 1 例创口感染延期愈合，1 例 1 年后钛板暴露并取出，其余病例创口一期愈合，术后经正畸治疗，殆关系恢复正常，临床效果满意。表明正颌外科手术的坚强内固定技术具有多种优点。

述　评

作者在多例正颌手术中应用坚强内固定技术纠正颌骨畸形，基本取得了满意疗效，再次证实了坚强内固定技术具有传统固定技术不可比拟的优势。

（张志勇）

牵张过程中下颌骨各区段血流量时相变化的定量研究［高莺　应彬彬　胡静等. 口腔医学研究，2005，21(5)：501～503］

将 12 只山羊在下颌磨牙后区升支前缘垂直骨切开后牵张，术后分组进行血流量的^{99m}Tc 核素闪烁扫描术测定。结果显示在牵张前血流量增加为基线水平的 2 倍，牵张期显著增加，固定期血流量降低，但维持在较高水平。研究表明在适宜牵张条件下，新生毛细血管的生成速率比牵张速率快，牵张期微血管生成是组织再生的血供基础，而血流量增加的原因之一是牵张区大量血管新生。

述　评

采用^{99m}Tc 核素闪烁扫描术测定血流量，是用于活体组织的血流量检测法之一，新生毛细血管的生长速率快于牵张速率可以保证牵张技术的最终成功。

（宿玉成）

颞下颌关节疾病

颞下颌关节紊乱病患者的症状自评量表调查［许卫华　马绪臣　郭传瑸等. 中华口腔医学杂志，2005，40(5)：359～361］

采用 t 检验和单组设计定量资料的多元方差分析，对 338 例颞下颌关节紊乱病(TMD)患者的症状自评量表(SCL-90)各因子得分和普通人群进行比较。结果发现，TMD 患者 SCL-90 中的躯体化、强迫、焦虑、敌意、恐怖、精神病性因子得分高于普通人群，差异有统计学意义；伴有精神心理障碍的 TMD 患者比例为 23%；SCL-90 量表可靠系数为 0.958。作者认为我国 TMD 患者的精神心理障碍问题不容忽视，SCL-90 量表作为判断 TMD 患者是否伴有某些精神心理障碍的量表，在我国同样具有较好的适用性。

述　评

口腔临床医师在对 TMD 患者的诊治过程中，除应注意诊治患者的躯体性疾病外，尚应注意发现患者可能伴存的精神心理障碍，并在设计治疗方案时予以足够的考虑，采取正确的治疗方法，避免不当治疗。

（张震康）

颞下颌关节区疼痛患者全身伴随症状的初步研究［姜婷　李健　张震康. 中华口腔医学杂志，2005，40(3)：219～222］

随机选择 51 例颞下颌关节区疼痛患者(患者组)及 31 例无颞下颌关节区疼痛单个牙修复患者(对照组)，进行颞下颌关节及全身症状的问卷调查，并在治疗半年后对颞下颌关节区疼痛患者进行复查。应用一元线性回归和卡方检验对颞下颌关节区疼痛与全身症状的相关性及伴随性进行统计学分析。结果发现头痛、背痛、手麻木颤抖、肩颈痛、失眠、目眩、听力下降、眼痛和易疲劳等症状与颞下颌关节疼痛有相关性，其中患者组部分症状如头痛、肩颈痛、眼痛、耳鸣等发生比例明显高于对照组。半年后复查结果表明，头痛、肩颈痛和易疲劳等伴随症状随关节区疼痛症状改善而改善。作者认为，头部、肩颈部等口腔颌面部邻近器官的症状是颞下颌关节区疼痛的主要伴随症状，且与关节区疼痛改善有伴随关系。

述 评

颞下颌关节紊乱病与全身伴随症状的关系问题值得临床关注，但其机制尚待进一步的研究。此外，此类患者中不乏伴有精神心理障碍者，亦应在诊治中予以重视。

（马绪臣）

颞下颌关节滑膜间充质干细胞的分离与培养 ［李健 龙星 柯金等. 中华口腔医学杂志，2005，40(5)：362～364］

自无颞下颌关节紊乱病的髁突肥大患者术中取得正常滑膜组织，采用有限稀释法筛选出滑膜间充质干细胞（SMSC），进行细胞生长曲线的绘制和倍增时间的测定、细胞贴壁率测定、透射电镜观察、细胞免疫化学染色及流式细胞仪检测等多项研究。结果发现，体外培养的 SMSC 细胞突起明显，细胞外形均匀一致，免疫化学染色显示波形蛋白阳性与角蛋白阴性；流式细胞仪检测发现其有 CD_{44}、血管细胞间黏附分子-1 和细胞间黏附分子-1 的表达。作者认为从成人的颞下颌关节滑膜中可以分离培养出 SMSC。

述 评

滑膜为关节的重要组织成分，正常情况下可分泌滑液以营养关节软骨，并对关节起到润滑作用。作者成功地对颞下颌关节滑膜间充质干细胞进行了分离和培养，具有创新性。希望我国学者在对颞下颌关节滑膜细胞细胞生物学的研究方面做更深入的研究。

（马绪臣）

颞下颌关节滑膜间充质干细胞成骨潜能的实验研究 ［李健 龙星 朱帆等. 华西口腔医学杂志，2005，23(2)：145～147］

取第 3 代滑膜间充质干细胞（SMSC）进行成骨诱导培养，于培养 7 d 后检测其碱性磷酸酶活性和骨桥蛋白表达，用反转录聚合酶链反应（RT-PCR）检测核心结合因子-α_1（cbf-α_1）mRNA的转录，培养 30 d 后作 von Kossa′s 染色，检测成骨化程度。结果发现成骨化诱导剂可诱导 SMSC 定向分化为多形性成骨细胞，矿化区经 von Kossa′s 染色呈阳性。作者认为经体外纯化的 SMSC 可定向诱导分化为成骨细胞，符合成骨细胞的生物学特征。

述 评

组织工程学自 20 世纪 80 年代后期以来得以迅速发展，也同时面临诸多挑战。我国学者自 20 世纪 90 年代初中期开始对颞下颌关节软骨细胞移植修复软骨缺损及以组织工程学技术制备关节盘等方面做了一些研究工作。在骨组织工程学研究中，最常应用骨髓基质干细胞作为种子细胞，用于修复骨组织缺损。该文作者证实人滑膜间充质干细胞经体外诱导表达成骨细胞表型，认为具有作为骨组织工程学临床应用种子细胞的可行性。该研究为滑膜移植提供了一定的理论支持。

（马绪臣）

关节内注射曲安奈德对山羊颞下颌关节骨关节病的影响 ［袁奎封 来庆国 宋代辉等. 上海口腔医学，2005，14(3)：277～280］

以 10 只山羊关节腔内注射胶原酶所建立的骨关节病动物模型为实验对象，分为治疗组和对照组，另外 5 只为正常关节组。对治疗组、对照组动物双侧关节腔内于注射胶原酶后 30 d 和 90 d 时，再对两组动物分别于关节上腔内注射 1.5 mL 曲安奈德和同量的生理盐水。于第一次注射后 90 d 处死全部动物，对关节标本进行光镜和电镜观察。结果发现治疗组和对照组均表现为骨关节病变化，但治疗组表现出较对照组更严重的病理变化。作者认为关节上腔内注射曲安奈德能加重骨关节病的程度。

述 评

关节腔内注射泼尼松龙（12.5 mg/次）在临床上已应用多年，对于缓解滑膜炎所致关节疼痛有一定效果，并可能达到药物性髁突切除、塑形的作用。曲安奈德的药理作用与可的松相同，但效力比可的松大20～30倍，在大关节骨关节病治疗中应用较多，在颞下颌关节也有所应用。但另一方面，关节腔内注射激素类药物对关节骨与软骨所可能造成的损害早在20世纪70年代便为学者们所注意，并称之为“可的松性关节病”。该研究再次证实了关节腔内注射激素类药物对关节结构损害的情况。因此应杜绝滥用关节腔内注射激素治疗关节疼痛的情况发生。如必须应用时，应向患者说明腔内注射激素的治疗效果和对关节可能造成的损害，且一般不应在3个月内重复应用。如无疗效，应及时更换其他治疗方法，严禁短时间内关节腔内连续注射激素，以免给患者带来较严重的不可逆性损害。

（马绪臣）

颞下颌关节紊乱病患者的三维咬合接触观察［周振　王美青　张俊化. 实用口腔医学杂志，2005，21(1)：99～101］

对101例颞下颌关节紊乱病(TMD)患者和23名无症状全牙列志愿受试者取研究模型，进行三维观察，评价咬合特征，分析咬合指数与颞下颌关节影像变化的关系。结果显示66.3%的TMD患者有垂直向咬合异常，其垂直向咬合指数明显高于无症状志愿者，作者认为垂直向咬合异常与TMD临床表现有密切关系。

述　评

半个多世纪以来，颞下颌关节紊乱病殆因素致病学说始终为国内外学者所关注，但也一直存在着争议和分歧意见。因此对于颞下颌关节紊乱病患者咬合问题的研究现在和以后相当长的时间内仍是一个需要深入研究的课题。该项研究证明垂直向的咬合异常对口颌系统的健康影响最为明显，这一结论对于临床治疗工作有一定参考价值。

（马绪臣）

突发性严重绞锁颞下颌关节的压力测量和分析［许跃　张志光　郑有华. 华西口腔医学杂志，2005，23(1)：41～42］

采用关节内压测量仪测量16例(20侧)突发性严重绞锁的颞下颌关节紊乱病患者关节上腔在开闭口时的压力均值，并观察其变化规律。结果发现此类患者关节上腔呈明显负压状态，开口位平均压力为(－9.947±8.854) kPa，闭口位平均压力为(－6.475±4.147) kPa。作者认为突发性严重绞锁患者颞下颌关节上腔开闭口压力明显降低，并有其独特的变化规律。

述　评

对关节内压力的研究是一项很有意义的研究工作，具有重要的临床参考价值。作者研究发现严重的急性锁结患者关节上腔压力明显降低，对所谓“吸盘现象”提供了一定的理论支持，也为临床上以关节灌洗术治疗急性锁结患者的开口受限提供了新的依据。

（马绪臣）

无牙颌对兔颞下颌关节影响的组织病理学观察［龚忠诚　林兆全　张新华等. 实用口腔医学杂志，2005，21(3)：366～369］

将14只健康新西兰白兔分为7组，每组各2只。其中1组为对照组，其余6组为实验组。全麻下一次性拔除实验组各动物全口牙齿，分别于术后1、2、4、8、16周和26周处死，均取双侧关节用于光镜观察。结果发现实验组动物髁突与关节盘发生退行性改变，作者认为此实验结果支持无牙颌与颞下颌关节紊乱病有关的观点。

述　评

该研究以动物实验证实牙列缺失可导致与殆创伤所致相类似的颞下颌关节退行性变化。但一次性拔牙所获得的无牙颌实验动物模型与临床上无牙颌患者的慢性失牙过程完全不同，因此该研究结果尚不能全面反映无牙颌患者颞下颌关节所受到的影响。实际上，临床上无牙颌患者颞下颌关节形态常无明显骨关节病改变。这一临床问题尚有待更深入的研究工作。

（马绪臣）

唾液腺疾病

Sjögren 综合征涎腺上皮细胞凋亡相关基因 *bcl-2*、*bax* 表达的研究 ［赵云转　张英怀　牛梦勇等. 现代口腔医学杂志，2005，19(4)：381～383］

采用免疫组化 SP 法，检测 22 例舍格伦综合征(SS)患者的唾液腺组织以及 10 例正常唾液腺组织中 *bcl-2* 和 *bax* 基因的表达，探讨凋亡相关基因 *bcl-2* 和 *bax* 的改变与 SS 的关系。结果显示，SS 组腺泡细胞 Bcl-2 蛋白阳性率为 45.5%，显著低于正常组($P<0.05$)，导管上皮细胞的阳性率与正常组无显著差异，但染色强度显著降低($P<0.05$)。SS 组腺泡细胞中 Bax 蛋白的阳性率为 81.8%，显著高于正常组($P<0.05$)，导管上皮细胞的阳性率与正常组无显著差异，但染色强度显著增强($P<0.05$)。SS 组唾液腺组织中 *bcl-2* 基因表达降低，*bax* 基因表达增加的结果提示，上皮细胞过度凋亡是 SS 唾液腺组织结构改变、分泌功能显著降低的重要原因。

述　评

bcl-2 基因是细胞凋亡抑制基因，Bcl-2 蛋白是重要的抗凋亡蛋白。Bax 蛋白属 Bcl-2 相关蛋白，Bcl-2/Bax 两者平衡与否决定着细胞生存还是死亡。该研究结果显示，SS 的唾液腺组织中 *bcl-2* 基因表达降低，*bax* 基因表达增加，提示 Bcl-2/Bax 蛋白凋亡调节途径的异常可能是 SS 唾液腺组织破坏和分泌功能下降的病理机制之一，这为设计 SS 的防治方案提供了依据。

（俞光岩）

小型猪腮腺细胞体外原代培养的研究 ［曹钰　王松灵　司徒镇强等. 实用口腔医学杂志，2005，21(1)：39～42］

摘除 4 月龄实验用小型猪的腮腺组织，应用混合胶原酶多步消化、分离腮腺细胞，在含体积分数 5% 胎牛血清、表皮生长因子、转铁蛋白等的 Ham F12 培养液中培养。通过光镜、电镜、免疫组化方法鉴定所培养的细胞，并对其蛋白分泌与调节功能进行初步研究。结果显示，用此方法可在体外成功地培养小型猪腮腺细胞，细胞在体外存活 3 周以上。在培养液中加入体积分数 5% 的胎牛血清最适于腮腺细胞生长。培养液中加入异丙肾上腺素可促进腮腺细胞蛋白合成与分泌。

述　评

小型猪在解剖、生理和免疫学等方面与人类有许多相似之处，是医学研究的理想实验动物。大鼠、小鼠腮腺细胞体外培养已有成熟的经验，但小型猪腮腺细胞培养未见报道，因此建立小型猪腮腺细胞体外原代培养的方法是很有必要的。该研究探索小型猪腮腺细胞体外原代培养的条件，建立了体外原代培养的方法，为今后利用小型猪腮腺细胞，研究腮腺的生理功能及病理生理打下了良好的基础。

（俞光岩）

头颈部放疗后患者唾液流量和质量的变化 ［张平　刘宏伟　李晓新. 现代口腔医学杂志，2005，10(6)：561～564］

选择接受过头颈部放疗的 60 例患者及 30 例健康志愿者，测定其刺激性全唾液的流量以及唾液中 K^+、Na^+、Cl^-、P^{3-} 和淀粉酶的质量浓度，探讨头颈部放疗后患者唾液流量和唾液成分的变化及其影响因素。结果显示，放疗后的患者其中位唾液流量仅占正常对照组的 10.9%，放疗剂量高于 65 Gy 者唾液流量明显低于放疗剂量低于 65 Gy 者，但唾液流量与放疗后时间的长短无关。放疗后唾液中 Cl^- 质量浓度升高，淀粉酶质量浓度降低，K^+、Na^+ 及 P^{3-} 的质量浓度与正常对照组相比，差异不明显($P>0.05$)。研究结果显示，除唾液流量减少外，放疗后患者的某些唾液成分也发生变化。

述　评

放射性口干是头颈部放疗的重要并发症。该研究结果显示，放疗后患者中位唾液流量仅占正常对照组的10.9%，提出了唾液减少的量化指标。但"唾液流量减少与放疗后时间的长短无关"这一结果似乎与临床上观察到的现象不太一致。如果研究者根据放疗剂量的大小分组后再分析唾液流量与放疗后时间的关系，可能会得出高剂量放疗时唾液流量与放疗后时间无关，而低剂量放疗时与放疗后时间有关的结果。因为低剂量放疗者，涎腺功能随放疗后时间的延长，有可能得到一定的恢复，而高剂量放疗者则不然。放疗后唾液成分变化的研究结果对于人工唾液成分的配制以及放射性龋的预防是很有意义的。

（俞光岩）

17β-雌二醇对涎腺黏液表皮样癌高转移细胞 Mc3 黏附、侵袭和移动力的影响［温德升　吴军正　傅善民等. 中华口腔医学杂志, 2005, 40(5): 390~393］

采用细胞体外黏附、移动实验、化学趋化作用实验以及明胶底物 SDS-PAGE 凝胶电泳对基质金属蛋白酶(MMP)活性测定的方法，研究17β-雌二醇对人涎腺(唾液腺)黏液表皮样癌高转移细胞系 Mc3 细胞的雌激素受体的表达。结果显示，以量浓度分别为 10^{-9}、10^{-8}、10^{-7}以及 10^{-6} mol/L 的17β-雌二醇处理 Mc3 细胞 72 h 后，其黏附率分别为38.3%、50.4%、69.2%、91.1%，而对照组为25.0%；作用 48 h 后，同样量浓度的17β-雌二醇对 Mc3 细胞在纤维连接蛋白(FN)上的移动促进率分别为16.9%、40.9%、36.4%和38.8%。在 10^{-6} mol/L 的17β-雌二醇的作用下，其对 FN 的化学趋化作用增加60.3%。10^{-9}、10^{-8}、10^{-7}、10^{-6} mol/L 的17β-雌二醇均可不同程度地促进 Mc3 细胞 MMP-2 的活性，在 10^{-6} mol/L 时尤为显著。在 Mc3 细胞中有雌激素核受体的表达。表明生理浓度的雌激素可促进 Mc3 细胞的黏附、侵袭和移动力。

述　评

作者的实验研究结果显示，生理浓度的雌激素可促进唾液腺黏液表皮样癌细胞的侵袭力和转移力。唾液腺虽非内分泌器官，但不少临床研究结果显示，唾液腺肿瘤与内分泌器官肿瘤相伴发的多原性癌瘤时有所见。作者的研究中，利用免疫组化在 Mc3 细胞中检测到雌激素核受体的表达。上述结果提示，合理应用雌激素对于预防唾液腺黏液表皮样癌的发生及其转移是重要的。

（俞光岩）

核因子κB 与涎腺腺样囊性癌微血管密度、临床病理及预后的关系［张佳莉　彭彬　陈新明. 中华口腔医学杂志, 40(6): 495~499］

采用免疫组化法检测80例涎腺(唾液腺)腺样囊性癌(ACC)中核因子-κB(NF-κB) P65 蛋白表达，以正常唾液腺组织作对照。用 CD_{34}标记肿瘤血管内皮细胞计数肿瘤的微血管密度(MVD)。结果显示 NF-κB P65 蛋白的表达与肿瘤 MVD 呈显著正相关($P<0.01$)。NF-κB P65 蛋白和肿瘤 MVD 与 ACC 的大小、TNM 分期，组织学类型、侵犯血管和神经、复发及远处转移有关($P<0.05$)。作者认为，NF-κB P65 蛋白的表达、肿瘤 MVD、肿瘤组织学类型及侵犯神经是影响 ACC 预后的独立因素。

述　评

核因子-κB 是一种具有基因转录调节作用的核蛋白，一旦被活化可以从细胞质转移至细胞核，参与调控多种具有 κB 位点的肿瘤血管发生相关基因的转录及其蛋白的表达，而肿瘤间质内新生血管大量形成是肿瘤生长、侵袭的前提和基础。该研究结果显示，核因子-κB P65蛋白表达与唾液腺腺样囊性癌微血管密度呈显著正相关，提示在腺样囊性癌新生血管形成过程中，活化的核因子-κB P65蛋白起着重要作用。深入研究核因子-κB的调控作用，对于控制腺样囊性癌的侵袭和转移可能产生一定作用。

（俞光岩）

腺样囊性癌中雪旺氏细胞标记物S-100蛋白表达的超微结构观察［罗小龙 孙沫逸 吕春堂等. 口腔颌面外科杂志，2005，15(4)：327～329］

采用免疫电镜方法，从超微结构水平研究神经膜细胞(即雪旺氏细胞)标记物S-100蛋白、肌动蛋白在腺样囊性癌中的表达，分析腺样囊性癌中发生神经膜细胞分化的细胞成分。结果显示，S-100蛋白阳性细胞与肌动蛋白阳性细胞具有相同的部位分布和超微结构特点，符合肌上皮细胞的特征。提示腺样囊性癌中突变的肌上皮细胞可能发生了神经膜细胞分化。

述 评

唾液腺腺样囊性癌具有极强的侵袭力和嗜神经性，然而，其嗜神经性的病理学基础一直不清楚。该研究结果显示，S-100蛋白阳性细胞的部位分布和超微结构特点符合肌上皮细胞，而导管内衬上皮细胞S-100蛋白表达为阴性，因此得出腺样囊性癌中的肌上皮细胞发生神经膜细胞分化，可能是该肿瘤嗜神经侵袭的病理学基础的推论。这对于深入了解腺样囊性癌易侵犯神经的病理学机制是很有意义的。

（俞光岩）

细胞周期素D_1在涎腺腺样囊性癌中的表达及意义［何巍 何伟 曹选平等. 华西口腔医学杂志，2005，23(3)：191～193］

采用免疫组化SP法检测细胞周期蛋白D_1(cyclin D_1)在41例涎腺腺样囊性癌(ACC)中的表达，并以12例正常涎腺组织(NSG)和15例多形性腺瘤(PA)作对照，探讨细胞周期蛋白D_1表达与涎腺ACC临床生物学特点的相关性。结果显示，细胞周期蛋白D_1在NSG、PA及ACC中的表达率分别为0、53.3%和68.3%，NSG与PA、ACC组的差异均有统计学意义($P<0.05$)，PA与ACC组表达水平的差异具有统计学意义($P<0.05$)。细胞周期蛋白D_1在晚期病例中的阳性表达率及表达水平均高于早期病例($P<0.05$)。提示细胞周期蛋白D_1的高表达在涎腺ACC的发生发展中起重要作用。

述 评

细胞周期蛋白D_1是细胞周期重要节点G_1～S期的重要调节因子之一，其异常表达可使细胞发生异常增殖，最终导致肿瘤的发生。该研究结果显示，细胞周期蛋白D_1在正常唾液腺组织，多形性腺瘤及腺样囊性癌中表达水平依次增高。提示细胞周期蛋白D_1的高表达在唾液腺ACC的发生发展中起作用，进一步深入研究细胞周期蛋白D_1的致癌机制，有可能为唾液腺肿瘤的基因治疗找到一个新靶点。

（俞光岩）

口腔颌面部神经疾病

鼠原发性三叉神经痛下丘脑β内啡肽含量测定［刘红娟 王文宇 孙宏晨. 中华口腔医学杂志，2005，40(2)：154～155］

取威斯塔大鼠37只，分为实验组20只，生理盐水组10只，空白对照组7只。乙醚麻醉，暴露枕骨及第一颈椎间的硬脑膜，在其左下方1～2 mm处分别注入青霉素G钾(3 000 IU/kg)和生理盐水。鼠尖叫、甩头、刺激侧眼睑闭合、后肢快速抓同侧面部、跳跃，30 min 达 100 次为模型成立。模型成立后，实验组 1 min 内分离出下丘脑；生理盐水组在 30 min 后分离下丘脑；空白对照组直接分离出下丘脑。采用放射免疫法测定β内啡肽含量。结果显示，实验组β内啡肽含量明显低于生理盐水组和空白对照组。作者认为，脑组织中β内啡肽含量明显降低是引起鼠原发性三叉神经痛的重要原因之一。

述　评

原发性三叉神经痛的病因及其发病机制至今仍不清楚。该文研究结果提示三叉神经脊束核是三叉神经痛发病的关键部位，脑组织中β内啡肽含量明显降低是引起鼠原发性三叉神经痛的重要原因之一。由于三叉神经痛的发病机制不清楚，影响三叉神经痛的治疗效果，对病因的探索仍是今后的重要研究方向。

（杨壮群　郅克谦　屠军波）

CT 引导下经皮穿刺卵圆孔行阿霉素阻滞治疗三叉神经痛［李彩英　倪家骧　刘怀军等. 中华放射学杂志，2005，39(3)：298～301］

63 例三叉神经痛患者均有典型的三叉神经支配区域疼痛病史及服用苯妥英钠或卡马西平史，其中 27 例曾接受三叉神经周围分支化学毁损术，7 例接受过半月神经节射频热凝毁损术，4 例为微血管减压术后复发病例。全部患者在 CT 引导下经皮穿刺卵圆孔全部引导成功。确定针尖在卵圆孔神经节内时，分次缓慢注射多柔比星(即阿霉素)0.2～0.5 mL。治疗后，即刻疼痛完全缓解者 61 例(96.8%)，明显缓解 1 例，轻度缓解 1 例。进行 6、12 个月随访观察，有效率分别为 84.1%和 79.4%。并发症少而轻微，无严重并发症。作者认为，CT 引导下经皮穿刺卵圆孔疗法对三叉神经痛具有定位准确，无痛苦，操作简单、安全，并发症少的优点，具有临床推广应用价值。

述　评

多柔比星注射治疗三叉神经痛的关键是穿刺方向和深度。以往临床上是依据术者的经验和刺激实验进行定位，定位较困难。作者介绍的 CT 定位，不仅准确，而且成功率高，可以在有条件的单位推广应用。

（杨壮群　郅克谦　屠军波）

射频温控热凝术治疗原发性三叉神经痛 152 例分析［刘超　周正国　王来鹏等. 上海口腔医学，2005，14(1)：94～96］

对 152 例原发三叉神经痛患者进行射频温控热凝术(RFT)治疗，对手术有效率、并发症发生率等临床资料进行统计学分析。结果显示，RFT 治疗有效率为 94.1%，无效率为 2.6%。患者放弃治疗或改用其他治疗方法者占 3.3%，并发症的发生率为 15.8%。作者认为，RFT 治疗原发三叉神经痛有效率高，可以部分保留触觉，严重并发症及死亡率低。初次治疗复发者仍可重复进行，是一种行之有效的方法。

述　评

射频温控热凝术治疗三叉神经痛是一种比较成熟而且疗效肯定的治疗方法。尽管该方法比较安全可靠，但在行半月神经结射频温控热凝术时可出现严重颅内并发症。行周围神经射频温控热凝术时，可造成明显心血管系统变化，最好在麻醉科医师配合下进行。

（杨壮群　郅克谦　屠军波）

上颌窦径路治疗三叉神经痛 9 例报告［李家锋　邢树忠　万延俊等. 临床口腔医学杂志，2005，21(4)：230］

对 9 例三叉神经痛患者，其中 7 例为眶下神经撕脱术术后复发，均采用上颌窦前壁尖牙窝处开窗，经上颌窦径路在翼腭窝内显露三叉神经第二支，行上颌神经撕脱术治疗三叉神经痛。翼腭窝内的颌内动脉采用钳夹或填塞止血。术后随访 1～2 年，治愈率

100%，无复发病例。作者认为，经上颌窦径路行上颌神经切断术手术创伤小、效果好、避免经颅手术的并发症，是治疗复发性上颌神经痛的较好方法。

述　评

神经撕脱术是治疗三叉神经痛的常规治疗手术。该文作者介绍的方法，手术创伤较大，且术中处理部位较深，损伤颌内动脉，有较严重出血，有一定的风险和难度。因此临床上应慎重，避免发生严重并发症。

（杨壮群　郅克谦　屠军波）

甘油注射法治疗原发性三叉神经痛［王占. 实用口腔医学杂志，2005，21(3)：405］

在2%利多卡因局麻下，对30例原发性三叉神经痛患者用98%医用甘油行眼支注射眶上孔，上颌支注射眶下孔、腭大孔、上牙槽后神经，下颌支注射下颌孔和颏孔。采用针刺和触摸测试注射前后面部感觉功能的改变。随访6～24个月。注射后6个月复诊，25例疼痛消失，占83.33%。2年内共有9人复发，复发率占30%。作者认为该方法操作简单，费用很低，适用于药物治疗无效或难以忍受药物副作用的患者；该法失败后仍可行其他方法治疗，且安全可靠，并发症少而轻。

述　评

甘油注射法治疗三叉神经痛是一种治疗效果肯定，简便易行的方法。经卵圆孔注入半月神经节内可以同时治疗三支疼痛，但是操作复杂，有一定的并发症；注入外周神经相对安全，而且有一定的疗效。

（杨壮群　郅克谦　屠军波）

创伤性面瘫物理疗法的临床研究［施晓健　俞光岩　陈永等. 现代口腔医学杂志，2005，9(5)：449～451］

将39例创伤性面神经损伤患者随机分为超短波加离子导入组（A组）和电刺激加离子导入组（B组），进行临床对照研究。通过量化面神经功能评价、神经电图检查及面神经功能的主观评价比较面神经损伤的治疗效果。结果显示，创伤性面瘫以青年男性多见，损伤程度以中、重度为主；对于神经损伤轻、中度患者，A组与B组均能促进神经恢复，B组神经功能开始恢复时间早于A组。对于神经损伤重度患者，A组与B组神经恢复率高于对照组，两组均不能减少并发症出现率。研究表明，超短波加离子导入疗法与电刺激加离子导入疗法均能促进面神经损伤的恢复，但对于减少并发症发生率并无帮助。

述　评

面神经损伤行神经游离移植或神经吻合是常规治疗方法，但手术后面神经功能的恢复受多种因素影响。该研究证实，超短波加离子导入疗法与电刺激加离子导入疗法均能促进面神经损伤的恢复，但不能减少并发症的发生。该方法可以作为临床手术后常规辅助治疗。

（杨壮群　郅克谦　屠军波）

改进的胸锁乳突肌移位法修复晚期面瘫［杨川　王炜　张群. 中华整形外科杂志，2005，21(2)：104～106］

应用同侧带蒂胸锁乳突肌转位术修复晚期面瘫42例。手术方法为保留胸锁乳突肌的乳突附丽点，将胸骨头及锁骨头附丽点切断，游离肌腹，经颊部皮下的弧形隧道转位与健侧上下唇的口轮匝肌缝合，替代瘫痪的口周肌肉，矫正口鼻歪斜畸形。结果显示，患者术后恢复了静态的口角对称及一定的自主口部活动，尚无失败病例。术后最长随访3年，手术效果满意。作者认为，带蒂胸锁乳突肌转位术能修复晚期面瘫所致的口鼻歪斜畸形，并能重建部分口部表情功能。

述　评

晚期面瘫的临床治疗效果一直令人不满意。该文作者证实改进的胸锁乳突肌移位修复口鼻歪斜有一定效果，且可重建部分口部表情功能。神经游离移植术或神经吻合术是临床治疗永久性面瘫常用方法，而且效果较为肯定，无效或失败者可采用整形手术治疗。

（杨壮群　郅克谦　屠军波）

神经跨面移植及 bFGF 的应用治疗家兔永久性面瘫实验研究 [张荣明　陈波　张静. 中国医科大学学报，2005，34(3)：214～215]

取 28 只日本大耳白兔，切除右侧面神经，制作永久性面瘫模型。3 月后行跨面神经移植加碱性成纤维细胞生长因子(bFGF)和肌肉结合跨面神经移植加 bFGF。术后 6 个月两组颜面外形、神经、肌肉恢复无差异。神经吻合处组织学观察、电生理测试两组基本恢复正常。作者认为，对于家兔面瘫 3 个月、肌肉未完全萎缩失去功能的治疗，可采取单纯跨面神经移植加 bFGF 的方法。

述　评

面神经部分缺损导致的永久性面瘫的治疗主要依赖于自身神经游离移植术。该文作者介绍的加细胞生长因子的面神经横跨移植，能较好恢复面肌功能。但其疗效是否稳定，尤其远期疗效难以保证，临床应用仍需深入研究。

（杨壮群　郅克谦　屠军波）

口腔颌面外科麻醉学

异丙酚对健康志愿者不同脑区神经递质水平的影响 [张惠　徐礼鲜　葛亚丽等. 中华麻醉学杂志，2005，25(12)：898～900]

选择健康志愿者 10 名，应用氢质子磁共振波谱分析(^{1}H-MRS)技术，分别以其清醒状态下的 MRS 扫描作为自身对照波谱；然后通过目标靶控输注丙泊酚(异丙酚)，效应室浓度达 3.0 mmol/L 时进行第 2 次 MRS 扫描，并采集波谱。以各波谱峰下面积计算天门冬氨酸(NAA)、谷氨酸(Glu)、r-氨基丁酸(GABA)胆碱类化合物(Cho)和肌酸(Cr)在各脑区的动态变化。结果表明，丙泊酚效应室浓度达 3.0 mmol/L 时，丘脑和海马区 NAA 水平，丘脑区、海马和基底神经节区 Glu 水平，皮层运动区、皮层感觉区、丘脑、海马和基底神经节区 Cho 水平较清醒时明显降低；皮层运动区、皮层感觉区、丘脑、海马和基底神经节区 GABA 含量明显增加高于清醒水平，另外丘脑和海马 GABA 变化率大于其他部位；Cr 在上述 5 个区域均无显著变化。表明丙泊酚麻醉对健康志愿者不同脑区 NAA、GABA、Glu、Cho 均有明显的影响，其中以 GABA 更显著。

述　评

乙醚用于全身麻醉已有 160 年的历史，但对于全麻在中枢部位的作用仍是一个悬而未绝的世界性科研难题。该研究应用无创 MRS 扫描技术，以健康志愿者为研究对象，动态观察静脉麻醉药丙泊酚对不同脑区多种神经递质的变化，结果能较准确发现丙泊酚在中枢部位的作用和相关神经递质的变化趋势，对进一步研究和阐明全身麻醉作用机制有重要的指导作用。

（张国良）

比较曲马多与小剂量氯胺酮对瑞芬太尼麻醉术后的镇痛作用 [郁葱　罗玉林　肖水生等. 华西口腔医学杂志，2005，23(5)：404～406]

选择美国麻醉医师协会分级为Ⅰ～Ⅱ级的口腔颌面外科手术患者 60 例，随机分为对照组、曲马多(朵)组和小剂量氯胺酮组，每组 20 例。3 组均采用静吸复合麻醉，术毕分别给予曲马朵 0.3 mg/kg，氯胺酮 0.5 mg/kg 及空白对照，记录 3 组患者拔管后即刻、1、2、3、4、12、24 h 的视觉疼痛模拟评分(VAS)。结果显示 3 组拔管后的口述疼痛评分无差异，但应用 VAS 在术后 1、2、3、4 h 有统计学差异，氯胺酮组在 4 个时间点均低于空白对照组，而曲马朵组则在术后 2、3、4 h 低于空白对照组。作者认为 0.5 mg/kg 氯胺酮对术中采用瑞芬太尼麻醉术的镇痛效果优于 0.3 mg/kg 的曲马朵。

述 评

患者自控镇痛术（PCA）是目前临床上较为完善常用的镇痛方法，而 PCA 常用复合配方主要镇痛药有吗啡、喷他吗酮、芬太尼、舒芬太尼、曲马朵和氯胺酮等。阿片类镇痛药存在呼吸抑制问题，而小剂量氯胺酮不存在呼吸抑制。作者研究了曲马朵与氯胺酮对术后疼痛的影响，发现小剂量氯胺酮具有良好的镇痛效果，并且副作用较小，值得在临床推广。

（张国良 徐礼鲜）

丙泊酚在小儿唇裂整复术中的应用［何丽 卜林明 沈丽萍等. 临床麻醉学杂志，2005，21(9)：648~650］

选择 1 岁以内先天性唇裂患儿 120 例，将其分为丙泊酚组和氯胺酮组各 60 例，进行气管插管全身麻醉，观察这两种药物在全麻期间对患儿心血管系统的影响和麻醉结束后拔管时间的差异。结果发现丙泊酚组拔管时间短于氯胺酮组，心血管系统的反应小于氯胺酮组。作者认为丙泊酚用于 1 岁以内小儿麻醉具有安全、苏醒较快、对循环系统影响较小等优点，在唇裂修补术麻醉中有一定应用价值。

述 评

丙泊酚是一种短效静脉麻醉药，起效快，苏醒迅速，在体内无明显蓄积。以往在 1 岁以内小儿应用较少，对其临床观察不多。作者将丙泊酚用于 60 例 1 岁以内唇裂患儿手术麻醉，并与氯胺酮比较，结果显示丙泊酚麻醉具有安全、苏醒较快、对循环系统影响较小等优点，使临床医师对丙泊酚在小儿唇裂整复术中的实用性及安全性有一定了解。

（张国良 徐礼鲜）

唇腭裂修补术患儿两种麻醉方法的效果［黄东越 常业恬. 中华麻醉学杂志，2005，25(5)：384~385］

将择期行唇腭裂修补术的患儿 60 例随机分为两组，每组 30 例。一组采用芬太尼复合异氟烷，另一组采用丙泊酚复合曲马朵进行全麻，观察两组的麻醉效果。结果显示芬太尼复合异氟烷组患儿气管插管后即刻平均动脉压（MAP）、心率（HR）下降，而异丙酚复合曲马朵组麻醉中 MAP 则无变化，且术后苏醒时间明显短于芬太尼复合异氟烷组，术后并发症也较少。作者认为，丙泊酚复合曲马朵麻醉对小儿循环系统影响小，术后苏醒快，副作用少。

述 评

唇腭裂手术由于手术部位的影响，要求术后患儿能够较快地苏醒并尽快建立保护性咳嗽反射和吞咽反射，因此，麻醉结束后要求药物残留少。作者应用曲马朵代替芬太尼的麻醉镇痛作用并复合丙泊酚可明显缩短术后苏醒时间，术后并发症较少，有一定的临床应用价值。

（张国良 徐礼鲜）

口腔或耳鼻喉手术患儿气管插管前后心率变异性的变化［曾静贤 彭书岐 王志等. 中华麻醉学杂志，2005，25(2)：146~147］

随机选取择期行口腔或耳鼻喉手术患儿 15 例，行耳鼻喉手术成人患者 15 例为研究对象，在相同的麻醉深度下，比较口腔或耳鼻喉手术患儿和成人气管插管前后的心率变异性的变化，探讨婴儿交感神经的发育程度。结果发现，婴儿交感神经系统正随着个体的生长不断发育成熟。作者认为，婴儿对麻醉和手术刺激的反应性较成人差。

述 评

婴儿生理功能与成人相比有很大的不同，对手术和麻醉的刺激反应性无较深入的研究，作者通过对气管插管前后心率变异性的测量探讨小儿与成人的差异有一定的临床价值。

（张国良　徐礼鲜）

小剂量舒芬太尼盲探气管插管评价［李源　徐礼鲜　张国良等. 实用口腔医学杂志，2005，21(6)：826～828］

选择口腔颌面外科手术患者 60 例，将其随机均分为 3 组。Ⅰ组：芬太尼-咪哒唑仑，Ⅱ组：氟哌利多-芬太尼，Ⅲ组：舒芬太尼。术前肌注阿托品-咪哒唑仑。3 组均按常规表面麻醉后开始插管，比较患者入室后静脉注药前(T_1)、静脉注药后(T_2)、插管后(T_3)的血压(BP)、心率(HR)、平均动脉压(MAP)、脉搏血氧饱和度(SpO_2)；记录有无插管并发症、插管成功率、镇静程度、患者满意度和遗忘程度。结果与 T_1 时间比较，Ⅰ、Ⅱ组在 T_2 时间点 Ramsay 评分有明显上升，达 3～5 分，MAP、SpO_2 下降；T_3 时间 MAP 和 HR 均不同程度地升高；Ⅲ组患者在 T_2 时间点后呈轻度镇静，无焦虑，注意力下降状态，Rmasay 评分达 2～3 分，MAP、SpO_2 改变不明显，HR 与 T_1 时间比较明显下降。3 组气管插管操作过程遗忘的发生率及镇静、镇痛的满意度比较无显著差别。提示小剂量的舒芬太尼可适用于盲探气管插管术中患者镇静和镇痛，并在降低心血管副反应方面具有一定的优势。

述　评

困难气管插管在颌面外科手术患者中比较常见。在整个插管过程中应保证患者的通气，在静脉用药时应注意使用清醒镇静、镇痛的标准：缓解紧张、产生遗忘、无剧烈呛咳、心血管反应、支气管痉挛等插管并发症，确保患者能在操作中配合。适当的药物剂量应是使患者感到舒适并能顺利完成操作过程的最小剂量。与等效剂量的芬太尼比，舒芬太尼具有起效快、镇痛强效、手术应激引起的血流动力学及激素水平变化更小，呼吸抑制轻等更多的优点。舒芬太尼清醒盲探气管插管与等效剂量芬太尼相比，不仅镇痛效果强，心血管及血流动力学变化稳定，呼吸抑制作用也较芬太尼为低，且纳络酮可拮抗之，这表明小剂量的舒芬太尼用于清醒盲探气管插管的麻醉比芬太尼更稳定而且安全。

（高昌俊　孙绪德）

“局麻睁眼法”在拔牙局部麻醉中的应用［王新陆　王俊吉　任勤贞等. 实用口腔医学杂志 2005，21(1)：18］

将 397 例患者随机分为 3 组：A 组 138 例为观察组，用“局麻睁眼法”，自注射局部麻醉剂开始，嘱患者“睁着眼睛”直至拔牙术毕；B 组 126 例为对照甲组，自注射麻醉剂始嘱患者“闭眼”，勿睁眼，观察患者反应，直至拔牙术毕；C 组 133 例为对照乙组，自注射麻醉剂时，即对患者睁、闭眼采用自由随意方式，医生不加限制。密切观察 3 组患者自麻醉开始至拔牙术毕全过程的反应，并记录，根据上述 3 组患者反应状况评定效果。结果提示，在拔牙局部麻醉时，患者“睁眼”比“闭眼”能比较有效地分散其注意力，可在一定程度上缓解紧张情绪，减轻恐惧心理，能明显减少晕厥前驱症状的出现，因此有效地预防了晕厥。

述　评

研究患者心理，加强对拔牙患者的心理护理的重要性，不可忽视。“局麻睁眼法”是可取的，是一种值得推广、简单易行、行之有效的预防晕厥的方法。

（张国良　徐礼鲜）

口腔颌面医学影像学

慢性阻塞性腮腺炎造影、内镜及冲洗液检查的对比研究［祁森荣　刘晓勇　王松灵等. 中华口腔医学杂志，2005，40(4)：275～278］

对27例腮腺反复肿胀的患者行唾液腺造影、唾液腺内镜及冲洗液检查，根据造影表现分类与内镜及冲洗液检查结果进行比较。造影发现21例阻塞原因为导管狭窄。唾液腺内镜发现所有病例的导管内皆可见纤维样物质，并且纤维样物质的量随导管狭窄和扩张程度的加重而增多。冲洗液中的沉淀为大量脱落上皮细胞。研究表明，唾液腺内镜下纤维样物质的病理学基础为大量脱落上皮细胞及炎性细胞，并且认为纤维样物质是引起腺体反复肿胀的局部原因之一。内镜下表现的严重程度与唾液腺造影表现有较好相关性。

述　评

慢性阻塞性腮腺炎是临床上常见的一种慢性唾液腺疾病，主要是由于各种局部原因引起导管阻塞所造成，但部分阻塞原因仍不清楚，目前仍没有较好的非手术治疗方法。唾液腺内镜检查是国际上近10年来出现的一种诊治合一的微创方法，其原理与胃镜、关节镜等相同。这种微创技术为诊断和治疗唾液腺疾病提供了更多的选择，具有良好的临床应用前景。该研究的突出特点是观察冲洗液沉积物的病理，发现纤维样物质的病理学基础是脱落变性的上皮细胞及炎性细胞，并认为是引起腺体反复肿胀的原因之一，在病因学上有新发现。

（俞光岩）

彩色多普勒超声鉴别涎腺良恶性肿瘤的临床应用研究［郭军　封兴华　孟庆江等. 实用口腔医学杂志，2005，21(2)：256～258］

对142例唾液腺肿瘤用二维声像图(2DUS)、彩色多普勒血流显像(CDFI)、彩色多普勒能量图(CDE)和脉冲多普勒(PWD)等超声方法进行检查，按肿块的2DUS特征和CDFI血流特点判定为良性和恶性，检查结果与手术后病理对照。将同一肿块的CDFI与CDE血流显示情况及其血流动力学指标进行对比分析。结果表明，单独根据相应标准对唾液腺肿瘤进行诊断，各种方法各自的诊断结果均不够理想，但将各种超声检查方法联合应用，并结合唾液腺肿瘤的临床表现，可以明显提高超声对唾液腺良恶性肿瘤诊断的准确性。

述　评

由于唾液腺肿瘤不能进行术前活检，因此超声检查成为诊断大多数唾液腺肿瘤首选的检查方法，并且唾液腺肿瘤的术前定性对于确定手术方案非常重要。该研究结合唾液腺良恶性肿瘤各自的回声特点、血管形态与分布及血流动力学特点，联合运用多种超声检查方法，提高了超声对唾液腺良恶性肿瘤诊断的准确性，对临床工作具有一定的指导意义。

（王松灵）

关节源性颞下颌关节痛患者关节内(窥)镜检查结果［马东　马文玲　张引成等. 华西口腔医学杂志，2005，23(4)：313～315］

对20例颞下颌关节紊乱病伴关节源性关节痛患者的23侧颞下颌关节先后进行X线片检查和关节内镜检查，发现关节镜下22侧关节内广泛存在滑膜炎性改变，还发现只有3侧6种病变同时存在。作者认为，局限于颞下颌关节的关节痛可能与关节腔内病理改变有关，至少存在1种不同程度的腔内病变，即首先考虑普遍存在的炎症(滑膜炎)。

述　评

疼痛是颞下颌关节紊乱病的主要症状，其中关节源性关节痛较肌源性关节痛更为顽固，但目前关节疼痛的机制仍不明确。作者采用关节内镜检查手段，观察到关节源性关节痛患者关节内广泛存在滑膜炎。这一结论为认识关节源性颞下颌关节痛提供了帮助，并对临床治疗起到指导作用，但要注意适应证的选择。

（王松灵）

淋巴闪烁显像法在口腔癌前哨淋巴结活检术中的应用［黄元丁　唐休发　李龙江．华西口腔医学杂志，2005，23(4)：310～312］

选择 10 例口腔癌患者，术前通过淋巴闪烁显像(LS)法检查对前哨淋巴结(SLN)进行体外定位，并与术中采用的 SLN 染料示踪法定位结果进行比较，然后行常规颈淋巴清扫术，术后对所有淋巴结进行病理学检查。结果发现，有 8 例于术前探查到 SLN，共计 10 处；此 8 例患者术中均探测到蓝染 SLN，其中 8 处的术中探查结果与术前定位完全吻合。术后病理证实此 8 例患者中 4 例淋巴结转移阳性，术前均探测到 LS 浓聚点。作者认为，LS 法术前体外定位 SLN 有助于前哨淋巴结活检术(SLNB)在口腔癌中的应用，可作为 SLNB 术前的常规定位方法。

述　评

LS 法是一种无创伤的前哨淋巴结定位法，在口腔癌患者 SLN 定位中同样具有一定的应用价值。但尚需进一步就该定位方法在口腔癌应用中的特异性和准确性作出评价；由于影响 SLN 显像的因素较多，尚需要进一步深入研究。

（王松灵）

应用 X 线头颅定位片测量儿童腺样体［徐冶敏　张永亚　康宏庄等．上海口腔医学杂志，2005，14(1)：14～17］

利用 X 线曲面体层全景机对 45 例临床考虑(初诊为)腺样体增生的儿童行侧位 X 线头颅定位摄片，其中 40 例同时用普通 X 线机摄常规鼻咽侧位片，然后对 X 线片进行质量评价和腺样体的测量，并将两种摄片方法进行对比分析。结果发现，侧位 X 线头颅定位摄片的质量达标率显著高于常规鼻咽侧位片，并且对鼻咽部各类结构显示良好。作者认为，相对于常规鼻咽侧位片，侧位 X 线头颅定位片便于对属于软组织结构的腺样体进行测量，是儿童阻塞性睡眠呼吸暂停低通气综合征(OSAHS)首选的影像学检查方法。

述　评

儿童腺样体肥大是引起儿童期 OSAHS 的主要原因之一，同时 X 线影像学检查又是诊断腺样体肥大的主要手段之一。作者采用侧位 X 线头颅定位片进行儿童腺样体的观察和测量，为儿童腺样体的检查提供了较好的方法。

（王松灵）

上颈部淋巴结恶性肿瘤影响颈鞘的 CT 评价［石慧敏　王平仲　余强等．上海口腔医学，2005，14(2)：127～130］

收集经手术和活检病理证实的上颈部淋巴结恶性肿瘤病例 77 例，并对其在 CT 上显示的影响颈鞘及其内部血管的形式进行分类和评价。结果显示，CT 上病变对颈鞘及其内部血管影响的方式主要有 4 种，其中以血管受压移位和受压变形表现最多。作者认为，在判断病变是否侵犯颈鞘及其内部血管时，不能孤立地看待其中任何一种 CT 观察指标，应综合考虑其 CT 影像表现。

述　评

CT 在诊断颈部淋巴结恶性肿瘤以及明确颈部淋巴结恶性肿瘤是否侵犯颈鞘方面有一定的应用价值。与以往的研究不同，该研究通过改进和增加 CT 上的观察指标和项目，从多个角度综合评价、判断上颈部淋巴结恶性肿瘤与颈鞘血管的关系，提高了其敏感度和准确率。

（王松灵）

螺旋 CT 分析颧颊翼种植体义颌颧区种植方向和部位［赵亮亮　洪流　侯振亚．中华口腔医学杂志，2005，40(6)：445～447］

对 50 例有牙列的单侧正常颧骨行螺旋 CT 影像三维重建，在矢状位截面影像上测量颧骨的前后倾斜角度，在冠状位截面影像上观察颧骨的形态并测量上颌牙槽嵴最颊侧点到上颌窦最外侧点的水平距离。结果发现颧骨平均前倾 9.97°，上颌牙槽嵴最颊侧点到上颌窦最外侧点的水平距离为 6.77 mm。作者认为，一般情况下种植体前倾 10°左右植入能最充分地利用颧骨的上部骨量，并建议修复前先行螺旋 CT 影像学检查，以提高种植的安全性和有效性。

述　评

颧颊翼种植体义颌修复是一种新的修复上颌骨大型缺损的义颌修复方法。该研究通过螺旋 CT 三维重建的方法，对颧骨的形态、骨量以及其与上颌窦的关系进行分析，准确指导颧区种植，从而为颧颊翼种植体义颌修复的开展提供了客观的影像学依据。

（王松灵）

应用螺旋 CT 三维重建颌面部软组织的研究

［张富强　焦婷　孙健. 上海口腔医学, 2005, 14(4): 330~332］

对 1 例右耳缺损患者的头部进行螺旋 CT 扫描，并对图像进行重建。结果发现螺旋 CT 能一次快速精确完成整个头部的扫描与重建，面部软组织、器官重建图像清晰，但瞳孔位置不能显示。作者认为，对于头面部除瞳孔以外的软组织三维重建，可选择螺旋 CT 三维重建方式。

述　评

螺旋 CT 的三维重建功能一直以来主要应用于骨组织的重建。该研究应用螺旋 CT 三维重建颌面部软组织，取得了较好的效果。但是，尚需建立相应的颌面部软组织评价指标，以对重建结果进行评估。

（王松灵）

口腔医学美学美容学

下颌骨嚼肌肥大畸形的口内入路手术矫治

［李自力　王兴　张熙恩等. 中华医学美学美容杂志, 2005, 11(2): 65~68］

采取口内入路手术矫治 123 例下颌骨咬肌（旧称嚼肌）肥大畸形，其中男 20 例，女 103 例。基本术式：Ⅰ. 咬肌成形术，Ⅱ. 下颌角三角形去骨术，Ⅲ. 改良下颌骨矢状劈开去骨术。手术组合：单纯Ⅰ术式 4 例，Ⅱ术式 16 例，Ⅰ+Ⅱ术式 56 例，Ⅲ术式 19 例，Ⅲ+Ⅰ术式 9 例，Ⅲ+Ⅱ术式 12 例；Ⅲ+Ⅱ+Ⅰ术式 7 例。其中 69 例患者同期行水平截骨颏成形术。结果显示，所有患者面下部宽度均较术前明显减小，容貌有较大改观，无面神经和下牙槽神经损伤。

述　评

由于口外入路手术矫治咬肌肥大常可能发生面神经损伤及面部遗留瘢痕，近年来已不主张采用。口内入路手术虽然能避免口外入路手术中出现的问题，但由于去骨量难以控制，则有可能造成“第二下颌角”。该文作者根据不同畸形程度，采用不同术式组合，避免了以往单纯采用三角形去骨术，因去骨量难以控制而出现“第二下颌角”的不良后果。

（潘可风）

浅表肌腱膜系统多重悬吊的全颜面部除皱术

［王佳琦　赵作钧　王黔等. 中华医学美学美容杂志, 2005, 11(1): 1~4］

采用浅表肌腱膜系统（SMAS）多重悬吊全颜面除皱术，对 48 例受术者术后随访 6~16 个月，无面神经损伤，受术者对手术效果均感满意。该方法克服了单纯皮下分离除皱时疗效不持久的缺点，避免分离造成的面神经损伤。术者认为，这是一种全颜面简单、安全、效果持久的除皱术式。

述　评

随着年龄增长，面部皮肤逐渐松垂、萎缩、表面形成皱纹，表现出一种衰老的征象。面部除皱术是改善以上征象的一种美容手术。手术方法很多，有皮下组织分离除皱、浅表肌腱膜系统悬吊除皱、骨膜下分离除皱术等。从单一层次的除皱发展到多层次联合除皱。该文作者介绍的方法是在原有浅表肌腱膜系统悬吊除皱基础上的进一步改进，采用了多层次多重悬吊。由于面神经分支越向面中部越表浅，根据面神经这一解剖特征该方法不分离颊部的浅表肌腱膜，以减少面神经损伤，实践证实这是一种安全、有效的除皱术，可供临床应用参考。

（潘可风）

一种美观的牙体缺损修复方法——IPS Empress Ⅱ铸造陶瓷高嵌体的临床应用［覃峰　付强　彭思敏等．中华医学美学美容杂志，2005，11(5)：287～290］

将37例41颗牙体缺损的患牙分成两组，实验组采用IPS Empress Ⅱ铸造玻璃陶瓷制成高嵌体，光固化多功能树脂黏结剂黏结；对照组常规制作金属高嵌体。在修复后6、12个月追踪随访，进行临床效果评价。评定结果，IPS Empress Ⅱ铸造玻璃陶瓷材料强度高，具有良好的边缘密合性，固位效果良好，能很好地恢复患牙𬌗面解剖形态和邻接关系，牙龈组织无红肿炎症，具有优良的美学特征。作者认为，IPS Empress Ⅱ铸造陶瓷高嵌体是修复牙体缺损一种良好的材料与方法。

述　评

牙体缺损尤其是后牙面积较大的缺损，采用金属烤瓷全冠修复虽可获得满意的修复效果，但还存在不少问题。IPS Empress Ⅱ是Empress第2代产品，是一种二硅酸锂强化型玻璃陶瓷，其机械强度较高，耐磨性能又与釉质接近，不会引起对颌天然牙的过度磨耗，因此是一种较好的嵌体修复材料。IPS Empress Ⅱ铸造陶瓷高嵌体和金属全冠比较在美观效果上又大为改善。在边缘密合性、牙龈健康、固位，修复体形态功能等方面均取得满意效果，是一种值得推广使用的材料与修复方法，但在具体制作中应注意本材料的特殊性而在常规制作中作一些调整。

（潘可风）

前牙金瓷冠修复的美学探讨［黄达鸿　张建明．中华医学美学美容杂志，2005，11(6)：340～343］

比较4种金属烤瓷冠(PFM)修复前牙的美学效果。根据统一标准对110例371颗前牙进行修复，其中59例206颗镍铬合金PFM，29例105颗肩台瓷PFM，16例35颗纯钛PFM，6例25颗贵金属PFM。修复后1周内和1年后用单盲法进行美学效果检查。结果显示，修复后1周内4种修复体外形和色泽无差别，与邻牙相协调，边缘适合性好，4组间差异无显著性。修复1年后4种修复体外形和色泽无差别，与邻牙相协调，但贵金属PFM的边缘适合性优于其余3种修复体，差异有显著意义。

述　评

烤瓷熔附金属全冠因其理化性能稳定、强度好、外形美观而被临床上广泛应用。但修复后呈现边缘龈灰线和修复体两侧龈乳头颜色变暗，不仅影响美观，严重者可出现局限牙龈红肿、色素沉着、糜烂，而被迫拆除修复体。金属烤瓷冠修复后的效果一直受到重视与关注，作者介绍的4种方法临床上都在应用，也已成为固定修复的主体，但灰线现象依然存在。从美学角度考虑，可以在经济条件许可下，建议在前牙推荐使用贵金属PFM或肩台瓷PFM，少使用镍铬合金PFM。

（潘可风）

三维面部除皱术［黄金龙　刘育凤　宁官森等．中华医学美学美容杂志，2005，11(1)：5～8］

应用三维概念，从三个方面改善面部轮廓：①垂直悬吊；②向外侧牵拉；③前后方向隆起，以使术后增加面颊部体积，尽量恢复面部S形曲线达到三维除皱效果。作者介绍在全麻下应用三维概念进行面部除皱术，术中应用面颊部软组织折叠，面部局限吸脂，移动或复位下移的面部脂肪袋，脂肪移植及组织的代用品置入等手术方法，自2001~2004年完成手术18例，达到良好的除皱效果。

述 评

随着年龄的老化，面部皮肤不仅产生皱纹，轮廓也发生一定的变化。作者从三维立体的概念设计了多种方法同时应用，达到了预想的除皱疗效。但三维除皱术较传统方法复杂，必须熟悉掌握面部不同层次的解剖特点，同时它还存在不足之处。目前无一客观的判断三维效果的标准和方法，在这方面尚需进行一定基础研究，以建立具有我国特色的三维测量软件与技术。

（潘可风）

严重复杂性颅颌面骨折后继发畸形的修复重建［张智勇 归来 夏德林等. 中国实用美容整形外科杂志，2005，16(6)：333~335］

对12例复杂性颅面骨折继发畸形患者采用头皮冠状切口，下睑睫毛缘切口及口内龈颊沟切口入路，充分显露骨折部位，先上后下，由内向外的顺序进行各功能区域的修复。首先经颅内外联合入路修复额眶部畸形，然后进行眶颧部外侧面部支架的截骨重建和下颌骨截骨复位，最后施行上颌骨 Le Fort Ⅰ型截骨小夹板内固定。术后畸形患者均获得显著改善，咬合功能恢复良好。

述 评

复杂性颅颌面骨折继发畸形往往涉及颅颌面多个区域，特别是后期继发畸形更形成解剖标志的混乱，给手术带来很大困难。该文作者介绍的手术设计及方法，特别注意到以上的特点与变化，并在恢复面部正常外形同时，十分关注咬合关系的恢复，这也是整个手术关键所在。只有熟悉颅颌面各区的解剖功能特点，合理设计手术方案，才能最大限度地改善面部外形与恢复正常咬合功能。

（潘可风）

计算机成像及模型设计辅助面部填充手术的研究［范希明 费剑锋 冉维志等. 中国实用美容整形外科杂志，2005，16(3)：159~161］

通过计算机成像及模型设计技术，对面部填充手术前后效果进行模拟对比，并预塑填充假体进行面部填充手术47例，均达到预期满意手术效果。

述 评

组织相容性良好的生物材料作为填充假体置入颌面部凹陷区改善容貌畸形已广泛应用于临床。而假体形态以往是凭经验，在术中进行修整，这样势必会在一定程度上影响整体手术效果。该文作者介绍应用计算机成像及模型设计技术，在条件许可下，可作为参考。但本文介绍的方法尚未完全以数字化成像，还需配合其他手段，因此术前与患者的沟通显得极为重要。

（潘可风）

多切口及多层次综合面部除皱术［李世荣 王珍祥 毋巨龙等. 中国实用美容整形外科杂志，2005，16(5)：259~261］

根据面部老年性改变的解剖学特征，改良现有除皱方法，提高手术效果。采用下睑缘切口、额部冠状切口、颞部切口、耳前/耳后切口以及口腔颊龈沟切口，分别在皮下、浅表肌腱系统（SMAS）下和骨膜下多层次分离，并结合爱贝芙注射治疗遗留的皱纹，15例患者除1例患者右颞部血肿经理疗后完全恢复外，无其他并发症发生。经3~24个月随访，效果满意。

述 评

面部老年性改变主要表现为皮肤松弛、皱纹增多，这些改变的解剖学基础复杂多样。传统的除皱术采用单纯皮下除皱术，或SMAS悬吊术，效果往往并不理想，术后近期内容易复发。该文作者介绍根据面部老年性改变特点，采用多切口多层次结合应用生物材料进行综合除皱术。这种设计与手术方法可供临床参考。

（潘可风）

辅助以内（窥）镜和吸脂术的除皱手术［谢洋春　苏培增．中国实用美容整形外科杂志，2005，16（5）：265～267］

对于面部脂肪增生或大量堆积以及皮肤松弛等，作者介绍以内镜下上提额颞部，去除颊脂肪垫，抽吸面中、下部堆积过多的脂肪、深层组织的悬吊手术。应用上述方法共施行28例，术后面部外形明显变小，轮廓更加清晰，皮肤松垂得到复位，避免了传统除皱术采用的大切口所造成的术后瘢痕。该方法手术创伤小，无并发症发生，面部软组织弹性良好，满意率为100%。

述　评

面部衰老不仅是皮肤的松弛，同时也伴有脂肪颗粒肥大等退行性变。作者在除皱术同时考虑脂肪的抽吸，术后将有利于恢复较为正常的脂肪与其他组织的比例协调。由于难以控制抽吸的程度，临床上应慎用。该文作者介绍辅以内镜，即从微创角度考虑手术方法，是一种值得提倡的思路。

（潘可风）

口腔材料学

牙科陶瓷循环和静态疲劳的对比实验［刘伟才　巢永烈　万乾炳等．中华口腔医学杂志，2005，40（6）：508～510］

应用赫兹触压实验方法，对可切削陶瓷标准试件进行循环和静态加载，3个组循环加载分别为1次、1 000次和5 000次，3组静态加载时间（相当于循环加载次数）分别为0.725 s，12 min和60 min；测试试件的残余三点挠曲强度；观测试件表面及表面下损伤，并对测定的数据进行单因素方差分析。结果显示，试件在两种加压模式下，首次加压后残余强度均降低，同时出现外锥型损伤。循环1 000次后，内锥型损伤及强度下降加剧。静态加载的时间对试件强度的影响不明显。由此表明，两种疲劳状态都能降低陶瓷试件的强度，但循环加载对试件的损伤更为严重。

述　评

在口腔功能状态下，任何一种修复体所承受的是不断变化和循环的咀嚼压力，因此，材料抗疲劳性能的优劣在某种程度上决定了修复体的使用寿命。该文作者结合临床应用实际，设计了牙科陶瓷在静态和循环两种载荷条件下的疲劳模式，通过测试研究，得到了循环加载相对静态加载对陶瓷材料强度影响更大的结论。该实验不仅为牙科材料的抗疲劳性能测试提供了科学有效的方法，而且为进一步研究牙科陶瓷材料的实际疲劳损伤模式提供了重要的参考依据。

（孙皎）

聚甲基丙烯酸甲酯-氧化锆复合材料经CAD-CAM制作牙科修复体的研究［李石保　王忠义　陈朝辉等．中华口腔医学杂志，2005，40（1）：23～26］

采用氧化锆纳米粉体（平均粒径32 nm）制备出具有多孔结构的部分烧结体，将预聚甲基丙烯酸甲酯渗透入该基体内，原位聚合，合成聚甲基丙烯酸甲酯-氧化锆复合材料。测试该材料与部分烧结体机械性能和可切削性能，并在CAD-CAM系统上加工完成牙科修复体。当部分烧结体密度为71.44% TD时，该材料的弯曲强度、断裂韧性、弹性模量和维氏硬度分别为（202.56±3.09）MPa，（4.30±0.16）MPa·$m^{1/2}$，（58.71±1.98）GPa，（3.82±0.34）GPa。在CAD-CAM系统上的加工时间约为16 min，最终可获得无崩瓷缺口或微裂纹的修复体。

述　评

研究与牙科CAD-CAM系统相配套的修

复材料一直是口腔修复领域中的一个重要内容。而从材料学角度，利用无机材料和有机材料的复合，形成性能优异的复合材料则是解决单一材料本身在应用中所遇到问题的有效途径，这也是口腔材料学发展的一个方向。该文作者研制的聚甲基丙烯酸甲酯-氧化锆复合材料在力学性能、美观性、操作简便等方面都具有其优越性，是一种可用于CAD-CAM 系统一次加工的新型材料。作者将材料研制与临床应用有机地结合，其设计思路新颖，有一定的创新性和实用性。

（孙皎）

氟金云母类切削陶瓷材料增强强度的研究［付强　覃峰　李勇等．中华口腔医学杂志，2005，40(1)：27～29］

采用内部增强陶瓷材料强度的方法，以氟金云母类切削陶瓷 Dicor MGC 的材料配方为基础，设计钙云母增强陶瓷的材料组成，经基础玻璃制备和晶化热处理，研制出一种新型的钙云母增强陶瓷。用 X 线衍射法分析陶瓷的晶相成分，三点抗弯法测量材料的强度，其三点抗弯强度可达（210.2 ± 14.7）MPa。通过钙云母增强的新型切削陶瓷研制及其物理性能测试，表明内部增强陶瓷材料强度的方法可提高氟金云母类切削陶瓷材料的强度。

述　评

如何提高陶瓷材料的强度以满足口腔临床应用的需要是目前口腔陶瓷材料研究中的一个关键问题。以氟金云母为主晶相的玻璃陶瓷虽然具有良好的可切削性能，但是由于其机械强度的不足，已大大限制了它在临床的应用。通过在材料中加入强度更高的晶体的方式，增强了氟金云母类切削陶瓷的强度。该方法比以往的表面强化法更有效，且不受外界因素的影响。因此，作者研制的钙云母增强玻璃陶瓷有望成为未来口腔修复用的陶瓷材料。

（孙皎）

牙用烤瓷支架钴铬钼合金的研制及机械性能的测试［巢永烈　刘长虹　李宁等．华西口腔医学杂志，2005，23(1)：17～20］

设计合金的多元配方，使用真空感应电炉熔炼合金，研究一种能同时用于烤瓷修复和可摘局部义齿铸造支架的新型钴铬钼合金。通过机械性能测试、硬度测试、密度及熔点范围测试、铸造性能测试、显微结构观察及 X 线衍射分析进行筛选，结果显示新合成合金的化学成分为 Co：54%～67%，Cr：21%～26%，Mo：5%～8%，W：5%～8%，Si：1%～3%，Mn：0.10%～0.25%，其他微量元素；合金的屈服强度为 584 MPa，抗拉强度为 736 MPa，延伸率为 15.0%，维氏硬度为 322 HV，铸流率为 100%。该新合成的钴铬钼合金 DA9-4，其各项性能均接近或达到国外同类产品的水平。

述　评

该研究通过化学成分的筛选、冶炼工艺的优化以及较完整的机械性能测试，获得了一种具有自主知识产权的国产钴铬钼合金。该合金的主要机械性能指标都已达到临床应用的要求，为临床整铸技术和烤瓷技术的结合应用创造了前提。该项研究无论在满足临床需要方面，还是在推动我国口腔材料研制水平的发展方面都具有重要的作用。

（孙皎）

IPS-EmpressⅡ玻璃陶瓷结构及性能的研究［骆小平　D. C Watts　N. H. F Wilson 等．中华口腔医学杂志，2005，40(2)：147～149］

采用原子力显微镜、扫描电子显微镜和 X 线衍射仪，分析新型 IPS-EmpressⅡ热压铸玻璃陶瓷的显微结构和晶相结构，用三点弯曲实验和压痕法测试材料的弯曲强度和韧性。结果显示 IPS-EmpressⅡ玻璃陶瓷主要由二硅酸锂晶体和磷酸锂晶体组成，两者形成三维网络式结构，而且在热压铸前后晶相保持不变。研究提示，高强度和高韧性与高含量的二硅酸晶体、相互锁结的网络结构和裂纹偏转有关。

述　评

作者应用较先进的实验仪器，对高强度和高韧性的热压铸玻璃陶瓷 IPS-EmpressⅡ进行了微观层面上的观察与分析，同时通过检测该材料在模拟口腔的低速加载和潮湿环境中的弯曲强度，进一步显示了该新型材料所具有的良好的理化性能。研究得出的 IPS-EmpressⅡ玻璃陶瓷在热压铸前后晶体结构保持不变的结果，对临床有重要指导意义。

（孙皎）

钛表面微弧氧化处理对钛瓷结合强度的影响 [王晓洁　郭天文　张玉梅等. 实用口腔医学杂志，2005，21(2)：237～241]

以镍铬合金为对照，对钛表面采用打磨光滑、喷砂处理和微弧氧化等 3 种不同方法处理，然后表面进行瓷粉烧结，根据 ISO 9693 标准，分别测试镍铬合金和钛与瓷之间的三点弯曲结合强度，并对钛瓷结合面和瓷剥脱层面进行扫描电镜观察和能量分散型 X 线(EDX)分析。结果表明，钛表面微弧氧化可有效提高钛瓷的结合强度，达到镍铬合金与瓷的结合强度水平。

述　评

钛具有良好的生物相容性和机械性能，但其表面的氧化膜却与瓷无法牢固结合，因此如何提高钛与瓷之间的结合强度是解决钛烤瓷修复中的一个关键问题。作者尝试用微弧氧化膜作为钛与瓷间的中间层，探讨增强钛瓷结合强度的可行性，是一种比较新颖的研究思路。实验证实了表面微弧氧化处理可有效提高钛瓷间的结合强度，该结果为钛烤瓷修复体的临床应用提供了一定的科学依据。然而，有关微弧氧化处理增强钛瓷结合的机制尚需进一步深入研究。

（孙皎）

不同树脂牙硬度的测试比较 [邬雪颖　孙皎. 口腔材料器械杂志，2005，14(3)：117～119]

选择 7 种临床常用的树脂牙，采用努氏硬度法测试其显微硬度，通过比较不同树脂牙的硬度值，探讨影响树脂牙硬度的有关因素。结果努氏硬度值显示：ENDURA 塑钢牙(上海松风齿科材料有限公司)最硬，其次为硬质复色合成树脂牙(上海齿科材料厂)、Cosmo HXL 牙(登士柏牙科有限公司)、三层色和四层色合成树脂牙(贺利氏古莎齿科有限公司)、复色合成树脂牙和硬质合成树脂牙(上海齿科材料厂)。结果表明，树脂牙的组成成分、分子质量大小、聚合方式和加工工艺等的差异对树脂牙硬度会产生一定影响。

述　评

人工牙材料硬度的大小直接影响临床修复的效果。由于目前国内外对树脂牙的硬度测试尚无统一的标准和方法，所以对成品树脂牙硬度无法直接进行比较，以至于临床医师在选牙时可能带有一定的盲目性。该研究直接选用商品牙做实验，比较各树脂牙之间的显微硬度值，并从理论上分析产生硬度差异的可能原因，其结果为树脂牙硬度测试标准的建立奠定了基础，为临床医师合理选择人工牙提供一定的理论依据。

（励永明）

六种黏接剂的牙本质粘接界面纳米渗漏比较 [赵三军　陈吉华　吴玮等. 中华口腔医学杂志，2005，40(6)：500～503]

选取新鲜拔除的无龋人磨牙，预备出统一的牙本质粘接面玷污层，分别用 6 种黏结剂进行黏结处理，然后切割成 0.9 mm 厚试件，避光保存于氨化硝酸银溶液中 24 h，在透射电镜下观察牙本质黏结界面的纳米渗漏情况，用单因素方差分析比较各组银染颗粒分布面积比的均值。结果显示，在电镜下观察到6种黏结剂的牙本质黏结面均出现不同程度的纳米渗漏。

述　评

牙本质黏结界面的纳米渗漏是口腔黏结学的重点研究领域，该实验考虑到自酸蚀和全酸蚀牙科黏结剂在形成牙本质纳米渗透方面的机制不同，分别对两类黏结剂进行了比较分析，同时对目前临床常用的黏结剂的纳米渗漏情况进行了观察，其研究结果具有一定的临床指导意义。

（孙皎）

口腔药物学

五倍子与氟化钠对人工口腔生物膜细菌生长代谢的影响［朱昞　李继遥　黄正蔚等．华西口腔医学杂志，2005，23(5)：367~369］

用变形链球菌、血液链球菌、唾液链球菌和内氏放线菌在羟磷灰石片(HA)表面建立细菌生物膜模型，恒流室内培养。制备五倍子水提取物，实验溶液每12 h加入1次，每次加药10 mL，加药6次。实验分为五倍子组、高质量浓度氟化钠组、低质量浓度氟化钠组(以上3组同时加入100 mmol/L的蔗糖溶液)、阳性对照组(100 mmol/的蔗糖溶液)、阴性对照组(蒸馏水)。进行HA表面细菌计数，连续监测pH，观察生物膜超微结构观。结果显示，五倍子和氟化钠均能抑制生物膜中实验细菌的生长，抑制细菌产酸，五倍子的作用弱于氟化钠。五倍子组和氟化钠组HA表面均能形成典型的生物膜，细菌间界限清晰，细胞外基质形成减少，两组间差异无统计学意义。表明天然药物五倍子能有效抑制口腔生物膜细菌的生长代谢。

述　评

五倍子是天然药物，具有敛肺降火、涩肠止泻、固精缩尿、止汗、止血、解毒、敛疮等多种药效。近年来国内诸多研究证明五倍子对多种口腔致病菌有抑制作用，能提高釉质的抗酸蚀性，动物实验中五倍子可抑制龋病进展。该研究利用口腔细菌生物膜模型，进一步证明五倍子与氟化物对生物膜中细菌生长代谢的抑制作用，为五倍子防龋的应用提供理论依据。

（吴军正）

五倍子对牙周可疑致病菌蛋白酶和糖苷酶活性的抑制作用［朱秀丽　陈强　唐荣银等．口腔医学，2005，25(1)：22~24］

常规厌氧条件培养牙龈卟啉单胞菌、中间普氏菌、伴放线杆菌和具核酸杆菌，用0.05%~6.25%的五倍子液提取物作用于细菌15 min。用荧光分光光度计检测五倍子对细菌降解6种荧光底物的影响。结果显示0.05%~0.10%的五倍子对牙龈卟啉单胞菌的L-arginine-arylamidase无明显影响，而对细菌降解其他各种底物有明显抑制作用。表明五倍子液提取物可以抑制牙周可疑致病菌蛋白水解酶和糖苷酶活性，从而抑制细菌生长，降低细菌毒力，减缓牙菌斑的形成。

述　评

该研究从细菌蛋白水解酶和糖苷酶活性方面探讨了五倍子对牙周病的几种主要致病菌的作用，抑制细菌蛋白水解酶和糖苷酶活性可能是五倍子抑制细菌生长、降低细菌毒力、减缓牙菌斑的形成的机制之一。五倍子在预防和治疗牙周病中有其应用前景。

（吴军正）

氨来占诺糊剂治疗复发性阿弗他溃疡的临床研究［吴军正　周威　王勤涛等．实用口腔医学杂志，2005，21(4)：487~491］

应用随机、双盲、平行对照的临床试验方法，对试验组与对照组各120例轻型复发性阿弗他溃疡受试者分别用50 g/L氨来占诺糊剂和空白基质糊剂局部涂抹治疗，4次/d，用药5 d。用视觉类比量表测定疼痛指数，并比较两组受试者的溃疡愈合时间，用药前后进行血常规、血生化和心电图检查。初诊时试验组和对照组的疼痛指数分别为18.12±7.18和18.09±7.15，第4天为7.56±6.87和10.00±7.07；第6天为2.14±4.70和3.84±5.75。50%受试者溃疡愈合在试验组为5 d，对照组为6 d。与研究药物有关的不良事件试验组有10例(8.40%)，对照组有9例(7.5%)，全部不良事件均为轻度，未经处理即好转。两组受试者在治疗结束时血常规、血生化和心电图检查结果均无明显异常。研究表明，50 g/L氨来占诺糊剂治疗复发性阿弗他溃疡安全有效。

述　评

氨来占诺是日本武田公司开发的抗组胺药，1996年被美国PDA批准上市用于治疗口腔黏膜溃疡。该药能抑制肥大细胞、嗜中性白细胞及单核细胞炎性介质组胺、白三烯的形成和释放，有抗变态反应和抗炎活性。国外临床研究显示50 g/L氨来占诺糊剂可加速溃疡愈合，国内尚无同类报道。该项目是根据国家食品药品监督管理局的批件、方案经医学伦理委员会批准、按照我国GCP要求所进行的新药临床研究，由第四军医大学口腔医院、南京大学医学院附属口腔医院、西安交通大学口腔医院共同完成，该研究有助于氨来占诺糊剂国产化。目前，国内口腔医学领域中随机、双盲、平行对照临床研究的论文很少，该文也可能有助于临床研究的规范化。

(王晓娟)

可吸收聚乳酸-替硝唑抗菌缓释剂体外药物释放效果的测定［刘娟　肖丽英　李伟等. 华西口腔医学杂志，2005，23(3)：237～239］

配制含质量分数5%和2.5%替硝唑的两种可吸收聚乳酸-替硝唑抗菌缓释剂，用高效液相色谱法(HPLC)测定其中替硝唑的持续释放时间和有效释放浓度。结果显示，替硝唑的保留时间约为12 min；混合凝胶中替硝唑的质量浓度与峰面积呈良好的线性关系，线性范围为5～500 mg/L，相对标准差为0.2%；聚乳酸对替硝唑的测定无干扰，含质量分数5%替硝唑的缓释剂中替硝唑平均每日释放度为5.60%，14 d累计释放度约为78.40%，含质量分数2.5%替硝唑的缓释剂中替硝唑7 d累计释放度约为75%。

述　评

该研究表明含质量分数5%替硝唑的聚乳酸-替硝唑共混缓释剂具有较长时间保持有效抑菌质量浓度的药物释放能力，可作为牙周炎治疗剂。HPLC具有方法准确、灵敏、操作简便的优点，可作为口腔局部用药制剂的质量检测的分析方法。

(吴军正)

替硝唑口贴片在健康者唾液中药物浓度测定及其药代动力学［王晓娟　邓翀　张道远等. 实用口腔医学杂志，2005，21(3)：349～351］

由负责医师用牙科镊在10名健康受试者右侧下颌第一磨牙龈缘处贴一片替硝唑口腔贴片(5 mg/片)，按压5 s，按预定的时间分别采集唾液样品于离心管中。用高效液相色谱法(HPLC)测定替硝唑在唾液中药代动力学参数。色谱柱为ODS C18，流动相为甲醇-2.33×10^{-3} mol/L冰醋酸水溶液(32:68)，流速1 mL/min；检测波长为310 nm。结果显示，替硝唑贴片在唾液中的T_{max}=(11.952±2.374)h，C_{max}=(69.23±11.39) mg/L，Ke=0.0596±0.0132，$T_{1/2}$=(1.64±0.94)h，AUC=(83.42±11.49)mg·h/L，CL_T=(60.64±8.56)，Vr=(2704.45±601.42)mL。

述　评

该研究依据国家食品药品监督管理局的批件、方案经医学伦理委员会批准所进行的药代动力学研究。替硝唑的最低抑菌质量浓度为 0.5 mg／L，试验中贴药 5 min 药物质量浓度可达 8.31 mg/L，至 330 min，药物质量浓度为 0.543 mg／L，从而说明从开始贴药至 330 min，口腔药物质量浓度均在最低抑菌质量浓度之上。当贴片溶解完全后，口腔唾液药物质量浓度迅速下降，330 min 后药物代谢趋于平稳，近似于口服给药药物代谢规律。口腔贴片在唾液中药代动力学特点决定了替硝唑贴片能迅速而且较长时间地维持有效抑菌质量浓度。

（吴军正）

氯诺昔康在下颌阻生第三磨牙拔除术后镇痛中的应用［魏魁杰　赵立星．中国口腔颌面外科杂志，2005，3(2)：145～147］

选择 62 例行下颌阻生第三磨牙拔除术的患者，随机均分为两组，氯诺昔康组（L 组）患者口服氯诺昔康片剂 8 mg，每天 2 次；布洛芬组（F 组）患者口服布洛芬片剂 300 mg，每天 2 次，连用 3 d。以视觉类比量表（VAS）评估疼痛程度，组间比较用 t 检验。用药前 L 组和 F 组疼痛计分分别为 4.5 ± 1.7 和 4.2 ± 1.9；术后 2、24、72 h 两组疼痛计分减少值分别为 1.2 ± 0.6、2.4 ± 0.3、2.7 ± 0.4 和 1.1 ± 0.5、2.1 ± 0.6、2.5 ± 0.4；术后 4、8、12 h 疼痛计分减少值分别为 2.4 ± 0.5、2.2 ± 0.5、1.8 ± 0.4 和 2.0 ± 0.4、1.8 ± 0.6、1.4 ± 0.5。可见在缓解下颌阻生第三磨牙拔除术后疼痛方面，氯诺昔康较布洛芬镇痛效果更为明显。两种药物都可引起轻度的胃肠道症状。

述　评

下颌阻生第三磨牙拔除较手术创伤大，且磨牙后三角区结缔组织疏松，术后易发生创伤反应性水肿，水肿压迫组织，影响局部代谢，产生各种刺激神经末梢的分解产物及炎性介质，引起疼痛并导致开口受限。氯诺昔康是一种强有力新昔康类非甾体类抗炎镇痛药，可从中枢及中枢外途径抑制疼痛，其止痛效果优于其他止痛药，有临床应用前景。

（王晓娟）

石辛牙痛口含片对智齿冠周炎的止痛效果评价［胡开进　孟凡文　吴军正等．牙体牙髓牙周病杂志，2005，15(10)：565～567］

采用随机、双盲、双模拟、阳性药（牛黄解毒片）平行对照法，两组各纳入智齿冠周炎患者 120 例。对全部受试者就诊当天行常规冠周袋冲洗。实验组：含化石辛牙痛口含片，2 片/次，4 次/d，口服牛黄解毒片赋形剂，3 片/次，3 次/d；对照组：口服牛黄解毒片，3 片/次，3 次/d，含化石辛牙痛口含片赋形剂，2 片/次，4 次/d。治疗和观察共 5 d。第 3 天时，石辛牙痛口含片组和牛黄解毒片组疼痛缓解率分别为 78.57% 和 30.63%；第 5 天时分别为 98.21% 和 70.27%。石辛牙痛口含片能明显缓解智齿冠周炎引起的疼痛。

述　评

牛黄解毒丸、六神丸、牙痛停滴丸、牙痛一粒丸等清热解毒中药用于治疗智齿冠周炎疗效显著，副作用少。石辛牙痛口含片以石膏清泄阳明胃火为君药；黄芩、黄柏、栀子泻火解毒，为方中之臣药；细辛、麻黄发散郁火，姜黄活血行气止痛，为方中佐药；大黄苦寒泻下，导热下行，为方中使药。诸药配伍，共奏清胃泻火、散郁热、止牙痛之功效。在口腔中含化，局部药物浓度高、维持时间长，因此对冠周炎的治疗效果好，有临床应用前景。

（王晓娟）

教　育

2005年度中国口腔医学博士和硕士研究生招生及其培养简况

表1、表2资料由我国口腔医学博士和硕士学位授权单位(不含香港、澳门和台湾地区高校)提供，共收录口腔医学博士学位授权单位12家、挂靠其他博士点的5家、硕士学位授权单位39家。

表1　2005年度我国口腔医学博士研究生招生及其培养简况

博士学位授予单位	学科专业	指导教师人数	指导教师学历			招生人数	毕业人数
			本科	硕士	博士		
四川大学	口腔基础医学	3	1	…	2	4	2
	口腔解剖生理学	1	1	…	…	1	1
	口腔生物学	2	…	…	2	3	1
	口腔临床医学	24	8	2	14	34	47
	口腔内科学	7	1	1	5	7	13
	口腔修复学	5	2	1	2	10	11
	口腔正畸学	4	2	1	1	9	6
	口腔颌面外科学	8	2	…	6	8	17
北京大学	口腔基础医学	3	…	1	2	1	1
	口腔组织病理学	3	…	1	2	1	1
	口腔临床医学	26	4	4	18	24	23
	口腔内科学	6	2	2	2	7	4
	口腔修复学	5	1	…	4	7	7
	口腔正畸学	6	…	2	4	3	7
	口腔颌面外科学	9	1	…	8	7	5
上海交通大学	口腔基础医学	3	…	2	1	2	3
	口腔临床医学	8	1	…	7	13	15
	口腔内科学	3	…	…	3	3	2
	口腔修复学	1	…	…	1	2	4
	口腔颌面外科学	4	1	…	3	8	9
第四军医大学	口腔基础医学	5	2	1	2	3	5
	口腔解剖生理学	1	…	…	1	1	2
	口腔组织病理学	2	1	…	1	2	1

续表1

博士学位授予单位	学科专业	指导教师人数	指导教师学历			招生人数	毕业人数
			本科	硕士	博士		
	口腔生物学	2	1	1	…	…	2
	口腔临床医学	22	13	…	9	35	25
	口腔内科学	7	6	…	1	7	9
	口腔修复学	7	3	…	4	12	5
	口腔正畸学	3	1	…	2	9	3
	口腔颌面外科学	3	2	…	1	6	7
	口腔种植学	1	1	…	…	…	…
	口腔麻醉学	1	…	…	1	1	1
武汉大学	口腔基础医学	2	1	…	1	…	1
	口腔组织病理学	…	…	…	…	…	1
	口腔生物学	2	1	…	1	…	…
	口腔临床医学	12	2	1	9	24	26
	口腔内科学	7	1	…	6	13	13
	口腔修复学	2	1	…	1	6	7
	口腔颌面外科学	3	…	1	2	5	6
吉林大学	口腔基础医学	2	1	…	1	4	4
	口腔组织病理学	2	1	…	1	4	4
	口腔临床医学	4	2	1	1	7	2
	口腔内科学	1	…	1	…	4	…
	口腔正畸学	1	1	…	…	3	…
	口腔颌面外科学	1	1	…	…	…	…
	口腔种植学	1	…	…	1	…	…
首都医科大学	口腔基础医学	2	1	…	1	1	2
	口腔生物学	2	1	…	1	1	2
	口腔临床医学	8	2	1	4	11	6
	口腔内科学	3	1	…	2	3	1
	口腔修复学	2	…	1	1	2	…
	口腔正畸学	2	1	…	1	4	3
	口腔颌面外科学	1	…	…	…	2	2
浙江大学	口腔临床医学	6	2	…	4	2	5
	口腔颌面外科学	6	2	…	4	2	5
中国医科大学	口腔基础医学	2	2	…	…	…	1

续表1

博士学位授予单位	学科专业	指导教师人数	指导教师学历			招生人数	毕业人数
			本科	硕士	博士		
	口腔组织病理学	2	2	…	…	…	1
	口腔临床医学	7	2	1	4	7	10
	口腔内科学	1	…	…	…	2	…
	口腔修复学	1	…	…	1	1	5
	口腔颌面外科学	5	2	1	3	4	5
山东大学	口腔临床医学	4	…	…	…	6	…
	口腔内科学	…	…	1	1	2	…
	口腔正畸学	…	1	…	…	2	…
	口腔颌面外科学	…	…	1	…	2	…
中山大学	口腔临床医学	4	…	…	4	6	2
	口腔内科学	2	…	…	2	4	1
	口腔颌面外科学	2	…	…	2	2	1
解放军军医进修学院	口腔临床医学	4	…	…	4	11	10
	口腔修复学	1	…	…	1	5	5
	口腔颌面外科学	3	…	…	3	6	5
中南大学	口腔内科学	2	2	…	…	2	…
	口腔颌面外科学	1	…	1	…	1	2
同济大学	口腔正畸学	1	…	…	1	2	…
	口腔颌面外科学	1	…	…	1	1	…
	口腔材料学	1	1	…	…	2	…
南京医科大学	口腔正畸学	1	…	…	1	1	…
	口腔颌面外科学	1	…	…	1	1	…
新疆医科大学	口腔颌面外科学	1	…	…	1	1	…
河北医科大学	口腔组织病理学	1	…	…	1	2	3
	口腔颌面外科学	1	1	…	…	2	…

表2　2005年度我国口腔医学硕士研究生招生及其培养简况

硕士学位授予单位	学科专业	指导教师人数	指导教师学历			招生人数	毕业人数
			本科	硕士	博士		
四川大学	口腔基础医学	13	2	1	10	13	2
	口腔解剖生理学	2	1	…	1	2	2
	口腔组织病理学	2	1	…	1	2	…

续表2

硕士学位授予单位	学科专业	指导教师人数	指导教师学历			招生人数	毕业人数
			本科	硕士	博士		
	口腔生物材料科学	2	…	…	2	2	…
	口腔生物学	5	…	1	4	6	2
	其他	2	…	…	2	1	…
	口腔临床医学	58	1	3	54	90	37
	口腔内科学	19	1	3	15	28	12
	口腔修复学	18	…	…	18	30	15
	口腔正畸学	8	…	…	8	12	3
	口腔颌面外科学	13	…	…	13	20	7
北京大学	口腔基础医学	5	…	1	4	3	1
	口腔组织病理学	5	…	1	4	3	1
	口腔临床医学	73	13	8	52	25	12
	口腔内科学	24	6	2	16	6	2
	口腔修复学	17	2	3	12	4	4
	口腔正畸学	10	…	2	8	6	4
	口腔颌面外科学	22	5	1	16	9	2
上海交通大学	口腔基础医学	4	…	…	4	5	6
	口腔临床医学	8	…	…	8	16	13
	口腔内科学	2	…	…	2	3	4
	口腔修复学	2	…	…	2	5	3
	口腔正畸学	1	…	…	1	1	…
	口腔颌面外科学	3	…	…	3	7	6
第四军医大学	口腔基础医学	5	…	…	5	2	10
	口腔解剖生理学	1	…	…	1	1	3
	口腔组织病理学	1	…	…	1	1	5
	口腔生物学	1	…	…	1	…	2
	口腔预防学	2	…	…	2	…	…
	口腔临床医学	27	2	3	22	35	40
	口腔内科学	7	…	2	5	5	9
	口腔修复学	5	…	…	5	13	11
	口腔正畸学	3	…	…	3	7	7
	口腔颌面外科学	8	2	1	5	9	13

续表2

硕士学位授予单位	学科专业	指导教师人数	指导教师学历			招生人数	毕业人数
			本科	硕士	博士		
	口腔种植学	2	…	…	2	…	…
	口腔药理学	1	…	…	1	…	…
	口腔麻醉学	1	…	…	1	1	…
武汉大学	口腔基础医学	3	1	…	2	1	2
	口腔解剖生理学	1	…	…	1	…	…
	口腔组织病理学	1	1	…	…	1	2
	口腔预防学	1	…	…	1	1	…
	口腔临床医学	20	…	4	16	53	39
	口腔内科学	6	…	…	6	25	8
	口腔修复学	4	…	2	2	12	15
	口腔正畸学	3	…	…	3	8	4
	口腔颌面外科学	5	…	2	3	4	8
	口腔种植学	2	…	…	2	4	4
吉林大学	口腔基础医学	4	2	…	2	1	2
	口腔组织病理学	2	…	…	2	1	1
	口腔生物学	1	1	…	…	…	1
	口腔预防学	1	1	…	…	…	…
	口腔临床医学	29	5	8	5	22	24
	口腔内科学	12	2	8	2	9	9
	口腔修复学	5	…	4	1	4	4
	口腔正畸学	4	1	1	2	4	5
	口腔颌面外科学	5	3	1	1	2	4
	口腔种植学	3	1	1	1	3	2
浙江大学	口腔基础医学	1	…	1	…	2	…
	口腔组织病理学	1	…	1	…	…	…
	口腔临床医学	17	7	5	5	15	9
	口腔内科学	4	2	2	…	3	2
	口腔修复学	4	1	3	…	4	3
	口腔颌面外科学	9	4	…	5	8	4
中山大学	口腔基础医学	1	…	…	1	3	2
	口腔临床医学	21	1	10	10	28	25
	口腔内科学	8	…	3	5	11	12

续表2

硕士学位授予单位	学科专业	指导教师人数	指导教师学历			招生人数	毕业人数
			本科	硕士	博士		
	口腔修复学	5	…	3	2	8	6
	口腔正畸学	2	…	1	1	2	…
	口腔颌面外科学	5	1	2	2	6	7
	口腔种植学	1	…	1	…	1	2
山东大学	口腔基础医学	2	1	…	1	1	1
	口腔组织病理学	1	…	…	1	1	1
	口腔生物学	1	…	…	1	…	…
	口腔临床医学	27	…	…	…	26	21
	口腔内科学	8	…	7	1	8	7
	口腔修复学	2	2	…	…	6	5
	口腔正畸学	5	3	2	…	6	5
	口腔颌面外科学	12	5	6	1	6	3
解放军军医进修学院	口腔临床医学	4	…	1	3	4	4
	口腔内科学	2	…	1	1	4	2
	口腔修复学	1	…	…	1	…	2
	口腔颌面外科学	1	…	…	1	…	…
首都医科大学	口腔基础医学	6	3	2	1	3	1
	口腔组织病理学	2	1	1	…	1	1
	口腔生物学	3	1	1	1	2	…
	口腔微生物学	1	1	…	…	…	…
	口腔临床医学	20	6	4	11	12	5
	口腔内科学	7	3	2	3	2	1
	口腔修复学	3	…	2	1	2	…
	口腔正畸学	4	2	…	2	4	4
	口腔颌面外科学	5	…	…	5	3	…
	口腔种植学	1	1	…	…	1	…
中国医学科学院	口腔基础医学	3	2	…	1	1	…
	口腔解剖生理学	1	1	…	…	…	…
	口腔组织病理学	1	1	…	…	1	…
	口腔预防学	1	…	…	1	…	…
	口腔临床医学	37	8	11	18	38	17

续表2

硕士学位授予单位	学科专业	指导教师人数	指导教师学历			招生人数	毕业人数
			本科	硕士	博士		
	口腔内科学	8	1	4	3	5	3
	口腔修复学	4	1	2	1	8	6
	口腔正畸学	4	2	…	2	12	5
	口腔颌面外科学	13	3	2	8	7	2
	口腔种植学	1	…	…	1	1	…
	口腔麻醉学	2	…	…	2	3	…
	儿童口腔科学	5	1	3	1	2	1
天津医科大学	口腔基础医学	2	2	…	…	1	…
	口腔解剖生理学	1	1	…	…	1	…
	口腔组织病理学	1	1	…	…	…	…
	口腔临床医学	14	8	3	3	7	5
	口腔内科学	2	2	…	…	1	1
	口腔修复学	5	3	2	…	4	4
	口腔正畸学	1	1	…	…	1	…
	口腔颌面外科学	6	2	1	3	1	…
重庆医科大学	口腔临床医学	13	9	2	2	21	2
	口腔内科学	3	3	…	…	6	1
	口腔修复学	1	1	…	…	2	…
	口腔正畸学	5	4	…	1	10	1
	口腔颌面外科学	4	1	2	1	3	…
河北医科大学	口腔基础医学	1	…	…	1	…	1
	口腔组织病理学	1	…	…	1	…	1
	口腔临床医学	13	3	8	2	11	12
	口腔内科学	5	1	3	1	2	1
	口腔修复学	2	1	1	…	4	5
	口腔正畸学	3		2	1	3	1
	口腔颌面外科学	3	1	2	…	2	5
中国医科大学	口腔基础医学	3	2	…	1	1	…
	口腔解剖生理学	1	1	…	…	…	…
	口腔组织病理学	1	1	…	…	1	…
	口腔预防学	1	…	…	1	…	…
	口腔临床医学	37	8	11	18	38	17

续表2

硕士学位授予单位	学科专业	指导教师人数	指导教师学历			招生人数	毕业人数
			本科	硕士	博士		
	口腔内科学	8	1	4	3	5	3
	口腔修复学	4	1	2	1	8	6
	口腔正畸学	4	2	…	2	12	5
	口腔颌面外科学	13	3	2	8	7	2
	口腔种植学	1	…	…	1	1	…
	口腔麻醉学	2	…	…	2	3	…
	儿童口腔科学	5	1	3	1	2	1
大连医科大学	口腔基础医学	4	…	…	4	6	14
	口腔组织病理学	4	…	…	4	6	14
	口腔临床医学	13	2	6	5	23	…
	口腔内科学	6	1	3	2	7	…
	口腔正畸学	3	…	2	1	8	…
	口腔颌面外科学	4	1	1	2	8	…
同济大学	口腔基础医学	2	1	…	1	2	…
	口腔解剖生理学	1	1	…	…	1	…
	口腔组织病理学	1	…	…	1	1	…
	口腔临床医学	14	…	…	…	33	32
	口腔内科学(含儿童口腔医学)	…	…	…	…	9	13
	口腔修复学	…	…	…	…	7	5
	口腔正畸学	…	…	…	…	6	8
	口腔颌面外科学	…	…	…	…	11	6
南京医科大学	口腔基础医学	2	…	1	1	2	…
	口腔解剖生理学	2	…	1	1	2	…
	口腔临床医学	17	5	5	7	22	11
	口腔内科学	5	1	1	3	6	3
	口腔修复学	6	3	2	1	8	3
	口腔正畸学	2	…	1	1	4	2
	口腔颌面外科学	4	1	1	2	4	3
南京大学	口腔临床医学	7	2	3	2	…	5
温州医学院	口腔临床医学	1	…	1	…	3	1
	口腔正畸学	1	…	1	…	3	1

续表2

硕士学位授予单位	学科专业	指导教师人数	指导教师学历			招生人数	毕业人数
			本科	硕士	博士		
安徽医科大学	口腔临床医学	4	…	3	1	14	3
	口腔内科学	1	…	…	1	4	2
	口腔颌面外科学	3	…	3	…	10	1
福建医科大学	口腔临床医学	17	5	4	8	17	5
	口腔内科学	6	1	1	4	6	2
	口腔修复学	2	…	1	1	…	…
	口腔正畸学	5	3	1	1	5	2
	口腔颌面外科学	3	1	1	1	4	1
	口腔种植学	1	…	…	1	2	…
青岛大学	口腔临床医学	15	4	5	6	14	23
	口腔内科学	2	…	1	1	1	5
	口腔修复学	2	1	…	1	3	5
	口腔正畸学	2	1	1	…	7	7
	口腔颌面外科学	8	2	2	4	2	6
	口腔种植学	1	…	1	…	1	…
滨州医学院	口腔临床医学	5	1	3	1	5	…
	口腔内科学	1	…	…	1	1	…
	口腔修复学	2	…	2	…	2	…
	口腔颌面外科学	2	1	1	…	2	…
郑州大学	口腔临床医学	7	3	2	2	14	6
	口腔内科学	3	2		1	5	1
	口腔修复学	2	1	1	…	5	3
	口腔正畸学	1	…	1	…	2	…
	口腔颌面外科学	1	…	…	1	2	2
中南大学	口腔基础医学	1	1	…	…	1	…
	口腔解剖生理学	1	1	…	…	1	…
	口腔临床医学	13	5	6	2	28	18
	口腔内科学	6	3	3	…	11	4
	口腔修复学	1	…	…	1	4	…
	口腔正畸学	1	…	1	…	3	3
	口腔颌面外科学	5	2	2	1	10	11
暨南大学	口腔临床医学	8	…	5	3	8	8

续表2

硕士学位授予单位	学科专业	指导教师人数	指导教师学历			招生人数	毕业人数
			本科	硕士	博士		
	口腔内科学	2	…	2	…	…	2
	口腔修复学	1	…	…	1	3	2
	口腔正畸学	2	…	1	1	3	2
	口腔颌面外科学	2	…	1	1	2	2
	口腔种植学	1	…	1	…	…	…
广西医科大学	口腔基础医学	1	1	…	…	1	…
	口腔组织病理学	1	1	…	…	1	…
	口腔临床医学	10	5	1	4	10	6
	口腔内科学	3	1	…	2	4	2
	口腔修复学	1	1	…	…	…	2
	口腔颌面外科学	6	3	1	2	6	2
泸州医学院	口腔基础医学	1	…	1	…	…	…
	口腔解剖生理学	1	…	1	…	…	…
	口腔临床医学	6	2	2	2	11	1
	口腔内科学	2	…	1	1	3	1
	口腔修复学	1	1	…	…	2	…
	口腔正畸学	1	…	1	…	3	…
	口腔颌面外科学	2	1	…	1	3	…
遵义医学院	口腔临床医学	29	13	10	6	17	12
	口腔内科学	13	4	5	4	7	6
	口腔修复学	5	3	2	…	3	1
	口腔正畸学	2	2	…	…	3	1
	口腔颌面外科学	9	4	3	2	4	4
昆明医学院	口腔基础医学	2	1	…	1	1	2
	口腔解剖生理学	1	…	…	1	1	1
	口腔材料学	1	1	…	…	…	1
	口腔临床医学	14	1	5	8	17	15
	口腔内科学	5	…	3	2	3	3
	口腔修复学	3	…	1	2	6	5
	口腔正畸学	1	1	…	…	4	3
	口腔颌面外科学	5	…	1	4	4	4
西安交通大学	口腔临床医学	19	10	8	…	18	26

续表2

硕士学位授予单位	学科专业	指导教师人数	指导教师学历			招生人数	毕业人数
			本科	硕士	博士		
	口腔内科学	5	2	3	…	2	8
	口腔修复学	1	1	…	…	3	3
	口腔正畸学	2	2	…	…	6	4
	口腔颌面外科学	7	3	4	…	2	7
	口腔种植学	2	1	…	1	3	4
	口腔预防学	2	1	1	…	2	…
兰州大学	口腔基础医学	2	1	1	…	1	2
	口腔预防学	1	…	…	…	…	…
	口腔临床医学	12	4	7	1	7	1
	口腔内科学	3	…	…	…	…	…
	口腔修复学	4	…	…	…	…	…
	口腔正畸学	1	…	…	…	…	…
	口腔颌面外科学	2	…	…	…	…	…
新疆医科大学	口腔临床医学	6	2	2	1	15	3
	口腔内科学	1	…	…	1	5	1
	口腔修复学	1	…	…	…	1	…
	口腔正畸学	…	…	…	…	…	…
	口腔颌面外科学	4	2	2	…	9	2
南方医科大学	口腔临床医学	8	…	2	6	1	…
(附属口腔医院)	口腔内科学	2	…	1	1	1	…
	口腔修复学	1	…	…	1	…	…
	口腔正畸学	1	…	…	1	…	…
	口腔颌面外科学	3	…	1	2	…	…
	口腔种植学	1	…	…	1	…	…
贵阳医学院	口腔临床医学	9	4	3	2	13	3
	口腔内科学	2	…	1	1	3	…
	口腔修复学	2	2	…	…	2	1
	口腔正畸学	2	2	…	…	3	…
	口腔颌面外科学	3	…	2	1	5	2

2005年度获得中国口腔医学博士学位的人员名录

表3资料由我国口腔医学博士学位授予单位和个别口腔医学院校非口腔医学博士点提供，我国香港、澳门和台湾地区获口腔医学博士学位的人员未统计在内。

表3 2005年获口腔医学博士学位人员名录

学位授予单位	姓名	性别	出生年月	获学位年月	所授专业学位	导师姓名	毕业论文
四川大学	左渝陵	男	1975.08	2005.07	口腔临床医学	周学东	天然药物防龋的物质基础研究——蜂房防龋有效成分的化学研究
	谢倩	女	1977.11	2005.07	口腔临床医学	周学东	天然药物防龋的物质基础研究——五倍子防龋成分的化学研究
	胡涛	男	1967.07	2005.07	口腔临床医学（科学学位）	周学东	远缘链球菌单菌种生物膜的动态观察及胞外多糖作用的初步研究
	李继遥	女	1965.10	2005.07	口腔临床医学（科学学位）	周学东	模型药物防根龋作用的实验研究
	魏昕	女	1967.10	2005.07	口腔临床医学	周学东 李秉奇	老年口腔念珠菌的分布及生物学研究
	孙卫斌	男	1960.06	2005.07	口腔临床医学	刘天佳 吴亚菲	纳米羟基磷灰石对人牙周膜细胞骨化分化的研究
	郭永华	女	1977.05	2005.07	口腔临床医学	刘天佳 吴亚菲	牙龈卟啉单胞菌菌毛*fim*A遗传多态性和致病性的研究
	杨德琴	男	1972.04	2005.07	口腔临床医学	刘天佳	不同龋敏感人群变形链球菌产酸耐酸毒力因子遗传多态性研究
	黄萍	女	1956.01	2005.07	口腔临床医学	张蕴惠	慢性牙周炎患者自然发展进程及与环境因素、*IL*-1基因多态性相关关系的研究
	李红旭	男	1974.04	2005.07	口腔临床医学	胡德渝	乳过氧化物酶抗菌系统对牙龈卟啉单胞菌和具核梭杆菌的抑制作用及机制研究
	范旭	女	1968.03	2005.07	口腔临床医学	胡德渝	以学校为基础的口腔健康教育及促进方法的研究
	周智	男	1971.01	2005.07	口腔临床医学	胡德渝	壳寡聚糖对变形链球菌影响的实验研究
	刘红春	女	1975.03	2005.07	口腔临床医学	胡德渝	电阻抗仪在根龈早期诊断预防中的基础和应用研究
	何立弘	男	1978.09	2005.07	口腔临床医学	巢永烈	SHOFU长石质陶瓷疲劳性能研究
	宋扬	男	1977.03	2005.07	口腔临床医学	巢永烈	富血小板血浆促进骨组织修复的实验研究

续表3

学位授予单位	姓名	性别	出生年月	获学位年月	所授专业学位	导师姓名	毕业论文
	吴峻岭	男	1977.10	2005.07	口腔临床医学	巢永烈	新型牙用烤瓷支架钴铬合金金瓷结合的研究
	侯　睿	男	1978.10	2005.07	口腔临床医学	巢永烈	体外不同动态力学应变对人牙周膜成纤维细胞整合素 α_5、α_6、β_1 表达和细胞增殖、功能活性的影响的初步研究
	陈　玲	女	1972.01	2005.07	口腔临床医学	巢永烈	四川地区中国人群天然牙与比色板的色度学研究
	杨　凌	男	1976.06	2005.07	口腔临床医学	巢永烈	磁性附着体模拟静磁场对人牙龈成纤维细胞和人牙周膜成纤维细胞的生物学效应研究
	宋宏杰	男	1969.08	2005.07	口腔临床医学	梁　星	流体剪切应力对大鼠成骨细胞整合素 β_1、α_v 及骨保护素、骨保护素配体(OPG/OPGL)的影响
	陈　明	男	1969.04	2005.07	口腔临床医学	梁　星	定常流加载系统的设计制作及流体切应力对体外培养破骨细胞的影响
	许艳华	女	1077.01	2005.07	口腔临床医学	罗颂椒 徐　芸	Ⅲ类矫形磁力作用下青春期恒河猴颞下颌关节改建的实验研究
	吴　勇	男	1977.12	2005.07	口腔临床医学	罗颂椒 赵志河	力学刺激体外培养颌面肌细胞及功能矫形前伸下颌后大鼠浅层嚼肌兴奋-收缩单元表达变化的实验研究
	李　煌	女	1976.12	2005.07	口腔临床医学	陈扬熙 徐　芸	体外周期性单轴压应力下髁突软骨细胞早期应答机制的蛋白质组学初探
	郭　杰	男	1970.10	2005.07	口腔临床医学	陈扬熙	大鼠动情周期不同阶段正畸牙移动牙周改建调控机理的比较研究
	邹淑娟	女	1964.08	2005.07	口腔临床医学	陈扬熙	颅骨缝牵张成骨的组织改建与细胞反应
	王艳民	男	1976.05	2005.07	口腔临床医学	陈扬熙	前伸下颌后大鼠髁突软骨内MMP和TIMO-1表达变化的研究
	李志勇	男	1972.08	2005.07	口腔临床医学	李声伟	大鼠骨髓间充质干细胞牙向分化潜能的实验研究
	王　涛	男	1972.09	2005.07	口腔临床医学	李声伟	纳米双相磷酸钙瓷用于组织工程支架材料的实验研究
	唐尤超	男	1971.07	2005.07	口腔临床医学	李声伟 田卫东	基因修饰的组织骨促进骨质疏松症骨愈合的实验研究
	阎征斌	男	1976.07	2005.07	口腔临床医学	田卫东	第一鳃弓外胚间充质细胞牙向分化差异基因的初步筛选

续表3

学位授予单位	姓名	性别	出生年月	获学位年月	所授专业学位	导师姓名	毕业论文
	白晓峰	男	1976.07	2005.07	口腔临床医学	田卫东	血管内皮生长因子基因转染促进组织工程血管化和骨折愈合的实验研究
	谢家敏	男	1969.11	2005.07	口腔临床医学	田卫东	人牙乳头间充质细胞的分离培养及生长分化的实验研究
	黄 磊	男	1969.06	2005.07	口腔临床医学	石 冰	甲状腺转录因子-2转基因小鼠模型建立及其对腭融合的影响
	宋庆高	男	1967.09	2005.07	口腔临床医学	石 冰	转染γ-干扰素的口腔黏膜细胞片修复裸露硬腭的上颌骨生长发育研究
	王 奕	男	1976.07	2005.07	口腔临床医学	石 冰	大鼠胚胎皮肤无瘢痕愈合机制的实验研究
	刘 华	男	1975.11	2005.07	口腔临床医学	李龙江	口腔癌引流区淋巴结反应性增生与转移关系的研究
	赵洪伟	男	1973.12	2005.07	口腔临床医学	李龙江	植物激素对口腔鳞癌诱导分化作用的实验研究
	韩 波	男	1974.06	2005.07	口腔临床医学	李龙江	反义*hif*-1α基因转染提高口腔癌放疗敏感性的相关基础研究
	何 巍	男	1968.02	2005.07	口腔临床医学	李龙江	菌膜在原发舍格伦综合征发病中作用的实验研究
	刘 坤	男	1976.11	2005.07	口腔临床医学	温玉明	腺样囊性癌肿瘤干细胞的分离与鉴定
	马三成	男	1970.10	2005.06	口腔临床医学	胡 静	*bmp*基因修饰的MSCS复合N-HA/PA66修复兔下颌骨缺损的实验研究
	韩立赤	男	1971.04	2005.07	口腔临床医学	胡 静	张应力诱导大鼠骨髓间充质干细胞骨向分化的实验研究
	戚孟春	男	1968.08	2005.07	口腔临床医学	胡 静	*bmp*-7基因修饰的自体骨髓间充质干细胞促进大鼠下颌牵张成骨的实验研究
	周海孝	男	1968.07	2005.07	口腔临床医学	胡 静	输送盘牵张成骨术修复颅骨缺损的实验研究
	李全利	男	1966.12	2005.07	口腔临床医学	陈治清	壳聚糖磷酸化改性仿生构建骨再生材料
	曾 泉	男	1976.03	2005.07	口腔临床医学	陈治清	纯钛种植材料表面构建生物活性过渡层的研究
	李 罡	男	1972.05	2005.07	口腔临床医学	陈治清	气电纺蚕丝蛋白纳米纤维的制备与组织工程研究
北京大学	张卫民	男	1973.01	2005.07	口腔基础医学	高 岩	β-连环素在口腔鳞状细胞癌中作用的初步研究
					（科学学位）		
	杨 媛	女	1978.01	2005.07	口腔临床医学	曹采方 葛立宏	掌跖角化-牙周破坏综合征的临床和基因突变研究

续表3

学位授予单位	姓名	性别	出生年月	获学位年月	所授专业学位	导师姓名	毕业论文
	陈　君	男	1972.04	2005.07	口腔临床医学	王嘉德 岳　林	根管内折断器械的掏取及对牙体硬组织损伤的研究
	李启强	男	1975.07	2005.07	口腔临床医学	孟焕新	龈沟液有机酸与慢性牙周炎的关系
	徐　莉	女	1965.02	2005.07	口腔临床医学	孟焕新	侵袭性牙周炎患者牙槽骨吸收状况及宿主相关因素的研究
	韩　劼	女	1973.08	2005.12	口腔临床医学	孟焕新 李盛林	人牙周膜细胞的多向分化及牙周组织工程的初步研究
	司　燕	女	1977.02	2005.07	口腔临床医学	高学军 张博学	对氟牙症患者社会心理状况的评价
	董艳梅	女	1965.06	2005.12	口腔临床医学	高学军	微量牙菌斑中氟化物的检测与临床研究
	熊世江	女	1964.06	2005.12	口腔临床医学	高学军	中药洁液与超声技术联合应用对根管的清洁和消毒作用
	刘晓松	女	1968.10	2005.07	口腔临床医学（科学学位）	栾文民 刘宏伟	HIV^+ 口腔念珠菌病与 $CD4^+$ 细胞及菌株毒性的相关研究
	栾修文	男	1975.04	2005.07	口腔临床医学	俞光岩 毛　驰	肩胛舌骨上颈淋巴清扫应用于 cN_0 口腔鳞癌的临床研究
	王　洋	男	1978.01	2005.07	口腔临床医学	俞光岩 郭传瑸	辣椒素在血管化自体颌下腺移植中的临床应用
	崔念晖	男	1971.03	2005.12	口腔临床医学	俞光岩 郭传瑸	二磷酸盐对鳞癌颌骨侵犯的抑制及相关细胞因子研究
	王　莺	女	1976.09	2005.07	口腔临床医学	王　兴 林　野	种植体支持的赝复体修复颅面部组织缺损的临床初步研究
	许卫华	女	1972.06	2005.07	口腔临床医学	马绪臣 郭传瑸	颞下颌关节紊乱病精神心理因素的临床研究
	孟娟红	女	1968.12	2005.07	口腔临床医学（科学学位）	马绪臣 马大龙	颞下颌关节骨关节病髁突软骨差异表达基因的实验研究
	葛　晶	女	1974.03	2005.07	口腔临床医学	冯海兰 王新知	不同材料桩核对铸瓷全冠修复体颜色的影响
	张相皞	男	1976.08	2005.07	口腔临床医学	冯海兰 王新知	纤维桩的力学性能研究及临床应用对比观察
	马鹏华	男	1975.12	2005.07	口腔临床医学	冯海兰 杨亚东	磁性覆盖义齿的临床观察和基牙受力的有限元力学分析
	李　健	女	1977.11	2005.07	口腔临床医学	冯海兰 姜　婷	咬合改变后出现口面痛者的心理状况和神经功能初步研究
	吴敏节	男	1976.09	2005.07	口腔临床医学	冯海兰 姜　婷	咬合支持状态相关影响的临床及实验研究
	寇传哲	女	1972.10	2005.12	口腔临床医学	冯海兰 孟焕新	可摘局部义齿对基牙牙周健康的影响
	高　旭	男	1965.07	2005.07	口腔临床医学	冯海兰 谭建国	釉基质蛋白对延迟再植牙牙周愈合影响的体内和体外实验研究

续表3

学位授予单位	姓名	性别	出生年月	获学位年月	所授专业学位	导师姓名	毕业论文
	吴　华	女	1975.06	2005.12	口腔临床医学	冯海兰 赵红珊	牙齿数目形态异常的流行病学调查及*pax*-9基因突变的检测
	潘韶霞	女	1972.06	2005.12	口腔临床医学	冯海兰	纳米相羟磷灰石矿化胶原聚乳酸复合膜性能研究
	陈亚明	男	1958.07	2005.12	口腔临床医学	冯海兰	树脂嵌体修复与牙体抗力的实验研究
	杨　旭	男	1975.04	2005.07	口腔临床医学	徐　军 谭建国	釉基质蛋白促进纯钛种植体骨结合的动物实验研究
	张若芳	女	1978.11	2005.07	口腔临床医学	傅民魁 张　丁	颜面不对称畸形的颅面形态、牙㖞特征及髁突运动轨迹的研究
	杨　瑛	女	1976.11	2005.07	口腔临床医学	傅民魁 张　丁	核心结合因子(Cbf-α_1)在机械力引起人牙周膜细胞分化中的作用
	朱胜吉	男	1976.01	2005.07	口腔临床医学	傅民魁 周彦恒	MAS微螺钉型种植体支抗系统的研发及应用研究
	张海萍	女	1976.10	2005.07	口腔临床医学	林久祥 许天民	替牙期至恒牙期正常㖞临床冠高度及牙齿位置的纵向研究
	贾海潮	男	1970.04	2005.07	口腔临床医学	林久祥 李巍然	前方牵引治疗单侧完全性唇腭裂患者术后前牙反㖞畸形的机制研究
	宋　宇	男	1972.07	2005.07	口腔临床医学	林久祥 周彦恒	影响良好㖞关系建立的相关因素分析研究
	吴建勇	男	1963.06	2005.12	口腔临床医学	林久祥 许天民	磁力Twin-block矫治器的研制及其对骨性Ⅱ类牙颌畸形矫治的研究
	钟燕雷	男	1970.09	2005.07	口腔临床医学	曾祥龙 贾绮林	上颌埋伏阻生尖牙的临床调查、分类及相关牙颌面特征研究
	黄晓峰	男	1974.12	2005.07	口腔临床医学	曾祥龙	下颌骨骨压缩的动物实验研究
上海交通大学	葛少华	女	1973.11	2005.07	口腔基础医学	李德懿	小鼠牙囊细胞的体外培养特征及增殖分化影响因素研究
	姜　茜	女	1975.02	2005.07	口腔基础医学	李德懿	牙龈结合上皮和口腔龈上皮体内外生物学特性比较
	王志国	男	1973.09	2005.07	口腔基础医学	郭　伟	头颈部原发NHL分子细胞遗传学异常与临床特征相关性研究
	袁荣涛	男	1970.10	2005.07	口腔临床医学	张志愿	*HPV*16E6基因在口腔上皮细胞恶变中调控作用的研究
	何　悦	男	1973.02	2005.07	口腔临床医学	张志愿	骨髓基质细胞复合β-磷酸三钙修复下颌骨缺损的实验研究
	余优成	男	1966.03	2005.07	口腔临床医学	张志愿	Ebp-1对舌鳞癌和涎腺腺样囊性癌细胞增殖的影响

续表3

学位授予单位	姓名	性别	出生年月	获学位年月	所授专业学位	导师姓名	毕业论文
	吴轶群	男	1969.12	2005.07	口腔临床医学	张志愿	上颌面缺损种植修复的优化设计研究：种植导航和应力分析
	吕晓智	男	1975.08	2005.07	口腔临床医学	张陈平	口腔鳞状细胞癌靶标相关基因的筛选和验证
	杨雯君	男	1971.07	2005.07	口腔临床医学	张陈平	人唾液腺肿瘤PLAG-1转基因小鼠模型建立及其基因表达研究
	曲行舟	男	1974.03	2005.07	口腔临床医学	张陈平	人唾液腺肿瘤PLAG-1转基因小鼠模型建立及其基因表达分析
	徐立群	男	1969.02	2005.07	口腔临床医学	张陈平	钛生物力型下颌骨的计算机辅助设计
	张世周	男	1969.10	2005.07	口腔临床医学	王中和	顺铂动脉化疗联合同期放疗对血管吻合影响的实验研究
	王海燕	女	1975.07	2005.07	口腔临床医学	周曾同	应用组织工程技术构建口腔黏膜的实验研究
	赵　民	女	1970.12	2005.07	口腔临床医学	周曾同	口腔念珠菌的分子分型、耐药性及抗真菌中药筛
	李　静	女	1974.01	2005.07	口腔临床医学	张富强	口腔种植用纳米羟磷灰石-氧化锆陶瓷的实验研究
	李　莹	女	1972.01	2005.07	口腔临床医学	张富强	预成氧化锆根管桩表面改性和黏结强度的研究
	孙　蕾	女	1974.05	2005.07	口腔临床医学	张富强	二次烧结可切削牙科纳米氧化锆陶瓷实验研究
	朱梓园	女	1975.05	2005.07	口腔临床医学	张富强	抗菌钛种植体羟磷灰石涂层材料的基础研究
第四军医大学	刘晓亮	男	1976.02	2005.07	口腔基础医学	金　岩	毛囊细胞构建毛囊化组织工程皮肤的研究
	朱秀丽	女	1968.08	2005.07	口腔基础医学	吴军正	基质金属蛋白酶-1基因沉默抑制人涎腺腺样囊性癌肺高转移细胞ACC-M侵袭转移的研究
	刘　青	男	1968.10	2005.07	口腔临床医学	吴织芬 金　岩	口腔黏膜扁平苔藓发病相关基因筛选、克隆及功能的初步研究
	牛学刚	男	1973.01	2005.07	口腔临床医学	赵铱民	颧骨牵张成骨修复部分上颌骨缺失的实验研究
	王晓波	男	1978.03	2005.07	口腔临床医学	姚月玲	冠、桥及全口钛基托的激光立体成形制备研究
	李　江	男	1970.10	2005.07	口腔临床医学	王忠义	齿科可切削氟硅云母玻璃陶瓷的烧结工艺改良及计算机配色研究
	王晓洁	女	1971.01	2005.07	口腔临床医学	郭天文	CCW钛黏结瓷的研制及钛表面处理对钛瓷结合强度的影响

续表3

学位授予单位	姓名	性别	出生年月	获学位年月	所授专业学位	导师姓名	毕业论文
	于淑湘	女	1977.11	2005.07	口腔临床医学	陈吉华	影响牙科陶瓷黏结性能因素的研究
	邢向辉	男	1977.09	2005.07	口腔临床医学	文玲英	大鼠牙根发育模式相关基因的筛选及部分基因功能的研究
	贺惠霞	女	1970.01	2005.07	口腔临床医学	史俊南	牙髓干细胞应用于组织工程化牙髓牙本质复合体的实验研究
	王亦菁	女	1973.08	2005.07	口腔临床医学	史俊南	牙髓干细胞与外胚间充质干细胞的表型及分化能力的比较研究
	朱庆林	男	1976.02	2005.07	口腔临床医学	吴补领	核心结合因子-α_1 对釉原蛋白基因的转录调控
	金　涛	男	1972.02	2005.07	口腔临床医学	吴补领	远缘链球菌细胞分裂蛋白相关基因 *ftsk* 功能的研究
	高　杰	男	1974.01	2005.07	口腔临床医学	吴补领	Smad-3 信号分子对牙本质涎磷蛋白基因表达调控的研究
	李　霞	女	1970.10	2005.07	口腔临床医学	肖明振	TRAF6 在牙胚发育及牙齿炎症中的表达和功能研究
	郭　婷	女	1977.10	2005.07	口腔临床医学	肖明振	核心结合因子-α_1 对牙本质涎磷蛋白基因的转录调控
	张　惠	女	1967.09	2005.07	口腔临床医学	徐礼鲜	静脉麻醉剂中枢作用部位及相关递质代谢的显像研究
	张晓东	男	1971.05	2005.07	口腔临床医学	林　珠	牵张应力对牙周膜成纤维细胞及细胞外基质代谢影响的研究
	陈　曦	男	1969.11	2005.07	口腔临床医学	林　珠	减阻牵张快速牙移动的实验研究
	赵昱辉	男	1973.03	2005.07	口腔临床医学	段银钟	降钙素基因相关肽与正畸组织改建相关的实验研究
	程晓兵	男	1965.11	2005.07	口腔临床医学	毛天球	β-磷酸三钙用作组织工程骨支架材料修复犬下颌骨节段性缺损的实验研究
	羊书勇	男	1974.10	2005.07	口腔临床医学	毛天球	富含血小板血浆应用于骨组织工程的研究
	刘瑞峰	男	19760.8	2005.07	口腔临床医学	周树夏	牵张成骨技术修复兔下颌骨创伤性缺损的实验研究
	田　磊	男	1977.12	2005.07	口腔临床医学	周树夏	牵张成骨术修复犬下颌骨高速投射物创伤性骨缺损的实验研究
	李春明	男	1964.03	2005.07	口腔临床医学	刘宝林	*bfgf* 基因修饰组织工程骨移植修复颌骨缺损及相关机制的实验研究
	于开涛	男	1976.11	2005.07	口腔临床医学	刘宝林	离体时间对非血管化骨移植同期种植体植入愈合影响的实验研究

续表 3

学位授予单位	姓名	性别	出生年月	获学位年月	所授专业学位	导师姓名	毕业论文
武汉大学	刘晓东	男	1974.09	2005.07	口腔基础医学	王美青	个别后牙移动导致大鼠初级中枢致敏的形态学研究
	张　旻	女	1973.11	2005.07	口腔基础医学	王美青	下颌骨髁突软骨细胞力学信号转导机制的研究
	王　丽	女	1974.03	2005.12	口腔基础医学	汪说之	牙源性钙化上皮瘤临床病理、细胞增殖及侵袭性研究
	宋光泰	男	1964.04	2005.06	口腔临床医学	樊明文	复合树脂嵌体修复儿童磨牙缺损的临床及相关基础研究
	张微波	女	1975.09	2005.06	口腔临床医学	樊明文	牙髓干细胞体外分化能力的研究
	李宇红	女	1971.02	2005.06	口腔临床医学	樊明文	增强靶向融合防龋 DNA 疫苗黏膜免疫效果的研究
	薛敬玲	女	1974.08	2005.06	口腔临床医学	樊明文	口腔扁平苔藓病损上皮中郎格罕细胞与增殖、凋亡的研究
	黄冰冰	女	1975.02	2005.12	口腔临床医学	樊明文	厚朴活性成分的提取及抗龋机制研究
	叶晓茜	女	1974.08	2005.06	口腔临床医学	边　专	一个新的遗传性牙龈纤维瘤病基因座的定位和关键区域分析
	何　俐	女	1973.03	2005.06	口腔临床医学	边　专	C 形根管系统的预备及临床治疗研究
	宋亚玲	女	1970.06	2005.06	口腔临床医学	边　专	牙体硬组织发育不全及牙源性角化囊肿相关致病基因分析
	汪昌宁	男	1964.05	2005.12	口腔临床医学	边　专	家族性巨颌症家系收集与分子致病机理的研究
	甘　瑜	女	1976.10	2005.12	口腔临床医学	边　专	哈茨木霉菌非水溶性葡聚糖酶的基础及应用研究
	程　越	女	1968.09	2005.06	口腔临床医学	彭　彬	根管治疗充填质量、疗效及相关因素分析
	张　飚	男	1968.10	2005.06	口腔临床医学	彭　彬	K_2O-Al_2O_3-SiO_2 系统牙科玻璃陶瓷的研制及其临床应用
	李智勇	男	1974.09	2005.06	口腔临床医学	程祥荣	种植体支持全瓷单冠的三维有限元分析
	徐东选	男	1965.10	2005.06	口腔临床医学	程祥荣	不同含量纤维增强基托树脂的实验研究
	程　辉	男	1964.12	2005.06	口腔临床医学	程祥荣	冠、桥、基牙三种生物学性状的研究
	蓝　菁	女	1976.02	2005.06	口腔临床医学	程祥荣	生长因子对种植体整合的影响及转基因质粒的构建
	张　倩	女	1976.10	2005.06	口腔临床医学	程祥荣	固定夹板义齿用于牙周炎修复治疗的研究
	施　斌	男	1963.02	2005.06	口腔临床医学	程祥荣	种植义齿两种设计及两种固位方式的生物力学研究
	黄　翠	女	1968.10	2005.06	口腔临床医学	程祥荣	全酸蚀/自酸蚀牙本质黏结系统的评价
	曹正国	男	1976.08	2005.06	口腔临床医学	李成章	MMP-1 启动子基因多态性与牙周炎相关性研究

续表 3

学位授予单位	姓名	性别	出生年月	获学位年月	所授专业学位	导师姓名	毕业论文
	邓末宏	男	1971. 03	2005. 06	口腔临床医学	龙　星	K6-Ⅰ系统在颞下颌关节紊乱病中的应用
	路彤彤	女	1966. 10	2005. 06	口腔临床医学	赵怡芳	舌癌淋巴管生成与颈淋巴结转移的研究
	李　辰	女	1976. 06	2005. 06	口腔临床医学	赵怡芳	平阳霉素治疗后血管畸形的血管构型及细胞收缩表型改变
	贾　俊	男	1973. 06	2005. 06	口腔临床医学	赵怡芳	重组腺病毒体外转染内皮细胞的研究
	李祖兵	男	1954. 08	2005. 12	口腔临床医学	赵怡芳	牙本质基质蛋白-1 在矿化组织矿化和发育中的作用
	张清彬	男	1975. 01	2005. 06	口腔临床医学	东耀峻	颧骨的应用解剖和颧骨复合体骨折的临床研究
吉林大学	刘　勇	男	1977. 08	2005. 06	口腔临床医学	孙宏晨	丙二醇-反丁烯二酰氯缩聚物复合材料在颌骨缺损修复中的应用基础研究
	苏　涛	男	1970. 04	2005. 06	口腔临床医学	孙宏晨	hTERT 启动子诱导 *TRAIL* 基因靶向表达治疗涎腺肿瘤的实验研究
	孙　铭	男	1974. 03	2005. 06	口腔临床医学	欧阳喈	EMD、PTH 被人 TDLC 成骨、成牙骨质表型调控机制的研究
	李　勇	男	1970. 06	2005. 06	口腔临床医学	欧阳喈	正颌外科矢状成骨后不同固定方式的力学研究
首都医科大学	张学军	女	1967. 05	2005. 07	口腔临床医学	王邦康	安格尔Ⅱ类 1 分类错殆功能前移髁突运动轨迹影响的研究
	周传丽	女	1968. 04	2005. 07	口腔临床医学	王邦康	Activator 功能矫治对下颌骨、颞下颌关节和翼外肌形态结构的影响研究
	封平平	女	1975. 05	2005. 07	口腔临床医学	王邦康	国产正畸陶瓷托槽力学性能的研究
	孙　正	女	1957. 05	2005. 07	口腔科学学位	李玉晶	花生四烯酸代谢抑制剂对口腔癌预防作用的研究
	杜　娟	女	1974. 08	2005. 07	口腔科学学位	王松灵	硝酸盐、亚硝酸盐对口腔细菌影响的实验及动物研究
	夏登胜	男	1967. 01	2005. 07	口腔临床医学	王松灵	*Shh* 信号通路基因及 *dpp*-6 基因在小鼠胚胎颌面部的表达
	李岩涛	女	1971. 11	2005. 07	口腔临床医学	王松灵	小型猪、大鼠及人口腔微生态的比较研究
	方碧松	男	1970. 10	2005. 07	口腔临床医学	李玉晶	龋病过程中牙本质-牙髓复合体的变化及牙髓损伤部分相关因素的研究
中国医科大学	张　凌	女	1970. 12	2005. 07	口腔临床医学	王兆元	口腔上皮细胞与白色念珠菌相互作用的体外实验研究

续表 3

学位授予单位	姓名	性别	出生年月	获学位年月	所授专业学位	导师姓名	毕业论文
	朱耀旻	男	1977.08	2005.07	口腔临床医学	王玉新	体内初步构建组织工程化颌下腺的研究
	张桂荣	女	1965.08	2005.07	口腔临床医学	李瑞武	口腔鳞癌端粒酶活性的表达及其生物学调控的实验研究
	孙晓菊	女	1958.12	2005.07	口腔临床医学	王绪凯	环氧合酶-2 与口腔鳞状细胞癌关系的初步研究
	王秋旭	男	1971.11	2005.07	口腔临床医学	孙长伏	口腔鳞状细胞癌外信号调节激酶及 PTEN 蛋白表达的研究
	沈　磊	女	1971.06	2005.07	口腔临床医学	孙长伏	蛋白激酶 B 与涎腺腺样囊性癌关系的实验研究
	孙　强	男	1976.01	2005.07	口腔临床医学	艾红军	CAD-CAM 可切削基体的研发和渗透陶瓷复合体的力学研究
	梁　铭	女	1969.04	2005.07	口腔临床医学	艾红军	钛合金种植体骨整合作用的影响因素研究
	李秀兰	女	1963.10	2005.07	口腔临床医学	艾红军	产黑色卟啉单胞菌诱导骨吸收作用机制的研究
	赵永康	男	1969.11	2005.07	口腔临床医学	艾红军	活化低模量 Ti-29Nb-13Ta-4.6Zr 和 Ti-Nb-Zr-Sn 系合金的生物相容性
	侯志明	男	1963.10	2005.07	口腔临床医学	艾红军	高性能固定矫治用磁体的力学评价及生物相容性研究
解放军军医进修学院	贾　静	女	1970.05	2005.07	口腔临床医学	刘洪臣	大鼠三叉神经脊束核和海马星形胶质细胞对咬合创伤的反应
	陈　琰	女	1973.02	2005.07	口腔临床医学	刘洪臣	牙髓冷刺激痛及牙痛期待的功能性磁共振成像研究
	刘雪梅	女	1969.01	2005.07	口腔临床医学	刘洪臣	甜味觉及咸味觉在大脑皮质投射区的功能性磁共振成像研究
	章捍东	男	1967.06	2005.07	口腔临床医学	刘洪臣	大鼠咬合创伤去除前后牙周组织 IL-1β、IL-6、TNF-α、RANKL/OPG 的表达
	杨德圣	男	1965.08	2005.07	口腔临床医学	刘洪臣	影响牙种植体早期稳定性因素的研究
	李岩峰	男	1975.07	2005.07	口腔临床医学	胡　敏	镍钛合金牵引器及犬下颌骨体牵引成骨力学问题有限元初步研究
	布静秋	男	1963.10	2005.07	口腔临床医学	步荣发	cN_0 口腔鳞癌前哨淋巴结活检的相关研究
	张　健	男	1970.07	2005.07	口腔临床医学	胡　敏	成骨细胞与血管内皮细胞联合培养复合肌瓣构建血管化组织工程骨的实验研究
	许亦权	男	1970.07	2005.07	口腔临床医学	胡　敏	同种异体骨移植修复犬颞颌关节、下颌骨缺损的初步研究

续表 3

学位授予单位	姓名	性别	出生年月	获学位年月	所授专业学位	导师姓名	毕业论文
	侯　敏	男	1970.07	2005.07	口腔临床医学	柳春明	中位牵引前移面中份骨骼的实验与临床研究
中山大学	赵玮玮	女	1976.03	2005.07	微生物学	凌均棨	含变形链球菌 *sbr* 基因转基因番茄防龋疫苗的研究
	廖明庭	男	1974.05	2005.07	骨科学	张志光	压力诱导大鼠髁突软骨细胞退变及其相关信号转导通路的研究
中南大学	蒋灿华*	男	1971.10	2005.07	外科学	翦新春 张志愿	复方“参阳”冲剂辅助治疗口腔鳞癌疗效评价及其药效学研究
	许春姣	女	1966.04	2005.07	外科学	翦新春	黄芪-壳聚糖/聚乳酸支架对犬牙周骨缺损修复的实验研究
浙江大学	肖　进	男	1973.06	2005.06	口腔临床医学	谷志远	颞下颌关节盘前移位后髁突软骨细胞凋亡和实习员改建的研究
	朱赴东	男	1977.09	2005.12	口腔临床医学	赵士芳	成骨细胞中 NO-C-FOS 通路对流体剪切力的相应
	陈　宁	男	1954.08	2005.03	口腔临床医学	赵士芳	味蕾、舌神经损伤和再生的实验和临床研究
	章庆国	男	1964.01	2005.06	口腔临床医学	赵士芳	骨髓基质干细胞、成骨细胞与多孔陶瓷支架构建组织工程化骨的研究
	姚　华	女	1973.11	2005.06	口腔临床医学	吴求亮	靶向 hTERT 反义寡核苷酸对人舌鳞癌细胞增殖和端粒酶的抑制作用
河北医科大学	王　旭	女	1963.05	2005.09	病理学与病理生理学	王　洁	涎腺多形性腺瘤基因治疗的实验研究
	郑书深	男	1966.01	2005.09	病理学与病理生理学	王　洁	*HSV*-tK 与 *IL-2* 基因对涎腺多形性腺瘤细胞杀伤作用的实验研究
	闫炳智	男	1972.03	2005.09	病理学与病理生理学	王　洁	野生型 *p53* 基因治疗涎腺腺样囊性癌的实验研究

* 中南大学和上海交通大学附属九院联合培养

2005 年度经教育部备案或批准设置的高等学校医学类口腔专科专业名单

表 4 资料摘自国家教育部高教司公布的 2005 年度经教育部备案或批准设置的高等学校医学类口腔专科专业名单。

表 4　2005 年度经教育部备案或批准设置的高等学校医学类口腔专科专业名单

学校名称	专业代码	专业名称	修业年限	主管部门
白城医学高等专科学校	630102	口腔医学	3 年	吉林省
沧州医学高等专科学校	630102	口腔医学	3 年	河北省
怀化医学高等专科学校	630102	口腔医学	3 年	湖南省
丽水学院	630102	口腔医学	3 年	浙江省
辽东学院	630102	口腔医学	3 年	辽宁省
漯河医学高等专科学校	630102	口腔医学	3 年	河南省
商丘医学高等专科学校	630102	口腔医学	3 年	河南省
韶关学院	630102	口腔医学	3 年	广东省

教育部 2005 年同意核定招生的全国普通高等学校高职高专口腔医学类专业点名单

表 5 资料摘自中华人民共和国教育部《关于印发 2005 年全国普通高等学校高职高专教育专业点整理情况的通知》(教高函[2005]9 号文)公布的 2005 年同意核定招生的全国普通高等学校高职高专口腔医学类专业点名单。

表 5　2005 年同意核定招生的全国普通高等学校高职高专口腔医学类专业点名单

学校名称	专业名称	专业代码	修业年限
安徽医学高等专科学校	口腔医学	630102	3
北华大学	口腔医学	630102	3
长春医学高等专科学校	口腔医学	630102	3
长春中医学院	口腔医学	630102	3
赤峰学院	口腔医学	630102	3
川北医学院	口腔医学	630102	3
福建医科大学	口腔医学	630102	3
广西中医学院	口腔医学	630102	3
广州医学院	口腔医学	630102	3
海南医学院	口腔医学	630102	3
杭州师范学院	口腔医学	630102	3
河北北方学院	口腔医学	630102	3
河北医科大学	口腔医学	630102	3
湖北中医药高等专科学校	口腔医学	630102	3
湖州师范学院	口腔医学	630102	3

续表5

学校名称	专业名称	专业代码	修业年限
华北煤炭医学院	口腔医学	630102	3
吉林医药学院	口腔医学	630102	3
江汉大学	口腔医学	630102	3
江西医学院	口腔医学	630102	3
井冈山学院	口腔医学	630102	3
九江学院	口腔医学	630102	3
泸州医学院	口腔医学	630102	3
宁波大学	口腔医学	630102	3
宁夏医学院	口腔医学	630102	3
齐齐哈尔医学院	口腔医学	630102	3
泉州医学高等专科学校	口腔医学	630102	3
山西医科大学	口腔医学	630102	3
石河子大学	口腔医学	630102	3
石家庄医学高等专科学校	口腔医学	630102	3
天津医学高等专科学校	口腔医学	630102	3
皖南医学院	口腔医学	630102	3
厦门医学高等专科学校	口腔医学	630102	3
邢台医学高等专科学校	口腔医学	630102	3
延安大学	口腔医学	630102	3
云南医学高等专科学校	口腔医学	630102	3
肇庆医学高等专科学校	口腔医学	630102	3
重庆医科大学	口腔医学	630102	3

（刘世平）

人　物

回顾中国口腔医学100年的历程，一代代的中国口腔人从不同的地方走来，汇集到中国口腔医学的旗帜下，投身于中国的口腔医学事业，为中国口腔医学事业呕心沥血，谱写出一曲曲中国口腔医学人自强自立、拼搏奋进的壮丽诗篇。中国口腔医学人物是中国口腔医师队伍中的杰出代表，他们紧紧把握世界口腔医学的脉搏，率领着同一时代的其他口腔医务工作者们在中国口腔领域中为中国口腔医学历史画卷增光添彩，为中国口腔医学事业奉献一颗赤胆忠心，为中国口腔医学事业做出了不可磨灭的贡献(以下按汉语拼音排序)。

陈乃俊

陈乃俊，男，生于1935年7月，浙江吴兴人，福建医科大学口腔医学院主任医师、教授，硕士研究生导师。1956年毕业于上海第二医学院口腔医学系，同年被分配至山西医学院附属第二医院工作，1970年调入福建省政和县医院，1981年调入福建医科大学附属第一医院口腔科，1984年创办福建医学院口腔医学系并出任系副主任、主任。历任福建省口腔医学会顾问，福建省医学会医疗事故技术鉴定专家组成员，福建省高级卫生技术职称评审专家，福州市劳动鉴定医学技术专家，《福建医药杂志》编委。

长期从事口腔颌面外科临床、科研和教学工作，在口腔颌面部肿瘤的治疗和组织缺损修复以及整形方面有较高造诣。发表学术论文60余篇。主持部、省级研究课题8项，荣获福建省科技进步三等奖2项，福建省医药卫生科技进步二、三等奖各1项。多次被授予福建省卫生先进工作者、福建省“师德之星”、福州市劳动模范等荣誉称号。指导和培养硕士研究生10名，享受国务院政府特殊津贴。

（福建医科大学口腔医学院供稿）

陈秀梅

陈秀梅，女，生于1946年11月，河南郾城人，四川大学华西口腔医学院教授。1970年毕业于四川医学院口腔医学系并留校工作，2002年赴德国、瑞士进修。历任该校助教、讲师、副教授、教授，研究生指导小组教师和七年制口腔医学生导师，特诊科主任。兼任四川省干部保健委员会口腔保健分会专家组组长，四川大学华西口腔医院干部保健专家组组长。2003年入选四川省卫生厅学术技术带头人。

长期从事口腔临床医疗、教学和科研工作。致力于老年口腔医学，干部口腔医疗、保健的研究和诊治，具有丰富的临床经验。发表学术论文30余篇，参编《老年口腔医学》教科书及其他口腔医学专著3部。承担和参与部、省级科研课题《牙髓感觉功能的时间生物学在临床诊断中作用的研究》等7项，其中三项课题为项目负责人。

（四川大学华西口腔医学院供稿）

崔秀英

崔秀英，女，生于1958年3月，山东青岛人，滨州医学院口腔内科主任医师、教授。1977年毕业于沂水医学专科学校（现临沂医学专科学校）医疗专业，同年被分配到滨州医学院附属医院口腔内科工作至今。现任滨州医学院口腔医学系内科学教研室主任，滨州医学院附属医院口腔内科主任，口腔疾病防治中心副主任。

从事口腔医学临床、教学和科研工作近30年，对技术精益求精，积累了丰富的临床经验，不但在牙体牙髓病和口腔黏膜病的诊治方面有较高造诣，而且赢得了广大病员的信赖，在鲁北地区有一定的知名度。发表学术论文近30篇，出版专著2部。先后荣获山东省教委科技进步一等奖1项、二等奖1项，青岛市科技进步一等奖3项，发明专利2项。自1988年滨州医学院口腔医学系成立以来，为我国口腔医学培养了大批专业人才和专业技术骨干，曾连续十多次被滨州医学院评为优秀教师、先进工作者等荣誉称号。

（滨州医学院口腔医学系供稿）

冯耀政

冯耀政，男，生于1929年12月，北京人，兰州大学口腔医学院主任医师、教授。1953年毕业于北京医学院口腔医学系并留校工作，1970年调入甘肃省中医院口腔科，1985年调入兰州医学院口腔医学系。历任中华医学会口腔科学会委员，中华口腔医学会理事，中华医学会甘肃分会理事，甘肃省口腔专业委员会主任委员，兼任《中华口腔科杂志》、《实用口腔医学杂志》、《现代口腔医学杂志》等期刊编委或特邀编委。

长期从事内科学教学和临床工作，在牙周病和黏膜疾病方面有着较高的学术造诣。发表学术论文40余篇，其中《某铝厂排出物（氯化氢）对青少年口腔健康影响的调查》曾获甘肃省第一届科技成果二等奖，《中西医结合治疗泛发性龈脓肿》荣获甘肃省科技进步一等奖，《兰州市14 703名学龄儿童第一恒磨牙龋齿发病情况的调查报告（协作）》获甘肃省卫生厅科技成果三等奖。

（兰州大学口腔医学院供稿）

胡纯贞

胡纯贞，女，生于1941年9月，浙江余姚人，上海交通大学口腔医学院主任医师。1965年毕业于上海第二医学院口腔医学系，同年被分配至上海第二医学院附属广慈医院口腔科工作。1966年调入上海第二医科大学附属第九人民医院口腔内科，2004年退休。历任上海第二医科大学附属第九人民医院口腔内科副主任、口腔内科教研室副主任。兼任中华口腔医学会牙周病学专业委员会委员。

长期从事牙周病学教学，牙周病的诊断、治疗以及牙周病的流行病学调查工作，对牙周病有着扎实的理论基础和精湛的临床技能，尤其在中、重度牙周病诊断、拟定治疗方案、综合性治疗等方面积累了较丰富的临床经验。先后发表论文8篇，参编《口腔手册》等专著3部。在博士、硕士研究生以及其他年轻医生和进修医生的培养及提携方面做了大量工作。

（上海交通大学口腔医学院供稿）

江淑珍

江淑珍，女，生于1933年9月，福建莆田人，浙江大学口腔医学院主任医师。1956年毕业于四川医学院口腔医学系，同年被分配至浙江医科大学附属第二医院口腔科工作至今。历任浙江医科大学口腔医学系副主任、口腔内科学教研室主任、附属第二医院口腔科主任，邵逸夫医院口腔科主任。

长期从事口腔内科疾病的诊断、治疗和研究，尤其擅长牙周病冷冻外科并有着较高的学术造诣。发表论文10余篇，获优秀论文3篇，最佳论文多篇，国外交流3篇。主编和参编专著5部。主持国家、部、省级科研课题2项，荣获浙江省政府科技进步二等奖1项，浙江省人民政府发明奖三等奖1项。先后入选《20世纪中国医学首创者大辞典》、《浙江古今人物大辞典》、《中国专家大辞典》。指导硕士研究生4名。

（浙江大学口腔医学院供稿）

姜国城

姜国城，男，生于1924年9月，辽宁庄河人，郑州大学口腔医学院教授。1944年毕业于哈尔滨医科大学口腔医学系，1945年在吉林省防疫所工作，1948年调入中国医科大学，1957年调入河南医科大学。历任中国医科大学口腔医学教研室主任；河南医科大

学口腔科、口腔外科主任，口腔医学系名誉主任，口腔医学研究所所长，河南医科大学第四附属医院名誉院长；郑州大学口腔医学系名誉主任，郑州大学口腔医学研究所所长。先后兼任中国抗癌协会会员，河南省抗癌协会名誉理事，河南省头颈肿瘤学会名誉主任委员，《口腔医学研究》、《中华国际系列医学杂志》特邀编委，《中华现代外科杂志》常务编委，《临床口腔医学杂志》副主编和顾问。

长期从事口腔颌面外科学教学、医疗和科研工作，尤其在口腔颌面部肿瘤研究方面有较高造诣。先后在国内外核心期刊上发表学术论文40余篇，主编专著1部。主持省级科研课题4项，荣获河南省医药卫生成果奖二等奖1项、三等奖各2项，河南省科学技术进步奖二等奖1项。培养指导硕士研究生20余名。

（郑州大学口腔医学院供稿）

敬万年

敬万年，男，生于1931年5月，四川三台人，重庆医科大学口腔医学院主任医师。1955年毕业于四川医学院口腔医学系，同年11月分配至重庆市口腔医院工作至1994年5月，退休后被重庆市卫生局聘为重庆市口腔医院专家顾问。历任重庆市口腔医院口腔矫形科主任。兼任中华医学会重庆分会理事，重庆口腔科学会主任委员，重庆市卫生系统高级技术职称评审委员

会委员，重庆市卫生局继续教育专家组成员，《新医学文摘(卡片)口腔分册》、《重庆医学》、《口腔正畸学》、《国外医学口腔医学分册》等期刊副主编或编委。

从事口腔修复学和口腔正畸学专业工作近半个世纪，在全口义齿和活动部分义齿修复与牙颌面畸形功能矫治方面有较高造诣，是重庆市口腔正畸学科的奠基人之一。先后发表学术论文200余篇，主编论著2部。主持重庆市科委课题1项，重庆市卫生局课题1项，荣获重庆市卫生局科学技术成果奖三等奖1项。

（重庆医科大学附属口腔医院供稿）

李宁毅

李宁毅，男，生于1942年7月，山东济宁人，青岛大学医学院口腔医学系教授，硕士研究生导师。1965年毕业于青岛医学院医疗系，同年8月进入青岛医学院附属医院口腔科工作。1975年赴四川医学院口腔医院口腔颌面外科进修1年，1992年赴美国华盛顿大学和俄勒冈健康科学大学口腔颌面外科进修2年。现任青岛大学医学院附属医院口腔科主任，附属医院首席医学专家，附属医院终身医学专家。兼任国际口腔颌面外科学会会员，中华口腔医学会口腔颌面外科专业委员会委员，中国抗癌协会头颈肿瘤专业委员会委员，山东省医学会口腔专业委员会副主任委员。

长期从事口腔颌面外科临床和基础研究工作，尤其在颌面部缺损和腭裂语音治疗方面有较高造诣。先后在国内外期刊上发表论文110余篇，主编和参编口腔医学专著6部，获专利4项，主持国家级、省级继续医学教育项目各3项，获部省级科研成果奖10项。被青岛市政府授予“青岛市著名好医生”和“青岛市科学技术拔尖人才”荣誉称号并立三等功1次。培养和指导硕士研究生30人。享受国务院政府特殊津贴。

（青岛大学医学院口腔医学系供稿）

廖小宜

廖小宜，女，生于1941年6月，成都人，四川大学华西口腔医学院教授。1965年毕业于四川医学院口腔医学系并留校任教。历任该校口腔颌面外科学助教、讲师、副教授、教授，硕士研究生导师。

长期从事口腔颌面外科学教学、医疗和科研工作。擅长口腔颌面部肿瘤的治疗和重建，唇腭裂序列治疗。在国内较早使用各种肌皮瓣在颌面外科肿瘤手术后即刻修复，并取得较好的修复效果。在国内首先开展开窗术治疗大的颌骨囊肿，为最大限度保留牙颌系统的完整性，减少损伤和复发取得了成功经验。在唇腭裂领域内开展腭裂婴儿期的外科治疗，与耳鼻喉科合作进行腭裂患者中耳功能障碍病因的基础研究。作为课题负责人为口腔医院卫生部生物医学工程重点实验室建立人颊黏膜鳞状细胞癌BcaCD885细胞系，并对其生物学特征进行研究。先后完成国家自然科学基金资助项目和部级科研项目4项，获得部省级科技进步奖3项、省级科技进步奖1项。发表学术论文近40篇，参编专著2部。指导硕士、博士研究生数名。

（四川大学华西口腔医学院供稿）

刘书翰

刘书翰，男，生于1923年11月，河北赤城人，西安交通大学口腔医学院主任医师、教授。1953年毕业于中国医科大学，同年被分配至西安医科大学附属第二医院口腔科工作，1985年起工作于西安医科大学口腔医院。历任西安医科大学口腔医学院硕士研究生导师，中华口腔医学会陕西分会委员，《实用口腔医学杂志》编委，《现代口腔医学杂志》特邀编委。

长期从事口腔内科的教学、医疗和科研工作，在口腔黏膜病学方面有较高的学术造诣。发表学术论文30余篇，参编专著3部。主持陕西省建立口腔溃疡动物模型和中医与耳针治疗复发性口腔溃疡研究课题2项。荣获陕西省科技进步三等奖1项，陕西省卫生厅科技成果三等奖1项，陕西省卫生厅中医药科技成果三等奖1项，陕西省自然科学优秀学术论文三等奖1项，西南西北地区优秀图书三等奖1项，中华医学会陕西分会优秀论文二等奖3项，两次被评为陕西省先进教师。培养硕士研究生2名。被编入《当代中国科技名人成就大典》（1991年第2卷）和《中国名医列传》（1995年当代版）。

（西安交通大学口腔医学院供稿）

蒙　敏

蒙敏，男，生于1927年12月，四川盐亭人，广西医科大学口腔医学院主任医师。1955年毕业于四川医学院口腔医学系，同年被分配至广西医学院口腔医学系工作至今。历任广西医学院口腔医学系主任、口腔医院院长，硕士研究生导师。现任广西医科大学口腔医学院教学督导组成员。曾任中华医学会口腔科学会第4届委员会委员，《中华口腔医学杂志》第4届编辑委员会编委。

长期从事口腔颌面外科的教学、医疗和研究工作，在口腔颌面外科的理论和实践方面有着较高的造诣。先后在国内外学术期刊上发表学术论文10余篇，主持正颌外科在临床的应用与实验研究科研课题1项，荣获广西医科大学技术研究成果奖、广西医科大学技术进步奖等奖5项。指导培养硕士研究生12名，其中外国留学硕士研究生4名。

（广西医科大学口腔医学院供稿）

米乃元

米乃元，女，生于1940年1月，山东泰安人，中山大学光华口腔医学院·附属口腔医院主任医师，硕士研究生导师。1965年毕业于上海第二医学院口腔医学系，同年被分配至四川医学院口腔医学系口腔矫形学教研室工作，1985年调入中山医学院口腔医学系、口腔医疗中心、附属口腔医院工作。历任中山医学院口腔医学系副主任，口腔修复学教研室副主任、主任。先后兼任广东省医学会口腔分会委员，《中国口腔种植学杂志》、《广东牙病防治》、《中山大学学报(医学版)》编委。

长期从事口腔修复学的教学、科研和临床工作，在口腔修复方面有着较高的学术造诣。发表学术论文28篇。主持省级研究课题2项，获广东省自然科学基金研究课题资助1项、广东省科委攻关项目研究课题资助1项。荣获学院级医疗成果三等奖2项，广东省卫生厅、人事厅、中医药局授予的全省卫生系统行业作风建设先进工作者荣誉称号1次。指导硕士研究生6名。享受政府特殊津贴。

（中山大学光华口腔医学院·附属口腔医院供稿）

钱法汤

钱法汤，男，生于1938年6月，安徽颍上县人，武汉大学口腔医学院主任医师，教授，硕士研究生导师。1963年毕业于上海第二医学院口腔医学系，同年被分配到湖北医科大学口腔医学系、口腔医院修复科从事教学、医疗、科研工作至今。历任口腔修复科副主任，口腔修复教研室副主任。

长期从事口腔修复的教学、临床和科研工作，在冠桥修复和活动修复等牙体缺损、牙列缺损的设计以及临床治疗方面有较高的造诣。主持国家、省、市级以上的科研项目10余项，获湖北省卫生厅二等奖2项、国家科委三等奖1项，发表学术论文30余篇，主编和参编学术专著9部，指导培养研究生21名，享受国务院政府特殊津贴。

（武汉大学口腔医学院供稿）

屠亦夫

屠亦夫，男，生于1925年10月，浙江宁波人，广东省口腔医院教授。1950年毕业于南京大学（原国立中央大学）医学院牙科，同年分配到广州中央医院（现广东省人民医院）工作并参加中国人民志愿军赴朝鲜抗美援朝。1951年投入国防建设，在河南郑州参

加建立第64陆军医院。1954年赴海口市参加建立海南人民医院。1950年在光华医学院协同开办口腔医学班，该班后来发展成为现在的中山大学光华口腔医学院。1966年调入湛江医学院（现广东医学院），1984年调回广东省口腔医院。曾任广东医学院附属医院副院长，卫生部顾问马海德先生的口腔医学高级顾问，德国牙医救济麻风病及贫困地区协会会员，广东省医疗事故技术鉴定委员会委员，广东省卫生技术高级职务评审委员会委员，国际牙科研究会会员。

长期从事口腔颌面外科临床工作且有较高的学术造诣，先后发表学术论文16篇，其中《自体下颌肿瘤骨煮沸即时再植术》为国内外学术创新技术，翻译英、俄文文献15篇。1954年被评为华南地区劳动模范，2005年被授予广东省老教授协会医学专家委员会荣誉证书。

（广东省口腔医院供稿）

王贤辐

王贤辐，男，生于1940年12月，四川遂宁人，中国医科大学口腔医学院主任医师、教授。1963年毕业于四川医学院口腔医学系，同年被分配至辽宁省锦西县医院口腔科工作，1980年调入中国医科大学附一院口腔内科。历任中国医科大学附一院口腔内科主任，硕士研究生导师，中华口腔医学会牙体牙髓病学专业委员会委员，辽宁

省口腔医学会委员。

长期从事牙体牙髓病学教学、临床以及根管治疗药物、方法的研究。先后发表学术论文10余篇。主持省市级科研课题3项，先后荣获学校、市教工会教学奖，医院先进工作者、沈阳市“三育人”先进个人称号。培养硕士研究生5名。享受国务院政府特殊津贴。

（中国医科大学口腔医学院供稿）

王植三

王植三教授，男，生于1934年1月，河北张家口人，河北医科大学口腔医学院主任医师、教授。1956年毕业于北京医学院口腔医学系，同年被分配至太原铁路中心医院工作，1957年调入内蒙古集宁铁路医院，1964年调入西安市中心医院，1967年西安医学院成形外科研究生毕业，1981年调入河北医科大学。历任河北医学院口腔医学系副主任、口腔颌面外科学教研室主任，河北医科大学第二医院口腔颌面外科主任，国际牙医学院(ICD)院士。

1987年参与创办《现代口腔医学杂志》，负责编辑工作并担任常务副主编至今。先后兼任中华口腔医学会常务理事，中华医学会医学美学美容学会口腔学组副组长，中国抗癌协会头颈/外科专业委员会委员，河北省口腔医学会会长，河北省整形外科学会常务委员，河北省医学美学美容学会副主任委员，《中华口腔医学杂志》、《中华医学美学美容杂志》、《口腔医学研究》、《北京口腔医学》等期刊编委。

长期从事口腔颌面外科、整形外科学教学、临床和科研工作并在口腔颌面外科、整形外科方面有较高造诣。主要研究方向为异种骨移植。发表论文50余篇，参编专著2部。获河北省科委科技进步一等奖1项、二等奖2项、三等奖2项，河北省卫生厅甲级成果奖1项。培养硕士研究生5名。

（河北医科大学口腔医学院供稿）

谢文扬

谢文扬，男，生于1944年10月，四川遂宁人，遵义医学院口腔医学系主任医师、教授，硕士研究生导师。1968年毕业于四川医学院口腔医学系，同年被分配至贵州省正安庙矿区医院工作，1971年调入正安县人民医院，1978年调入遵义医学院。历任遵义医学院口腔医学系副主任、口腔颌面外科学教研室主任、附属口腔医院副院长。兼任贵州省口腔医学会副主任委员，西南地区头颈肿瘤外科协作委员会委员，贵州省头颈肿瘤外科学会副主任委员，贵州省牙病防治领导小组副组长，贵州省首届学位委员会专家组成员，《上海口腔医学》、《口腔颌面外科杂志》《口腔医学研究》等期刊编委或特邀编委。

长期从事口腔颌面外科学教学、医疗和科研工作，主要研究方向为口腔颌面部肿瘤、颌面整复与牙槽外科。先后发表学术论文50余篇，主编参编专著和教材6部。主持贵州省、厅科研课题5项。其科研成果分别获贵州省政府三、四等奖各1项，贵州省卫生厅一等奖3项、二等奖1项，贵州省首届自然科学优秀论文奖二等奖1项。培养指导硕士研究生10名。多次被学院和市政府评为先进工作者、优秀教师及优秀硕士生导师。享受省政府特殊津贴。

（遵义医学院口腔医学系供稿）

谢志坚

谢志坚，男，生于1966年3月，浙江温州人，浙江大学口腔医学院主任医师。1987年毕业于浙江医科大学口腔医学系，1998年获浙江大学医学硕士学位，2002年获该校医学博士学位。现任浙江大学医学院附属口腔医院副院长、口腔颌面外科主任。兼任浙江省口腔医学会理事，《中华口腔医学杂志》特邀审稿专家，浙江省抗癌协会口腔肿瘤专业委员会委员兼秘书等职。

长期从事口腔颌面外科疾病的诊断、治疗和研究，尤其在颌面畸形整复方面有着较高的学术造诣。在国内外相关的核心期刊上发表学术论文30余篇，主编、参编学术著作3部。主持国家、部、省级研究课题6项，荣获浙江省科技进步二等奖2项、三等奖2项。指导研究生6名。

（浙江大学口腔医学院供稿）

杨圣辉

杨圣辉，男，生于1936年11月，天津人，首都医科大学口腔医学院主任医师、教授。1961年毕业于北京医学院口腔医学系，同年被分配至北京口腔医院从事临床工作。1981年调入首都医学院口腔医学系医学研究所口腔微生物研究室工作至今。历任首都医科大学口腔医学研究所副所长，硕士研究生导师。

长期从事口腔微生物应用研究，建立了国内比较齐全的口腔菌株库，完善了口腔细菌学、分子生物学研究的技术条件。发表科研论文40余篇，参编教材5部。承担国家自然科学基金项目1项，北京市自然科学基金1项，北京市科委合同项目2项，另有国际合作项目、北京市卫生局基金等多项。先后获北京市、北京市卫生局级科技成果奖共9项。培养指导硕士研究生34名。享受国务院政府特殊津贴。

（首都医科大学口腔医学院供稿）

杨晓莺

杨晓莺，女，生于1945年1月，四川泸州人，泸州医学院口腔医学系主任医师、教授。1968年毕业于四川医学院口腔医学系，同年被分配至四川省甘孜县人民医院口腔科工作，1983年调入泸州医学院附属口腔医院工作至今。历任泸州医学院附属口腔医院口腔内科主任、口腔内科学教研室主任。先后兼任泸州市口腔专业委员会委员，泸州市口腔病防治技术指导组副组长，泸州市医学会口腔专业组组长，泸州医学院附属医院学术委员会委员。

长期从事口腔内科疾病的医疗和教学工作，在口腔内科疾病的治疗方面有着较高的造诣，尤其擅长牙体牙髓根尖周病、非龋性疾病和老年性牙病的防治。先后发表学术论著20余篇。曾获四川省优秀论文三等奖，泸州医学院教学成果和教学论文三等奖。

（泸州医学院口腔医学系供稿）

殷立行

殷立行，男，生于 1947 年 11 月，重庆人，同济大学口腔医学院主任医师，硕士研究生导师。1982 年毕业于上海第二医科大学口腔医学系，同年被分配至上海江南造船厂职工医院工作，1988 年调入上海铁道医学院口腔医学系任教。现任同济大学口腔医学院科研处处长。

长期从事口腔颌面外科的临床、教学和科研工作，尤其在牙槽外科、口腔颌面部感染、口腔颌面部肿瘤、口腔颌面部损伤和颞下颌关节疾病诊治方面积累了丰富的临床经验，发表相关论文数十篇。先后完成部级课题 1 项，上海市继续教育项目 1 项。培养硕士研究生 4 名。

（同济大学口腔医学院供稿）

袁祥民

袁祥民，男，生于 1934 年 8 月，四川眉山人，新疆医科大学口腔医学系主任医师、教授。1959 年毕业于四川医学院口腔医学系，同年被分配到新疆医学院附属医院口腔科工作，1999 年退休，现任新疆医科大学口腔医学系高级顾问。历任新疆医科大学附属医院口腔科主任、口腔医学教研室主任，硕士研究生导师。兼任中华口腔医学会理事，中华口腔医学会新疆口腔分会主任委员，《中华口腔医学杂志》、《中国口腔颌面外科杂志》等期刊编委。

从事口腔临床、教学、科研 40 余年，为新疆口腔医学事业的创始人和奠基人。在口腔颌面外科、口腔内科方面具有坚实的理论知识和实践经验，尤其擅长口腔颌面肿瘤、口腔颌面损伤和口腔内科黏膜病等的诊治。所主持的“颈外动脉分支测量研究”处于国内领先地位，其论文发表于《中华口腔医学杂志》并被广泛引用。在全国性刊物上发表学术论文 20 余篇。先后有 4 项研究成果获新疆维吾尔自治区卫生厅科技成果奖，4 次荣获新疆医科大学优秀教师称号，1 次荣获优秀硕士生导师荣誉称号。1995 年被新疆维吾尔自治区卫生厅授予优秀医学科技工作者荣誉称号。培养硕士研究生 15 名。

（新疆医科大学口腔医学系供稿）

张连云

张连云，男，生于 1952 年 8 月，天津人，天津医科大学口腔医学院主任医师、教授，硕士研究生导师。1976 年毕业于天津医学院口腔医学系并留校工作。历任天津医科大学口腔医学院、口腔医院院长，天津医科大学副校长。现任天津医科大学校党委副书记。兼任天津市口腔医学会副会长，中华口腔医学会口腔修复专业委员会委员，天津青年医务工作者协会副会长，全国卫生教育学会常务理事，《现代口腔医学杂志》、《中华口腔医学杂志》、《口腔颌面修复学杂志》、《天津医药》等期刊副主编或编委。

长期从事口腔医学临床、教学、科研和学校管理工作，以口腔生物材料的研制和口腔临床修复工艺为主要研究方向。近年来主持和参加天津市自然科学基金重点项目、面上项目，天津市高等学校科技发展基金项目等 10 余项，获天津市科技进步奖 4 项，天津医科大学科技成果奖和教学成果奖多项，获得实用新型专利 1 项。主编、参编专著 2 部。在国内外各类学术期刊上公开发表学术论文30余篇。培养、指导博士和硕士研究生近20名。享受国务院政府特殊津贴。

（天津医科大学口腔医学院供稿）

张茹慧

张茹慧，女，生于1954年9月，吉林松原人，吉林大学口腔医学院主任医师、教授，硕士研究生导师。1977年毕业于白求恩医科大学并留校任教至今。

擅长口腔颌面肿瘤和颞下颌关节疾病的诊断与治疗，有着丰富的医疗和教学经验。先后在国内学术刊物上发表论文50余篇，其中《口腔颌面恶性肿瘤患者血清可溶性白细胞介素-2受体水平的初步研究》获白求恩医科大学优秀论文奖，《双蒂动脉岛瓣在不完全腭裂修复中的应用》等则分别获白求恩医科大学医疗成果奖1项、三等奖7项、四等奖4项。曾获吉林省科委资助项目5项，吉林省卫生厅资助1项，吉林大学创新基金1项，吉林省科技进步二等奖1项。培养研究生11人。

（吉林大学口腔医学院供稿）

朱恩新

朱恩新，男，生于1949年8月，沈阳人，大连医科大学口腔医学院教授，硕士研究生导师。1976年毕业于四川医学院口腔医学系，次年被分配至遵义医学院口腔医学系任教，1979—1980年在上海第二医学院口腔医学系口腔病理高师班学习，1983年调入大连医学院口腔医学系，1986—1994年在日本东京医科齿科大学齿学部工作和学习，1991年获东京医科齿科大学齿学博士学位。是遵义医学院口腔医学系和大连医学院口腔医学系的主要创始人之一。历任大连医科大学口腔医学院院长。兼任中华口腔医学会口腔医学教育专业委员会委员，辽宁省口腔医学会副会长，中华医学会大连分会口腔专科分会副主任委员，《口腔医学研究》副主编，《口腔医学》特邀编委，《上海口腔医学》和《中国口腔种植学杂志》编委。

长期从事口腔组织病理学教学和科研工作并在口腔组织病理学方面有着较高的造诣。发表学术论文50余篇，主编参编专著和教材5部。主持和参加国家自然科技基金1项、辽宁省“十五”教育科学规划立项课题1项、辽宁省科学技术基金项目1项，辽宁省教育厅高等学校科学技术研究项目1项。荣获辽宁省科技进步三等奖1项，大连市科技进步二等奖1项，辽宁省教学成果一、三等奖各1项，大连市医学会一等奖1项，中国教育教学研究会优秀论文一等奖1项，大连医科大学优秀教学成果二等奖1项。荣获大连市引进国外智力先进工作者称号，在日优秀留学生称号。指导硕士研究生5名。

（大连医科大学口腔医学院供稿）

更正：《中国口腔医学年鉴》2004年卷“人物”栏第258页钟良军简介中“现任新疆医科大学口腔医学系副主任、第二临床医学院口腔科主任”更正为“现任新疆医科大学第一临床医学院口腔科主任”，第271页彭解英简介第8行“硕士研究生导师”应为“博士研究生导师”，特此更正。

2005年新增列博士研究生导师简介

（按汉语拼音排序）

陈关福

陈关福，男，生于1949年3月，浙江嘉善人，浙江大学口腔医学院主任医师、教授，博士研究生导师。1977年毕业于浙江医科大学医学系并留校任教，1980年赴华西医科大学口腔医学院进修颌面外科1年。历任浙江大学医学院附属第二医院（原浙江医科大学）口腔解剖生理学教研室主任，口腔颌面外科副主任。兼任浙江省口腔医学会常务理事、副秘书长，中华口腔医学会口腔颌面创伤学组、浙江省口腔医学会口腔颌面外科专业委员会、浙江省修复重建外科专业委员会、浙江省抗癌协会口腔颌面肿瘤专业委员会、浙江省医学美容学会委员，《口腔医学》编委。

擅长口腔颌面肿瘤诊治、颌面部缺损修复重建、口腔颌面部创伤和正颌外科，在口腔颌面外科手术方面积累了较丰富的临床经验。发表论文150余篇，其中被SCI收录13篇。在颊脂垫移植的临床应用研究方面进行了开创性探索，并发表系列科研论文20余篇，一些论点被国内外刊物以及有关专著引用。参编《修复重建外科学》、《涎腺疾病》、《现代颅颌面外科》等专著6部。主持和参加省级科研课题8项，获浙江省人民政府和浙江省卫生科技进步奖4项。指导硕士研究生和博士研究生10余名。

（浙江大学口腔医学院供稿）

陈松龄

陈松龄，男，生于1963年6月，海南儋州人，中山大学口腔医学院主任医师、教授，博士研究生导师。1983年毕业于中山医科大学口腔医学系，同年被分配至同济医科大学协和医院口腔科工作。1986年考入华西医科大学口腔医学院硕博连读研究生班，1991年获口腔临床医学博士学位，同年进入中山医科大学附属第二医院口腔科工作。1994年进入中山大学附属第一医院口腔科工作至今，2005年遴选为博士研究生导师。历任口腔科副主任。兼任广东省口腔医学会委员，广东省口腔医学会口腔颌面外科分会常委、口腔种植学分会常委，香港亚太种植学会委员，《中国颅颌面外科杂志》、《中国口腔医学研究》、《广东牙病防治》等期刊编委。

长期从事口腔颌面外科学教学、科研和临床工作，在口腔颌面种植外科、牙槽骨缺损修复和重建方面有较高的学术造诣。发表学术论文46篇。主持研究课题5项，获卫生部青年科研基金资助1项、广东省科学技术委员会重点计划项目基金资助3项。荣获广东省科学技术进步奖1项。指导硕士研究生4名，博士研究生2名。

（中山大学光华口腔医学院·附属口腔医院供稿）

傅开元

傅开元，男，生于1965年7月，浙江

宁波人，北京大学口腔医学院主任医师、教授，博士研究生导师。1988年毕业于浙江医科大学口腔医学系，1991年获华西医科大学口腔医学院硕士学位，1994年获北京医科大学口腔医学院医学博士学位，1998年在美国北卡罗莱纳州大学牙学院完成博士后研究工作，2005年被遴选为博士研究生导师。历任北京医科大学口腔医学院放射科、颞下颌关节病口颌面疼痛中心副主任。兼任中华口腔医学会颞下颌关节病学及殆学专业委员会常委、秘书，中华口腔医学会口腔颌面放射专业委员会委员。

长期从事颞下颌关节病和口颌面疼痛的基础与临床以及口腔颌面影像诊断学方面的研究并有较高造诣。发表学术论文50余篇，其中率先在国际上发表的数篇有关颞下颌关节病关节液细胞因子研究方面的研究结果和结论被引用50多次，另外还率先发表了中枢脊髓小胶质细胞增殖活化与外周炎症性损伤有关并参与慢性疼痛过程的报道。先后获得霍英东教育基金、国家自然科学基金、首都医学发展基金和教育部新世纪优秀人才支持计划资助。获国家教委科技进步三等奖1次，中华医学基金青年学术骨干奖励称号1次。指导培养硕士研究生7名。

（北京大学口腔医学院供稿）

郭传瑸

郭传瑸，男，生于1964年2月，福建大田人，北京大学口腔医学院主任医师、教授，博士研究生导师。1985毕业于上海第二医学院口腔医学系，1992获北京医科大学口腔医学院医学博士学位。先后就职于福建医学院附一院口腔科、北京医科大学口腔医学院。

历任北京医科大学口腔医学院副院长、口腔颌面外科主任。兼任中华医学会会员，中华口腔医学会会员，中华口腔医学会口腔颌面外科专业委员会口腔颌面肿瘤专业学组副组长，中国抗癌协会头颈外科专业委员会常委，全国卫生专业技术资格考试专家委员会委员，中华医学会福州分会口腔科学会顾问，《中华耳鼻咽喉头颈外科杂志》、《中国颅颌面外科杂志》、《中国耳鼻咽喉头颈外科》、《北京口腔医学》等杂志编委。

长期从事口腔颌面外科的基础和临床研究，并在口腔颌面肿瘤诊治、咽旁和颅底肿瘤影像诊断及其手术治疗方面有较高造诣。发表学术论文50余篇，其中被SCI收录11篇，译文2篇，主编参编专著15部。主持国家自然科学基金课题1项、北京市医学发展基金资助项目2项、高等学校骨干教师资助计划项目1项。先后荣获各种科技奖励8次。指导和培养硕士研究生8名，协助指导博士研究生4名。

（北京大学口腔医学院供稿）

韩栋伟

韩栋伟，男，生于1949年8月，上海人，同济大学口腔医学院主任医师、教授，博士研究生导师。1977年毕业于上海第二医科大学口腔医学院，1991年赴日本留学，1997年获日本九州齿科大学口腔医学博士学位，1997年赴美国克莱姆森大学完成博士后研究工作，1998年作为引进人才加

入同济大学口腔医学院，现任同济大学口腔医学院修复科主任，兼任中华口腔医学会口腔修复学专业委员会委员。

擅长口腔修复，研究方向为口腔生物力学、口腔生物材料、义齿修复与口腔医学美容等。先后在国内外核心期刊上发表论文23篇，主编卫生部规划教材1部，参编教育部“十五”国家级规划教材1部、口腔医学专著2部。主持国家、部省级科研项目8项，获国家专利1项，指导硕士研究生19名。

（同济大学口腔医学院供稿）

李铁军

李铁军，男，生于1963年1月，河南人，北京大学口腔医学院主任医师、教授，博士研究生导师。1984年毕业于湖北医科大学口腔医学院，1987年获该校口腔病理学硕士学位，1995年获英国伯明翰大学牙学院口腔病理学博士学位，1998年在日本鹿儿岛大学齿学部完成博士后研究工作。现任北京大学口腔医学院副院长。兼任澳大利亚皇家牙外科学院院士资格考试考官，全国牙病防治指导组口腔保健用品专家评审委员会副组长，北京市口腔医学会理事，《现代口腔医学杂志》、《北京大学学报（医学版）》常务编委和编委。

长期从事口腔病理学教学、医疗和科研工作，主攻颌骨牙源性囊肿和肿瘤的生长特点与临床行为研究。发表学术论文70余篇，其中SCI收录25篇，累计被引用250次。参编专著和教材7部。先后获国家自然科学基金、北京市自然科学基金、教育部优秀青年教师资助计划和高校博士点基金等11项科研基金项目，国家科学技术奖自然科学奖二等奖1项、中国高校自然科学奖二等奖1项、卫生部优秀青年科技人才奖1项、北京大学医学部基础与临床结合成果奖1项。指导和培养硕士研究生5名，博士研究生1名。

（北京大学口腔医学院供稿）

刘宏伟

刘宏伟，男，生于1956年9月，南京人，同济大学口腔医学院主任医师、教授，博士研究生导师。1983年毕业于第四军医大学口腔医学系，1989年获该校口腔医学院医学硕士学位，1993年获该校口腔医学院医学博士学位，1996年在以色列国特拉维夫大学牙科学院口腔生物系完成博士后研究工作。历任第一军医大学南方医院口腔科主任，中国人民解放军口腔医学专业委员会副主任委员，全军牙病防治专家组成员，广东省口腔医学会常务理事，中山大学光华口腔医学院·附属口腔医院学位学术委员会专家组成员。现任同济大学附属口腔医院口腔内科教研室主任、口腔内Ⅱ科主任。兼任中华口腔医学会牙周病学专业委员会委员，亚太牙周病协会会员，《牙体牙髓牙周病学杂志》、《中国口腔医学研究》（试刊）、《广东牙病防治》等期刊编委。

擅长牙的保存治疗，主要研究方向为牙周组织再生、牙周组织工程和牙周组织再生细胞生物学。先后获全军科技进步和医疗成果二等奖2项、三等奖2项，国家自然科学基金资助2项，部省级和军队课题资助4项。发表相关论著40余篇。指导硕士研究生24名，博士研究生2名。

（同济大学口腔医学院供稿）

刘建华

刘建华，男，生于1956年4月，杭州人，浙江大学口腔医学院主任医师、教授，博士研究生导师。1982年毕业于浙江医科大学口腔医学系，1989年获该校医学硕士学位，2002年获该校医学博士学位。1989年获笹川医学奖学金赴日本岐阜大学留学，1999年赴美国CCF总医院和得克萨斯大学进修。现任浙江大学口腔医学院口腔颌面外科教研室副主任，浙江省口腔医学会常务理事，浙江大学附属第一医院口腔颌面医疗中心副主任。兼任中国康复医学会修复重建外科专业委员会颅颌面外科学组委员，浙江省抗癌协会口腔肿瘤专业委员会委员和秘书，浙江省口腔医学会口腔外科专业委员会秘书，《口腔医学》、《中国修复重建外科》、《口腔医学进展》等杂志编委。

擅长口腔颌面部肿瘤的诊断、治疗，颌面部畸形矫正，唇裂、腭裂修复，唇缺损修复，三叉神经痛诊治等。主要研究方向为口腔颌面部恶性肿瘤的基因表达及其治疗。在国内外核心期刊上发表学术论文30余篇，其中SCI收录3篇。曾先后承担省、厅级科研课题5项，获国家专利2项，浙江省科技进步奖二、三等奖7项。

（浙江大学口腔医学院供稿）

刘彦普

刘彦普，男，生于1957年5月，山东济南人，第四军医大学口腔医学院主任医师、教授，博士研究生导师。1983年毕业于第四军医大学口腔医学系，同年被分配至济南军区总医院口腔科工作，1988年和1991年分别获第四军医大学医学硕士学位和医学博士学位。历任第四军医大学口腔医学院医教部副主任、口腔颌面外科学教研室副主任，硕士研究生导师。现任第四军医大学口腔医学院口腔颌面外科学教研室主任，口腔颌面创伤、正颌外科主任，全军重点实验室-口腔颌面战创伤实验室主任。兼任中华口腔医学会口腔颌面外科专业委员会副主任委员、口腔颌面创伤学组副组长、正颌外科学组副组长，全军战创伤专业委员会常委，陕西康复医学会修复与重建外科专业委员会常委，西安医学会口腔分会常委，西安市烧伤整形专业委员会委员，AO/ASIF中国讲师团讲师兼秘书长，《中华口腔医学杂志》、《中国口腔颌面外科杂志》、《实用口腔医学杂志》、《中国美容医学杂志》等期刊编委或特邀审稿人。

长期从事口腔颌面部战创伤的基础研究和临床救治，在颌骨骨折坚强内固定、颌骨畸形整复、颌骨缺损功能性重建、骨牵张治疗颌骨畸形、显微外科在颌面外科中的应用等方面有较高造诣。发表学术论文123篇，被SCI收录5篇。主编参编专著17部。主持全军“十五”指令性研究课题1项，全军“十五”研究课题面上项目1项，全军“九五”指令课题第三专题的研究1项，全军“十一五”军队医学重点专项项目1项。荣获国家科技进步奖二等奖1项，国家科技进步奖三等奖1项，军队和部省级科技进步二等奖6项、三等奖3项。

（第四军医大学口腔医学院供稿）

倪龙兴

倪龙兴，男，生于1961年3月，上海

人，第四军医大学口腔医学院主任医师、教授，博士研究生导师。1984年毕业于第四军医大学口腔医学系，1990年获第四军医大学医学硕士学位，1993年获第四军医大学医学博士学位，2005年被遴选为博士研究生导师。历任第四军医大学口腔医院牙体牙髓病科副主任，硕士研究生导师。现任第四军医大学口腔医院牙体牙髓病科主任。兼任中华口腔医学会牙体牙髓病学专业委员会委员，中华口腔医学会口腔材料学专业委员会常委，陕西省医学会口腔分会委员兼秘书，《牙体牙髓牙周病学杂志》、《实用口腔医学杂志》编委，《中华口腔医学杂志》特约编委。

长期从事牙体牙髓病的医疗、教学和科研工作，在龋病学和牙科材料学方面有较高的学术造诣。参与国家自然科学基金课题研究项目2项，主持全军“九五”重点课题1项、“十五”重点课题的子项目1项、大学“十一五”重点课题子项目1项、陕西省重点攻关课题1项。先后发表学术论文25篇，主编和参编专著8部。获国家科技进步三等奖1项，军队医疗成果一等奖1项。指导硕士研究生13名，博士研究生4人。

（第四军医大学口腔医学院供稿）

王慧明

王慧明，男，生于1960年9月，杭州人，浙江大学口腔医学院主任医师、教授，博士研究生导师。1983年毕业于浙江医科大学口腔医学系并留校工作，1988年和1991年分别获华西医科大学医学院硕士和博士学位，2000年在德国基尔大学完成博士后研究工作。现任浙江大学口腔医学院副院长，附

属第一医院口腔颌面医疗中心、口腔种植中心主任。兼任中华口腔医学会口腔种植专业委员会常务委员、口腔颌面外科专业委员会委员，浙江省口腔医学会副会长，浙江省抗癌协会口腔颌面肿瘤专业委员会副主任委员，浙江省生物工程学会生物材料专业委员会副主任委员，浙江省抗癌协会头颈肿瘤专业委员会副主任委员以及《口腔医学》、《中国口腔种植学》等5种刊物的编委。

从事口腔颌面外科的临床、教学和科研工作23年，临床治疗中注重于治疗的个性化、手术的微创化、愈合的功能化、外形的美观化。大胆吸收和引进国内外先进的治疗技术和方法并加以改良，率先在浙江省开展颌面部大型肿瘤切除以及系列复合组织同期移植修复、骨牵张成型、上下颌骨同期正颌外科、缺损牙槽再造和复合牙种植、颌面多发性骨折重建等多项新技术、新方法，取得较好的临床疗效。致力于口腔组织工程技术和口腔新型生物材料研制及应用。发表论文40余篇，其中4篇被SCI和EI收录。主持国家自然科学基金、浙江省科技重点基金、浙江省自然科学基金、卫生部科研基金、教育部留学回国人员科研启动基金7项，获得部省级科技进步二等奖、三等奖以及浙江省高校科技创新一等奖多项，荣获浙江省跨世纪人才(151人才)称号。编撰专著2部，参与指导硕士和博士研究生12名。

（浙江大学口腔医学院供稿）

翁雨来

翁雨来，男，生于1953年6月，浙江慈溪人，上海交通大学口腔医学院主任医

师，博士研究生导师。1978年毕业于上海第二医学院口腔医学系，1988年获上海第二医科大学医学硕士学位，2002年获上海第二医科大学医学博士学位，2005年增选为博士研究生导师。历任上海第二医科大学附属第九人民医院口腔内科副主任。兼任中华医学会牙体牙髓病学专业委员会委员，国际组织工程学会会员。

擅长根管、牙外伤的诊断与治疗。先后获上海市科技进步二等奖1项、上海医学科技二等奖1项，国家重点基础研究项目(973项目)资助2项，国家高技术发展计划(863计划)资助1项。指导硕士研究生5名。

(上海交通大学口腔医学院供稿)

谢秋菲

谢秋菲，女，生于1955年10月，河北唐山人，北京大学口腔医学院主任医师、教授，博士研究生导师。1982年毕业于北京医学院口腔医学系并留校工作。1998年获得芬兰赫尔辛基大学牙医科学博士。1991—1994年在芬兰赫尔辛基大学口腔医学研究所从事研究工作，2002—2003年在芬兰图尔库大学口腔医学研究所从事研究工作。历任北京大学口腔医学院咀嚼生理研究室副主任，口腔修复科住院医师、主治医师、副教授、副主任医师、主任医师、教授。兼任北京市侨联委员、卫生部国家医学考试中心命题专家、国际牙科研究会会员、《中华口腔医学杂志》审稿专家。

长期从事口腔生理学与功能病理学、修复材料与方法的研究，在口颌系统功能活动规律和𬌗、颌、面的形态结构改变对口腔功能影响以及活动修复、固定修复、咬合病等方面有着较高的学术造诣。主持国家教委回国人员启动基金项目1项，首都医学发展科研基金项目1项，科技部国际合作优先项目资助1项。发表学术论文35篇，被SCI收录13篇。主编参编专著和教材多部。获得国家教委科学技术进步二等奖1次，北京大学宝钢教育基金优秀教师奖1次。指导培养硕士研究生7名，博士研究生3名。

(北京大学口腔医学院供稿)

许天民

许天民，男，生于1963年6月，南京人，北京大学口腔医学院主任医师、教授，博士研究生导师。1986年毕业于南京医科大学口腔医学院并留校工作，1992年获北京医科大学口腔医学院医学博士学位并留校工作，1996年在美国旧金山加州大学(UCSF)牙科学院完成博士后研究工作。现任北京医科大学口腔正畸科主任。兼任亚太正畸协会执行委员会委员，中华口腔医学会正畸专业委员会常委，北京市外国医师考试正畸专业考官，中华医学会医疗事故技术鉴定专家，国际牙科研究会、美国牙科研究会、欧洲正畸学会会员，欧洲《正畸与颅面研究杂志》、《韩国正畸学杂志》、《口腔正畸学》、《北京口腔医学》杂志编委，《美国正畸学杂志》、《中华口腔医学杂志》、《现代口腔医学杂志》审稿人。

从事口腔正畸学教学、医疗及其基础和临床科研工作，在学术上和临床治疗方面有着较高的学术造诣。先后在国内外核心期刊上发表学术论文50余篇，主持国家“十五”科技攻关计划1项、国家自然科学基金项目1项、“863”计划课题2项、“985”学科建设项目1项、国家教委留学回国人员启动基金项目1项、卫生部科研基金项目1项、卫生部临床重点项目基金1项、美国UCSF Starr基金会资助项目1项，荣获教育部科技成果证书1项目。指导和培养硕士研究生17名，博士研究生10名。

（北京大学口腔医学院供稿）

张　丁

张丁，女，生于1963年11月，北京人，北京大学口腔医学院主任医师、教授，博士研究生导师。1987年毕业于北京医科大学口腔医学系，1991年获北京医科大学医学院博士学位并留校工作，1992—1994年任日本昭和大学齿科病院客座研究员，1994—1996年在美国康涅狄格州立大学健康中心完成博士后研究工作，2005年被遴选为博士研究生导师。历任北京医科大学口腔医学院正畸科常务副主任、副主任，硕士研究生导师。兼任中华口腔医学会正畸专业委员会委员、秘书，北京市医务工作者协会理事，《口腔正畸学》杂志编委，《中华口腔医学杂志》、《实用口腔医学杂志》、《安格尔正畸医师》、《矫形外科学研究杂志》审稿人。

长期从事口腔正畸学、牙齿移动生物学基础和临床研究，有着较高的学术造诣。先后在国内外核心期刊上发表学术论文50余篇，主编专著2部，主译专著1部，参编全国统编教材和普通高等教育“十五”国家级规划教材等多部教科书和参考书。获国家自然科学基金资助3项、北京市自然科学基金资助1项、卫生部杰出人才基金1项、国家计委重点支持项目1项、博士点基金1项，作为分课题负责人参加了“211”建设项目、“985”学科建设项目和“十五”规划项目。荣获美国骨与矿化协会青年研究者奖1项，国家教委科技进步奖三等奖1项，霍英东高校优秀青年教师奖1项，中华医学基金奖1项。参与指导硕士研究生8名、博士研究生8名。

（北京大学口腔医学院供稿）

钟　鸣

钟鸣，男，生于1955年7月，沈阳人，中国医科大学口腔医学院主任医师、教授，博士研究生导师。1985年毕业于中国医科大学并留校任教，现任中国医科大学口腔组织病理学教研室主任。兼任中华口腔医学会口腔病理专业委员会委员，全国病理工作者委员会常委，辽宁省口腔医学会常委，辽宁省口腔病理专业委员会主任委员，《现代口腔医学杂志》常委，《中华口腔医学杂志》、《中国医科大学学报》审稿专家，《中国国际医学杂志(ICJM)》、《中国国际口腔杂志(ICJD)》编委，《口腔疾病防治杂志》特邀编委。

长期从事口腔组织病理和口腔生物学的教学、科研、临床病理诊断等工作。主研方向为口腔颌面部肿瘤，尤其在牙源性肿瘤的分子生物学方面有着较高的造诣。先后在国内外核心期刊上发表论文100余篇，参编专著1部，主持或参加10余项省市课题，曾获辽宁省科技进步二等奖1项、三等奖3

项，指导硕士研究生15名。

（中国医科大学口腔医学院供稿）

周延民

周延民，男，生于1962年3月，吉林延吉人，吉林大学口腔医学院教授，博士研究生导师。1985年毕业于白求恩医科大学口腔医学系并留校工作，1991年获该校医学硕士学位，2001年获吉林大学医学博士学位。2005年被遴选为博士研究生导师。现任吉林大学口腔医学院副院长、口腔种植科主任。兼任中华口腔医学会口腔种植专业委员会委员，吉林省医疗事故鉴定专家库成员，省、市医学会专家鉴定组成员，吉林省医学会口腔专业委员会秘书长。

长期从事口腔修复、种植的医疗、教学和科研工作，在种植义齿、固定义齿生物力学研究方面有着较高的造诣和独特见解并荣获医疗成果奖4项。先后发表学术论文45篇，主编和参编教材、视听教材各1部，专著1部。主持和参与国家“十五”科技攻关课题及卫生部、吉林省科技厅、长春市科技局科研课题8项。荣获吉林省科技厅科技进步奖三等奖1项，吉林省教育厅教学技术成果奖一等奖1项。培养硕士研究生20名。

（吉林大学口腔医学院供稿）

周彦恒

周彦恒，男，生于1966年5月，陕西汉中人，北京大学口腔医学院主任医师、教授，博士研究生导师。1989年毕业于西安医科大学口腔医学系，1993年获北京医科大学医学博士学位，1997年获香港大学牙医学院口腔正畸科口腔正畸高级文凭，2004年12

月被遴选为博士研究生导师。历任北京医科大学口腔医院正畸科副主任。兼任中华口腔医学会口腔颌面外科专业委员会正颌外科学组成员，中华口腔医学会口腔正畸专业委员会委员、秘书，中国医师协会整形与美容分会常委，欧洲正畸协会会员，国际牙科研究会会员，英国爱丁堡皇家外科学院口腔正畸专科院士，《口腔正畸学》杂志编委。

长期从事口腔正畸的临床和教学工作，尤其在正颌外科术前术后正畸治疗、牙周病正畸治疗、种植前正畸治疗、修复前正畸治疗和颞颌关节病正畸治疗以及种植体支抗临床应用和研究方面有较高造诣。主持国家“十五”科技攻关计划子课题1项，国家自然科学基金资助项目1项，国家“211”工程资助项目1项，教育部博士点基金项目1项，国家教育部留学归国人员启动基金项目1项，国家教育部资助国家级病例资源库建设项目1项，国家科技部攻关项目1项。发表学术论文50余篇，参编教材、著作10部。获卫生部科技进步奖三等奖1项，教育部霍英东教育基金会优秀青年教师奖二等奖1项，中国高校自然科学奖二等奖1项，中华医学奖三等奖1项，北京市科技进步奖三等奖1项，中华口腔医学杂志青年优秀论文三等奖1项，国家实用新型专利1项。指导和培养硕士研究生10名，博士研究生7名。

（北京大学口腔医学院供稿）

口腔医学组织机构

中华口腔医学会口腔医学专业委员会及其学组

2005年10月13～16日，中华口腔医学会口腔颌面外科专业委员会在成都举办了“第4届中国国际暨第7次全国口腔颌面外科学术会议”，与此同期还举行了“第1届第4次全国口腔颌面肿瘤学术会议”、“第3届第5次全国唇腭裂学术会议”和“第2届第4次全国口腔颌面创伤学术会议”。在此次会议上，口腔颌面外科专业委员会和唇腭裂学组进行了换届选举工作，选举产生了中华口腔医学会口腔颌面外科专业委员会第3届委员会和第4届唇腭裂学组，名单如下。

◆中华口腔医学会口腔颌面外科专业委员会第3届委员会委员名单

名誉主任　邱蔚六

顾　　问　张震康　王大章　李金荣　刘宝林

主　　任　张志愿

副 主 任　俞光岩　沈国芳　田卫东　刘彦普　赵怡芳

常务委员　（姓名按汉语拼音排序）

黄洪章　雷德林　刘彦普　龙　星　卢　利　沈国芳　石　冰　田卫东　王　兴　徐勇忠　杨　驰　俞光岩　张志愿　赵士芳　赵怡芳

委　　员　（姓名按汉语拼音排序）

艾伟建　董福生　段瑞平　封兴华　谷志远　顾晓明　胡　静　胡　敏　胡勤刚　黄洪章　翦新春　姜晓钟　焦艳军　雷德林　李宁毅　李新明　廖天安　林李嵩　林兆全　刘　锋　刘彦普　柳江太　龙　星　卢　利　吕春堂　马　莲　尚政军　沈国芳　石　冰　宋宇峰　谭包生　田卫东　王　非　王国民　王慧明　王松灵　王　涛　王　兴　王予江　王佐林　魏奉才　邢树忠　徐勇忠　杨　驰　杨壮群　叶茂昌　俞光岩　曾融生　张　斌　张洪杰　张丽莺　张志愿　赵士芳　赵怡芳　郑光勇　郑家伟　周　诺　周先略

◆中华口腔医学会口腔颌面外科专业委员会第4届唇腭裂学组成员名单

组　　长　石　冰

副 组 长　王国民　马　莲　傅豫川　黄洪章　封兴华

成　　员　（姓名按汉语拼音排序）

曹　强　陈亦阳　侯成群　翦新春　姜　虹　李爱群　李小丹　刘春丽　柳新华　钱玉芬　佘小明　王　龑　王　如　文抑西　阎　燕　杨育生　姚红磊　郑　谦

◆中华医院管理学会口腔医院管理分会、中华口腔医学会医院管理专业委员会第4届委员会委员名单

名誉主任　曹采桂　张震康　邱蔚六　王大章　樊明文

主　　任　赵铱民
副 主 任　林　野　赵志河　张建中
　　　　　雷成家
秘 书 长　王　渤(兼)
常务委员　(姓名按汉语拼音排序)
　　　　　邓　锋　高文信　胡勤刚
　　　　　雷成家　林　野　凌均棨
　　　　　刘泓虎　路振富　钱声三
　　　　　王　林　王建国　王佐林
　　　　　闫福华　杨丕山　杨壮群
　　　　　张建中　张振庭　章锦才
　　　　　赵士芳　赵铱民　赵志河
委　　员　(姓名按汉语拼音排序)
　　　　　白云涛　包柏成　丁仲鹃
　　　　　董福生　段瑞平　傅其宏
　　　　　高　军　高东华　冀新江
　　　　　李　东　李容林　李武修
　　　　　林新平　刘建国　刘亚娟
　　　　　马卫东　佘小明　沈霖德
　　　　　沈曙铭　塔　娜　王　渤
　　　　　王万春　吴燕平　于树珍
　　　　　余占海　张　斌　张贵凡
　　　　　张桂荣　郑光勇　周　健
　　　　　周　诺　朱洪水　朱泽文

中华护理学会口腔专业委员会

◆**中华护理学会口腔专业委员会第 16 届委员会委员名单**

主　任　李文秀
副主任　徐　琨　卢爱工
委　员　赵佛容　刘　明　邓大军
　　　　张淑英　刘　芳　胡晓宏
　　　　王春丽

国际牙科研究协会中国分会

2005 年 10 月 24 ~25 日，国际牙科研究协会(IADR)中国分会在上海举办了“第 6 届国际牙科研究协会中国分会学术年会”。在此次会议期间，举行了 IADR 中国分会的换届选举工作，新一届委员会委员名单如下。

◆**国际牙科研究协会中国分会第 4 届委员会委员名单**

会　　长　樊明文
执行主任　樊明文
理　　事　栾文民　王　兴　边　专
　　　　　俞光岩　周学东　张志愿
　　　　　赵铱民
委　　员　(名单略)
秘　　书　边　专

内地口腔医学会及其专业委员会

◆**全国副省级城市口腔医学协作组成员名单**

名誉组长　史俊南
组　　长　王廼谦
副 组 长　东耀峻　赵守亮
成　　员　(名单略)

◆**四川省口腔医学会第 1 届理事会委员名单**

会　　长　周学东
副 会 长　巢永烈　田卫东　杨小民
　　　　　杨四维　熊万林　张建设
秘 书 长　田卫东
常务理事　(姓名按汉语拼音排序)
　　　　　巢永烈　高东华　郭锡久
　　　　　刘　维　刘润梅　屈　强

田卫东　王海龙　王正伦
吴亚菲　熊万林　杨四维
杨小民　张建设　周学东

理　　事　52 名(名单略)

◆中华医学会湖南省口腔医学专业委员会第7届委员会委员名单

主　　任　蓢新春

副 主 任　吴汉江　钟圣纯　唐杰清
钱声三

委　　员　(姓名按汉语拼音排序)
陈　偲　陈　蕾　陈新建
陈振宇　段亚光　冯云枝
郭金陵　黄　昕　黄建华
黄生高　雷勇华　李　健
李元聪　李运良　刘光辉
刘丽辉　刘志辉　刘志敏
刘遵望　吕杰辉　罗　仁
米贤文　欧阳瑞琪　彭解英
粟红兵　唐瞻贵　王笃权
王文光　吴桂姣　谢正其
严国南　张新宇　朱群强

◆广东省口腔医学会第1届理事会工作委员会名单

◇组织工作委员会

主　任　黄洪章
副主任　阮　毅
委　员　辛少群　陈仲伟　彭国光

◇学术工作委员会

主　任　凌均棨
副主任　陈小华
委　员　刘宏伟　张国志　包柏成

◇科普工作委员会

主　任　张颂农
副主任　朱光第
委　员　吴华辉　姚小武　王远东

◇继续教育工作委员会

主　任　唐　亮
副主任　欧　尧
委　员　张志光　谢佐理

◆广东省口腔医学会第1届牙体牙髓病学专业委员会委员名单

主　　任　凌均棨

副 主 任　陈　罕　谢佐理　辛少群
林正梅

常务委员　(姓名按汉语拼音排序)
蔡华雄　陈小华　段建民
方家铄　桂和明　黄　芳
黄世光　李　梅　李容林
李汝瑶　李小玲　李新华
梁焕友　谭维中　韦　曦
杨军英　赵　玮　邹韵秋

委　　员　42 人(名单略)

◆广东省口腔医学会第1届口腔颌面外科专业委员会委员名单

主　　任　黄洪章

副 主 任　张志光　曾融生　周　磊
朱光第

常务委员　(姓名按汉语拼音排序)
陈松龄　陈仲伟　黄洪章
廖贵清　薛国初　姚小武
曾融生　张国志　张志光
周　磊　朱光第

委　　员　47 人(名单略)

◆广东省口腔医学会第1届口腔种植学专业委员会委员名单

主　　任　邓飞龙

副 主 任　徐世同　陈卓凡

常务委员　(姓名按汉语拼音排序)
陈松龄　丁学强　蒋立坚
康　博　赖仁发　刘卫军
罗智斌　彭国光　宋光保
王远勤　曾融生　张春元
张国志　周　磊

委　　员　25 人(名单略)

◆广东省口腔医学会第1届口腔修复学专业委员会委员名单

名誉主任　张颂农
顾　　问　米乃元
主　　任　李　彦
副 主 任　唐　亮　林雪峰　袁　林
　　　　　黄元瑾
常务委员　（姓名按汉语拼音排序）
　　　　　刁惠波　付　强　刘　宪
　　　　　王爱军　王光护　王远勤
　　　　　魏素华　谢　黎　许家锵
　　　　　阎　英　詹欣文　张春元
　　　　　张雨梅　钟志海
委　　员　21 人（名单略）

◆广东省口腔医学会第 1 届口腔正畸专业委员会

主　　任　王大为
副 主 任　蔡　斌　李兰超　缪耀强
　　　　　包柏成
常务委员　10 人（名单略）

◆宁波市医学会第 6 届口腔医学分会委员名单

顾　　问　游士奇
主　　任　沈晓敏
副 主 任　李幼华　徐　明　李哲光
　　　　　苏　勤　马国良
秘　　书　李哲光（兼）
委　　员　25 人（名单略）

◆中华医学会宁波分会第 5 届口腔学会委员名单

主　　任　游士奇
副 主 任　杨茂林　赵　朔　李幼华
秘　　书　邱美芸（兼）
委　　员　15 人（名单略）

其　　他

◆湖北省医师协会口腔医师分会委员名单

名誉主任　樊明文
主　　任　边　专
副 主 任　赵怡芳　周先略　陈卫民
　　　　　王虎中
干 事 长　杨学文
常务委员　（姓名按汉语拼音排序）
　　　　　边　专　陈　智　陈书杰
　　　　　陈卫民　程正清　雷志敏
　　　　　廖建宏　刘正祥　庞光明
　　　　　铁朝荣　王虎中　王贻宁
　　　　　闫寒松　杨学文　张汉东
　　　　　张一兵　赵高峰　赵怡芳
　　　　　周先略

◆上海民营口腔医疗机构联合会首届成员名单

主　任　刘泓虎
副主任　徐维宁　单伟文
常　委　（姓名按汉语拼音排序）
　　　　陈光大　陈国民　陈　康
　　　　冯寒松　郭大锁　梁　勤
　　　　王栋华　张晓宇
秘　书　梁　勤（兼）

记　事

本栏目包括2005年中国口腔医学大事记、口腔医学学术会议、短讯、中国口腔医学院(系)与口腔医院科技成果获奖和获科研基金资助简况以及出版动态五部分。前三部分简要地记述了2005年度中国口腔医学领域的重要事件，在我国召开的国际、国内省级以上口腔医学学术会议等情况，且各部分内容按照事件发生时间的先后顺序介绍如下。第四部分收录了2005年度我国各部委、省(自治区)、直辖市和中国人民解放军军级以上单位授予的口腔医学科技成果奖与资助的科研基金项目。第五部分则收录了我国(不含香港、澳门和台湾地区)2005年度公开出版发行的口腔医学专业图书和音像制品的目录，并以汉语拼音排序。

2005年中国口腔医学大事记

●刘宝林教授荣立二等功

2005年1月13日，中央军委主席胡锦涛签署通令，给第四军医大学口腔医学院刘宝林教授记二等功，以表彰他在牙种植和口腔颌面部缺损功能修复研究方面所做出的突出贡献。

刘宝林教授长期致力于牙种植技术和口腔颌面部缺损功能修复研究，不但取得了显著的成绩，而且做出了突出的贡献。先后获国家科技进步二等奖1项，军队科技进步一等奖2项、二等奖1项、三等奖1项，军队医疗成果二等奖1项，军队医学科学大会奖1项，北京国际发明展览会金奖1项，国家发明专利5项。

●口腔颌面外科专科医师会员和口腔正畸专科医师会员资格认证试点工作会议

2005年1月19日，中华口腔医学会、国家医学考试中心在北京成功举办了口腔颌面外科专科医师会员和口腔正畸专科医师会员资格认证试点工作会议。此次会议旨在探索和论证我国口腔专科医师培养质量评价和认证考核的模式，促进我国口腔专科医师培养和准入制度的建立，为制定我国专科医师制度提供实践工作依据。卫生部科教司孟群副司长、中华口腔医学会张震康会长、国家医学考试中心冯雪英主任以及来自全国口腔界的知名专家50余人出席了此次会议。

会议宣布成立“中华口腔医学会专科医师会员资格认证委员会”、“中华口腔医学会口腔颌面外科专科医师会员资格认证委员会”和“中华口腔医学会口腔正畸专科医师会员资格认证委员会”并颁发了证书，讨论通过了“专科医师会员资格认证委员会职责”、“中华口腔医学会专科医师会员资格认证培训基地标准制定的基本原则和基地认可程序”、“口腔颌面外科专科医师会员资格认证试点方案”、“口腔正畸专科医师会员资格认证试点方案”以及“资格认证试点的具体日程安排”。会议还讨论了口腔专科医师的分类、口腔专科医师和口腔通科医师业务范围界定、取得学位医师是否减免专科医师培训年限等问题。

与会专家一致认为，医学人才是卫生事业发展的核心因素，专科医师的质量和水平直接影响医疗服务水平，通过专科医师会员资格认证试点工作，对建立适合中国国情的专科医师培养和准入制度具有重要的意义。

●第17次全国牙防组工作扩大会议

2005年2月20日，第17次全国牙防组工作扩大会议在北京胜利召开。参加会议的代表有卫生部的领导、全国牙防组的专家和全国各省市卫生局的主要领导。全国牙病防治指导组副组长张博学教授在会上作了《2004年全国牙防组工作总结报告》，卫生部疾病控制司齐小秋司长向第6批全国牙防先进县颁奖，卞金有教授介绍了“促进口腔健康、提高生命质量”大讲堂活动，林一南教授介绍了2005年全国爱牙日主题、中心口号与宣传提纲草案。会议主要就第3次全国口腔健康流行病学调查方案和计划进行讨论。会议在积极、热烈的气氛中顺利结束。

●《医疗机构口腔诊疗器械消毒技术操作规范》

2005年3月16日，卫生部颁布了《医疗机构口腔诊疗器械消毒技术操作规范》（以下简称《规范》），并决定该《规范》自2005年5月1日起施行。

《规范》要求：开展口腔科诊疗科目服务的医疗机构应当制定并落实口腔诊疗器械消毒工作的各项规章制度，建立健全消毒管理责任制，切实履行职责，确保消毒工作质量；从事口腔诊疗服务和口腔诊疗器械消毒工作的医务人员，应当掌握口腔诊疗器械消毒和个人防护等医院感染预防与控制方面的知识，遵循标准预防的原则，严格遵守有关的规章制度；医疗机构应当根据口腔诊疗器械的危险程度及其材质特点，选择适宜的消毒或者灭菌方法并遵循进入病人口腔内的所有诊疗器械，必须达到“一人一用一消毒或者灭菌”的要求。

●中华口腔医学会医院管理专业委员会、中国医师协会口腔医师分会民营组启动口腔民营机构调查登记工作

2005年3月16日，中华口腔医学会医院管理委员会“民管组”和中华口腔医学网联合发出通知：为更好地配合中华口腔医学会、中华口腔医学会医院管理专业委员会和中国口腔医师协会的工作，更好地帮助民营口腔医疗机构开展自律维权活动，特对全国民营口腔医疗机构进行调查登记工作。通知要求，各地民营口腔医疗机构收集本地区民营口腔医疗机构的相关资料，填写地区民营口腔医疗机构调查表；各民营医疗机构填写民营口腔医疗机构调查表。

●第3次全国口腔健康流行病学调查预调查

2005年4月20~29日，第3次全国口腔健康流行病学调查预调查在湖北省武汉市和蕲春县顺利结束。参加此次调查的专家分别来自全国牙防组、北京大学口腔医学院、四川大学华西口腔医学院、上海交通大学口腔医学院、中山大学光华口腔医学院和武汉大学口腔医学院。第3次全国口腔健康流行病学调查领导小组组长卞金有教授，顾问王鸿颖教授、陈育德教授，调查办公室成员、技术组全体成员以及武汉大学口腔医院预防科全体人员参与了本次预调查。流行病学调查技术组组长张博学教授全程主持了此次预调查。

此次预调查是第3次全国口腔健康流行病学调查的一次预演，目的是检验调查方案和调查标准的可行性，在调查过程中不断完善和统一调查标准。选择湖北省作为此次预调查地点，是基于湖北省的牙防工作一直走在全国前列，积累了丰富的口腔流行病学调查经验。

●《靶向融合防龋DNA疫苗的研制与动物实验研究》入选2005年全国优秀博士学位论文

2005年4月29日，教育部学位管理与研究生教育司公布了2005年度的全国优秀博士学位论文名单，武汉大学口腔医学院郭继华博士的《靶向融合防龋DNA疫苗的研制与动物实验研究》入选。

全国优秀博士学位论文评选工作是由教

育部和国务院学位委员会批准并组织进行的，旨在逐步建立有效的质量监督和激励机制，推动研究生教育工作重点切实转移到提高培养质量上来，培养和激励在学博士研究生的创新精神，促进高层次创造性人才脱颖而出。该项评选工作已列入《面向二十一世纪教育振兴行动计划》。

●全国口腔医疗纠纷管理高级研修班暨中华口腔医学会医院管理专业委员会医疗管理组中国医师协会口腔医师分会维权工作组工作会议

2005年5月13～16日，由中华口腔医学会医院管理专业委员会医疗管理组、中国医师协会口腔医师分会维权工作组主办，上海交通大学口腔医学院和同济大学口腔医学院共同承办的“全国口腔医疗纠纷管理高级研修班暨中华口腔医学会医院管理专业委员会医疗管理组中国医师协会口腔医师分会维权工作组工作会议”在上海举行。中国工程院院士、中华口腔医学会副会长邱蔚六教授，中华口腔医学会副会长、中国医师协会口腔医师分会主任委员栾文民教授，中华口腔医学会医院管理专业委员会主任委员王兴教授以及上海交通大学口腔医学院院长张志愿教授、同济大学口腔医学院院长王佐林教授出席开幕式并致辞。来自国内22个省市自治区以及60多所医疗机构的100余名代表参加了此次会议。

会议通报了由医疗管理组组织制定的《全国口腔医疗服务质量监控标准》、《全国口腔医院感染管理标准》，由中国医师协会口腔医师分会维权工作组开展的全国口腔医师执业与维权情况调查，卫生部2005年医院管理年活动部署和《医院管理评价指南》以及卫生部2004年12月对全国11个省市自治区口腔医院感染管理工作的检查情况，讨论了与标准实施有关的工作设想与安排，有关维权工作计划和工作部署。

栾文民教授、北京大学法学院孙东东教授、北京大学口腔医学院院长助理沈曙铭副研究员和上海康正律师事务所王海律师分别在会上就《医疗事故技术鉴定中有关问题思考》、《医疗机构风险管理》、《医疗纠纷处理中的鉴定、诉讼与赔偿》、《医院如何应对医疗纠纷》等内容做了专题报告。与会代表则结合我国医师执业现状以及所关注和困惑的问题开展了讨论，收到了预期效果。

●第3次全国口腔健康流行病学调查

2005年7月，我国第3次全国口腔健康流行病学调查在北京、天津、上海等31个省、自治区、直辖市(未包括香港、澳门和台湾地区)全面启动，调查工作在2005年底以前完成，2006年将完成资料的统计分析。此次在全国范围开展的统一调查由卫生部疾病控制司委托全国牙防组负责领导、组织和实施，并且得到了世界卫生组织的大力支持，旨在进一步了解我国不同人群的口腔健康状况、口腔疾病的发病趋势、影响因素和口腔卫生保健知识，监测龋病和牙周病的发病趋势，评估口腔卫生的需求，促进实现我国2004—2010年口腔卫生保健规划目标。

此次调查的对象由卫生部疾控司委托全国牙病防治指导组统一按照各地的地理位置分布、经济发展状况和城乡分层的原则随机抽签决定，分5、12、15、35～44、65～74岁5个年龄组，每个省随机抽样调查4 500人。此次调查与1982年和1995年两次调查相比有两个显著的特点：第一，调查范围广，覆盖北京、天津、上海、重庆等全国31省市自治区；第二，调查的内容、方法和标准全部采用国际先进的内容、方法和标准，还增加了口腔黏膜病、口腔癌和牙周附着丧失等新内容。

●《全国口腔医院评审标准与手册》讨论与修订会议

2005年9月15～17日，由中华口腔医学会医院管理专业委员会、中华医院管理学会口腔医院管理分会主办，首都医科大学口腔医学院和北京大学口腔医学院共同承办的《全国口腔医院评审标准与手册》修订会议在北京召开。北京大学、四川大学、上海交通大学、第四军医大学、武汉大学、首都医科大学、同济大学、南京医科大学等口腔医学院，天津市、广东省、南京市和重庆市口腔医院等有关院长和中华口腔医学会医院管理专业委员会医疗管理学组全体成员等30余位代表参加了会议。

此次会议提交讨论的《全国口腔医院评审标准与手册》是《全国口腔医院评审标准》的一部分，是以中华医院管理学会和卫生部医政司组织全国专家共同起草的《全国医院评审标准》为蓝本编写的。与会专家就其中的医院评审申请书、医院基本情况、医院自我评审方法和评价用表以及医院管理、医疗质量持续管理与改进、医院服务等内容进行了有效的讨论，就评审工作如何结合口腔医院管理与专业特色提出了建设性意见。会后，北京大学口腔医院将依据与会专家的意见对《全国口腔医院评审标准与手册》作进一步修订，并结合口腔专科医院特点增设部分评审必备内容。

●当代口腔正畸直丝弓矫治技术及徐氏滑动直丝弓矫治技术被列入卫生部第二轮面向农村和基层推广适宜技术十年百项计划第五批项目目录

2005年9月23日，卫生部根据《卫生部关于开展第二轮面向农村和基层推广适宜技术十年百项计划的通知》（卫科教发［2001］193号）精神，组织专家对各省、自治区、直辖市卫生厅局，部直属单位，相关学会、协会推荐的推广项目进行了论证，确定了卫生部中日友好医院推荐并申报的“当代口腔正畸直丝弓矫治技术及徐氏滑动直丝弓矫治技术”等11项技术作为卫生部第二轮面向农村和基层推广适宜技术十年百项计划的第五批项目（卫通［2005］14号文）。

●《全国口腔医院评审标准与实施细则》讨论与修订会议

2005年11月24～26日，由中华口腔医学会医院管理专业委员会、中华医院管理学会口腔医院管理分会主办，大连市口腔医院承办的《全国口腔医院评审标准与实施细则》修订会议在大连市召开。来自北京大学、四川大学、上海交通大学、武汉大学、中山大学、浙江大学、吉林大学、山东大学、同济大学、中国医科大学、首都医科大学、南京医科大学等口腔医学院以及广东省、天津市、南京市、大连市等口腔医院的有关院长和中华口腔医学会医院管理专业委员会医疗管理学组全体组员等30余位代表参加了此次会议。

代表们以大会和分组方式积极认真逐条逐句地讨论了《全国口腔医院评审标准与实施细则》的相关内容并提出修改意见。其中重点就新增加的①牙体牙髓病学、牙周病学、儿童口腔病学、口腔黏膜病学、口腔修复学、口腔正畸学和口腔颌面外科门诊等的评审标准、实施细则、三基三严考核；②口腔材料购销与使用报表；③口腔专科医院人力资源配置；④医院感染管理中的口腔评审；⑤住院病历质量考核要点与方法、住院病历书写质量评估标准；⑥口腔颌面外科、门诊科室等相关专业内容进行了讨论。代表们另就如何进行行业内模拟评审等问题进行了讨论。

此次会议后将继续由北京大学口腔医院执笔完成《全国口腔医院评审标准与实施细则》的文字修订，并向中华口腔医学会和卫生部医政司汇报工作进展情况。

口腔医学学术会议

●第5届亚洲-太平洋地区国际口腔正畸大会

会议时间：2005年3月31～4月2日

会议地点：北京市

主办单位：中华口腔医学会口腔正畸专业委员会和香港正畸医师学会

参会代表：1 041人

会议提要：亚洲-太平洋地区国际口腔正畸大会每三年举办1次，迄今已有15年的历史。此次大会系在我国首次举办的系列国际正畸大会，也是近年来我国口腔医学界所举办的最高规格的学术会议，来自21个国家和地区的231名外宾和810名国内代表参加了此次会议。此次大会的宗旨是交流口腔正畸成果，加深相互间的友谊。

中华口腔医学会会长张震康教授，亚太正畸学会会长三谷英夫教授，大会组委会联合主席傅民魁教授，中华口腔医学会正畸专业委员会主任委员林久祥教授莅会并在开幕式上致辞。世界正畸医师联盟主席，美国、欧洲正畸医师协会会长，日本、韩国、泰国、新加坡以及中国香港正畸医师学会会长等应邀出席了此次大会。大会围绕口腔正畸新技术、各类错殆疑难病例的矫治等系列专题展开了全面的学术交流，40多位世界著名的口腔正畸专家做了精彩的学术报告。

●口腔新材料临床应用技术研讨会

会议时间：2005年6月1～4日

会议地点：湖北省宜昌市

主办单位：中华口腔医学会口腔材料专业委员会

承办单位：武汉大学口腔医学院

参会代表：42人

收到论文：26篇

会议提要：此次会议由武汉大学口腔医学院科研办主任陈智教授主持，中华口腔医学会口腔材料专业委员会主任委员孙皎教授致开幕词，武汉大学口腔医学院院长边专教授、口腔材料专业委员会名誉主任委员薛淼教授莅会并致辞。会议内容包括口腔种植体的临床应用技术，口腔种植修复的美学，新世纪口腔材料研究发展战略，不同品牌树脂牙耐磨性与临床应用的关系，新型复合树脂材料的种类、选择与应用技术，非损伤性玻璃离子水门汀的临床应用等六个方面。体现出强调口腔材料研究与临床应用相结合，突出口腔材料的应用技术，办会形式上将学术讲座与学术交流相结合三个方面的特点。

来自上海交通大学、第四军医大学、四川大学、武汉大学、北京大学、浙江大学、山东大学等全国各大口腔医学院校的口腔材料研究人员、临床医师以及从事口腔材料研发的企业代表在会上交流了各自在口腔材料领域所取得的研究成果。应邀到会的我国台湾口腔种植体医学会理事长许庭祯教授，对此次会议给予了高度评价。

●第16届全国口腔护理学术交流会

会议时间：2005年6月13～18日

会议地点：长沙市

主办单位：中华护理学会

参会代表：600余人

收到论文：178篇

会议提要：此次会议与全国妇产科护理学术会议和门急诊科护理学术会议同期举行，中华护理学会的主要领导人出席了会议开幕式。中华口腔医学会会长张震康教授到会并预祝口腔护理事业进一步发展，大会圆满成功。大会交流和研讨的热点涉及护理管理、护理教育、护理科研、医院感染控制与职业防护、人力资源管理等目前口腔专科护理中的许多热点问题，这对开拓口腔护理思路，提高护理水平起到一定的推动作用。

来自国内16个省市的30多位省市级口腔医院的护理部主任介绍了各自医院口腔护

理的现状和存在的问题，就口腔护理人员职责的界定、人力资源配比等问题统一了认识。这就为我国口腔护理工作尽快与国际接轨，尽快使我国口腔护理专业正规系统的发展奠定了基础。

●循证医学在口腔医学研究中的应用研讨会

会议时间：2005年7月16~20日

会议地点：山东省青岛市

主办单位：青岛大学医学院附属医院、四川大学华西口腔医学院

承办单位：青岛大学医学院口腔系

参会代表：86人

收到论文：20篇

会议提要：此次学术会议由青岛大学医学院口腔系主任李宁毅教授主持。上海交通大学口腔医学院邱蔚六院士、王晓仪教授，四川大学华西口腔医学史宗道教授，北京大学口腔医学院王兴教授出席会议。他们分别就循证医学知识，口腔医学医护人员如何应用国内外最新技术指导临床医疗、科研和教学实践中的问题，科研设计与高水平的科研成果，怎样才能写出高质量的学术论文等做了专题报告。与会人员与循证医学专家面对面讨论，深受与会者欢迎。

●2005年口腔颌面部静脉、淋巴管畸形治疗专题研讨会

会议时间：2005年7月25~28日

会议地点：山东省临沂市

主办单位：中华口腔医学会口腔颌面外科专业委员会脉管性疾病学组

承办单位：山东省临沂市肿瘤医院

协办单位：山东省临沂市人民医院

参会代表：40人

收到论文：40篇

会议提要：此次大会由上海交通大学口腔医学院院长张志愿教授主持，来自全国各地的40余名代表参加了会议。中华口腔医学会副会长、口腔颌面外科专业委员会主任委员邱蔚六院士亲临会议并进行学术指导。开幕式由临沂市卫生局卢廷祥局长主持，张志愿教授以及美国专家Terry A. Day教授、John McIver Hodges教授先后致辞，临沂市人民政府刘彦祥副市长出席开幕式并发表了热情洋溢的讲话。

此次研讨会重在参与和实用，以临床操作示范为主，示范前辅以多媒体演示，重点讲解了口腔颌面部静脉、淋巴管畸形的治疗原理和操作注意事项。研讨会上，美国南卡来罗纳州医科大学头颈肿瘤外科主任Terry A. Day教授作了“头颈癌术后显微外科重建”的学术报告，美国田纳西大学耳鼻咽喉-头颈外科主任John McIver Hodges教授作了“青少年鼻咽血管纤维瘤的处理”的学术报告；我国的竺涵光、周国瑜、秦中平、范新东、李京宏等教授分别演示了翻瓣激光手术、硬化治疗、无水乙醇栓塞和电化学治疗等技术。与会代表通过学习、交流和讨论，对这些治疗技术有了直观的了解，对这些治疗方法的适应证和操作注意事项有了更加深刻的认识。

张志愿教授代表学组对此次研讨会进行了总结，认为这是一次高层次、高水平、务实的、成功的会议，达到了预期目的。张震康会长对学组的工作给予了肯定。

●全国牙体缺损保存修复研讨会

会议时间：2005年7月28~29日

会议地点：乌鲁木齐市

主办单位：中华口腔医学会口腔修复学专业委员会

承办单位：兰州军区乌鲁木齐总医院

收到论文：152篇

会议提要：参加此次会议的著名修复学专家有第四军医大学口腔医学院赵铱民院长、马轩祥教授，北京大学冯海兰教授，上海交通大学张富强教授，武汉大学程祥荣教授，解放军总医院刘洪臣教授，四川大学华

西口腔医学院梁星教授等。会议共收到论文152篇，其中专题报告7篇，大会发言36篇。残冠残根的桩核冠修复是此次牙体缺损保存修复会议的重点。在牙体保存的美容修复方面，各种全瓷修复体的临床应用成为一大亮点。

通过会议交流显示，随着牙髓治疗、桩核冠修复相关材料及其技术的迅速发展和推广，我国牙体缺损保存修复，尤其是残冠残根的保存修复取得了长足的进步，修复效果得到了极大提高，口腔医生的认识也有了较大提升，相关材料和技术的研究应用紧紧地跟住了国际先进水平。此次会议还对我国牙体缺损修复状况进行了阶段性的回顾、总结和展望。

●第6期全国美容牙科新技术学术研讨会

会议时间：2005年8月20～23日

会议地点：兰州市

主办单位：中华医学会美容美学分会

承办单位：兰州大学口腔医学院、口腔医院

参会代表：92余人

收到论文：30篇

会议提要：中华医学会医学美学与美容分会主任委员彭庆星教授，专家委员会主任、安徽医科大学口腔医学美学研究所所长孙少宣教授，副主任委员、解放军总医院刘洪臣教授，中华口腔医学会口腔正畸专业委员会副主任委员、四川大学华西口腔医学院陈扬熙教授，中华医学会医学美学与美容分会委员、口腔审美学组组长王光护主任医师等著名美容美学专家出席了此次研讨会。他们分别在会上作了精彩的学术报告并就美容牙科新业务、新技术进行了临床示教。

中华医学会医学美学与美容分会委员、兰州大学口腔医学院院长余占海教授，中华口腔医学会口腔种植专业委员会委员、兰州大学口腔医学院副院长刘斌副教授，中华口腔医学会颞下颌关节与殆学专业委员会委员、兰州大学口腔医学院康宏副教授，泰山医学院附属烟台市烟台山医院口腔科主任王毅副教授，兰州大学口腔医院颌面外科中心主任、兰州市兰泰医院院长鱼灵会副教授等也就自己的研究成果和临床经验向大会作了详细的报告和交流。

彭庆星教授在大会上提出的“让美容牙医学学科及其事业，让我国美容医学整体学科及其事业，大踏步地走向西部地区”的倡议，引起全体与会同仁的强烈反响和共鸣。与会人员一致表示，通过本次学术研讨会不仅学到了美容牙科新技术，更重要的是了解到了目前国内外美容牙科新技术的最新进展，提高了自身理论素养和审美能力。与会人员还表示要共同为我国美容医学整体学科及其事业的发展群策群力，把口腔医学美学、口腔医学美容学发展成为一个全新的、富有特色的学科。

●全军口腔医学学术研讨会

会议时间：2005年9月2～5日

会议地点：西安市

主办单位：第四军医大学口腔医学院

参会代表：146人

收到论文：403篇

会议提要：此次会议恰逢第四军医大学口腔医院建院70周年的庆典，来自全国各地和各大军区的代表共146人参加了庆典活动。大会采用专题讲座的形式进行了涵盖口腔内科学、修复学、颌面外科学、正畸学等各学科的专题讲座。来自意大利和美国的访问学者也在会上作了精彩的学术报告。在这次大会上，与会专家对军队的口腔医学发展进行了回顾和展望，对当前军队口腔医学发展的困难与机遇、我军口腔卫勤服务的战略发展目标进行了细致的分析。第四军医大学口腔医学院还就口腔诊疗车和野战医疗椅的研制和开发情况作了介绍。

此次大会，对促进我军口腔医学事业和新军事装备的发展具有重要的意义。

●全国副省级城市第10届暨东北三省第8届口腔医学学术会议

会议时间：2005年9月8~9日

会议地点：哈尔滨市

主办单位：全国副省级城市口腔医学协作组

承办单位：黑龙江省口腔医学会、哈尔滨医科大学口腔医学院

参会代表：320余人

收到论文：590篇

会议提要：会议由哈尔滨医科大学口腔医院院长张斌教授主持，全国副省级城市口腔医学协作组副组长、黑龙江省口腔医学会会长王廼谦教授致开幕词。黑龙江省程幼东副省长，黑龙江省教育厅、科技厅、卫生厅、民政厅以及哈尔滨医科大学的领导在会上发表了重要讲话，中华口腔医学会副会长颜景芳教授也莅会指导并致辞。来自全国各地的300余名口腔医学专家以及来自韩国、日本的20余位专家出席了此次会议。

全国副省级城市口腔医学协作组组长史俊南教授，副组长东耀峻教授以及日本、韩国的专家在会上做了专题报告。而来自国内外的其他口腔医学专家也介绍了他们在各自领域所取得的最新研究成果和临床经验。此次大会的论文内容涵盖了口腔医学领域的各个方面。这些研究成果反映了我国口腔医学研究的最新进展，有着较高的学术水平。

会议期间，史俊南教授辞去了全国副省级城市口腔医学协作组组长职务，王廼谦教授任新一届全国副省级城市口腔医学协作组组长，东耀峻和赵守亮教授任副组长，史俊南教授任名誉组长。同时，会议决定2007年在西安市召开全国副省级城市协作组第11次口腔医学学术会议。

●四川省口腔医学会成立大会暨第8次四川省口腔医学学术会议

会议时间：2005年9月14日

会议地点：成都市

主办单位：四川省口腔医学会

承办单位：四川大学华西口腔医学院

参会代表：200余人

收到论文：188篇

会议提要：此次大会在四川大学华西口腔医学院的大力支持下，于2005年9月14日在成都市如期举行。中华口腔医学会副会长兼秘书长颜景芳教授莅会并宣读了会长张震康教授热情洋溢的贺信。颜景芳教授还就学会工作与发展提出了建设性的意见和希望。

四川大学华西口腔医学院巢永烈教授、杜莉副教授、白丁副教授，泸州医学院附属口腔医院郑立舸教授，川北医学院附院口腔科熊万林教授，四川省人民医院牟雁东副主任医师，攀枝花市中心医院郭锡久主任医师，宜宾市第二人民医院王正伦主任医师，成都军区总医院张建设主任医师，成都市第三人民医院黄永光副主任医师等十位专家就“全瓷修复的基础研究和临床应用”、“复发性阿弗他溃疡致病因素及综合性治疗研究”、“平衡殆诸因素对全口义齿稳定的影响及其对策”、“磁性附着体在临床修复中值得注意的问题”、“色度学在颌面缺损修复中的应用”、“金属烤瓷冠颈缘伸展不当的影响”、“先天性唇腭裂伴随其他部位畸形的临床探讨”、“人工颅骨印模成型术在颅骨缺损修补中的应用”、“口腔颌面部血管瘤的分型和治疗”、“转矩控制”等进行了专题演讲。

此次学术会议所提交的文章数量多质量高，较全面地展示了近年来四川省在口腔医学基础研究和临床工作中所取得的成就以及最新进展。大会决定，第9次四川省口腔医学学术会议将于2007年9月召开。

●第5届中国西部口腔医学学术会

会议时间：2005年9月15～18日

会议地点：成都市

主办单位：西部口腔医学协作组

承办单位：四川大学华西口腔医学院

参会代表：293人

收到论文：119篇

会议提要：此次会议由我国西部地区11省、市、自治区的20余家口腔医学院(系)、口腔医院联合举办，以口腔临床实用新技术、新材料和口腔医学新进展为主要内容，旨在加强国内的口腔医学交流，促进国内以及西部地区口腔临床技术水平的迅速提高。

会议邀请了四川大学华西口腔医学院、第四军医大学口腔医学院、西安交通大学口腔医学院、遵义医学院口腔系等西部口腔医学院校的口腔临床专家教授24人授课并进行现场答疑，内容涵盖了口腔医学领域各学科。会议还特邀了我国台湾地区的资深口腔医师介绍一些成功的经营管理理念。此次学术会议较全面地反映了近年来我国西部地区在口腔医学研究中取得的成就。

●第4届中国口腔种植学术会议

会议时间：2005年9月16～17日

会议地点：成都市

主办单位：中华口腔医学会口腔种植专业委员会

承办单位：四川大学华西口腔医学院

参会代表：200人

收到论文：130篇

会议提要：此次会议是中国口腔种植学领域的一次盛会，为口腔种植学领域的专家、学者们提供了一个互相交流学术观点、研究成果和医疗经验的平台。来自美国、德国、法国以及我国大陆和台湾地区的11位知名专家出席大会并作了精彩的专题报告，全国近20所高等院校、口腔专科医院的48位代表也在会上作了经验交流。与会代表还就口腔种植学相关领域的基础研究、种植材料、种植外科技术、种植治疗临床应用研究、种植修复和制作工艺、正畸种植支抗等所关心的问题进行了深入的讨论。

通过会议代表们认为，目前我国口腔种植学在基础研究和临床应用方面已达国际水平，此次大会不仅进一步活跃了学术思想、促进了学术争鸣、激励了学术创新、增进了相互间的友谊，而且对于促进我国口腔种植学事业的繁荣和发展也有着重要的意义。

●中华口腔医学会牙体牙髓病学专业委员会第4届第6次全国龋病学学术会议

会议时间：2005年9月20～22日

会议地点：成都市

主办单位：中华口腔医学会牙体牙髓病学专业委员会

承办单位：四川大学华西口腔医学院

参会代表：110人

收到论文：136篇

会议提要：第6次全国龋病学学术会议开幕式由中华口腔医学会牙体牙髓病学专业委员会主任委员周学东教授主持，牙体牙髓病学专业委员会名誉主任委员樊明文教授和四川大学华西口腔医院党委书记吴亚菲教授致欢迎辞。此次大会分为特邀专题、会议专题和会议交流三个部分。四川大学岳松龄教授、武汉大学樊明文教授、美国加州大学旧金山分校 John D. B. Featherstone 教授、美国罗切斯特大学 Robert E. Marquis 教授、美国纽约大学李仪红教授、日本新潟大学 Hoshino Etsuro 教授、日本大阪大学 Atsuo Amano 教授和英国联合利华口腔研究中心 Ralph M Duckworth 教授分别就龋病危险性评估与治疗，氧化压力和口腔健康护理的治疗性药物，牙石和龋病的关系，母体特性对婴儿获得性变异链球菌的影响，龋病治疗的新观念——LSTR 3Mix-MP 治疗，牙龈卟啉单胞菌的致病性，中草药、葡聚糖酶、DNA 疫苗防龋研究新进展，从龋病好发位点谈龋病发生的生物膜半封闭生态系等研究进行了专题演讲。与会代表重点围绕龋病的病因、病理、发病机制和临床防治，从微生物学研究、牙菌斑生物膜研究、免疫学研究、中药防龋临床研究等方面进行了专题讨论。

此次大会所荟萃的最新成果显示，近年来我国的龋病学研究无论是在临床方面还是在基础方面均取得了长足的进步，而在口腔生态理论、龋病生态防治、婴幼儿口腔细菌的定植和传播、基因防龋疫苗、中药生态防龋等研究方面已达国际先进水平。

●第6届全国口腔麻醉学术会议

会议时间：2005年9月24~26日

会议地点：成都市

主办单位：中华口腔医学会麻醉学组

承办单位：四川大学华西口腔医学院

参会代表：89人

收到论文：48篇

会议提要：此次会议由中华口腔医学会麻醉学组副组长徐礼鲜教授主持，麻醉学组组长朱也森教授致开幕词，中华口腔医学会副会长马轩祥教授为本届大会发来了贺信。四川大学华西口腔医院周学东院长莅会并对来自全国各地的参会代表表示热烈的欢迎。周学东院长还深切地希望此次大会能对发展我国口腔麻醉事业做出贡献，并预祝大会取得圆满成功。

此次会议的特邀嘉宾，美国宾夕法尼亚大学的卢博一教授就美国的麻醉历史和现状做了专题报告。国内口腔麻醉学相关领域的多名专家教授也做了专题报告，内容涵盖了口腔麻醉基础理论、口腔麻醉临床方法与实践、麻醉新药物与新设备的应用体会等各方面。此次会议为麻醉学者们提供了一个互相学习、相互交流学术观点和科研成果的平台，通过相互学习和相互交流，与会代表均表示此次参会受益匪浅。

“提高口腔麻醉临床技能，深入口腔麻醉机制的基础研究”是此次大会的主题，也是此次大会倡导的口腔麻醉学的发展方向。此次大会对于促进国内外口腔麻醉学理论和技术的交流与合作，加强口腔麻醉技术的应用和基础研究，推动我国口腔麻醉事业的发展具有重要意义。

●浙江省口腔医学会第24届口腔医学学术会议

会议时间：2005年9月26日

会议地点：浙江省嘉兴市

主办单位：浙江省口腔医学会

参会代表：230人

收到论文：184篇

会议提要：此次会议研讨范围甚广，内容涉及口腔医学各个学科。在牙体牙髓病学方面，将遗传性牙本质发育不全分为牙本质发育不全伴有颌骨发育不全的病例，乳光牙本质，特殊的牙本质发育不全三型。在牙种植技术方面，将国外的先进种植技术介绍给浙江省省学术界，如等量法植骨技术、夹层法植骨、上颌窦底提升植骨术等。在口腔材料学方面，学者们在纳米磷酸钙、纳米陶瓷仿生骨支架在体外的活性和骨缺损方面作了较多的研究。在口腔内科学方面，根管治疗新技术、新方法、新材料在其治疗过程中所起到的较满意效果，为修复取得良好效果奠定了基础。在口腔修复方面，对精密附着体义齿的临床应用、种植义齿上部结构修复的相关问题、树脂卡环在铸造基托可摘局部义齿修复牙列缺损、按扣栓道式精密附着体在中老年人单侧游离缺失的修复中应用等问题进行了研讨。在口腔正畸学方面，报道了Ceuad-htlix矫治器治疗上下颌牙列拥挤的临床研究，正颌外科患者的术前正畸，矫治夜磨牙的新方法以及多曲方丝弓技术在矫治恒牙期骨性Ⅲ类错殆中的应用等。

●中华口腔医学会第2届牙体牙髓病临床研讨会

会议时间：2005 年 10 月 13 ~ 14 日

会议地点：武汉市

主办单位：中华口腔医学会牙体牙髓病学专业委员会

承办单位：武汉大学口腔医学院

参会代表：137 人

收到论文：107 篇

会议提要：来自全国各地的专家、学者以及来自法国、意大利的牙体牙髓病学专家共 137 人参加了此次会议。国内外专家在会上作了精彩的专题报告，与会人员还进行了学术论文交流，内容包括：牙体修复、根管系统解剖、根管治疗期间疼痛、镍钛器械、热牙胶充填。本次会议内容丰富，学术气氛浓厚，反映出我国牙体牙髓病临床诊疗水平和研究水平均有明显提高，正朝着世界先进水平迈进。

●第 4 届中国国际暨第 7 次全国口腔颌面外科学术会议

会议时间：2005 年 10 月 13 ~ 16 日

会议地点：成都市

主办单位：中华口腔医学会口腔颌面外科专业委员会

承办单位：四川大学华西口腔医学院

参会代表：近 500 人

收到论文：694 篇

会议提要：第 4 届中国国际暨第 7 次全国口腔颌面外科学术会议在成都顺利召开。同期举行的还有第 1 届第 4 次全国口腔颌面肿瘤学术会议、第 3 届第 5 次全国唇腭裂学术会议和第 2 届第 4 次全国口腔颌面创伤学术会议。此次会议是我国口腔颌面外科学术界有史以来举办的一次规模最大的国际性学术会议，来自我国 31 个省、市、自治区和香港、台湾、澳门以及国外的近 500 名代表参加了本次会议。四川大学副校长李光宪教授，四川大学党委副书记、华西口腔医学院院长周学东教授以及中华口腔医学会口腔颌面外科专业委员会主任委员邱蔚六院士莅会致辞。

来自瑞士、日本、比利时和我国香港、台湾的口腔颌面外科著名专家 Anders Westermark、Mataga lzuml、Laurence M Boon、MIkka Vikkula、Henk Tideman、Nabil Samman、张念光、张哲寿、张阳明教授以及我国科学院魏于全和工程院院士钟世镇、杨胜利教授，四川大学华西医院杨志明教授、上海知识产权局局长陈志兴、首都医科大学王松灵教授等分别做了专题报告。内容涉及牙及牙槽外科、口腔颌面部感染、口腔颌面部肿瘤、口腔颌面部损伤、先天性和获得性口腔颌面部缺损畸形、正颌外科、颞下颌关节疾病、涎腺疾病、口腔颌面部神经疾病以及美容整形技术、颅颌面种植外科与赝复、微创外科技术、牵张成骨技术、生物材料与组织工程技术、手术模拟与虚拟现实技术等在口腔颌面外科领域中的基础研究和临床应用。

在此次会议上，口腔颌面外科专业委员会进行了换届选举，张志愿教授当选为第三届口腔颌面外科专业委员会主任委员，俞光岩、沈国芳、田卫东、刘彦普、赵怡芳教授当选为副主任委员。在大会闭幕式上，邱蔚六院士宣布了第 2 届口腔颌面外科华佗奖获奖者名单，周树夏和王翰章教授分别获此殊荣。

●第 3 届第 5 次全国唇腭裂学术会议

会议时间：2005 年 10 月 14 ~ 16 日

会议地点：成都市

主办单位：中华口腔医学会口腔颌面外科专业委员会

承办单位：四川大学华西口腔医学院

参会代表：60 余人

收到论文：90 余篇

会议提要：此次会议与第 4 届中国国际暨第 7 次全国口腔颌面外科学术会议同期举行，到会学组委员共 24 人，来自国内外科研院所和医疗单位的 60 余名代表参加了会议。研讨内容涵盖唇腭裂基础研究、遗传学研究、临床治疗研究、治疗效果评价、语音治疗及其评价、术前正畸和心理研究等唇腭裂序列治疗的各个方面，其中不乏具有国际先进水平的研究报告。

中国工程院院士、中华口腔医学会副会长、口腔颌面外科专业委员会名誉主任委员邱蔚六教授专程到会并讲话，他充分肯定了唇腭裂学组富有成效的工作，希望与会代表踊跃向国外专业刊物投稿，提高中国唇腭裂研究在国际的学术地位。在此次会议上，唇腭裂学组进行了换届选举。邱蔚六教授宣布了中华医学会口腔颌面外科专业委员会关于石冰教授任第 4 届学组唇腭裂学组组长，王国民、马莲、傅豫川、黄洪章、封新华教授任副组长的决定。邱蔚六教授高度评价了王国民教授担任学组组长期间所做的工作，希望新的学组成员更进一步，为全面提升中国唇腭裂治疗、研究水平做出应有的贡献。

新一届学组成员济济一堂，共商中国唇腭裂的发展大计。决定今后每年举办一次唇腭裂学组学术会议和继续教育学习班，并初步决定于 2006 年 6 月在大连医科大学举行由学组主办的全国唇腭裂继续教育培训班和学组会议。同时与专业网站合作，开通唇腭裂专门网页（http：//aclp. haoyisheng. com），增进相互交流，扩大学组影响，提高基层医疗单位唇腭裂治疗水平。

●**第 4 次全国口腔颌面创伤学术会议**

会议时间：2005 年 10 月 15 ~ 16 日

会议地点：成都市

主办单位：中华口腔医学会口腔颌面外科专业委员会

承办单位：四川大学华西口腔医学院

会议提要：此次会议与第 4 届中国国际暨第七次全国口腔颌面外科学术会议同期举行，与会代表就口腔颌面部创伤及其修复重建中的新理论、新技术进行了交流，还就共同关心的问题进行了讨论。专家们认为，全面部骨折是口腔颌面部的严重骨折，通常需要采用手术复位内固定来给予治疗；而手术复位内固定术易伴发颅脑损伤，术前应进行常规的 CT 平面扫描和三维重建。CT 及其三维重建技术有助于清晰直观地显示出复杂的颌面部骨折和畸形，因此 CT 及其三维重建技术对于口腔颌面部创伤及其修复重建手术方法的选择具有重要的参考意义。

髁突骨折的治疗，采用内镜辅助下经口内入路切开复位内固定术，可以获得良好视野，而且复位和内固定效果肯定。因此，微创外科尤其适用于有明确瘢痕体质的患者。肿瘤术后的功能性颌骨修复重建是口腔颌面部修复重建外科领域的难题，采用各种组织瓣结合牙种植技术进行肿瘤术后的功能性颌骨修复重建，可令患者头面部获得良好的解剖外形和相应的生理功能。快速成型技术在口腔颌面部修复重建中的应用，有助于确定颌骨及其缺损的精确的三维形态，提高患者的生活质量。

近年来，组织工程学的迅速发展为口腔颌面部各种软硬组织的缺损修复提供了全新的思路和方法，组织工程研究主要集中在种子细胞、支架材料和构建方法三个方面；而随着分子生物学技术的迅速发展，基因工程和组织工程联合应用的技术方法也日趋成熟。研究表明，采用各种转基因的种子细胞复合支架材料，能取得更为理想的修复效果。牙再生工程已经成为口腔颌面部再生医学的研究热点，现有研究表明，只有在深入了解牙胚发生发育基因调控机制的基础上，联合多学科技术才能再生出与天然牙一致的再生牙，同时恢复颌面部形态和生理功能。

●**第 1 届第 4 次全国口腔颌面部肿瘤学术会议**

会议时间：2005 年 10 月 15 ~ 16 日

会议地点：成都市

主办单位：中华口腔医学会口腔颌面外科专业委员会

承办单位：四川大学华西口腔医学院

收到论文：247篇

会议提要：此次会议与第4届中国国际暨第7次全国口腔颌面外科学术会议同期举行，会议收到的274篇论文，其中大会发言48篇。内容主要涉及肿瘤发病机制及诊治相关基础研究、恶性肿瘤的非手术治疗、脉管瘤的临床诊治、涎腺非肿瘤疾病研究进展、头颈部肿瘤术后缺损的修复与重建、学科建设与展望六个方面。

会议认为：我国在腺样囊性癌肿瘤干细胞等基础研究方面取得了长足进步，多项研究达到了国际先进水平；有关口腔颌面部脉管瘤和血管畸形的分类、诊断和治疗的讨论和大会交流，对规范我国脉管疾病的分类和与国际接轨将产生重要作用；我国在口腔颌面部肿瘤的诊断和治疗方面已积累了非常丰富的经验，形成了具有中国特色并享有国际声誉的集头颈肿瘤外科、修复重建外科、放射治疗、化学治疗、生物治疗和社会心理治疗等多学科交叉的综合序列治疗体系，而且某些方面已接近或达到国际先进水平。

会议期间还召开了口腔颌面肿瘤学组工作会议，总结了2003年青岛学术会议以来学组的工作，并就当前我国口腔颌面外科发展以及面临的挑战进行了充分的讨论。初步酝酿了学组换届问题，拟在2006年适当时候召开专题学术讨论会时正式进行换届选举。

●第6届国际牙科研究协会中国分会学术年会

会议时间：2005年10月24～25日

会议地点：上海市

主办单位：中华口腔医学会、IADR中国分会

承办单位：上海交通大学口腔医学院、上海市口腔医学研究所

参会代表：534余人

收到论文：591篇

会议提要：上海交通大学医学院院长沈晓明，国际牙科研究协会（International Association for Dental Reserch，IADR）主席Takayuki Kuroda，IADR中国分会、东南亚分会、澳大利亚和新西兰分会、日本分会主席以及本届年会组委会主席张志愿教授等出席了开幕仪式。来自中国内地、香港和台湾以及美国、日本、澳大利亚等9个国家和地区的534名代表参加了此次盛会。会议共接受注册论文591篇，其中245篇作为分会发言交流，另外346篇论文进行了壁报交流。会议邀请来自美国的Deborah Greenspan、No-Hee Park、Michael J. Reed、Rulang Jiang、Yiming Li，瑞士的Bernhard Guggenheim，日本的Takayuki Kuroda和国内的张志愿、王兴、边专等10位专家进行了特别演讲。

IADR是口腔医学研究领域的国际权威组织机构，自从在中国设立分会以来，我国已先后成功地举办了5届年会。本次会议分6个专题，即口腔颌面外科学、预防口腔医学、口腔修复学、龋病和牙髓病学、牙周病学与口腔内科学、口腔正畸学，以英文的形式进行了口头和书面交流，从各个方面充分展示了当今我国口腔医学在基础研究方面的最新进展和动态。本届参会者的英语水平，多媒体和壁报制作水平较往届普遍提高，令人鼓舞。

在本次会议期间，举行了IADR中国分会的换届选举，樊明文教授当选为新一届IADR中国分会的会长，栾文民、王兴、边专、俞光岩、周学东、张志愿和赵铱民为新一届IADR中国分会委员。

●2005年中日口腔医学大会

会议时间：2005年11月11～13日

会议地点：上海市

主办单位：中华口腔医学会、中国医师协会口腔医师分会、日本齿科医学会和日本齿科医师会

承办单位：上海口腔医学会、上海交通大学医学院附属第九人民医院、上海交通大学口腔医学院和同济大学口腔医学院

参会代表：400余人

收到论文：250篇

会议提要：中国工程院院士邱蔚六教授、上海市政协副主席石四箴教授、中华口腔医学会副秘书长颜景芳教授、中国医师协会口腔医师分会主任栾文民教授、上海交通大学口腔医学院院长张志愿教授，日本齿科医学会会长清藤勇也、日本齿科医师会会长齐藤毅以及中日双方400余名代表出席了此次会议。会议共收到论文250余篇，内容涉及口腔内科、口腔颌面外科、口腔修复、口腔正畸、口腔预防、儿童口腔、口腔修复工艺、口腔基础和口腔医学教育等各个领域。

中方的邱蔚六院士、王兴教授、樊明文教授、林野教授，日方的蓝捻教授、长谷川纮司教授、加藤喜郎教授、诹访文彦教授等分别在大会上做了专题报告。中日双方代表一致认为，学术交流不应受政治、经济、文化以及地域的限制，此次盛会必将进一步加深中日两国人民的友谊，进一步推动中日两国的学术交流与合作，进一步促进中日两国口腔医学事业的发展。

●中华口腔医学会第8次全国口腔医院管理研讨会

会议时间：2005年11月15~18日

会议地点：广州市

主办单位：中华医院管理学会口腔医院管理分会、中华口腔医学会医院管理专业委员会

承办单位：中山大学光华口腔医学院·附属口腔医院

参会代表：240余人

收到论文：151篇

会议提要：中山大学校长黄达人、广东省卫生厅副厅长廖新波、中华口腔医学会口腔医院管理专业委员会第3届委员会主任委员王兴以及来自北京、上海、武汉、成都、西安等地的高校口腔医院院长、系主任等240余人出席了此次盛会。黄达人校长等领导在大会开幕式上致辞。

2005年是卫生部、国家中医药管理局开展的“以病人为中心、以提高医疗服务质量”为主题的医院管理年，全国各大医院都将以改善就医环境，提高医疗质量作为各自奋斗的目标。口腔医院管理研讨会分医疗和护理管理学组、人力和文化学组、装备和信息学组、民营管理学组等四组分别进行了大会交流，探讨口腔医院管理的新理念、新方法，以推进我国口腔医院管理的科学化、规范化和标准化建设，实现我国口腔医院全面协调可持续发展。此次大会将积极推动我国口腔医院以及其他各级各类医院深入开展医院管理年的各项工作，为我国医学事业的发展做出贡献。

会议期间，第3届中华医院管理学会口腔医院管理分会、中华口腔医学会医院管理专业委员会还进行了换届选举，产生了新的一届委员会。

●第9届全国微生态学学术研讨会

会议时间：2005年11月20~24日

会议地点：广州市

主办单位：中华预防医学会微生态学分会

承办单位：广东省口腔医院·南方医科大学附属口腔医院

参会代表：150人

收到论文：104篇

会议提要：此次研讨会由中华预防医学会微生态学分会主席、中国人民解放军304

医院熊德鑫教授主持。来自全国各地的150余名专家学者围绕食品加工、制药、农业、林业、动物医学、临床医学、口腔医学、基础医学等学科领域的基础微生态学、微生态调节剂、临床微生态、感染微生态、口腔微生态、儿科微生态、妇产科微生态、中医中药微生态、动植物微生态、特种医学微生态和生物自保护微生态，对近三年来国内外的科研进展进行了深入的交流和讨论。

熊德鑫、袁佩娜、周殿元等十位专家分别做了专题报告，而我国口腔医学界的专家学者也在此次会议上充分展现了我国口腔微生态学研究的进展。

短　讯

●南方医科大学附属口腔医院

2005年1月17日，广东省口腔医院与南方医科大学、广东省人民医院联合组成了新的南方医科大学，同时广东省口腔医院成为南方医科大学附属口腔医院，而广东省人民医院则成为南方医科大学附属华南医院。

南方医科大学是全国重点医科大学，广东省人民医院是全国著名的综合性医院，而广东省口腔医院是全国最早成立的口腔医院，三者强强联合后，南方医科大学将利用附属医院的优质资源为广东省培养更多的高素质的医学人才，附属医院也可利用学校的高技术人才、高科技成果，增强参与国内外医疗市场竞争的能力。

●中国民营口腔医疗机构可持续发展论坛与民营口腔医疗机构管理组会议

2005年3月2～5日，由中华医院管理学会口腔医院管理分会、中华口腔医学会医院管理专业委员会民营口腔医疗机构管理组和中国医师协会口腔医师分会民营工作组联合主办的首届中国民营口腔医疗机构可持续发展论坛和中国民营口腔医疗机构管理与发展研修班在广州举行，来自国内21个省市以及港澳台的口腔界同仁和特邀嘉宾近230余人参加了此次大会。

此次会议是在胡锦涛总书记提出“构建社会主义和谐社会”和全面推进城镇医药卫生体制改革的重要时刻召开的。中华口腔医学会会长张震康教授、中华口腔医学会医院管理专业委员会主任委员赵铱民教授等出席开幕式并作了重要讲话，十几位民营医疗机构的代表也在大会上作了专题发言，与会代表就民营口腔医疗机构可持续发展的热点问题、难点问题进行了热烈的讨论和广泛的信息交流。通过此次会议代表们一致认为，民营口腔医疗机构是中国卫生事业的重要组成部分，随着我国社会主义建设事业的发展会越来越显示出它的重要性和勃勃生机。

中国民营口腔医疗机构管理组成立于2002年8月6日，确定了以高东华为组长、刘泓虎等为副组长的9人班子以及每两年一次的全国民营口腔医疗机构管理学术会议制度。2002年8月起对全国民营口腔医疗机构的基本情况进行摸底调查，并推荐各省、直辖市民营口腔医疗机构牵头负责人。2003年9月20～23日，由中华口腔医学会医院管理专业委员会民营管理组主办，四川省卫生协会民营医疗机构管委会承办的“首届全国民营口腔医疗机构管理学术研讨会”在成都顺利召开。参会代表175人，其中台湾代表28人，收到论文24篇。会议就我国民营口腔医疗机构自律、维权、依法行医、规范行业管理、营造良好的竞争氛围、促进“民营口腔”正常发展进行了交流与讨论，通过了给全国民营口腔医疗机构从业人员倡议书。2004年，通过对全国民营口腔医疗机构情况的摸底调查，由高东华组长执笔，完成了中国民营口腔医疗机构调查报告，并收入中华口腔医学网。

●2005年第10届华南国际口腔医疗器材展

览会暨技术研讨会

2005 年 3 月 4 ~ 6 日，由广东省科学技术厅主办，广东省对外科技交流中心、广东省牙病防治指导组、广东省口腔医学会等承办的 2005 年华南国际口腔医疗技术研讨会在广州隆重举行。研讨会设大陆专家专场、全国牙防组专场、香港牙医学会专场、台北牙医师公会专场以及海外专家专场，与会人员 37 065 人。西安交通大学口腔医院杨壮群院长，武汉大学口腔医学院赵怡芳副院长，中山大学光华口腔医学院附属口腔医院李容林、张志光副院长，天津市口腔医院杨连举院长，广东省口腔医学会黄洪章会长，香港牙医学会陈建强会长，台北市牙医师公会葛建埔理事长，长沙市口腔医院钱声三院长等主持各专场演讲。

北京大学副校长林久祥教授，武汉大学医学院院长樊明文教授，中山大学光华口腔医学院·附属口腔医院院长凌均棨教授、副院长曾融生教授，上海交通大学口腔医院副院长张建中教授，首都医科大学口腔医学院副院长王松灵教授，同济大学儿童口腔医学研究所所长石四箴教授，广东省口腔医院院长章锦才教授，全国牙病防治指导组副组长卞金有教授、张博学教授，台湾大学牙医学院系主任蓝万烘教授，台北市牙医师公会理事长葛建埔医师，澳门口腔正畸学会会长林巍副教授，香港牙医学会前会长叶庆良教授，高雄医科大学牙医学院张肇森副教授以及来自美国、英国、德国、瑞典、澳大利亚的专家在会上做专题报告。

●2005 年第 3 届中国国际口腔保健用品展览会、2005 年第 10 届华南国际口腔医疗器材展览会

2005 年 3 月 4 ~ 7 日，由广东省科技厅主办，全国牙病防治指导组协办，广东省对外科技交流中心、广东省牙病防治指导组、广东省口腔医学会、广东国际科技贸易展览公司承办的 2005 年第 3 届中国国际口腔保健用品展览会、2005 年第 10 届华南国际口腔医疗器材展览会在广州顺利举办。

●蒋欣泉博士荣获 2005 年度 IADR/Unilevel Hatton 奖

2005 年 3 月 9 日，上海交通大学附属第九人民医院的蒋欣泉博士在美国巴尔的摩第 83 届国际牙科研究会（IADR）年会上荣获 2005 度 IADR/Unilever Hatton 奖（博士后竞赛组第 1 名）。IADR 成立至今已有 83 年，每年的科技年会是国际牙科研究领域的最高级别的会议，代表着世界牙科研究的发展方向。而 IADR/Unilever Hatton 奖则是一项颁给全世界最优秀的青年口腔医学科学家的奖项，具有极高的荣誉和影响，被誉为“口腔领域的青年诺贝尔奖”。

蒋欣泉博士的研究课题“*nell*-1 一个 Cbf-α_1 下游的新基因在骨再生研究中的作用”以创新性的研究和设计，应用模式生物和组织工程学等先进手段，揭示了新基因 *nell*-1 在成骨信号通路中的地位和应用组织工程学方法进行组织重建的诱人前景，最终赢得世界顶级口腔医学界科学家们的好评，并从全世界 40 多位青年科学家中脱颖而出，以第 1 名的优异成绩荣获了这项最高荣誉。蒋欣泉博士是第一个在国际上获此殊荣的中国青年口腔医学工作者。

●中华口腔医学会第 2 届理事会第 12 次常务理事会会议

2005 年 3 月 21 日，中华口腔医学会第 2 届理事会第 12 次常务理事会会议在四川大学华西口腔医学院召开。张震康会长主持会议，颜景芳、王大章、樊明文、马轩祥、栾文民副会长，王兴、戚道一副秘书长，刘洪臣、王渤副秘书长等出席了会议。会议通过了中华口腔医学会会员发展方案，会员的发展工作将在 2005 年启动并通过中华口腔医学网进行会员登记与管理工作。会议决定

2006年在中国举办的世界牙科联盟大会将于2006年9月在深圳召开，届时将举行中华口腔医学会第3次全国代表大会和中华口腔医学会成立10周年庆典活动。

●《中国口腔医学年鉴》第11届编委会成立暨2004年卷审定稿会

2005年3月22～23日，《中国口腔医学年鉴》第11届编委会成立大会暨2004年卷审定稿会在成都隆重召开。四川大学党委副书记、华西口腔医学院院长周学东教授，第四军医大学口腔医学院院长赵铱民教授，武汉大学口腔医学院院长边专教授，中山大学光华口腔医学院院长凌均棨教授，首都医科大学口腔医学院副院长王松灵教授以及来自全国各地的近百名口腔医学专家学者参加了此次盛会。

周学东教授在会上向远道而来参加会议的各兄弟院校的同道们表示热烈欢迎，简要地回顾了《中国口腔医学年鉴》的发展历史，汇报了上届编委会的工作。

周学东教授为《中国口腔医学年鉴》第11届编委会主任委员，俞光岩、赵铱民、张志愿、边专、凌均棨、王松灵教授为副主任委员，另有我国22个省、自治区、直辖市的48家口腔医疗机构的上百位口腔医学专家出任编委，莅会的名誉主任委员和副主任委员分别向编委们颁发了聘书。本届编委会任期从2005年到2008年。

会后委员们分组进行了《中国口腔医学年鉴》2004年卷审稿、定稿工作。

●2005年第4届山东国际口腔设备及材料展览会

2005年4月6～8日，由山东省医学会主办，山东丞华展览有限公司、山东省口腔医学专业委员会、山东医科大学口腔医院、山东齐鲁医院、山东省牙防委员会承办的2005年第4届山东国际口腔设备及材料展览会在济南舜耕国际会展中心举行。与此同期举行的还有山东省口腔行业发展学术研讨会、山东省医学会口腔医学分会全体委员工作会议。

●辽宁省牙病防治工作会议

2005年4月9日，由辽宁省牙病防治指导小组主办、中国医科大学口腔医学院承办的辽宁省牙病防治工作会议在沈阳召开。会议由辽宁省牙病防治指导小组副组长、中国医科大学口腔医学院院长路振富教授主持，辽宁省卫生厅疾病控制处处长李卫平出席会议并结合辽宁省2005年工作任务就牙病防治工作提出了要求，全国牙病防治指导小组副组长张博学教授也出席了此次会议并作了重要讲话，来自辽宁各市卫生局主管牙病防治的行政领导、牙病防治专家、省牙病防治指导组成员共40余人出席了会议。

●第3届华中口腔医疗设备展览会暨学术研讨会

2005年4月28～30日，由中华医学会武汉分会、武汉市口腔医学会主办的第3届华中口腔医疗设备展览会暨学术研讨会在武汉国际会展中心召开。此次口腔器材展览会暨学术研讨会为口腔医学工作者创造了获取该领域最新动态与信息的机会，为中外口腔医疗设备制造商、经销商与医疗卫生单位之间构筑了一个信息沟通、产品展示、交易合作的平台。来自国内的近百家口腔医疗单位参加了此次盛会。

●上海市口腔医学重点实验室学术委员会正式成立

2005年5月10日，上海市口腔医学重点实验室学术委员会在上海交通大学附属第九医院正式成立。学术委员会由22名国内外著名口腔医学专家组成，中国工程院院士邱蔚六任主任，九医院院长张志愿任重点实验室主任。上海市科委领导施强华、斯海雄，上海交通大学医学院副院长钱关祥到会祝贺。

该学术委员会的成立，旨在将细胞生物学理论和先进技术引入口腔医学的研究领域，从细胞乃至分子水平多角度、多层次地去探索这些严重危害人类身体健康的口腔病的病因和发病机制，以揭开这些疾病的真实面目并提出有效的防治措施，从而提高国民的生活质量和健康水平。

●全国社区口腔卫生服务示范项目汇报暨研讨会

2005年5月23～26日，由全国牙病防治指导组主办、吉林大学口腔医学院承办的全国社区口腔卫生服务示范项目汇报暨研讨会在吉林省长春市召开。全国牙防组领导、牙防组社区口腔卫生保健专业委员会成员、全国社区口腔卫生服务示范项目示范点(1期)行政领导和口腔专业人员、各地牙防组或社区代表参加了此次会议。会议主要内容：①各示范点3年来工作进展汇报及经验交流，②全国牙防工作发展的形势与任务，③社区口腔卫生服务的发展方向和基本原则研讨，④社区口腔卫生服务管理软件介绍。

●口腔医学发展论坛暨中国医师协会口腔医师分会第2次全体委员会议

2005年6月5～6日，为庆祝中国国际口腔设备材料展览会暨技术交流会举办10周年，由卫生部国际交流与合作中心、中华口腔医学会和中国医师协会口腔医师分会主办的“口腔医学发展论坛”在北京召开。卫生部医政司赵明钢处长、国际交流与合作中心李洪山主任，中国医师协会口腔医师分会主任委员栾文民教授等参加开幕式并致辞。来自国内22个省、市、自治区80余所医疗机构的150余名代表参加了此次会议。

赵明钢处长、栾文民教授和全国牙病防治指导组副组长张博学教授以及美国华裔专家张征宇等分别就医疗机构执业管理、21世纪口腔医疗服务需求、牙病防治策略与思考、民营口腔医疗机构执业管理等内容做了专题报告，受到与会代表的好评。

中国医师协会口腔医师分会第2次全体委员会(扩大)会议也于2005年6月7日召开，栾文民教授在会上作了2004—2005年上半年工作总结。会议还就口腔医师分会委员调整、会员发展工作、中国口腔医师奖评选办法、全国口腔医师执业与维权等有关问题进行讨论并形成相关决议。本次扩大会议共有口腔医师分会主任、副主任、委员等40余人参加，各工作组的组长和副组长列席了此次会议。

●第10届北京国际口腔设备器材展览会

2005年6月6日，由卫生部国际交流与合作中心同中华口腔医学会联合主办的北京国际口腔设备器材展览会暨学术交流会在北京展览馆开幕，展会前举办了国际口腔设备器材展览会10周年庆长城放飞活动并取得圆满成功。本次参加展会的参展商超过往届，达到500余家。

●学校口腔卫生保健专业委员会会议

2005年6月15～16日，全国牙病防治指导组学校口腔卫生保健专业委员会会议在云南省昆明市召开。会议由学校口腔卫生保健专业委员会组长王鸿颖教授主持，顾问杨是教授以及13名委员出席了会议。王鸿颖教授回顾了该专业委员会自成立以来的发展和工作状况。全国牙防组流行病学调查技术指导组组长张博学教授列席了会议并对该专业委员会的工作提出三点建议。

与会代表一致认为，学校儿童的口腔保健工作是整个牙防工作中的一部分很重要的内容，没有学校儿童的口腔保健工作就没有牙防工作，学校儿童的口腔保健工作需要标准化、规范化和制度化，制定《学校口腔卫生服务技术规范》有着很重要的意义。预计新的《学校口腔卫生服务技术规范》(草案)将在2006年3月出台。

●2005年度口腔类别医师资格实践技能考试

工作顺利结束

2005 年 6 月 22～25 日，2005 年度我国口腔类别医师资格实践技能考试工作圆满结束。北京大学口腔医学院、首都医科大学北京口腔医院、武汉大学口腔医学院、四川大学华西口腔医学院作为各地区口腔类别医师资格实践技能考试指定考点，受当地市卫生局医师资格考试委员会委托承接本地区考生的口腔实践技能考试。在四川大学华西口腔医学院考点，还承接了 26 名来自台湾的考生(华西口腔医学院首届台湾籍硕士研究生班)，而这些考生有可能成为台湾地区首批取得大陆口腔执业资格的医师。

今年是进行医师资格实践技能考试的第 7 个年头。在往年考试的基础上，卫生部国家医学考试中心组织全国专家再一次完善考试命审题工作，在扩充考试题库的同时，特别对本年度的命题形式、考试组织管理和考试流程等进行了部分调整，使考试的管理工作更加成熟。本次考生数量比去年明显增加。

●中国内地为台湾地区培养的首批口腔医学研究生毕业

2005 年 6 月 24 日，中国内地为台湾地区培养的首批 26 名口腔医学硕士研究生毕业暨授学位典礼在四川大学隆重举行，四川大学校长、四川大学学位评定委员会主席、中国工程院院士谢和平教授为其颁发了硕士学位证书。

来自台湾的这 26 名学子于 2002 年考入四川大学口腔医学硕士研究生班。为帮助其顺利完成学业，四川大学华西口腔医学院配备了雄厚的师资力量并安排其与大陆研究生同堂上课、同时实习。经过三年的紧张学习，他们完成了全部学位课程并通过了学位论文答辩。这批已在台湾获得执业医师资格证的研究生，将作为首批参加中国内地执业医师资格考试的台湾籍医学生参加今年国家主办的执业医师资格考试，以取得国家统一的执业医师认定资格。同时，这批学生已在台湾地区成立了四川大学台湾校友会，旨在联络校友感情，扩大大陆高等教育在台湾的影响。

●北京 2008 年奥运会定点口腔专科医院

2005 年 7 月 10 日，北京 2008 年第 29 届奥运会、北京 2008 年第 13 届残奥会北京赛区定点医院医疗服务合同和急救服务合同签字仪式今天在北京举行。北京奥组委与北京 20 家医院签署了奥运医疗服务合同，与北京急救中心签署了奥运急救服务合同。自此，北京大学口腔医院、首都医科大学北京口腔医院成为北京 2008 年奥运会唯一定点口腔专科医院。

●2005 年第 2 届河北国际口腔设备及材料展览会暨学术研讨会

2005 年 7 月 28～30 日，由河北省口腔医学会主办的 2005 年第 2 届河北国际口腔设备及材料展览会暨学术研讨会在石家庄市人民会堂会展中心举行，来自全国各地的口腔医学界代表 120 多人参加了此次研讨会。在研讨会上，首都医科大学口腔医学院的张振庭教授和白玉兴教授，北京大学口腔医学院的张成飞教授和樊聪副教授分别就《全口义齿修复常见问题及处理》、《口腔正畸无托槽隐性矫正技术》、《显微根管治疗技术新进展》和《前牙美容修复》等做了专题报告。

●第 4 届亚洲牙科修复学会会议

2005 年 8 月 9～11 日，第 4 届亚洲牙科修复学会(AAP)会议在泰国首都曼谷举行，来自亚洲十多个国家和地区以及美国、澳大利亚、英国等国的 300 多名专家学者参加了此次会议。四川大学巢永烈教授率领第四军医大学口腔医学院马轩祥教授、吴国锋博士、贾峻博士、苏方博士、金磊博士，北京大学口腔医学院冯海兰教授，解放军总医院刘洪臣教授，四川大学华西口腔医学院梁星教授，海口市人民医院口腔科徐普教授组成的中华口腔医学会修复学专业委员会代表团参加了会议。巢永烈教授和刘洪臣教授分别在大会上发言。亚洲牙科修复学会在此次会议上进行了换届选举，巢永烈教授被推选为司库，冯海兰教授被推荐为地区代表，赵铱民教授被推选为学会国际联络员。

●郑州大学口腔医学研究所挂牌

2005年8月19日，郑州大学口腔医学研究所分别在其各研究基地郑州大学口腔医学院，郑州大学第一、二附属医院正式挂牌。这是经河南省科技厅、卫生厅、教育厅批准备案，由国家重点大学设立的专门进行口腔医学研究的科研单位。研究所所长由资深口腔科医学专家姜国城教授担任。

郑州大学口腔医学研究所的前身是原河南医科大学口腔医学研究所，始创于1997年4月，创办人姜国城教授任所长。2001年，河南医科大学口腔医学研究所改组扩建为郑州大学口腔医学研究所，各研究室分别建立在郑州大学口腔医学院，郑州大学第一、二附属医院，姜国城教授出任所长，口腔专业各教研室正副主任兼任各研究室正副主任、正副教授任研究员。此次挂牌将有利于集中郑州大学口腔医学科研力量，重点突破当前口腔医学方面存在的普遍而且紧迫的难题。

●第8届西部国际口腔设备与技术展览会

2005年8月25~27日，由中华医学会陕西省分会、陕西省药学会主办，世信贸易展览有限公司承办的第8届西部国际口腔设备与技术展览会在西安陕西国际展览中心举行。此次展览会共设展位140个，参会人员9 000人次。参展设备和材料有牙科治疗设备、牙科诊断设备、牙科手机、牙科手术器械、口腔影像设备、修复器械、烤瓷系统、牙科综合治疗椅、空气压缩机、消毒设备、牙科器械柜、教学实验设备，口腔牙外科器材、补牙材料、镶牙材料、烤瓷材料以及口腔清洁保健用品等。

●2005年高等教育国家级教学成果奖获奖题目与获奖者

2005年9月2日，我国第5届高等教育国家级教学成果奖获奖项目揭晓。四川大学口腔医学院石冰、周学东、柳茜、巢永烈、唐洁等人合作申报的《高素质口腔医学创新人才培养模式的构建与实践》获得国家级二等奖。

●第四军医大学口腔医院建院70周年

2005年9月3日，第四军医大学口腔医院迎来了70华诞。陕西省委书记李建国、省长陈德铭给学校发去贺信。陕西省委副书记董雷出席庆典并讲话。陕西省常委、省军区司令员陈时宝，省委常委、省委秘书长李希，副省长罗振江等向该院作出特别贡献的专家教授颁发了奖牌。

●全国医院感染管理学术年会

2005年9月18~20日，由中华医院管理学会医院感染管理专业委员会主办的全国医院感染管理学术年会在广西南宁隆重举行。国家卫生部马晓伟副部长、医政司王羽司长，自治区卫生厅高枫厅长、韦波副厅长等领导莅会。2004年在全国医院感染控制专项检查中达到先进水平的广西医科大学附属口腔医院院长周诺教授受邀在大会上就《口腔科门诊医院感染管理中存在的问题和对策》作了专题演讲。

与会代表在参观广西医科大学附属口腔医院时，对该院的规范管理，有效控制医院感染，将“外科无菌术”的理念引入口腔治疗中，认真将口腔科医疗器械进行集中机器清洗、消毒灭菌，保证每一位病人的口腔治疗器械、物品得到有效的消毒灭菌，树立以病人为中心的服务理念给予了高度评价。

●2005年全国爱牙日活动主题和中心口号

2005年9月20日是第17届全国爱牙

日，其主题为“孕妇口腔保健(Oral Health Care During Pregnancy)”，中心口号是“关注孕妇口腔健康(Care for Maternal Oral Health)”。其他口号有：①早晚有效刷牙，饭后漱口；②一生中不断地、有效地清除牙菌斑；③适量用氟，预防龋病；④少吃甜食，少得龋病；⑤平衡膳食，维护身体健康；⑥烟、酒有害孕妇和胎儿身体健康；⑦妊娠期应在医生指导下使用药物；⑧爱牙，健齿，强身；⑨维护口腔健康，提高生命质量。

●灿烂笑容，美好明天-柯达口腔车交接仪式暨“9.20全国爱牙日”口腔健康咨询活动

2005年9月20日，柯达医疗集团赠送北京大学口腔医院口腔检查车交接仪式暨“9.20全国爱牙日”口腔健康咨询活动在北京大学口腔医院隆重举行。卫生部规划财务司赵自林司长，刘沛、王曼立处长，柯达医疗集团总经理刘杰，北京大学口腔医院俞光岩院长、李铁军副院长、林野副院长、沈曙铭院长助理、放射科主任马绪臣教授，全国牙病防治指导组副组长张博学教授、卞金有教授以及数百名北京市民出席了交接仪式。

刘沛处长代表卫生部宣读了陈啸宏副部长的贺信。陈部长在贺信中对柯达医疗集团赠送北京大学口腔医院柯达口腔车交接仪式暨“9.20全国爱牙日”口腔健康咨询活动表示祝贺，对柯达医疗集团表示由衷感谢。俞光岩院长在致辞中说：我们将利用这辆口腔医疗车深入小学、幼儿园开展口腔健康普查和口腔健康教育，深入基层、社区，为广大群众进行牙病的预防和治疗，把灿烂的微笑，美好的明天送到千家万户。刘杰则希望通过这次活动和宣传，能够让更多的人关注口腔健康。

●北京市政府免费为儿童预防龋齿

2005年9月22日，北京市政府将免费为全北京市的儿童预防龋齿，为此北京市卫生局疾控处、北京市牙病防治办公室联合发出致北京市民的公开信。公开信说：这次为适龄儿童免费预防龋齿的工作，说明儿童口腔健康问题受到北京市政府和北京市卫生主管部门的高度重视，北京市政府拨出专款免费为全市适龄儿童(7～8岁)免费实施窝沟封闭预防龋齿的措施，将大大提高和改善北京市儿童青少年的口腔健康状况。

为了方便儿童及其家长就诊，北京市卫生局、北京市牙病防治办公室在北京市指定了121家医疗单位承担此次为儿童提供预防龋齿的服务。这些医疗单位还特意在周六、周日安排有经验的口腔医生为儿童提供免费服务。

●湖南省第8届口腔医学学术年会

2005年9月23～26日，由湖南省医学会口腔医学专业委员会主办、中南大学湘雅口腔医学院承办的湖南省第8届口腔医学学术年会在长沙顺利召开，与会代表196人，收到论文145篇。会议分为口腔颌面外科学、口腔内科学、口腔修复学和口腔正畸学4个专场，以专家讲学和论文交流的形式进行，内容主要涉及口腔医学基础、口腔内科、口腔颌面外科、口腔修复、口腔正畸、口腔预防、口腔医学美学等领域的新技术、新材料、新方法和新成果的推广应用以及临床经验总结等方面。

此外，与会代表还按医学会的章程选举产生了湖南省医学会口腔医学专业新一届委员会，翦新春教授继续当选为主任委员，吴汉江、钟圣纯、钱声三、唐杰清为副主任委员，秘书由蒋灿华、吴林燕担任。

●2005年粤、港、澳口腔医疗器材(珠海)博览会

2005年9月27～29日，由中国医药促进委员会医药专业委员会、珠海市医药(器械)质量管理协会、珠海市药学会主办的

2005年粤、港、澳口腔医疗器材(珠海)博览会在珠海国际会议中心举行。据珠海市医药质量管理协会统计，珠海市现有医疗器械生产商100多家，医疗器械经营企业240多家，珠海医疗器械产业已经成为中国医疗器械行业发展的主力军团。为了发展珠海市的会展经济，促进珠海医药行业的招商引资，进一步把珠海医药行业做大做强，中国医药促进委员会医药专业委员会联合珠海市医药质量管理协会、珠海市药学会共同打造此次盛会。

●南昌大学附属口腔医院正式揭牌

2005年9月28日，原江西医学院附属口腔医院举行揭牌仪式，正式更名为南昌大学附属口腔医院。揭牌仪式由南昌大学副校长、南昌大学医学院党委书记高国兰主持。南昌大学党委书记、校长周文斌，南昌大学副校长、南昌大学医学院院长傅克刚以及南昌大学医学院、各附属医院有关部门负责同志出席了揭牌仪式。

●中国语音语言障碍流行病学调查会暨语音语言训练专职岗位培训论证会

2005年10月8日，由WHO康复协作中心香港康复会、中华口腔医学会、中国康复医学会主办，北京大学口腔医学院承办，香港悦讯咨询公司协办的中国语音语言障碍流行病学调查会暨语音语言训练专职岗位培训论证会在天津召开。此次会议旨在初步调查语音语言病理学在我国的现状，了解国际语音语言病理学的开展和有关专业治疗师的培训情况，探讨我国培养语音语言障碍专业治疗人才的途径以及在医院设置相应治疗科室的可能性。

此次会议为我国教学系统设立语音语言病理学科，培训适合我国国情的语音语言病理学工作者和语音治疗师工作奠定了基础。会议还特邀了英国、爱尔兰、中国香港等地著名语音病理学专家参加。

●《口腔预防医学及儿童口腔病学》多媒体课件荣获全国第5届多媒体课件大赛二等奖

2005年10月15～17日，广西医科大学口腔医学院口腔预防、儿童牙病科黄华、丁穗娟、黎婷、李志辉、陈珲等同志制作的《口腔预防医学及儿童口腔病学》多媒体课件在北京举行的全国第5届多媒体课件大赛决赛中获得二等奖。此次大赛由国家教育部教育管理信息中心主办，旨在通过大赛遴选出一批好的作品，丰富教学内容，帮助各教育教学单位提高多媒体课件制作和应用水平，提高广大教师应用信息技术进行课程整合的水平，推动教育教学改革。

●王翰章周树夏教授荣获第2届口腔颌面外科华佗奖

2005年10月16日，在由中华口腔医学会口腔颌面外科专业委员会主办，四川大学华西口腔医学院承办的2005年第4届中国国际暨第7次全国口腔颌面外科学术会议闭幕式上，周树夏和王翰章教授分别获第2届口腔颌面外科华佗奖。邱蔚六院士宣布了获奖者名单，邱蔚六院士、王大章教授为周树夏和王翰章教授分别颁发了证书。

●2005年度生命科学领域教育部优秀类实验室

2005年10月24日，教育部公布了2005年度生命科学领域重点实验室评估结果，四川大学华西口腔医学院、武汉大学口腔医学院口腔生物医学工程教育部重点实验室被评为教育部重点实验室7个优秀类实验室之一。在本次评估中，教育部按照《教育部重点实验室评估规则》对48家生命科学领域教育部重点实验室(其中农业领域26个，医学领域22个)进行了评估。作为优秀类教育部重点实验室，可按照《高等学校科技创新工程重大项目培育资金项目管理办法》在2006年度重大项目计划中组织申请一个项目，教育部将在专家评审的基础上，同等条件下优先予以支持。同时，该口腔生物医学工程重点实验室在被评为教育部优秀实验室后向升级为国家级重点实验室的目标迈出了重要的一步。

●IADR中国分会第3届杰出青年学者奖

2005年10月25日，与国际牙科研究会（IADR）中国分会第6届年会同期举行的“第3届杰出青年学者奖即IADR Travel Award Competition”评选活动也顺利结束，北京大学的刘云松、四川大学的谢倩、武汉大学的叶小茜、上海交通大学的陆尔奕、第四军医大学的张旻、浙江大学的钟来平等六位青年医师荣获此奖。明年，他们将在IADR的资助下参加在澳大利亚举行的第84届IADR会议。

杰出青年学者奖是在IADR地区发展基金的支持下产生的，旨在鼓励青年口腔医师从事科学研究和国际交流，至今已成功举办了三届比赛，每届从所有参赛选手中选拔六位获奖者给予资助。

●2005年中国口腔医院院长论坛

2005年10月26日，由中华口腔医学会医院管理专业委员会主办，上海交通大学医学院附属第九人民医院、上海交通大学口腔医学院承办的“2005年中国口腔医院院长论坛”在上海召开，与会代表120余人。上海交通大学口腔医学院常务副院长张建中主持会议，上海市政协副主席石四箴，中华口腔医学会副会长栾文民，中华口腔医学会医院管理专业委员会主任委员王兴，上海市口腔医学会会长、上海交通大学口腔医学院院长张志愿参加了开幕式并致辞。

此次会议以卫生部“医院管理年”精神为主线，围绕中国口腔医院现代化管理和医院发展等问题展开交流。张志愿院长围绕人才探讨、如何当好院长、如何抓学科建设、如何抓梯队建设等方面作了“树品牌、建学科、育人才，建立医院可持续发展的策略”的专题报告，其精辟的演讲得到与会者的高度评价和充分肯定。上海市知识产权局局长陈志兴、复旦大学附属耳鼻咽喉科医院院长高解春、第四军医大学口腔医学院院长赵铱民、上海中医药大学附属岳阳中西医结合医院副院长黄平等也在会上做了专题报告。

与会者普遍认为，此次会议帮助与会院长们认真总结医院管理的经验和方法，对进一步提高我国口腔医院管理水平将起到积极的推进作用。

●第9届中国国际口腔器材展览会暨学术研讨会

2005年10月26～29日，由中国国际科技会议中心、上海交通大学医学院附属第九人民医院主办，中华口腔医学会、全国牙病防治指导组协办，上海交通大学口腔医学院和上海展星展览服务有限公司承办的第9届中国国际口腔器材展览会暨学术研讨会在上海举行，来自国内外的39位著名口腔医学专家和1 200多位口腔界同仁参加了同期举办的学术研讨会。中华口腔医学会会长张震康，上海市政协副主席石四箴，中华口腔医学会副会长栾文民、颜景芳，上海交通大学医学院副院长钱关祥，德国牙科工业协会主席Rickert、秘书长Markus Heibach，上海市口腔医学会会长、第九人民医院院长、上海交通大学口腔医学院院长张志愿等出席了开幕式。

来自国内外的395家知名厂商参展，展台总数近800个，展出面积达15 000 m^2，参会人员42 500人次。以牙科工业技术著称于世的德国政府也再次组织30余家厂商参展。在学术研讨会上，中华口腔医学会口腔颌面外科专业委员会主任委员张志愿教授作了《口腔颌面外科的基础研究及临床诊治现状和发展趋势》的大会报告。另外，来自美国、日本以及中国内地、香港、台湾地区各大口腔医学院校的37位专家、教授分别就口腔颌面外科、口腔内科、儿童口腔、口腔预防保健、口腔修复、口腔正畸、口腔材料等研究领域的进展做了专题报告。

每年一届的上海国际口腔器械展览会暨学术研讨会，集学术、展览、技术、贸易于一体，为中外口腔器材制造商、口腔医学研究机构以及口腔专业人士提供了沟通、互动的平台。展会正以逐渐扩大规模与效应走向全国，已经成为国内乃至国际口腔医学界的盛会。

●西安交通大学口腔医院首次自主开发应用口腔组织病理实验课教学评估系统

西安交通大学口腔医院利用计算机网络技术及其相关软件设计开发了“口腔病理实验课教学评估系统”，并于2005年11月首次在2002级口腔专业本科生口腔组织病理实验课中应用计算机模拟显微镜信息化切片读片考试，实现了可控性考试流程、考试信息化、阅卷自动化和教学资料分析信息化，取得了预期结果。西安交通大学此次率先在口腔医学实验课教学评估教学实践中应用网络信息化技术，为以后我国口腔医学各科实验课引入信息化评估系统奠定了技术基础。

●四川省牙病防治研究实验室在四川大学华西口腔医院成立

2005年11月，经专家评审并由四川省卫生厅批准，四川省牙病防治研究实验室正式在四川大学华西口腔医院成立。该实验室依托口腔生物医学工程教育部重点实验室，华西口腔医学院将为其提供一切配套条件，包括科研人员、后勤保障管理等。

四川省牙病防治研究实验室的成立，将为四川省的牙病防治提供一个完善的研究平台，必将为全川人民的口腔健康做出积极贡献。

●我军第一个数字化口腔流动医院正式启用

2005年11月6日，第四军医大学口腔医院流动诊疗车满载着专家和先进的医疗设备，长途跋涉来到空军航空兵某部，为常年奋战在训练一线的官兵义诊，这标志着我军第一个数字化口腔流动医院正式启用。

为解决基层官兵看病不便和口腔卫生保健知识缺乏等问题，我军唯一的口腔专科医院——第四军医大学口腔医院投资近100万元，专门研制了这辆系统完备的全数字化口腔诊疗车。他们将常年携带此车深入基层部队和偏远山区、机场码头、高原海岛、边防哨所等地为官兵服务。

●湖北省口腔医学会第2届理事会第2次全体会议暨湖北省口腔医师协会成立大会和湖北省口腔医学会学术研讨会

2005年11月9～11日，湖北省口腔医学会第2届理事会第2次全体会议暨湖北省口腔医师协会成立大会和湖北省口腔医学会学术研讨会在武汉召开。栾文民、王兴、林野、曾祥龙、沈曙铭等国内著名口腔医学专家和医学法学专家出席会议并进行以临床研究为主的学术报告。

●北京市口腔医疗质量控制和改进中心成立

2005年11月11日，北京市口腔医疗质量控制和改进中心成立大会在中国科技堂举行。该中心是北京市卫生局托管的北京市口腔临床医疗质量管理、监控和指导的行业性机构，下设办公室、口腔专业质量管理委员会、口腔行业监督检查组，旨在规范北京市口腔医疗市场，促进首都口腔医疗事业的发展。现挂靠在首都医科大学北京口腔医院，有效期1年。

郑东翔出任中心办公室主任，李建英、沈曙铭出任中心办公室副主任，孙正出任口腔专业质量管理委员会主任，林野、张振庭、沈曙铭、郑东翔出任口腔专业质量管理委员会副主任。

●北京市“残疾孤儿手术康复明天计划”

2005年11月14日，北京市卫生局和北京市民政局在北京召开了“残疾孤儿手术康复明天计划”工作总结会。“残疾孤儿手术康复明天计划”办公室主任和北京市卫生局领导到会听取了各医院开展手术康复工作的情况汇报并对北京大学口腔医院为残疾儿童所做的工作给予了充分的肯定和表扬。

北京大学口腔医院自2004年10月19日接受“残疾儿童手术康复明天计划”工作任务后，即召开了有关职能部门会议，分别成立了以院长为首的、医务处处长具体负责的专家评估组、手术组、麻醉组、护理组和医技组并全面启动此项工作。在患儿住院期间，北京大学口腔医院的医务人员以各种不同方式奉献着自己的爱心。营养室为患儿免费提供住院期间的饮食；病区护士长为患儿制定护理流程，安排专人承担术后护理工作；医务处和护理部的老师们为患儿送去衣物和玩具等。截至2005年10月3日，北京大学口腔医院共为11名为先天性腭裂、5名先天性唇裂儿童进行了手术康复治疗。

●口腔修复技术学术论坛

2005年11月24～26日，由中华口腔医学会主办，中华口腔医学会口腔修复工艺学专业委员会、中华口腔医学会口腔修复专业委员会和贺利氏古莎齿科有限公司承办、昆明口腔医院协办的“口腔修复技术学术论坛”在昆明市举行。此次论坛的主题是：口腔修复工艺现状、口腔修复工艺存在的问题、口腔修复工艺发展的前景、德国和日本牙科技工状况。会上，中华医学会会长张震康教授就“中国口腔医学现状”、第四军医大学马轩祥教授就“中国牙科技师的培养”、修复学专业委员会主任巢永烈教授就“关于技工培养标准”、口腔修复工艺学专业委员会主任周敏教授就“口腔工艺的现状及存在的问题”等作了精彩发言。

与此同期还举行了第5届“贺利氏”杯全口义齿制作技术展评活动决赛，来自黑龙江哈尔滨滨江医院的王兰玲技师荣获一等奖，上海市口腔病防治院的王惠庆技师和四川大学华西口腔医学院的王琳技师获二等奖，辽宁大连市路通口腔连锁门诊的常俊红技师和昆明市梁汉芳口腔诊所的施幼孚技师获三等奖。

●2005年全国口腔医学教育专业委员会常委扩大会议

2005年11月25～27日，由中华口腔医学会口腔医学教育专业委员会、全国高等医学教育学会口腔分会、中华医学会口腔教育学组和首都医科大学口腔医学院主办，中南大学湘雅口腔医学院承办的2005年全国口腔医学教育专业委员会常委扩大会议在湖南省长沙市隆重召开。出席此次会议的有现任医学口腔教育专业委员会常委、部分委员以及部分院校主管教育教学工作的领导共计31人。会议由口腔医学教育专业委员会常委兼秘书、首都医科大学副校长王松灵教授主持，教育部高教司石鹏建副司长，中南大学副校长、原高教部卫生司副司长田勇泉教授，口腔医学教育专业委员会主任委员王邦康教授出席会议并讲话。

石鹏建在会上介绍了目前我国医学教育的宏观情况后认为，口腔医学有自己的专业特殊性，因此需要有自己的质量认证标准。他希望口腔医学教育专业委员会承担组织完成这项任务。与会代表对此表示认同并认为应组织全国的口腔医学教育专家经过充分探讨、研究，率先形成口腔医学教育本科教育标准，为我国口腔医学教育标准化、国际化以及口腔医学教育教学尽快与国际接轨而努力奋斗。

武汉大学口腔医学院边专院长、四川大学华西口腔医学院石冰副院长、首都医科大学王松灵副校长、北京大学口腔医学院刘宏伟主任、中南大学口腔医学院阙国鹰院长助理等在会上分别就口腔医学教育教学管理与教学实践等方面做了专题报告。会议还就口腔医学教育管理和下阶段口腔医学教育工作进行了充分认真的讨论。

●魏奉才、杨连举、侯本祥获第2届中国医师奖

2005年11月28日，第2届中国医师协会扬子江药业杯“中国医师奖”颁奖大会在北京全国政协礼堂隆重举行，山东大学口腔医学院魏奉才教授、天津市口腔医院杨连举主任医师、首都医科大学附属北京口腔医院侯本祥教授分别获奖。全国政协副主席郝建秀，前卫生部部长钱信忠，卫生部副部长、中医药管理局局长佘靖，卫生部副部长黄洁夫，民政部民间组织管理局副局长李勇和中国医师协会领导出席会议并向来自全国各省、市、自治区以及解放军、武警部队和新疆生产建设兵团的65名获奖医师表示热烈祝贺，为获奖医师颁发了荣誉证书和奖杯。

中国医师协会2003年正式设立的“中国医师奖”是我国医师行业的最高奖。旨在通过表彰做出突出贡献的医师队伍的优秀代表，展示当代医师救死扶伤、爱岗敬业、乐于奉献和文明行医的精神风貌，弘扬我国医师开拓进取、刻苦钻研，在医学领域取得的优异成绩和对人类健康事业做出的重要贡献，促进我国医师队伍的行业建设和卫生事业的健康发展。

●广西口腔医学会第11次口腔医学学术年会

2005年12月8~12日，由广西口腔医学会主办、广西医科大学附属口腔医院承办的广西口腔医学会第11次口腔医学学术年会在广西玉林市顺利召开。会议由广西口腔医学会副会长、广西医科大学附属口腔医院副院长何克新教授主持，来自广西口腔医学各界的200余名代表出席了此次会议。大会收到论文106篇，以专题讲座、大会发言、大会交流等形式进行。与此同期还举办了“广西口腔医疗新技术学习班”和广西口腔医学会第2届理事会第2次全体理事会议。

●2005浙江国际口腔医疗器材展览会暨学术研讨会

2005年12月16~18日，由浙江省口腔医学会、浙江省牙病防治指导组、浙江省口腔医疗质量控制中心、上海外服展览有限公司，浙江省医师协会、浙江省医院管理协会、浙江大学医学院附属口腔医院、浙江省医学会协办的2005年浙江国际口腔医疗器材展览会暨学术研讨会在杭州举行。

●周学东教授荣获“四川杰出创新人才奖”

2005年12月28日，四川省政府在蓉隆重举行了第3届“四川杰出创新人才奖”颁奖暨新年晚会，对10名在2005年为四川省做出杰出贡献的创新人才给予表彰。四川大学华西口腔医学院院长周学东教授获此殊荣。四川省委书记、省人大常委会主任张学忠，省委副书记、省长张中伟，省政协主席秦玉琴，省委副书记陶武先出席晚会并向杰出创新人才颁奖。

“四川杰出创新人才奖”是四川省唯一的人才重奖，也是四川省委、省政府设立的最高人才奖项，旨在宣传和表彰在四川省经济建设和社会发展中勇于创新、开拓进取，做出突出贡献的杰出人才，大力弘扬创新精神，加快人才资源向人才资本转变。

（刘世平）

中国口腔医学院(系)与口腔医院科技成果获奖和获科研基金资助简况

表1　2005年中国口腔医学院系与口腔医院科技成果获奖简况

获奖项目	获奖单位	获奖人员	获奖名称与等级	授奖单位
龋病牙髓病的基础与临床研究	武汉大学	樊明文　边　专　彭　彬　范　兵　陈　智　郭继华　杜民权等	教育部提名国家科学技术(科技进步奖)一等奖	国家教育部
颌骨牙源性肿瘤的临床病理学研究	北京大学	李铁军　于世凤　罗海燕　王恩博　王　晶　田雪飞	教育部提名国家科学技术(自然科学奖)二等奖	国家教育部
高危型人乳头状瘤病毒与口腔黏膜癌病的相关性研究	上海交通大学	张志愿　潘红芽　曹　俊　帕提曼　周晓健　袁荣涛　陈万涛等	教育部提名国家科学技术(自然科学奖)二等奖	国家教育部
顺铂-A蛋白微球治疗舌癌的相关基础和临床研究	南京医科大学	李宏卫等	教育部提名国家科学技术(科技进步奖)二等奖	国家教育部
渐进性咬合紊乱对髁突软骨改建的影响及与改建相关细胞因子的研究	第四军医大学	王美青等	陕西省科学技术进步一等奖	陕西省人民政府
防龋中药有效成分及药理作用机制的研究	四川大学	周学东　李继遥　胡　涛　王锋鹏　郝玉庆等	四川省科学技术进步二等奖	四川省人民政府
牙列缺损修复设计的仿真系统开发	上海交通大学	张富强　王成焘　李　玲　于力牛　魏　斌　闫贺庆　张　睿等	上海市科学技术进步二等奖	上海市人民政府
变异链球菌在口腔自然菌丛中的定植特点及其机理	武汉大学	边　专　樊明文　杜民权　聂　敏　彭　彬	湖北省自然科学技术二等奖	湖北省人民政府
颞下颌关节骨关节病与关节内压变化的相关性研究	中山大学	张志光	广东省科学技术进步二等奖	广东省人民政府
TGF-β1等多细胞生长因子在下颌骨牵张成骨中的表达研究	广西医科大学	周　诺　蒙　宁　梁飞新　韦山良　宋少华　麦华明等	广西壮族自治区科学技术进步二等奖	广西壮族自治区人民政府
正颌外科手术对颞下颌关节及颜面形态影响的研究	四川大学	胡　静　王大章　邹淑娟　李继华　罗颂椒等	四川省科学技术进步三等奖	四川省人民政府
牙冠/桥/嵌体的CAD研究	北京大学	吕培军　王　勇　李彦生　韩景芸　张震康	北京市科学技术进步二等奖	北京市人民政府

续表1

获奖项目	获奖单位	获奖人员	获奖名称与等级	授奖单位
DNL细胞转 *tnf* 基因治疗舌癌的实验研究	上海交通大学	郭伟 张志愿 孟箭 林国础 竺涵光 何悦 周晓健	上海市科学技术进步三等奖	上海市人民政府
颅颌面畸形伴睡眠呼吸障碍的综合序列治疗研究	上海交通大学	卢晓峰 唐友盛 沈国芳 朱敏 徐袁瑾 李青云 徐兵等	上海市科学技术进步三等奖	上海市人民政府
牙颌面畸形三维诊断与治疗技术的研究及其临床应用	首都医科大学	白玉兴 林峰 刘风德 熊卓 王邦康 周洁珉等	北京市科学技术进步三等奖	北京市人民政府
口腔疣状癌系列研究	中南大学	唐瞻贵 姚志刚 邹萍 李晋芸 谢晓莉 沈子华	湖南省科学技术进步三等奖	湖南省人民政府
成釉细胞的侵袭性生物学行为研究	中国医科大学	钟鸣 隋承光 刘洁 赵锦敬 王燕 马明 张波等	辽宁省科学技术进步三等奖	辽宁省人民政府
摇椅型弓丝矫治开殆畸形的生物力学研究及应用	吉林大学	胡敏 李洪 陈远萍 刘磊 徐勇忠等	吉林省科学技术进步三等奖	吉林省人民政府
单侧颜面发育不全的临床研究	西安交通大学	杨壮群 周洪 侯成群 杨小平 郑信民 胡永升 朱进才 谭卫明	陕西省科学技术进步三等奖	陕西省人民政府
髁位重建的基础与临床研究	兰州大学	康宏 包广洁 董跟喜 李志革	甘肃省科学技术进步三等奖	甘肃省人民政府
瘢痕形成与增生在细胞因子作用下的实验研究	昆明医学院	刘流 赵德萍 袁瑞红等	云南省科学技术进步三等奖	云南省人民政府
口腔扁平苔藓临床免疫病因机制及癌变潜能的研究	贵阳医学院	蔡扬 于燕妮 柳咏发 周英 刘岩	贵州省科学技术进步三等奖	贵州省人民政府
PaMo开口训练器的研制及其在颞下颌关节改建中的作用	浙江大学	谷志远 胡济安 詹静 张凤鸣 周德军 俞燕芳 张银凯等	浙江省医药卫生科技创新一等奖	浙江省卫生厅
改良HASS矫治器	南京医科大学	王林 赵春洋 胡道生	江苏省医疗新技术引进一等奖	江苏省卫生厅
牙本质过敏症小管堵塞疗法新技术	南京医科大学	孙卫斌 陈武 李松	江苏省医疗新技术引进二等奖	江苏省卫生厅
显微根管治疗术	南京医科大学	朱庆萍 刘卫红 吴友农	江苏省医疗新技术引进二等奖	江苏省卫生厅
抑癌基因 *pten* 在口腔急恶性肿瘤诊断检测中的临床应用	南京医科大学	李宏卫、祁兵 高美琴	江苏省医疗新技术引进二等奖	江苏省卫生厅

续表1

获奖项目	获奖单位	获奖人员	获奖名称与等级	授奖单位
Esthet X 分层修复技术的临床应用	南京市口腔医院	葛久禹	江苏省医疗新技术引进二等奖	江苏省卫生厅
低温等离子射频消融术治疗阻塞性睡眠呼吸暂停低通气综合征的临床应用	南京市口腔医院	江 萍	江苏省医疗新技术引进二等奖	江苏省卫生厅
少汗型外胚叶发育不良(HED)儿童的生理性全口义齿修复	南京市口腔医院	杨 洁	江苏省医疗新技术引进二等奖	江苏省卫生厅
龈下牙折的保存	南京市口腔医院	刘 侠	江苏省医疗新技术引进二等奖	江苏省卫生厅
腭裂综合序列治疗技术的临床研究	第四军医大学	封兴华等	军队医疗成果奖二等奖	中国人民解放军总后勤部卫生部
牙周病的基础研究和临床应用	新疆医科大学	钟良军 张源明 木胡牙提	新疆维吾尔自治区医药卫生科技进步二等奖	新疆维吾尔自治区卫生厅
口腔修复美学的基础理论与临床应用研究	兰州大学	余占海 王雪梅 刘 斌 徐尚明 曹宝诚	甘肃省高等学校科学技术进步二等奖	甘肃省教育厅
牵张成骨术在上下颌骨修复与重建中的应用	重庆医科大学 四川大学	李 勇 张志杰 邓 锋 田卫东 王 涛	重庆市卫生局医学科学技术成果三等奖	重庆市卫生局
牵张成骨对骨、肌肉及颞下颌关节影响的综合研究	青岛大学	尚 伟 贾暮云 孙 健等	山东省医药卫生科技进步三等奖	山东省卫生厅
社区牙医学的系统研究和实践	武汉大学	彭 彬 杜民权 台保军 江 汉 边 专 樊明文 黄 薇 郭 颖	中华医学科技三等奖	中华医学会
变异链球菌耐氟突变中胞膜ATP酶的作用探讨	上海交通大学	刘 正 盛江筠 朱 敏 李鸣宇	上海医学科技三等奖	上海市医学会
口腔疣状癌系列研究	中南大学	唐瞻贵 姚志刚 邹 萍 李晋芸 谢晓莉 沈子华	湖南医学科技二等奖	湖南省医学会
重组人肿瘤坏死因子诱导涎腺腺样囊性癌细胞凋亡机制的研究	河北医科大学	王 洁 董福生 李荷香 顾洪涛 董 青	河北省医学会优秀医学成果二等奖	河北省医学会

表2 2005年中国口腔医学院系与口腔医院获科研基金资助简况

资助项目	项 目负责人	获资助单位	基金来源和名称	批准号或编号	资助金额（万元）
数字化口腔修复体制作装备关键技术的研究开发	吕培军	北京大学	国家科技部“863”科技攻关计划	2005AA420240	150.00
纳米β-磷酸三钙/胶原复合体在颌骨缺损修复中的应用研究	马 琦	北京大学	国家科技部“863”科技攻关计划	2004AA302G50	100.00
口腔修复技术数据库建设	邓旭亮	北京大学	国家科技部“863”科技攻关计划	2004AA114011-6B	20.00

续表2

资助项目	项　目负责人	获资助单位	基金来源和名称	批准号或编号	资助金额（万元）
关键基因信号通路在先天性腭裂发生中时空变化的研究	石　冰	四川大学	国家自然科学基金重点项目	30530730	120.00
植物凝集素对口腔细菌聚集及生物膜形成的调控机制研究	周学东	四川大学	国家自然科学基金面上项目	30572036	26.00
肌成纤维细胞的诱导分化对口腔上皮癌变的抑制作用	周红梅	四川大学	国家自然科学基金面上项目	30572035	26.00
牙种植体-骨界面复合微动损伤的机理研究	于海洋	四川大学	国家自然科学基金面上项目	30572064	25.00
骨髓间充质干细胞牙向分化研究	刘　磊	四川大学	国家自然科学基金面上项目	30572051	27.00
牙髓细胞类型识别受体对pg分子识别机制及信号传递通路	黄定明	四川大学	国家自然科学基金面上项目	30572034	27.00
骨基因治疗手段与控制牵张频率的生物力学手段共同促进牵张成骨中新骨形成的实验研究	龙　洁	四川大学	国家自然科学基金面上项目	10502037	28.00
机械张应力对成牙骨质细胞功能活动影响的体外实验研究	白　丁	四川大学	国家自然科学基金面上项目	10572098	28.00
中药对牙菌斑生物膜多靶点多途径作用的分子机制研究	李继遥	四川大学	国家自然科学基金面上项目	30572409	25.00
口腔黏膜癌变差异表达基因的实验研究	王晓毅	四川大学	国家自然科学基金面上项目	30550002	20.00
应力作用下大鼠骨细胞的基因差异表达与力学信号转导机制的研究	王　航	四川大学	国家自然科学基金面上项目	30500568	25.00
*enamelin*基因的转录调控研究	高学军	北京大学	国家自然科学基金面上项目	30572033	25.00
唇腭裂的遗传流行病学调查及其细胞和分子生物学研究	林久祥	北京大学	国家自然科学基金面上项目	30572067	26.00
*PTPRG*基因突变与涎腺腺样囊性癌远处转移的关系	俞光岩	北京大学	国家自然科学基金面上项目	30572050	26.00
髁突骨折继发颞下颌关节强直发病机制的初步研究	张　益	北京大学	国家自然科学基金面上项目	30572047	25.00
孕妇牙周炎致病菌及炎症因子对新生儿早产低体重的影响	沙月琴	北京大学	国家自然科学基金面上项目	30572032	25.00
牙源性角化囊肿中SonicHedgehog(*shh*)传导通路信号分子基因的分子生物学研究	李铁军	北京大学	国家自然科学基金面上项目	30572048	25.00
牙釉质体外生长的基础研究	冯海兰	北京大学	国家自然科学基金面上项目	30572063	25.00

续表2

资助项目	项目负责人	获资助单位	基金来源和名称	批准号或编号	资助金额（万元）
咬肌辐射损伤的分子机制研究	马绪臣	北京大学	国家自然科学基金面上项目	30572049	25.00
牙菌斑特性和龋易感性的研究	梁景平	上海交通大学	国家自然科学基金面上项目	30572039	25.00
防御素 β_2 和 β_3 在组织工程化人口腔黏膜中的表达	王海燕	上海交通大学	国家自然科学基金面上项目	30500561	24.00
构建含有尿素酶基因U35248的重组变异链球菌	冯希平	上海交通大学	国家自然科学基金面上项目	30572038	25.00
DNA去甲基化抑制涎腺腺样囊性癌生长、转移的实验研究	李　江	上海交通大学	国家自然科学基金面上项目	30572054	25.00
钛表面纳米形貌影响成骨细胞生物学行为和分子机制的研究	陈万涛	上海交通大学	国家自然科学基金面上项目	30572053	28.00
应力介导的细胞凋亡在上颌骨缝改建中的作用和调控机理研究	唐国华	上海交通大学	国家自然科学基金面上项目	30500572	26.00
P12蛋白在口腔癌中发生缺失的机理研究	孙沫逸	第四军医大学	国家自然科学基金面上项目	30572059	26.00
非牙源性成体干细胞成牙能力的研究	金　岩	第四军医大学	国家自然科学基金面上项目	30572046	27.00
口腔鳞状细胞癌转移侵袭中信号转导分子Rho的作用机制研究	周　峻	第四军医大学	国家自然科学基金面上项目	30500567	25.00
乙酰胆碱受体在吸烟与牙周炎发生发展中作用的研究	王小竞	第四军医大学	国家自然科学基金面上项目	30572045	25.00
雌激素受体基因对牙周膜成纤维细胞骨分化能力的影响	丁　寅	第四军医大学	国家自然科学基金面上项目	30572069	25.00
*bzap45*基因与黏液表皮样癌关系的研究	司徒镇强	第四军医大学	国家自然科学基金面上项目	30572058	25.00
利用导电高分子聚吡咯构建口腔种植体牙周膜	贾　骏	第四军医大学	国家自然科学基金面上项目	30500118	26.00
牵张应力对破骨细胞形成及功能影响的差异蛋白质组学分析	李永明	第四军医大学	国家自然科学基金面上项目	30570455	26.00
口腔扁平苔藓辅助性T细胞的极化及其免疫干预	周　刚	武汉大学	国家自然科学基金面上项目	30572041	27.00
新的常染色体显性遗传性牙龈维瘤病基因的定位与克隆	叶晓茜	武汉大学	国家自然科学基金面上项目	30500562	25.00
细菌影载体增强黏膜途径基因免疫防龋效果和机制研究	郭继华	武汉大学	国家自然科学基金面上项目	30500563	25.00
中国人数字恒牙的可视化模型与物理化模型的构建	范　兵	武汉大学	国家自然科学基金面上项目	30572042	28.00
小鼠无牙区成牙能力丧失的研究	陈　智	武汉大学	国家自然科学基金面上项目	30572043	25.00

续表2

资助项目	项目负责人	获资助单位	基金来源和名称	批准号或编号	资助金额（万元）
颞下颌关节滑膜干细胞支架复合物修复关节盘穿孔的实验研究	龙 星	武汉大学	国家自然科学基金面上项目	30572057	25.00
口腔黏膜癌前病变癌变风险分子标志物检测	李曙霞	首都医科大学	国家自然科学基金面上项目	30500559	24.00
牙龈卟啉单胞菌凝血素研究	杨秋波	首都医科大学	国家自然科学基金面上项目	30572037	25.00
经典WNT信号通路在牙齿成釉器重建的作用研究	胡 冰	首都医科大学	国家自然科学基金面上项目	30500566	27.00
天然珍珠质修饰生物钛种植体的表面性状和生物活性研究	王慧明	浙江大学	国家自然科学基金面上项目	30572061	21.00
金属牙种植体表面珍珠质涂层的生物法制备	王小祥	浙江大学	国家自然科学基金面上项目	30571088	25.00
纳米陶瓷与纳米活性钛的界面有效性与安全性评价	严伟祺	浙江大学	国家自然科学基金面上项目	30570499	20.00
exosomes小体诱导舌鳞癌CTL靶向攻击的作用机制	廖贵清	中山大学	国家自然科学基金面上项目	30572062	24.00
羟磷灰石在模拟体液的溶解平衡研究	陈卓凡	中山大学	国家自然科学基金面上项目	30500570	25.00
口腔咀嚼功能及咬合改变与脑功能关系的研究	刘洪臣	解放军总医院	国家自然科学基金面上项目	30572066	27.00
性激素与上气道稳定性的生物学研究	刘月华	同济大学	国家自然科学基金面上项目	30572067	25.00
运用蛋白质组学方法筛选牙周病疫苗候选*P. gingivalis*抗原的反向疫苗学研究	李 昂	西安交通大学	国家自然科学基金面上项目	30500560	25.00
RNAi抑制aggrecanaes的表达对软骨aggrecan代谢及移植后免疫反应的影响	杨壮群	西安交通大学	国家自然科学基金面上项目	30572052	26.00
Nmnat-1基因修饰Schwann细胞修复面神经损伤的实验研究	徐 欣	山东大学	国家自然科学基金面上项目	30572055	8.00
乏氧诱导因子-1α基因沉默对舌癌血管形成及放化疗敏感性影响的机制研究	孙善珍	山东大学	国家自然科学基金面上项目	30572056	25.00
口腔黏膜下纤维性变发病相关基因的研究	翦新春	中南大学	国家自然科学基金面上项目	30572044	25.00
骨保护素基因修饰联合细胞移植技术治疗牙周病的实验研究	梅陵宜	安徽医科大学	国家自然科学基金面上项目	30572040	25.00
“微植体支抗—牙—牙槽骨—颌骨”正畸矫治力系统的生物力学研究	邓 锋	重庆医科大学	国家自然科学基金面上项目	10572160	36.00
双向电泳和质谱法分析变形链球菌功能蛋白组	黄晓晶	福建医科大学	国家自然科学基金面上项目	30500564	22.00

续表2

资助项目	项 目 负责人	获资助 单位	基金来源和名称	批准号 或编号	资助金额 (万元)
白细胞介素-1基因与新疆民族牙周炎和冠心病相关的研究	钟良军	新疆医科大学	国家自然科学基金面上项目	30560163	22.00
人类体细胞去分化重编程成自体内源性干细胞的研究	陈希哲	昆明医学院	国家自然科学基金面上项目	30560164	21.00
应力作用下力学信号在种植体细胞界面的转导及其效应	杨晓喻	南方医科大学	国家自然科学基金面上项目	30500569	25.00
上颌快速扩大机械生物信号转导中信号分子活化的研究	王 林	南京医科大学	国家自然科学基金面上项目	30572068	25.00
牵张成骨矫治腭裂新骨生成的基因调控与生物力学研究	陈 刚	天津医科大学	国家自然科学基金面上项目	30500533	25.00
阻塞性睡眠呼吸暂停综合征的鼾声机制研究	贾培增	北京大学	国家自然科学基金青年基金	30500571	25.00
牙齿表面功能纳米结构涂层抗酸渗透和抗菌黏附的研究	王晓灵	北京大学	国家自然科学基金主任基金	30540029	10.00
糖尿病与口腔黏膜关系的研究	刘宏伟	北京大学	国家自然科学基金主任基金	30540031	10.00
致龋微生物诱导牙髓干细胞分化和凋亡的机制研究	胡 涛	四川大学	教育部新世纪优秀人才支持计划	NCET-05-0790	50.00
*p*38MAPK在牙髓干细胞分化过程中的调控作用研究	胡 涛	四川大学	教育部博士点专项基金	20050610078	6.00
变异链球菌致龋性与毒力因子基因表达调控相关性的研究	刘天佳	四川大学	教育部博士点专项基金	20050610075	6.00
应用组织工程方法动力性舌再造的实验研究	唐休发	四川大学	教育部博士点专项基金	20050610077	6.00
寡发酵链球菌在口腔中的分布及在龋发病过程中的作用	高学军	北京大学	教育部博士点专项基金	20050001109	6.00
牙源性角化囊肿中Shh传导通路信号分子基因的分子生物学研究	李铁军	北京大学	教育部博士点专项基金	20050001110	6.00
国产微螺钉正畸支抗种植体的动物实验研究	周彦恒	北京大学	教育部博士点专项基金	20050001111	6.00
中性区全口义齿的CAD研究	吕培军	北京大学	教育部博士点专项基金	20050001112	6.00
唾液生长激素释放肽的来源、功能及分泌机制的研究	俞光岩	北京大学	教育部博士点专项基金	20050001113	6.00
骨细胞凋亡在机械力引起的牙槽骨改建中的作用	张 丁	北京大学	教育部博士点专项基金	20050001114	6.00
机械因子和$FgfR_2$突变对成骨细胞成骨能力的影响	邱蔚六	上海交通大学	教育部博士点专项基金	20050266010	6.00
利用基因转移技术实现种植体周牙周组织重建	程祥荣	武汉大学	教育部博士点专项基金	20050486048	6.00
下颌功能性前伸后翼外肌改建中基因与蛋白表达的研究	白玉兴	首都医科大学	教育部博士点专项基金	20050025003	6.00
乳牙根吸收机理的初步探讨	赵玉鸣	北京大学	教育部留学回国人员科研启动基金	教外司留[2005]55号	3.00
儿童口腔科临床中儿童行为管理的综合研究	夏 斌	北京大学	教育部留学回国人员科研启动基金	教外司留[2005]383号	2.50

续表2

资助项目	项目负责人	获资助单位	基金来源和名称	批准号或编号	资助金额（万元）
S100A4及上皮钙黏蛋白表达对口腔腺样囊性癌的浸润、转移及预后的评价	张剑明	天津医科大学	教育部留学回国人员科研启动基金	教外司留［2005］383号	3.00
LCK在成纤维细胞机械信号转导过程中的作用	韩光丽	武汉大学	教育部留学回国人员科研启动基金	教外司留［2005］383号	5.00
富含亮氨酸酶的蛋白多糖在正常牙周组织和牙周损伤愈合中的作用	钱 虹	武汉大学	教育部留学回国人员科研启动基金	教外司留［2005］383号	5.00
变异链球菌高、低致龋毒力株蛋白表达的差异分析	黄晓晶	福建医科大学	教育部留学回国人员科研启动基金	教外司留［2005］383号	2.50
口腔抗菌材料的研制与开发	刘 斌	兰州大学	中国科学院“西部之光”培养计划项目	科发人教字［2005］24号	2.00
牙形态相关基因及牙再生的研究	刘 磊	四川大学	四川省应用基础研究项目	05JY029－004－1	5.00
抑菌性钛基骨内植入式经皮/穿龈器件研究	包崇云	四川大学	四川省应用基础研究项目	05JY029－004－2	3.00
中草药漱口液用于口气清新的应用基础研究	李 雪	四川大学	四川省应用基础研究项目	05JY029－004－3	2.00
分割式可摘局部义齿的基础与临床应用研究	王 敏	四川大学	四川省应用基础研究项目	05JY029－023－2	3.00
纳米复合生物陶瓷材料及其在临床医学中的应用	田卫东	四川大学	四川省科技攻关项目	05SG022－002－1	10.00
三维方法在分析唇裂面部特征中的应用	郑 谦	四川大学	四川省科技攻关项目	05SG022－003	
ECC主要致病菌－变形链球菌传播方式研究	邹 静	四川大学	四川省科技攻关项目	05SG022－013－1	5.00
192铱近距离腔内放射治疗口腔癌的基础研究	李龙江	四川大学	四川省科技攻关项目	05SG022－016－3	5.00
干预成纤维细胞活化蛋白对肿瘤发生发展影响的实验研究	周红梅	四川大学	四川省科技攻关项目	05SG022－018－1	5.00
天然药物治疗牙髓根尖周病的基础与临床研究	尹仕海	四川大学	四川省科技攻关项目	05SG022－019－10	5.00
基因修饰组织工程技术再造下颌髁状突	胡 静	四川大学	四川省科技攻关项目	05SG022－019－3	5.00
老年龋病易感性基因芯片检测技术的研究	郭 斌	四川大学	四川省科技攻关项目	05SG022－019－4	5.00
口腔癌癌周毛细淋巴管内皮细胞的分离与微分析	潘 剑	四川大学	四川省科技攻关项目	05SG022－019－8	5.00
天然药物调节牙齿生物矿化的研究	谢 倩	四川大学	四川省科技攻关项目	05SG022－028－01	5.00
牙髓干细胞分化选择在牙髓修复中的基因调控研究	叶 玲	四川大学	四川省科技攻关项目	05SG022－028－02	5.00

续表2

资助项目	项　目负责人	获资助单位	基金来源和名称	批准号或编号	资助金额(万元)
芳香化酶在颞下颌关节紊乱病中的作用机制研究	余世宾	第四军医大学	陕西省科技攻关项目	2005K14-G2(2)	1.50
低强度脉冲超声促进牵张成骨新骨生长的研究	刘彦普	第四军医大学	陕西省科技攻关项目	2005K14-G2(3)	1.50
新型牙齿动度测试仪的研制	辛海涛	第四军医大学	陕西省科技攻关项目	2005K14-G5(4)	2.00
牙骨质附着蛋白的原核表达及其在牙周组织再生中的应用	万　玲	第四军医大学	陕西省科技攻关项目	2005K14-G5(5)	1.50
低能量脉冲超声对正畸牙移动中牙槽骨改建的实验研究	付善民	第四军医大学	陕西省科技攻关项目	2005K14-G5(6)	1.50
微弧氧化技术在钛烤瓷修复体应用中的研究与开发	张玉梅	第四军医大学	陕西省科技攻关项目	2005K14-G5(7)	1.50
人牙囊细胞成骨特性的研究	金作林	第四军医大学	陕西省科技攻关项目	2005K14-G5(8)	3.00
高氧液介入对脑缺血保护作用的应用研究	徐礼鲜	第四军医大学	陕西省科技攻关项目	2005K13-G4(6)	1.00
噬菌体抗体研究(2)	李小明	西安交通大学	陕西省科技攻关项目	2005K11-G3(2)	1.50
噬菌体抗体研究(3)	苗群爱	西安交通大学	陕西省科技攻关项目	2005K11-G3(3)	1.50
骨病研究(2)	范建谊	西安交通大学	陕西省科技攻关项目	2005K14-G1(2)	2.00
骨病研究(3)	任战平	西安交通大学	陕西省科技攻关项目	2005K14-G1(3)	2.00
牙病防治研究(1)	王宝彦	西安交通大学	陕西省科技攻关项目	2005K14-G5(1)	2.50
牙病防治研究(2)	常晓峰	西安交通大学	陕西省科技攻关项目	2005K14-G5(2)	2.50
牙病防治研究(3)	侯铁舟	西安交通大学	陕西省科技攻关项目	2005K14-G5(3)	1.50
口腔颌面部疾病研究(3)	王春燕	西安交通大学	陕西省科技攻关项目	2005K14-G8(3)	1.50
口腔颌面部疾病研究(4)	李家伟	西安交通大学	陕西省科技攻关项目	2005K14-G8(4)	1.50
新型磁性材料用于正畸固定矫治基础与应用研究	侯志明	中国医科大学	辽宁省科技攻关项目	2005225003-2	5.00
成釉细胞瘤 $CycG_2$ 分子靶向治疗的研究	钟　鸣	中国医科大学	辽宁省科技攻关项目	2005225013-4	5.00
孕产妇口腔健康与早产低体重儿的研究	杜民权	武汉大学	湖北省科技攻关计划	2005AA401C53	5.00
实验性骨质疏松症鼠模型中获能突变型 *lrp*-5 基因在牙种植体骨整合形成中的效应	施　斌	武汉大学	湖北省科技攻关计划	2005AA304B13	5.00

续表2

资助项目	项目负责人	获资助单位	基金来源和名称	批准号或编号	资助金额（万元）
纤维蛋白胶联合硬化剂治疗颌面部脉管畸形	张文峰	武汉大学	湖北省科技攻关计划	2005AA301C13	5.00
变异链球菌基因型新分类法的研究和临床应用	江千舟	武汉大学	湖北省科技攻关计划	2005AA304B13	5.00
同时靶向EGFR和异常AA代谢对口腔癌的抑制作用	孙　正	首都医科大学	北京市自然科学基金	7062027	13.00
牙龈卟啉单胞菌凝血素研究	杨秋波	首都医科大学	北京市自然科学基金	7062028	13.00
成釉质细胞瘤浸润相关基因筛选、鉴定及其作用的研究	王　丽	武汉大学	湖北省自然科学基金	2005ABA117	5.00
阻塞性睡眠呼吸暂停综合征阻塞病因的研究	董福生	河北医科大学	河北省自然科学基金	C2005000684	4.00
exosomes在诱导舌鳞癌免疫防御的作用机制研究	廖贵清	中山大学	广东省自然科学基金	5001720	5.00
基质金属蛋白酶-2表达和活性阻断对成釉细胞瘤侵袭影响	陶　谦	中山大学	广东省自然科学基金	5001719	5.00
永生化牙髓干细胞系的建立及其生物学特性的研究	林正梅	中山大学	广东省自然科学基金	5001721	5.00
基于酶水平和细胞因子检测的种植牙牙周健康状况研究	黄建生	南方医科大学	广东省自然科学基金	5003139	4.00
牙种植体表面理化特征与骨整合的关系	宋光保	南方医科大学	广东省自然科学基金	5003140	4.00
钛表面胞外基质仿生对人牙龈上皮细胞和成纤维细胞在其表面黏附的影响及机制研究	赵士芳	浙江大学	浙江省自然科学基金	Y205183	5.50
纤维桩根管内黏结强度及黏结机理研究	顾新华	浙江大学	浙江省自然科学基金	Y205702	5.50
整合素在机械应力调节破骨细胞形成中的作用	刘　丽	浙江大学	浙江省自然科学基金	Y204061	5.00
牙龈卟啉菌致牙周组织内细胞症反应的相关信号传导途径及调控机制的研究	陈莉丽	浙江大学	浙江省自然科学基金	Y204106	3.00
同型半胱慢性炎症因子在冠心病人牙周和血液中的检测	陈　晖	浙江大学	浙江省自然科学基金	X205009	3.00
新型溶癌腺病毒对舌鳞癌细胞的杀伤作用研究	汪国华	浙江大学	浙江省自然科学基金	Y204250	3.00
氨基多糖在牙髓干细胞分化及牙本质发育中作用的研究	高　洁	中国医科大学	辽宁省自然科学基金	20052086	3.00
家族性恒牙缺失的致病基因的鉴定	刘　奕	中国医科大学	辽宁省自然科学基金	20052114	3.00
牙周病患者龈下菌群基因差异性研究	林　莉	中国医科大学	辽宁省自然科学基金	20052117	3.00
微植体支抗技术的三维生物力学动态演化分析	邓　锋	重庆医科大学	重庆市自然科学基金	CSTC'2005BB5265	2.50

续表 2

资助项目	项　目 负责人	获资助 单位	基金来源和名称	批准号 或编号	资助金额 （万元）
化学气相沉积法纳米金刚石膜对改善正畸托槽表面特性的研究	李　东	第四军医大学	陕西省自然科学基金	2005C220	1.50
牙本质基质蛋白-1 基因启动子的相关调控机制研究	张亚庆	第四军医大学	陕西省自然科学基金	2005C221	1.50
应用反求与快速成型技术修复下颌骨缺损的应用基础研究	何黎升	第四军医大学	陕西省自然科学基金	2005C263	1.50
精神应激对大鼠咀嚼肌功能和微结构影响的研究	陈永进	第四军医大学	陕西省自然科学基金	2005C258	1.50
牵张成骨在口腔颌面外科的应用	王银龙	安徽医科大学	安徽省自然科学基金	5023081	2.00
猪肋骨脱矿骨质支架构建组织工程骨的实验研究	蒯新春	中南大学	湖南省自然科学基金	05JJ30171	1.00
大蒜素对感染根管产黑色素类杆菌群影响的实时荧光 PCR 定量研究	谢晓莉	中南大学	湖南省自然科学基金	05JJ30179	0.50
成骨细胞中细胞外信号调节激酶转导力学信号的机制研究	曹　阳	中山大学	广东省自然科学博士启动基金	5300622	2.00
维甲酸调控 *fas*AD/*rar*B 融合基因表达治疗口腔鳞癌的实验研究	侯劲松	中山大学	广东省自然科学博士启动基金	5300623	2.00
FAK 信号转导通路异常在口腔黏膜癌变中的临床意义	夏　娟	中山大学	广东省自然科学博士启动基金	5300621	2.00
反射诱导启动子介导 *aqp* 基因治疗反射性口干的实验研究	余东升	中山大学	广东省自然科学博士启动基金	5300625	2.00
新型根管倒充填材料 MTA 性能的基础及应用研究	徐　琼	中山大学	广东省自然科学博士启动基金	5300624	2.00
乳牙牙根吸收调控的分子机制研究	邹　静	中山大学	广东省自然科学博士后启动基金	5300626	1.00
倍骼生充填缺损	张　君	山东大学	山东省自然科学基金	y2004c13	6.00
遗传性骨性反牟畸形致病相关基因的克隆与定位研究	田玉楼	中国医科大学	辽宁省博士启动基金	20051034	3.00
口腔颊癌 *p*16INK4A/CDKN2A 基因的纯合子缺失与点突变的研究	董玉英	河北医科大学	河北省科学技术研究与发展指导计划	052761998	…
Survivin 在人腺样囊性癌细胞系中的表达	王　旭	河北医科大学	河北省科学技术研究与发展指导计划	052761999	…
口腔修复 CAD-CAM 系统与装备开发及产业化	胡勤刚	南京市口腔医院	江苏省科技发展项目	BE2005014	6.00
中国人恒磨牙 C 型根管的系统	范　兵	武汉大学	湖北省杰出青年基金	2005AB13015	8.00
自体微反应器牵张形成自体骨的实验研究	刘　斌	兰州大学	甘肃省中青年科技基金项目	3YS051-A25-024	1.50

续表 2

资助项目	项目负责人	获资助单位	基金来源和名称	批准号或编号	资助金额（万元）
口服型多价基因防龋疫苗的实验研究	刘建国	遵义医学院	贵州省优秀青年人才培养对象专项基金	…	17.00
nell-1 与骨形成蛋白-2 协同促进成骨的实验研究	蒋欣泉	上海交通大学	上海市青年科技启明星计划（A 类）	05QMX1426	10.00
nell-1 一个 Cbf-α_1 下游的新基因在骨再生研究中的作用	蒋欣泉	上海交通大学	上海市科委（白玉兰科技人才基金）	2005B29	2.00
应用比较蛋白组学技术筛选口腔鳞状细胞癌药物靶标	冯希平	上海交通大学	上海市科委（重点实验室专项基金）	05dz22319	50.00
牙髓牙本质复合体体外培养模型的建立及其生物学功能研究	冯希平 梁景平	上海交通大学	上海市科委	05JC14042	40.00
新基因 *nell*-1 促进口腔颌面部骨组织再生的基础和应用研究	蒋欣泉	上海交通大学	上海市科委	055407034	30.00
牙骨质附着蛋白及其抗体的制备与功能研究	束　蓉	上海交通大学	上海市科委	054119525	30.00
钛生物力型下颌骨（BMM）的研制和实验研究	张陈平	上海交通大学	上海市科委	054119535	30.00
牙弓弓形绘制嵌入式系统的研究	潘晓岗	上海交通大学	上海市科委	054119619	5.00
可控生物降解纳米纤维聚集体的制备及其在生物医用材料领域的应用	朱美芳 杨　驰	上海交通大学	上海市科委	0452nm006	15.00
可溶性细胞因子受体在实验性大鼠牙齿移动中的应用	华咏梅	同济大学	上海市科委	05ZR14128	5.00
组织工程支架材料的制备、表征及其在骨和血管组织工程中的应用	任　杰 张志愿	上海交通大学	上海市科委	05DJ14006	30.00
雌性激素对上气道稳定性保护作用及其机制的实验研究	刘月华	同济大学	上海市科委重点基础项目	05jc14057	40.00
*hsp*47 和 *vegf* 基因转染细胞与 BIO-OSS 骨胶原构建组织工程骨的实验研究	王佐林	同济大学	上海市科委（浦江人才培养计划）	…	20.00
牙科铸造合金材料腐蚀以及对机体影响的机理研究	苏剑生	同济大学	上海市科委医学重点项目	054119533	15.00
等压区排牙技术修复疑难全口义齿的研究	韩栋伟	同济大学	上海市科委医学重点项目	054119545	20.00
动态机械应变细胞加载装置的研制开发	张富强	上海交通大学	上海市教委	教发-0501	5.00
口腔固定修复体引起 MRI 伪影的临床基础研究	魏　斌	上海交通大学	上海市教委	教发-0502	3.00
牙科合金银钛涂层的制备及相关研究	胡　滨	上海交通大学	上海市教委	教发-0503	2.00
未获培养的细菌在牙周病发病中的作用	梁景平	上海交通大学	上海市教委	教发-0504	8.00

续表2

资助项目	项目负责人	获资助单位	基金来源和名称	批准号或编号	资助金额（万元）
不同牙本质黏结系统的黏结机理探讨及临床应用	夏文薇	上海交通大学	上海市教委	教发-0505	2.00
口腔扁平苔藓T细胞受体 $v\beta$ 基因表达特征及其克隆性	唐国瑶	上海交通大学	上海市教委	05BZ25	3.00
正畸-正颌联合治疗对颞颌关节(TMJ)影响的定量分析研究	房　兵	上海交通大学	上海市教委	05BZ24	3.00
快速原型结合反求技术在颌面部后天骨缺损修复中的应用	徐　兵	上海交通大学	上海卫生局	054055	3.00
参一胶囊调节口腔鳞癌患者免疫功能的研究	叶冬霞	上海交通大学	吴阶平基金会	…	3.00
安氏Ⅱ类1分类错𬌗矫治过程中咬合功能变化的研究	华咏梅	同济大学	上海市卫生局	…	3.00
自攻型微螺钉种植体结合直丝弓矫治"露龈笑"畸形的研究	李　强	同济大学	上海市卫生局	…	3.00
孕产妇口腔健康与早产低体重儿的研究	杜民权	武汉大学	湖北省卫生厅青年科技人才	QJX2005-11	10.00
防龋DNA疫苗的生产开发和临床研究	樊明文	武汉大学	湖北省卫生厅基金	JX2A21	10.00
非水溶性葡聚糖酶防龋的应用研究	边　专	武汉大学	湖北省卫生厅基金	JX2A22	10.00
单侧完全唇裂术前矫正治疗的临床应用	金辉喜	武汉大学	湖北省卫生厅基金	JX2B40	5.00
神经干细胞修复下牙槽神经损伤的实验研究	东耀峻	武汉大学	湖北省卫生厅基金	JX2B41	5.00
局部冷冻与药物注射治疗血管瘤血管畸形的实验及临床研究	赵吉宏	武汉大学	湖北省卫生厅基金	JX2B42	4.00
光谱仪选色-计算机辅助烤瓷配方系统的研究	王贻宁	武汉大学	湖北省卫生厅基金	JX2B43	4.00
唇、舌侧正畸中下切牙转矩差异的三维有限元研究	王　曦	天津医科大学	天津市高等学校科技发展基金项目	20050217	3.00
组织工程技术修复牙龈退缩的实验研究	王永兰	天津医科大学	天津市高等学校科技发展基金项目	20050218	2.00
聚甲基丙烯酸甲酯骨水泥黏固型即刻种植技术的临床应用	许　竞	南方医科大学	广东省科技三项经费计划项目	2005B10401002	5.00
放疗性口腔黏膜炎的应用研究	程　斌	中山大学	广东省国际科技合作计划	2005B50301004	5.00
𬌗位与咬合咀嚼运动之间关系的研究	林雪峰	中山大学	广东省科技厅	2005B30901001	5.00
老年人根管形态及与根管治疗质量关系的研究	高　燕	中山大学	广东省科技厅	2005B30901018	5.00
重组腺病毒介导 *bmp*-7 基因转染牙髓细胞及其应用研究	林正梅	中山大学	广东省科技厅	2005180	20.00
新型高分子合成树脂类义齿黏附剂的改进与临床应用前基础研究	赵　克	中山大学	广东省卫生厅	B2005057	1.00

续表2

资助项目	项目负责人	获资助单位	基金来源和名称	批准号或编号	资助金额（万元）
amg 基因转染的牙周膜细胞/nHAC 复合移植物促进牙周再生的实验研究	赵川江	中山大学	广东省卫生厅	A2005255	0.50
摘除牙髓和拔牙对老年学习记忆功能的影响及三叉感觉通路机制探讨	黄　芳	中山大学	广东省卫生厅	A2005256	0.50
维甲酸可控的 *fas*AD/*rar*B 融合基因治疗口腔鳞癌的实验研究	侯劲松	中山大学	广东省卫生厅	A2005253	0.50
基质金属蛋白酶及其抑制剂在牙根吸收中的表达及调控	谢永建	中山大学	广东省卫生厅	B2005056	0.50
广州市牙髓根尖周病的流行病学调查和防治研究	凌均棨	中山大学	广州市医药卫生科技重大项目立项	2005-ZDa-002	50.00
放疗性口腔黏膜炎中草药口腔含漱液的研制	李容林	中山大学	广东省中医药局	1050161	1.00
成骨细胞和牙周膜细胞在不同钛种植体表面附着与矿化的机理研究	杨晓喻	南方医科大学	广东省医学科学技术研究基金	B2005011	1.00
口腔鳞癌活检标本化疗药物敏感性及多药耐药性的研究	刘曙光	南方医科大学	广东省医学科学技术研究基金	A2005121	1.00
上颌第一恒磨牙连续切片髓腔数字化三维重建的研究	徐平平	南方医科大学	广东省医学科学技术研究基金	A2005123	1.00
种植体支抗用于非拔牙矫治技术的研究	兰泽栋	南方医科大学	广东省医学科学技术研究基金	A2005126	1.00
RNA 干扰技术靶向 iNOS/*vegf* 基因治疗口腔癌的实验研究	曾曙光	南方医科大学	广东省医学科学技术研究基金	A2005113	立项
Simvastatin 作用下成骨细胞差异表达基因的研究	胡　飞	南方医科大学	广东省医学科学技术研究基金	A2005114	立项
腭部微型种植体支抗压低磨牙的临床应用研究	张文忠	南方医科大学	广东省医学科学技术研究基金	A2005116	立项
广东人错殆畸形的三维立体形态结构分析	徐红红	南方医科大学	广东省医学科学技术研究基金	A2005118	立项
高转移 TB 细胞淋巴转移和血循环转移过程的体内观察	贾暮云	青岛大学医学院附属医院	山东省卫生厅科技发展计划	…	31.00
致龋菌斑中耐酸相关基因 *ffh* 的检测及克隆	张志民	吉林大学	吉林省科技厅	200505148	4.00
剩余牙槽嵴量吸收的分子机制及 OPG 重组体局部注射的疗效观察	王景云	吉林大学	吉林省科技厅	200505147	3.00
微型种植体在口腔正畸临床应用的生物力学研究	胡　敏	吉林大学	吉林省科技厅	200505145	3.00
新型骨修复材料煅烧牛骨粉的研制	高　心	吉林大学	吉林省科技厅	200505146	3.00
儿童时期牙周病发病与牙周病病原菌关联性的研究	倪雪岩	吉林大学	吉林省科技厅	20050703-5	6.00
端粒酶对涎腺肿瘤增殖能力的调控及转基因治疗研究	孙宏晨	吉林大学	吉林省科技厅	20050702-6	11.00

续表2

资助项目	项目负责人	获资助单位	基金来源和名称	批准号或编号	资助金额（万元）
牙列缺损的颧骨种植修复的应用基础研究	周延民	吉林大学	吉林省科技厅	200505149	4.00
壳聚糖银治疗牙周病的应用研究	佟巨慧	吉林大学	吉林省科技厅	20050413-2	6.00
PTEN与口腔癌前病变及口腔鳞癌的基因治疗	魏秀峰	吉林大学	吉林省科技厅	20050405-1	4.00
正颌升支矢状截骨后不同固定方式的力学分析	张茹慧	吉林大学	吉林省科技厅	20050411-4	5.00
吉林省社区健康科学服务体系的构建	卢爱工	吉林大学	吉林省科委	20050608-4	3.00
即刻种植体周围缺损处理的应用基础研究	孟维艳	吉林大学	吉林省体改委	…	10.00
唇腭裂与*mthfr*基因C677T多态性的相关性研究	王建华	山东大学	山东省卫生厅	y2004c35	1.20
环氧化酶-2在牙髓炎和根尖周炎发病中的作用机制研究	王　燕	山东大学	山东省卫生厅	y2004c36	1.20
牙周膜生物力学特性的定量研究——单轴平动加载实验	王春玲	山东大学	山东省卫生厅	y2004c37	1.20
骨生长因子和生长激素对牙槽受力后骨改建影响实验研究	张　君	山东大学	山东省卫生厅	y2004c40	1.20
甲基化和脱乙酰化酶抑制剂对口腔肿瘤*p16*、*E-cadherin*基因转录活性的影响	郭小玲	山东大学	山东省卫生厅	y2004c46	…
分泌性免疫球蛋白A与菌斑性疾病的相关性研究	张立军	山东大学	山东省卫生厅	y2004c49	…
BioM-Ⅱ型种植系统的开发研究	赵士芳	浙江大学	浙江省科技厅（重点项目）	2005C23006	25.00
血管化的纳米仿生组织工程骨构建的研究	王慧明	浙江大学	浙江省科技厅（重点项目）	2005C23004	25.00
促牙周骨组织再生重建现代中药“骨生宝”的开发研究	陈莉丽	浙江大学	浙江省科技厅（重点项目）	2005C23034	25.00
ERK信号传导途径与涎腺肿瘤关系的研究	胡济安	浙江大学	浙江省卫生厅	2005A066	2.00
葡萄仔原花青素提取物对变形链球菌的抑制作用研究	傅柏平	浙江大学	浙江省中医药管理局	2005C060	2.00
活血化淤注射液提高种植牙与骨结合率的研究	王慧明	浙江大学	浙江省中医药管理局	2005C070	2.00
微型正畸支抗种植体外导板的研制及应用	黄吉娜	浙江大学	浙江省卫生厅	2005B104	自筹
微螺钉种植支抗在正畸治疗中的应用研究	林　军	浙江大学	浙江省卫生厅（医药卫生科技成果重点推广计划）	2005TG008	自筹
牵张成骨修复下颌骨缺损中Angiopoietin-1及其受体Tie-2的表达	谢志坚	浙江大学	浙江省卫生厅	2005B103	自筹

续表2

资助项目	项　目负责人	获资助单位	基金来源和名称	批准号或编号	资助金额（万元）
口腔科微生物气溶胶分布与影响因素的研究	陈民栋	浙江大学	浙江省卫生厅	2005B095	自筹
性早熟儿童牙龄与骨龄关系研究	苏吉梅	浙江大学	浙江省教育厅	20051093	自筹
用一种新的手段预防婴儿龋齿和急性中耳炎	何祥一	兰州大学	甘肃省科技厅国际合作与交流	4WS054-A73-034	4.00
自制低镍烤瓷钢的生物学性能研究	战德松	中国医科大学	辽宁省教育厅科学技术研究项目	05L451	3.00
微小种植体治疗正畸疑难病例的临床应用研究	张　扬	中国医科大学	辽宁省教育厅科学技术研究项目	05L459	3.00
围术期低温对手术病人中性粒细胞功能影响的研究	张　倩	中国医科大学	辽宁省教育厅科学技术研究项目	05L462	3.00
种植体骨整合相关基因的研究	艾红军	中国医科大学	辽宁省教育厅科学技术研究项目	05L481	3.00
成釉细胞瘤和牙源性角化囊肿中端粒酶反转录酶基因调控表达的研究	王　洁	中国医科大学	辽宁省教育厅科学技术研究项目	05L532	2.00
干细胞构建组织工程牙齿的实验研究	张忠提	中国医科大学	辽宁省教育厅科学技术研究项目	05L539	2.00
正畸治疗中牙根吸收的相关因素分析	阎秀林	中国医科大学	辽宁省教育厅科学技术研究项目	05L540	4.00
青春期龈炎牙龈卟啉单胞菌的Kgp蛋白酶及其致病基因的研究	陈　旭	中国医科大学	辽宁省教育厅科学技术研究项目	05L550	2.00
长沙地区不同年龄段人群错殆畸形的调查研究	肖立伟	中南大学	湖南省科技厅	05SK3020	2.00
内皮素-1基因多态性与口腔黏膜下纤维化遗传易感性的相关研究	彭解英	中南大学	湖南省科技厅	05SK3011	1.00
生物信息学在口腔疣状癌基因表达谱研究中的应用	唐瞻贵	中南大学	湖南省科技厅	05ZK3073	1.00
大蒜素对大鼠实验性根尖周炎厌氧菌影响的动物模型研究	谢晓莉	中南大学	湖南省科技厅	05TH4007	3.00
丹参治疗口腔黏膜下纤维化的实验和临床研究	彭解英	中南大学	湖南省教育厅	湘教发[2005]年100号	5.00
放射性龋的实验研究	刘斌杰	中南大学	湖南省科技厅	05SK3010	1.00
重组*tgf-β*1、*bmp*-2基因转染加速牵张成骨修复肿瘤术后颌骨缺损的实验研究	周　诺	广西医科大学	广西壮族自治区卫生厅、广西医疗卫生重点科研	桂卫重200525	1.00
烤瓷用镍铬合金的氧化腐蚀及预防研究	李玉玲	广西医科大学	广西壮族自治区科技厅、广西科学研究与技术开发计划应用基础研究专项项目	桂科基0575056	3.00

续表2

资助项目	项　目负责人	获资助单位	基金来源和名称	批准号或编号	资助金额（万元）
广西壮族自治区口腔健康流行病学调查	何克新	广西医科大学	广西壮族自治区卫生厅、广西医药卫生自筹经费计划课题	桂卫Z2005064	自筹
广西仫佬族口腔健康状况调查及牙防对策研究	黄　华	广西医科大学	广西壮族自治区卫生厅、广西医药卫生自筹经费计划课题	桂卫Z2005066	自筹
血管化腓骨肌皮瓣修复颌面部复合组织缺损的临床研究	巫家晓	广西医科大学	广西壮族自治区卫生厅、广西医药卫生自筹经费计划课题	桂卫Z2005063	自筹
富血小板胶质细胞基质合成及动物实验研究	刘　琪	遵义医学院	贵州省科技厅国际合作基金项目	…	4.00
基因防龋疫苗pcDNA3 /*gtf*免疫家兔的实验研究	王　凯	遵义医学院	贵州省卫生厅基金项目	…	0.50
			口腔医院基金配套		0.20
大鼠正畸牙移动过程中整合素$\alpha_v\beta_3$在牙周膜细胞表达的免疫组化研究	徐宇红	遵义医学院	贵州省卫生厅基金项目	…	0.50
			口腔医院基金配套		0.20
冠边缘的密合性与牙周组织相关性的研究	韦纪英	遵义医学院	贵州省卫生厅基金项目（立项）	…	0.50
			口腔医院配套基金		
记忆合金牵引器骨膜牵张成骨在腭裂整复中的应用研究	宋庆高	遵义医学院	贵州省省长基金项目	…	4.00
生物膜中变异链球菌致龋毒力因子基因在临界pH的表达特点研究	杨德琴	遵义医学院	贵州省省长基金项目	…	4.00
贵州金银花防龋的体外实验研究	梁文红	遵义医学院	贵州省卫生厅基金项目（立项）	…	0.50
			口腔医院配套基金		
慢性牙周炎与冠心病相关性的研究	葛　颂	遵义医学院	贵州省教育厅学科建设基金项目	…	3.00
牙周组织细胞在病变根面上附着、增殖及胶原形成的研究	刘　琪	遵义医学院	贵州省教育厅重点项目	…	9.00
中心体异常和口腔癌变	蔡　扬	贵阳医学院	贵州省优秀科技教育人才省长基金项目	S2004-16	2.00
口腔癌中不同微环境下巨噬细胞促瘤及抑瘤作用的对比研究	宋宇峰	贵阳医学院	贵州省优秀科技教育人才省长基金项目	S2004-6	8.00
纳米复合树脂牙髓反应性的实验研究	黄晓晶	福建医科大学	福建省科技厅三项费用	Z0516035	1.00
纳米复合树脂生物相容性的实验研究	黄晓晶	福建医科大学	福建省卫生厅青年基金	2005 1-17	1.00

续表2

资助项目	项目负责人	获资助单位	基金来源和名称	批准号或编号	资助金额（万元）
胶原海绵诱导下颌骨牵引成骨新骨形成的动物实验研究	郑杰	福建医科大学	福建省教育厅面上项目	JA05268	1.50
不同浓度骨髓基质细胞对牙周组织再生影响的研究	詹曦	福建医科大学	福建省教育厅面上项目	JA05267	1.50
聚乙烯纤维复合桩修复残根残冠的临床应用研究	张晓	郑州大学	河南省卫生厅	…	2.00
低强度脉冲超声波对下颌骨牵张成骨的干预研究	彭利伟	郑州大学	河南省卫生厅	…	1.00
郑州市12岁青少年口腔病流行病学调查与干预	刘学军	郑州大学	河南省卫生厅	…	3.00
tgf 基因在糖皮质激素诱导小鼠腭裂形成中的作用	曹选平	郑州大学	河南省教育厅	2005320048	1.00
转化生长因子B对牙槽骨代谢的试验与临床研究	余炜伟	郑州大学	河南省教育厅	2005320023	1.00
新变链素的筛选和序列测定	李颂	安徽医科大学	安徽省教育厅	…	1.00
牙周病数据库管理系统的建立	宋健玲	西安交通大学	陕西省软科学研究计划项目	2005KR104	1.00
生长因子对成骨细胞生物学特性的调控在种植体周骨整合中的应用	王国平	南京医科大学	江苏省教育厅指导性计划	05KJD320141	1.00
口腔颌面部鳞癌组织中肿瘤抑制基因 *maspin* 的表达	梁尚争	泸州医学院	四川省卫生厅	050090	2.00
精密修复在牙周病中的应用	朱世华	泸州医学院	四川省卫生厅	050091	2.00
种植体支抗滑动法关闭间隙过程中生物力学的三维有限元分析	杨四维	泸州医学院	四川省卫生厅	050092	2.00
细胞角蛋白与口腔扁平苔藓的关系研究	聂敏海	泸州医学院	四川省卫生厅	050093	2.00
颞下颌关节镜外科技术的引进及颞下颌关节紊乱病诊疗系统的建立	董福生	河北医科大学	河北省卫生厅医学适用技术跟踪项目计划	GL200517	10.00
口腔颊癌中 *p16* 基因缺失与肿瘤生物学行为的关系	董玉英	河北医科大学	河北省卫生厅医学科学研究重点课题计划	05003	0.50
补肾方剂对实验性骨质疏松牙周炎的治疗作用	李淑娟	河北医科大学	河北省卫生厅中医、中西医结合科研计划	05074	0.50
口腔颊癌 p16INK4A / *cdkn* 2A 基因的纯合子缺失与点突变的研究	董玉英	河北医科大学	河北省科学技术研究与发展指导计划	052761998	…
Survivin 在人腺样囊性癌细胞系中的表达	王旭	河北医科大学	河北省科学技术研究与发展指导计划	052761999	…

续表2

资助项目	项　目负责人	获资助单位	基金来源和名称	批准号或编号	资助金额（万元）
三种不同矫治方法对替牙期前牙反𬌗临床治疗效果的比较	马文盛	河北医科大学	河北省卫生厅医学科学研究重点课题指导计划	05153	…
低龄儿童龋患儿唾液成分的分析	石　宏	河北医科大学	河北省卫生厅医学科学研究重点课题指导计划	05201	…
影响烤瓷最终颜色的多因素临床实验研究	李雅娟	河北医科大学	河北省卫生厅医学科学研究重点课题指导计划	05202	…
牙龈卟啉单胞菌对牙龈成纤维细胞产生细胞因子的影响	许丽华	河北医科大学	河北省卫生厅医学科学研究重点课题指导计划	05203	…

出版动态

本栏目收录的图书目录为我国(不含香港、澳门和台湾)公开出版发行的口腔医学专业图书和音像制品，时限为2005年1～12月，并以汉语拼音字母顺序排序如下。

◆**2005国家执业医师资格考试·口腔医师考试全真模拟及精解**(第2版)

主　　编　口腔医师考试专家组
出　　版　北京大学医学出版社
出版日期　2005年1月
开　　本　16开
字　　数　590千字
定　　价　39.00元

◆**2005国家执业医师资格考试·口腔助理医师复习试题集**(第2版)

主　　编　口腔医师复习试题集专家组
出　　版　北京大学医学出版社
出版日期　2005年2月
开　　本　16开
字　　数　505千字
定　　价　33.50元

◆**2005国家执业医师资格考试·口腔助理医师应试指导**(第2版)

主　　编　口腔医师应试指导专家组
出　　版　北京大学医学出版社
出版日期　2005年2月
开　　本　16开
字　　数　1 265千字
定　　价　78.00元

◆**2005国家执业医师资格考试口腔医师应试习题集**(第2版)

主　　编　口腔医师应试习题集专家组
出　　版　中国协和医科大学出版社
出版日期　2005年1月
开　　本　16开
字　　数　485千字
定　　价　35.00元

◆**2005口腔科学新进展**

主　　编　樊明文
出　　版　人民卫生出版社
出版日期　2005年4月
开　　本　大32开
字　　数　336千字
定　　价　28.00元

◆**2005口腔助理医师考试全真模拟及精解**

主　　编　口腔助理医师考试专家组
出　　版　北京大学医学出版社

出版日期 2005年5月
开 本 16开
字 数 294千字
定 价 23.00元

◆**2005年国家执业医师资格考试口腔医师应试指导**(上下册)
主 编 口腔医师应试指导专家组
出 版 中国协和医科大学出版社
出版日期 2005年1月
开 本 16开
字 数 1 252千字
定 价 124.00元

◆**2005年口腔医师实践技能应试指导**
主 编 口腔医师应试指导专家组
出 版 中国协和医科大学出版社
出版日期 2005年1月
开 本 16开
字 数 72千字
定 价 8.00元

◆**2006年口腔执业(助理)医师考试指导**
主 编 董福生
出 版 华夏出版社
出版日期 2005年5月
开 本 16开
字 数 1 952千字
定 价 110.00元

◆**2006口腔助理医师应试指导**
主 编 口腔医师应试指导专家组
出 版 北京大学医学出版社
出版日期 2005年11月
开 本 16开
字 数 1 265千字
定 价 79.90元

◆**SPEED矫治技术**(口腔正畸新技术)
主 编 缪耀强
出 版 广东世界图书出版公司
出版日期 2005年5月
开 本 16开
页 数 251页
定 价 80.00元

◆**齿科是综合医院吗**
主 编 黄永九[韩]
出 版 上海科学普及出版社
出版日期 2005年8月
开 本 大32开
字 数 200千字
定 价 18.00元

◆**带血管蒂组织瓣移位手术学**
主 编 杨志明 温玉明
出 版 四川科学技术出版社
出版日期 2005年1月
开 本 16开
字 数 500千字
定 价 39.00元

◆**儿童口腔医学**
主 编 邓 辉
出 版 北京大学医学出版社
出版日期 2005年1月
开 本 16开
字 数 602千字
定 价 37.90元

◆**儿童口腔医学**
主 编 赵月萍
出 版 科学出版社
出版日期 2005年8月
开 本 16开
字 数 185千字
定 价 16.00元

◆**附着体义齿**
主 编 张富强
出 版 上海科学技术文献出版社
出版日期 2005年10月
开 本 16开
字 数 415千字
定 价 98.00元

◆**根管外科临床图谱**(国际牙科名著系列)

编　　著　Ralph Bellizzi 等
主　　译　王勤涛
出　　版　人民军医出版社
出版日期　2005 年 1 月
开　　本　16 开
字　　数　220 千字
定　　价　85.00 元

◆根尖周病治疗学

主　　编　凌均棨
出　　版　人民卫生出版社
出版日期　2005 年 2 月
开　　本　16 开
字　　数　308 千字
定　　价　35.00 元

◆固定义齿修复工艺技术

主　　编　马玉革　杜士民
出　　版　科学出版社
出版日期　2005 年 8 月
开　　本　大 16 开
字　　数　448 千字
定　　价　35.00 元

◆固定义齿修复学精要(第 3 版)

编　　著　Herbert T Shillingburg 等
主　　译　冯海兰
出　　版　人民军医出版社
出版日期　2005 年 1 月
开　　本　16 开
字　　数　889 千字
定　　价　198.00 元

◆颌面外科手术与技巧

主　　编　毛天球
出　　版　人民军医出版社
出版日期　2005 年 1 月
开　　本　16 开
字　　数　612 千字
定　　价　68.00 元

◆可摘局部义齿修复工艺技术

主　　编　农一浪
出　　版　高等教育出版社
出版日期　2005 年 12 月
开　　本　大 16 开
页　　数　122 页
定　　价　27.10 元

◆可摘义齿修复工艺技术

主　　编　胡山力
出　　版　科学出版社
出版日期　2005 年 8 月
开　　本　大 16 开
字　　数　358 千字
定　　价　24.00 元

◆口腔材料学

主　　编　徐恒昌
出　　版　北京大学医学出版社
出版日期　2005 年 5 月
开　　本　16 开
页　　数　272 页
定　　价　29.80 元

◆口腔材料学及药物学

主　　编　杨家瑞
出　　版　科学出版社
出版日期　2005 年 9 月
开　　本　大 16 开
字　　数　456 千字
定　　价　29.00 元

◆口腔工艺材料学

主　　编　席建成　米新峰
出　　版　科学出版社
出版日期　2005 年 9 月
开　　本　大 16 开
字　　数　251 千字
定　　价　18.00 元

◆口腔工艺技术概论

主　　编　张亚丽
出　　版　高等教育出版社
出版日期　2005 年 11 月
开　　本　大 16 开

页　　数　114 页
定　　价　13.50 元

◆口腔固定修复工艺技术
主　　编　姚江武
出　　版　高等教育出版社
出版日期　2005 年 10 月
开　　本　大 16 开
页　　数　124 页
定　　价　29.00 元

◆口腔颌面部解剖学
主　　编　赵士杰　皮　昕
出　　版　北京大学医学出版社
出版日期　2005 年 4 月
开　　本　16 开
字　　数　427 千字
定　　价　55.00 元

◆口腔颌面骨疾病临床影像诊断学
主　　编　吴运堂
出　　版　北京大学医学出版社
出版日期　2005 年 11 月
开　　本　16 开
字　　数　943 千字
定　　价　268.00 元

◆口腔颌面及颈部临床解剖学图谱
主　　编　张正治
出　　版　山东科学技术出版社
出版日期　2005 年 5 月
开　　本　16 开
页　　数　364 页
定　　价　160.00 元

◆口腔颌面外科手术规范及典型病例点评
主　　编　魏奉才　孙善珍
出　　版　山东科学技术出版社
出版日期　2005 年 3 月
开　　本　16 开
字　　数　650 千字
定　　价　52.00 元

◆口腔颌面外科学
主　　编　郑　谦
出　　版　科学技术文献出版社
出版日期　2005 年 1 月
开　　本　16 开
字　　数　421 千字
定　　价　21.00 元

◆口腔颌面外科学
主　　编　谢善培
出　　版　高等教育出版社
出版日期　2005 年 11 月
开　　本　16 开
页　　数　251 页
定　　价　26.70 元

◆口腔颌面外科学
主　　编　李丙恒　刘绍仁
出　　版　科学出版社
出版日期　2005 年 8 月
开　　本　大 16 开
字　　数　376 千字
定　　价　25.00 元

◆口腔颌面外科学
主　　编　杨学文
出　　版　清华大学出版社
出版日期　2005 年 4 月
开　　本　16 开
字　　数　442 千字
定　　价　32.00 元

◆口腔疾病
主　　编　高益鸣
出　　版　上海科技文献出版社
出版日期　2005 年 11 月
开　　本　大 32 开
字　　数　109 千字
定　　价　12.500 元

◆口腔疾病：患者最想知道什么
主　　编　刘庆林
出　　版　山西科学技术出版社
出版日期　2005 年 2 月

开　　本　大32开
页　　数　251页
定　　价　14.00元

◆**口腔疾病调养与护理**
主　　编　罗冬青　杨利平
出　　版　中国中医药出版社
出版日期　2005年6月
开　　本　16开
字　　数　184千字
定　　价　14.00元

◆**口腔疾病诊疗彩色图谱**
主　　编　拉斯凯瑞斯［希］
翻　　译　陈　江　林　珊
出　　版　福建科学技术出版社
出版日期　2005年7月
开　　本　大16开
字　　数　824千字
定　　价　198.00元

◆**口腔疾病诊疗手册**(彩图版)
主　　编　朗格莱［美］
翻　　译　闫福华　陈　江等
出　　版　福建科学技术出版社
出版日期　2005年5月
开　　本　大32开
字　　数　824千字
定　　价　62.00元

◆**口腔疾病诊疗指南**(第2版)
主　　编　陈卫民　朱声荣　毛　靖
出　　版　科学出版社
出版日期　2005年7月
开　　本　32开
字　　数　519千字
定　　价　34.80元

◆**口腔解剖生理学**
主　　编　李晓箐
出　　版　科技文献出版社
出版日期　2005年8月
开　　本　16开
字　　数　350千字
定　　价　18.00元

◆**口腔解剖生理学**
主　　编　杜昌连
出　　版　清华大学出版社
出版日期　2005年4月
开　　本　16开
字　　数　282千字
定　　价　21.00元

◆**口腔解剖生理学**
主　　编　马惠萍　马　莉
出　　版　科学出版社
出版日期　2005年9月
开　　本　大16开
字　　数　364千字
定　　价　26.00元

◆**口腔解剖生理学**
主　　编　马惠萍　马文义
出　　版　科学出版社
出版日期　2005年8月
开　　本　大16开
字　　数　341千字
定　　价　25.00元

◆**口腔解剖生理学**
主　　编　沈宗起
出　　版　人民卫生出版社
出版日期　2005年5月
开　　本　16开
字　　数　301千字
定　　价　13.00元

◆**口腔解剖生理学**
主　　编　王维智
出　　版　高等教育出版社
出版日期　2005年11月
开　　本　16开
页　　数　265页
定　　价　27.00元

◆**口腔解剖生理学复习应试指南**

主　　编　皮　昕
出　　版　人民卫生出版社
出版日期　2005 年 12 月
开　　本　16 开
字　　数　154 千字
定　　价　11.00 元

◆口腔解剖生理学基础
主　　编　李华方
出　　版　人民卫生出版社
出版日期　2005 年 9 月
开　　本　16 开
字　　数　332 千字
定　　价　18.00 元

◆口腔科急症速查手册
主　　编　杨群超
出　　版　河北科学技术出版社
出版日期　2005 年 9 月
开　　本　小 32 开
页　　数　290 页
定　　价　16.00 元

◆口腔科急症诊断与治疗(修订版)
主　　编　毛天球
出　　版　世界图书出版西安公司
出版日期　2005 年 2 月
开　　本　16 开
字　　数　250 千字
定　　价　30.00 元

◆口腔科疾病(临床医师速成手册)
主　　编　范勇斌
出　　版　军事医学科学出版社
出版日期　2005 年 5 月
开　　本　32 开
字　　数　510 千字
定　　价　35.00 元

◆口腔科疾病鉴别诊断学
主　　编　杨彦昌
出　　版　军事医学科学出版社
出版日期　2005 年 2 月
开　　本　16 开
字　　数　702 千字
定　　价　72.00 元

◆口腔科学(第 6 版)
主　　编　张志愿
出　　版　人民卫生出版社
出版日期　2005 年 9 月
开　　本　大 16 开
字　　数　249 千字
定　　价　16.00 元

◆口腔科学
主　　编　谢晓莉　唐瞻贵
出　　版　湖南科学技术出版社
出版日期　2005 年 8 月
开　　本　大 32 开
字　　数　294 千字
定　　价　15.00 元

◆口腔科学·耳鼻咽喉科学·眼科学实习指导
主　　编　莫三心　罗冬云
出　　版　人民军医出版社
出版日期　2005 年 10 月
开　　本　16 开
字　　数　627 千字
定　　价　47.00 元

◆口腔科用钛理论和技术
主　　编　郭天文
出　　版　人民军医出版社
出版日期　2005 年 8 月
开　　本　16 开
字　　数　365 千字
定　　价　99.00 元

◆口腔临床新技术新疗法
主　　编　王　欢　魏克立
出　　版　中国科学技术出版社
出版日期　2005 年 4 月
开　　本　16 开
页　　数　528 页

定　　价　157.00元

◆口腔临床医学

主　　编　王世清　张国辉
出　　版　科学出版社
出版日期　2005年8月
开　　本　大16开
字　　数　328千字
定　　价　20.00元

◆口腔临床医学实验教程

主　　编　石　冰
出　　版　四川大学出版社
出版日期　2005年8月
开　　本　16开
字　　数　452千字
定　　价　30.00元

◆口腔流行病学

主　　编　林焕彩　卢展民　杨军英
出　　版　广东人民出版社
出版日期　2005年10月
开　　本　16开
页　　数　349页
定　　价　68.00元

◆口腔内科学

主　　编　周　刚　赵心臣
出　　版　清华大学出版社
出版日期　2005年4月
开　　本　16开
字　　数　494千字
定　　价　36.00元

◆口腔内科学

主　　编　牛东平
出　　版　人民卫生出版社
出版日期　2005年1月
开　　本　16开
字　　数　353千字
定　　价　14.90元

◆口腔内科学

主　　编　史久成
出　　版　人民卫生出版社
出版日期　2005年7月
开　　本　16开
字　　数　406千字
定　　价　22.00元

◆口腔生物学

主　　编　张筱林
出　　版　北京大学医学出版社
出版日期　2005年5月
开　　本　16开
字　　数　315千字
定　　价　20.80元

◆口腔外科学

主　　编　顾潜川
出　　版　人民卫生出版社
出版日期　2005年5月
开　　本　16开
字　　数　313千字
定　　价　12.90元

◆口腔修复工艺学

主　　编　于海洋
出　　版　科技文献出版社
出版日期　2005年11月
开　　本　16开
字　　数　27.20千字
定　　价　15.00元

◆口腔修复学

主　　编　冯海兰
出　　版　北京大学医学出版社
出版日期　2005年11月
开　　本　16开
字　　数　497千字
定　　价　44.80元

◆口腔修复学

主　　编　姚江武
出　　版　人民卫生出版社
出版日期　2005年2月
开　　本　16开

字　　数　612千字
定　　价　31.00元

◆口腔修复学
主　　编　赵秋华
出　　版　人民卫生出版社
出版日期　2005年8月
开　　本　16开
字　　数　400千字
定　　价　16.10元

◆口腔修复学
主　　编　李新春　刘建东
出　　版　科学出版社
出版日期　2005年8月
开　　本　大16开
字　　数　464千字
定　　价　32.00元

◆口腔修复学
主　　编　毛珍娥
出　　版　高等教育出版社
出版日期　2005年12月
开　　本　大16开
页　　数　313页
定　　价　35.00元

◆口腔牙周病与黏膜病学
主　　编　杨　山
出　　版　科学出版社
出版日期　2005年9月
开　　本　大16开
字　　数　251千字
定　　价　20.00元

◆口腔医学辞典
主　　编　王翰章
出　　版　上海科学技术出版社
出版日期　2005年9月
开　　本　32开
字　　数　781千字
定　　价　68.00元

◆口腔医学美学
主　　编　刘绍仁　叶文忠
出　　版　科学出版社
出版日期　2005年8月
开　　本　大16开
字　　数　157千字
定　　价　16.00元

◆口腔医学专题讲座
主　　编　周曾同　张志愿　张富强
出　　版　郑州大学出版社
出版日期　2005年6月
开　　本　大16开
字　　数　911千字
定　　价　88.00元

◆口腔医院诊所经营管理学导论
主　　编　刘福祥　魏世成
出　　版　人民卫生出版社
出版日期　2005年4月
开　　本　16开
字　　数　443千字
定　　价　46.00元

◆口腔预防保健
主　　编　万前程
出　　版　高等教育出版社
出版日期　2005年9月
开　　本　大16开
页　　数　184页
定　　价　20.70元

◆口腔预防保健
主　　编　胡景团
出　　版　科学出版社
出版日期　2005年8月
开　　本　大16开
字　　数　253千字
定　　价　18.00元

◆口腔预防医学
主　　编　顾长明
出　　版　人民卫生出版社
出版日期　2005年1月

开　　本　16开
字　　数　333千字
定　　价　18.00元

◆口腔预防医学
主　　编　张国辉
出　　版　科学出版社
出版日期　2005年8月
开　　本　大16开
字　　数　230千字
定　　价　16.00元

◆口腔正畸常见问题及解答
主　　编　邹　敏　周　洪
出　　版　军事医学科学出版社
出版日期　2005年9月
开　　本　32开
字　　数　146千字
定　　价　29.00元

◆口腔正畸工艺技术
主　　编　侯斐盈
出　　版　科学出版社
出版日期　2005年8月
开　　本　大16开
字　　数　195千字
定　　价　22.00元

◆口腔正畸学
主　　编　赵高峰
出　　版　高等教育出版社
出版日期　2005年11月
开　　本　大16开
页　　数　175页
定　　价　19.50元

◆口腔正畸学
主　　编　傅民魁　林久祥
出　　版　北京大学医学出版社
出版日期　2005年1月
开　　本　16开
字　　数　566千字
定　　价　43.50元

◆口腔正畸学
主　　编　沈真祥
出　　版　清华大学出版社
出版日期：2005年4月
开　　本　16开
页　　数　302页
定　　价　35.00元

◆口腔正畸学
主　　编　赖文莉
出　　版　科学技术文献出版社
出版日期　2005年2月
开　　本　16开
字　　数　179千字
定　　价　10.00元

◆口腔正畸学
主　　编　侯斐盈
出　　版　科学出版社
出版日期　2005年8月
开　　本　大16开
字　　数　195千字
定　　价　24.00元

◆口腔执业(助理)医师实践考试技能应试指南
主　　编　刘敬明　朱正宏
出　　版　华夏出版社
出版日期　2005年4月
开　　本　16开
页　　数　52页
定　　价　20.00元

◆口腔执业医师·医师资格考试大纲(2006年)
主　　编　国家医学考试中心
出　　版　人民卫生出版社
出版日期　2005年12月
开　　本　大16开
字　　数　110千字
定　　价　12.00元

◆口腔执业医师·医师资格考试大纲(2005

年)
主　　编　国家医学考试中心
出　　版　人民卫生出版社
出版日期　2005年4月
开　　本　大16开
字　　数　110千字
定　　价　12.00元

◆口腔执业助理医师·医师资格考试大纲(2005年版)
主　　编　国家医学考试中心
出　　版　人民卫生出版社
出版日期　2005年3月
开　　本　大16开
字　　数　72千字
定　　价　9.00元

◆口腔执业助理医师·医师资格考试大纲(2006年版)
主　　编　国家医学考试中心
出　　版　人民卫生出版社
出版日期　2005年12月
开　　本　大16开
字　　数　72千字
定　　价　9.00元

◆口腔执业助理医师复习应试全书
主　　编　顾方舟
出　　版　北京科技出版社
出版日期　2005年3月
开　　本　16开
字　　数　1 318千字
定　　价　82.00元

◆口腔正畸现代标准方丝弓矫治技术
主　　编　姚　森
出　　版　世界图书出版西安公司
出版日期　2005年2月
开　　本　16开
字　　数　333千字
定　　价　39.00元

◆口腔种植学临床操作指南
编　　著　Mithridade Davarpanah 等
主　　译　严　宁
出　　版　人民军医出版社
出版日期　2005年7月
开　　本　16开
字　　数　287千字
定　　价　176.00元

◆口腔组织病理学
主　　编　季晓波
出　　版　高等教育出版社
出版日期　2005年8月
开　　本　大16开
页　　数　225页
定　　价　25.40元

◆口腔组织病理学
主　　编　孙江燕
出　　版　科学出版社
出版日期　2005年8月
开　　本　大16开
字　　数　324千字
定　　价　25.00元

◆口腔组织学与病理学
主　　编　于世凤　高　岩
出　　版　北京大学医学出版社
出版日期　2005年6月
开　　本　16开
字　　数　480千字
定　　价　49.80元

◆临床思维指南·口腔科典型病例分析
主　　编　孙　正
出　　版　科技文献出版社
出版日期　2005年11月
开　　本　16开
字　　数　658千字
定　　价　45.00元

◆临床诊疗指南·口腔医学分册
主　　编　中华医学会
出　　版　人民卫生出版社

出版日期　2005年6月
开　　本　小16开
字　　数　447千字
定　　价　45.00元

◆颅颌面外科学
主　　编　黄洪章　杨　斌
出　　版　科学技术文献出版社
出版日期　2005年2月
开　　本　16开
字　　数　1 355千字
定　　价　106.00元

◆“妙”矫治技术病例精粹
主　　编　MEAW研究会［日］
翻　　译　林　巍　兰泽栋　谢　蕊
出　　版　世界图书出版西安公司
出版日期　2005年10月
开　　本　大16开
字　　数　350千字
定　　价　238.00元

◆全口义齿工艺技术
主　　编　王跃进
出　　版　人民卫生出版社
出版日期　2005年8月
开　　本　16开
字　　数　182千字
定　　价　12.00元

◆全口义齿工艺技术
主　　编　姚江武
出　　版　高等教育出版社
出版日期　2005年11月
开　　本　16开
页　　数　182页
定　　价　23.90元

◆全口义齿原理与实践·塑造心中的义齿形象
编　　著　IwaoHayakawa［日］
主　　译　张玉梅　程静涛
出　　版　人民军医出版社
出版日期　2005年7月
开　　本　16开
字　　数　503千字
定　　价　269.00元

◆如何令孩子牙齿整齐
主　　编　姚惠荣
出　　版　北京科学技术出版社
出版日期　2005年5月
开　　本　长20开
字　　数　90千字
定　　价　25.00元

◆三叉神经痛
主　　编　冯殿恩
出　　版　人民卫生出版社
出版日期　2005年5月
开　　本　大32开
字　　数　221千字
定　　价　18.00元

◆实用冠桥学
编　　著　钱法汤　傅宏宇
出　　版　中国医药科技出版社
出版日期　2005年1月
开　　本　16开
字　　数　154千字
定　　价　13.00元

◆实用口腔颌面美容
主　　编　雷成家　李小丹
出　　版　湖北科学技术出版社
出版日期　2005年12月
开　　本　大32开
字　　数　385千字
定　　价　30.00元

◆实用口腔正畸临床应用技术图谱
主　　编　武广增
出　　版　清华大学出版社
出版日期　2005年12月
开　　本　16开
字　　数　481千字

定　　价　88.00元

◆**实用手术配合全书·眼科、耳鼻咽喉科、口腔颌面外科手术配合**

主　　编　何国花　赵　菁
出　　版　湖南科技出版社
出版日期　2005年1月
开　　本　大32开
字　　数　245千字
定　　价　20.00元

◆**实用牙髓病诊疗学**

主　　编　陈乃焰
出　　版　世界图书出版西安公司
出版日期　2005年7月
开　　本　16开
字　　数　500千字
定　　价　69.00元

◆**实用整形外科手术彩色图谱**

主　　编　李建宁　李　东
出　　版　第二军医大学出版社
出版日期　2005年1月
开　　本　16开
字　　数　312千字
定　　价　140.00元

◆**实用中医口腔临床**

主　　编　李秀亮
出　　版　中国医药科技出版社
出版日期　2005年12月
开　　本　32开
字　　数　289千字
定　　价　23.00元

◆**手术学全集·耳鼻咽喉·头颈外科手术学**（第2版）

主　　编　姜泗长　杨伟炎　顾　瑞
出　　版　人民军医出版社
出版日期　2005年9月
开　　本　16开
字　　数　1 335千字
定　　价　148.00元

◆**头颈部的修复重建**（现代修复重建外科丛书）

主　　编　温玉明
出　　版　第二军医大学出版社
出版日期　2005年2月
开　　本　16开
字　　数　1 046千字
定　　价　98.00元

◆**头颈部肿瘤基础与临床新进展**

主　　编　葛俊恒　王占龙
出　　版　人民军医出版社
出版日期　2005年7月
开　　本　16开
字　　数　413千字
定　　价　49.00元

◆**五官及颈部影像鉴别诊断指南**

主　　编　黄砚玲
出　　版　人民军医出版社
出版日期　2005年6月
开　　本　32开
字　　数　352千字
定　　价　42.00元

◆**牙科技术工艺学**

编　　著　恺　撒［德］
主　　译　林文元
出　　版　北京大学医学出版社
出版日期　2005年5月
开　　本　大32开
字　　数　1 523千字
定　　价　580.00元

◆**牙体解剖与口腔生理学**

主　　编　谢秋菲
出　　版　北京大学医学出版社
出版日期　2005年7月
开　　本　16开
字　　数　516千字
定　　价　35.00元

◆**牙体修复学新进展·现代临床操作**（第1卷）

编　　著　Jean-Francois Roulet 等
主　　译　赵守亮
出　　版　人民军医出版社
出版日期　2005年7月
开　　本　16开
字　　数　262千字
定　　价　216.00元

◆**牙体牙髓病学**
主　　编　杜秋红
出　　版　科学出版社
出版日期　2005年8月
开　　本　大16开
字　　数　323千字
定　　价　20.00元

◆**牙体预备基本原则**(铸造金属和瓷修复体)
编　　著　Herbert T Shillingburg
主　　译　刘荣森
出　　版　人民军医出版社
出版日期　2005年5月
开　　本　16开
字　　数　435千字
定　　价　286.00元

◆**牙周外科学临床图谱**(国际牙科名著系列)
编　　著　佐藤奈子［日］
主　　译　王勤涛
出　　版　人民军医出版社
出版日期　2005年8月
开　　本　大16开
字　　数　782千字
定　　价　398.00元

◆**眼·耳鼻咽喉·口腔科学**
主　　编　曹木荣　黄　玮　李新明
出　　版　郑州大学出版社
出版日期　2005年3月
开　　本　16开
页　　数　339页
定　　价　34.00元

◆**眼耳鼻喉口腔科学**(第5版)
主　　编　王斌全
出　　版　人民卫生出版社
出版日期　2005年8月
开　　本　大16开
字　　数　508千字
定　　价　29.00元

◆**眼耳鼻喉口腔科诊疗基本技能图解**
主　　编　曾宪孔　黄昭鸣
出　　版　人民军医出版社
出版日期　2005年10月
开　　本　16开
字　　数　538千字
定　　价　49.00元

◆**眼耳鼻咽喉及口腔疾病药膳疗法**
主　　编　纪　军　王翔宇
出　　版　上海科学技术文献出版社
出版日期　2005年5月
开　　本　大32开
字　　数　151千字
定　　价　13.00元

◆**眼耳鼻咽喉口腔科护理学**
主　　编　任基浩
出　　版　湖南科学技术出版社
出版日期　2005年月
开　　本　16开
页　　数　223页
定　　价　19.20元

◆**医疗和口腔诊所空间设计手册**
编　　著　杰恩·马尔金［美］
出　　版　大连理工大学出版社
出版日期　2005年5月
开　　本　16开
页　　数　568页
定　　价　198.00元

◆**医疗机构医务人员三基训练指南·口腔科**
主　　编　胡勤刚
出　　版　东南大学出版社
出版日期　2005年5月

开　　本　大32开
字　　数　1 713千字
定　　价　140.00元

◆医疗美容基础与临床
主　　编　章庆国
出　　版　东南大学出版社
出版日期　2005年9月
开　　本　16开
字　　数　1 033千字
定　　价　20.00元

◆医学粘接技术
主　　编　梁向党　曾　仑
出　　版　科学出版社
出版日期　2005年6月
开　　本　16开
字　　数　572千字
定　　价　58.00元

◆隐形口腔正畸治疗·当代舌侧正畸学的新概念与治疗技术
主　　编　斯库佐［意］
翻　　译　徐宝华
出　　版　中国医药科技出版社
出版日期　2005年5月
开　　本　16开
字　　数　240千字
定　　价　200.00元

◆婴幼儿口腔健康指南
主　　编　阮文华　郭　琦
出　　版　浙江大学出版社
出版日期　2005年10月
开　　本　大32开
页　　数　299页
定　　价　16.00元

◆预防口腔医学
主　　编　卞金有
出　　版　人民卫生出版社
出版日期　2005年1月
开　　本　大16开
字　　数　455千字
定　　价　25.00元

◆正畸临床推磨牙远移技术
主　　编　段银钟　冷　军
出　　版　世界图书出版西安公司
出版日期　2005年3月
开　　本　大32开
字　　数　150千字
定　　价　51.00元

◆正畸学专业术语大全
编　　著　John Daskalogiannakis
主　　译　段银钟
出　　版　人民军医出版社
出版日期　2005年7月
开　　本　16开
字　　数　358千字
定　　价　168.00元

◆整形美容外科及烧伤科护理常规
主　　编　余　媛
出　　版　中国协和医科大学出版社
出版日期　2005年8月
开　　本　32开
字　　数　170千字
定　　价　168.00元

◆中国口腔医学年鉴2004年卷
主　　编　周学东
出　　版　四川科学技术出版社
出版日期　2005年9月
开　　本　16开
字　　数　480千字
定　　价　60.00元

◆中国口腔医学实用信息2005
主　　编　卫生部统计信息中心、中华口腔医学会
出　　版　人民军医出版社
出版日期　2005年6月
开　　本　16开
字　　数　1 184千字

定　　价　130.00 元

◆**中西医结合口腔科学**

主　　编　李元聪
出　　版　中国中医药出版社
出版日期　2005 年 8 月
开　　本　16 开
页　　数　271 页
定　　价　22.00 元

◆**中医耳鼻咽喉口腔科学**

主　　编　王永钦
出　　版　人民卫生出版社
出版日期　2005 年 4 月
开　　本　16 开
字　　数　1 712 千字
定　　价　96.00 元

◆**总义齿与可摘局部义齿的设计**(上下册)

主　　编　徐　军
出　　版　中国大百科全书出版社
出版日期　2005 年 5 月
开　　本　大 16 开
页　　数　243 页
定　　价　380.00 元

◆**常见错𬌗畸形的矫治·牙列拥挤**(VCD)

主　　编　河北医科大学
出　　版　人民卫生出版社
出版日期　2005 年 4 月
定　　价　48.00 元

◆**错𬌗畸形的病因**(CD-ROM)

主　　编　南京医科大学
出　　版　人民卫生出版社
出版日期　2005 年 3 月
定　　价　160.00 元

◆**覆盖义齿**(VCD)

主　　编　河北医科大学
出　　版　人民卫生出版社
出版日期　2005 年 3 月
定　　价　48.00 元

◆**可摘局部义齿**(CD-ROM)

主　　编　西安交通大学
出　　版　人民卫生出版社
出版日期　2005 年 1 月
定　　价　100.00 元

◆**口腔颌面部感染**(CD-ROM)

主　　编　胡勤刚　涂明耀　童　昕
制　　作　南京大学医学院
出　　版　人民卫生出版社
出版日期　2005 年 3 月
定　　价　160.00 元

◆**口腔颌面颈部系统解剖**(CD-ROM)

主　　编　南京医科大学
出　　版　人民卫生出版社
出版日期　2005 年 8 月
定　　价　160.00 元

◆**口腔面颈颅部局部解剖**(CD-ROM)

主　　编　第四军医大学口腔医学院
出　　版　人民卫生出版社
出版日期　2005 年 7 月
定　　价　160.00 元

◆**口腔颌面外科临床检查**(VCD)

主　　编　南京医科大学
出　　版　人民卫生出版社
出版日期　2005 年 11 月
定　　价　48.00 元

◆**口腔护理四手操作技术**(VCD)

主　　编　四川大学华西口腔医学院
出　　版　人民卫生出版社
出版日期　2005 年 12 月
定　　价　48.00 元

◆**松牙固定术**(VCD)

主　　编　华中科技大学同济医学院
出　　版　人民卫生出版社
出版日期　2005 年 9 月
定　　价　48.00 元

◆**牙片 X 线机的临床应用技术**(VCD，上)

主　　编　王照五
出　　版　人民军医出版社

出版日期　2005 年 9 月

定　　价　180.00 元

◆牙片 X 线机的临床应用技术(VCD，下)

主　　编　王照五

出　　版　人民军医出版社

出版日期　2005 年 9 月

定　　价　180.00 元

◆牙周病的检查和诊断(CD-ROM)

主　　编　南京医科大学

出　　版　人民卫生出版社

出版日期　2005 年 9 月

定　　价　160.00 元

◆牙周病的检查和诊断(VCD)

主　　编　西安交通大学口腔医学院

出　　版　人民卫生出版社

出版日期　2005 年 10 月

定　　价　48.00 元

(刘世平)

文献法规

本栏目收录了中华人民共和国卫生部2004～2005年度颁布的有关医学，尤其是口腔医学领域的文献法规、政策信息、卫生技术标准以及其他重要文件。

卫生部开展“以病人为中心，以提高医疗服务质量为主题”的医院管理年活动的通知

为贯彻落实党的十六大、十六届三中、四中全会精神和2005年全国卫生工作会议精神，指导各级各类医院进一步端正办院宗旨和办院方向，努力实践“三个代表”的重要思想，全面树立和落实科学发展观，切实转变服务理念，真正做到“以病人为中心”，加强科学管理，提高医疗服务质量，为人民群众提供优质、安全、满意的医疗服务，卫生部和国家中医药管理局决定，今年在全国各级各类医院开展“以病人为中心，以提高医疗服务质量为主题”的医院管理年活动。

开展“以病人为中心，以提高医疗服务质量为主题”的医院管理年活动，是坚持以人为本，构建和谐社会，用科学发展观指导卫生工作的具体体现，是将保持共产党员先进性教育活动与医院实际工作相结合的有效方式，也是全面提高各级各类医院的管理水平，更好地为人民群众健康服务的重大举措。开展好“医院管理年”活动，对于医院进一步转变服务理念，不断加强各项管理制度建设具有重要的意义。各级卫生、中医行政部门和各级各类医院要以高度的政治责任感和使命感积极投身于“医院管理年”活动，把深入开展“医院管理年”活动作为推动医院建设与长远发展的大事切实抓紧、抓好、抓实。通过加强医院的内部管理，做到“向管理要质量，向管理要秩序，向管理要人才，向管理要纪律，向管理要效率，向管理要效益”。

各省、自治区、直辖市卫生行政部门和中医行政部门要切实加强对“医院管理年”活动的领导和指导，按照《“以病人为中心，以提高医疗服务质量为主题”的医院管理年活动方案》（以下简称“方案”）的要求，结合本地实际对“医院管理年”活动做出安排和部署。要深入动员，广泛发动，精心组织，周密部署，积极做好各项工作，确保活动方案的重点要求得到有效落实，工作目标得以实现，同时，推动《医院管理评价指南（试行）》和《中医医院管理评价指南（试行）》的实施，并建立健全医院管理的长效机制，不断提高我国医院的管理水平。要注意总结先进单位开展“医院管理年”活动的经验，并及时加以推广。对活动中存在的问题要认真分析、进行有针对性的指导。要注意收集信息，及时上报有关情况。卫生部和国家中医药管理局将通过网页或简报等形式及时通报各地“医院管理年”活动的开展情况。

中华人民共和国卫生部

2005年4月8日

关于切实做好医院管理年活动各项工作的通知

卫生部和国家中医药管理局下发《关于开展“以病人为中心，以提高医疗服务质量为主题”的医院管理年活动的通知》（卫医发［2005］139 号）（以下简称“通知”）以来，尤其是“以病人为中心，以提高医疗服务质量为主题”的医院管理年工作会议召开之后，全国大部分卫生行政部门和医疗机构认真贯彻落实“通知”和会议精神，积极开展医院管理年活动各项工作，基本完成了医院管理年活动的动员部署，已经进入医院自查与改进工作阶段，医院管理年活动的效果在一些地区和医疗机构已经开展显现。

但是，由于各种原因，部分地区和医疗机构在医院管理年活动中仍存在一些问题，如：卫生行政部门和医院管理人员对医院管理年活动的目的和意义理解不透彻，工作缺乏主动性和积极性；医院管理年活动的实施方案针对性和操作性差，措施与患者联系不够紧密等等。为扎实深入开展工作，确保医院管理年活动取得实效，现就切实做好医院管理年活动工作提出如下要求。

一、进一步提高对医院管理年活动重要意义的认识

深入开展医院管理年活动是贯彻落实党的十六大、十六届三中、四中全会精神，努力实践“三个代表”的重要思想，全面树立和落实科学发展观，解决群众看病难、看病贵问题的重大举措。对于解决当前医疗服务工作中存在的问题，提高医院管理水平，促进保障医疗质量和医疗安全，改进医疗服务，促进医疗行业可持续健康发展具有十分重要的意义。各级卫生、中医药行政部门和广大医院管理者要进一步提高对医院管理年活动重要意义的认识，增强改进医院管理的紧迫感，提高落实医院管理年活动主要要求的自觉性、主动性和积极性，采取各种有效措施实现医院管理年活动的工作目标。

二、扎实工作，务求实效

各级卫生、中医药行政部门和各级各类医疗机构要本着求真务实的精神，扎实开展医院管理年活动的各项工作，坚决避免走过场。各医院要对照医院管理年活动的 33 项要求，通过自查，找准医院工作中存在的问题，制定针对性的整改措施，并列出改进时间表；要向患者和社会公开几项利于患者评价、监督的管理年活动措施，主动接受群众和社会监督。卫生、中医药行政部门要加强对辖区医院开展医院管理年活动的指导和检查，同时建立对医疗机构开展医院管理年活动效果的考评机制，对考评结果进行公示。要通过扎实有效的工作，解决几个医院管理和医疗服务中的突出问题，使群众切实感受到医院管理年活动的效果。

三、以开展先进性教育活动为契机，努力推进医院管理年活动

深入开展“以病人为中心，以提高医疗服务质量的主题”的医院管理年活动，是卫生部、国家中医药管理局党组在保持共产党员先进性教育活动中制定的重要整改措施之一，各地务必予以高度重视。要以开展先进性教育活动为契机，将医院管理年活动与保持共产党员先进性教育活动紧密结合起来，充分发挥共产党员的先锋模范作用，坚持先进性教育和医院管理年活动“两不误、两促进”。对于医院管理年活动效果不明显、患者反映较多的医疗机构，不能视为保持共产党员先进性教育活动合格；对于在医院管理

年活动中顶风违纪、损害患者利益的党员医务人员，要按照党纪严肃处理。

医院管理年活动是今年卫生工作的重要内容，各级卫生、中医药行政部门务必高度重视，采取有力措施加强对医疗机构开展医院管理年活动的组织领导和监督检查。卫生部和国家中医药管理局将于适当时期组织对医院管理年活动的督导。

中华人民共和国卫生部
2005年8月15日

卫生部关于印发《医疗机构口腔诊疗器械消毒技术操作规范》的通知

为进一步加强医疗机构口腔诊疗器械消毒工作，保障医疗质量和医疗安全，我部组织有关专家在调查研究的基础上制定了《医疗机构口腔诊疗器械消毒技术操作规范》（以下简称《规范》），现印发给你们，请遵照执行，并提出以下要求：

一、各级各类医疗机构必须高度重视口腔诊疗器械消毒工作，将口腔诊疗器械消毒质量纳入医疗质量和医疗安全管理。本《规范》实施前，开展口腔科诊疗科目服务的医疗机构必须按照《规范》的要求进行自查和整改工作，建立健全并落实有关口腔诊疗器械消毒的各项规章制度，切实保证消毒质量，达到本《规范》要求，预防和控制因口腔诊疗器械消毒问题导致的医院感染和医源性感染。

二、加强《规范》的学习和培训工作。开展口腔科诊疗科目服务的医疗机构，必须认真组织学习和全面贯彻本《规范》，有关的医院感染管理人员、从事口腔诊疗服务和口腔诊疗器械消毒工作的医务人员应当接受相应培训，正确掌握消毒灭菌技术。

三、各级卫生行政部门要加强对医疗机构口腔诊疗器械消毒工作的监督管理，不符合本《规范》要求的医疗机构，不得开展相应的口腔科诊疗科目服务。

中华人民共和国卫生部
2005年3月3日

医疗机构口腔诊疗器械消毒技术操作规范

第一章　总　则

第一条　为规范医疗机构口腔诊疗器械的消毒工作，保障医疗质量和医疗安全，制定本规范。

第二条　本规范适用于综合医院口腔科、口腔医院、口腔诊所等开展口腔科诊疗科目服务的医疗机构。

第三条　开展口腔科诊疗科目服务的医疗机构，必须将口腔诊疗器械的消毒工作纳入医疗质量管理，确保消毒效果。

第四条　各级地方卫生行政部门负责辖区内医疗机构口腔诊疗器械消毒工作的监督管理。

第二章　基本要求

第五条　开展口腔科诊疗科目服务的医疗机构应当制定并落实口腔诊疗器械消毒工作的各项规章制度，建立、健全消毒管理责任制，切实履行职责，确保消毒工作质量。

第六条　从事口腔诊疗服务和口腔诊疗器械消毒工作的医务人员，应当掌握口腔诊疗器械消毒及个人防护等医院感染预防与控制方面的知识，遵循标准预防的原则，严格遵守有关的规章制度。

第七条 医疗机构应当根据口腔诊疗器械的危险程度及材质特点，选择适宜的消毒或者灭菌方法，并遵循以下原则：

一、进入病人口腔内的所有诊疗器械，必须达到“一人一用一消毒或者灭菌”的要求。

二、凡接触病人伤口、血液、破损黏膜或者进入人体无菌组织的各类口腔诊疗器械，包括牙科手机、车针、根管治疗器械、拔牙器械、手术治疗器械、牙周治疗器械、敷料等，使用前必须达到灭菌。

三、接触病人完整黏膜、皮肤的口腔诊疗器械，包括口镜、探针、牙科镊子等口腔检查器械、各类用于辅助治疗的物理测量仪器、印模托盘、漱口杯等，使用前必须达到消毒。

四、凡接触病人体液、血液的修复、正畸模型等物品，送技工室操作前必须消毒。

五、牙科综合治疗台及其配套设施应每日清洁、消毒，遇污染应及时清洁、消毒。

六、对口腔诊疗器械进行清洗、消毒或者灭菌的工作人员，在操作过程中应当做好个人防护工作。

第八条 医务人员进行口腔诊疗操作时，应当戴口罩、帽子，可能出现病人血液、体液喷溅时，应当戴护目镜。每次操作前及操作后应当严格洗手或者手消毒。医务人员戴手套操作时，每治疗一个病人应当更换一副手套并洗手或者手消毒。

第九条 口腔诊疗过程中产生的医疗废物应当按照《医疗废物管理条例》及有关法规、规章的规定进行处理。

第十条 口腔诊疗区域和口腔诊疗器械清洗、消毒区域应当分开，布局合理，能够满足诊疗工作和口腔诊疗器械清洗、消毒工作的基本需要。

第三章 消毒工作程序及要点

第十一条 口腔诊疗器械消毒工作包括清洗、器械维护与保养、消毒或者灭菌、贮存等工作程序。

第十二条 口腔诊疗器械清洗工作要点是：

一、口腔诊疗器械使用后应当及时用流动水彻底清洗，其方式应当采用手工刷洗或者使用机械清洗设备进行清洗。

二、有条件的医院应当使用加酶洗液清洗，再用流动水冲洗干净；对结构复杂、缝隙多的器械，应当采用超声清洗。

三、清洗后的器械应当擦干或者采用机械设备烘干。

第十三条 口腔诊疗器械清洗后应当对口腔器械进行维护和保养，对牙科手机和特殊的口腔器械注入适量专用润滑剂，并检查器械的使用性能。

第十四条 根据采用的消毒与灭菌的不同方式对口腔诊疗器械进行包装，并在包装外注明消毒日期、有效期。采用快速卡式压力蒸汽灭菌器灭菌器械，可不封袋包装，裸露灭菌后存放于无菌容器中备用；一经打开使用，有效期不得超过4小时。

第十五条 牙科手机和耐湿热、需要灭菌的口腔诊疗器械，首选压力蒸汽灭菌的方法进行灭菌，或者采用环氧乙烷、等离子体等其他灭菌方法进行灭菌。对不耐湿热、能够充分暴露在消毒液中的器械可以选用化学方法进行浸泡消毒或者灭菌。在器械使用前，应当用无菌水将残留的消毒液冲洗干净。

第十六条 每次治疗开始前和结束后及时踩脚闸冲洗管腔30秒，减少回吸污染；有条件可配备管腔防回吸装置或使用防回吸牙科手机。

第十七条 口腔诊疗区域内应当保证环

境整洁，每日对口腔诊疗、清洗、消毒区域进行清洁、消毒；每日定时通风或者进行空气净化；对可能造成污染的诊疗环境表面及时进行清洁、消毒处理。每周对环境进行一次彻底的清洁、消毒。

第四章 消毒与灭菌效果监测

第十八条 医疗机构应当对口腔诊疗器械消毒与灭菌的效果进行监测，确保消毒、灭菌合格。灭菌效果监测采用工艺监测、化学监测和生物监测。工艺监测包括灭菌物品、洗涤、包装质量合格；灭菌物品放置灭菌器的方法合格；灭菌器的仪表运行正常；灭菌器的运行程序正常。

第十九条 新灭菌设备和维修后的设备在投入使用前，应当确定设备灭菌操作程序、灭菌物品包装形式和灭菌物品重量，进行生物监测合格后方可投入使用。在设备灭菌操作程序、灭菌物品包装形式和灭菌物品重量发生改变时，应当进行灭菌效果确认性生物监测。灭菌设备常规使用条件下，至少每月进行一次生物监测。

第二十条 采用包装方式进行压力蒸汽灭菌或者环氧乙烷灭菌的，应当进行工艺监测、化学监测和生物监测；采用裸露方式进行压力蒸汽灭菌的，应当对每次灭菌进行工艺监测、化学监测，按要求定期进行生物学监测。

第二十一条 使用中的化学消毒剂应当定期进行浓度和微生物污染监测。浓度监测：对于含氯消毒剂、过氧乙酸等易挥发的消毒剂应当每日监测浓度，对较稳定的消毒剂如2%戊二醛应当每周监测浓度。微生物污染监测：使用中的消毒剂每季度监测一次，使用中的灭菌剂每月监测一次。

第五章 附 则

第二十二条 本规范自2005年5月1日起施行。

原《医院感染管理规范》（试行）及其他与本规范不一致的规定以本规范为准。

中华人民共和国卫生部

2005年3月3日

放射性口腔炎诊断标准

Diagnostic Criteriafor Radiation Oral Mucositis

中华人民共和国卫生部

2004年5月21日发布，2004年12月1日实施

前 言

根据《中华人民共和国职业病防治法》制定本标准。本标准对急、慢性放射性口腔炎的诊断标准及处理原则给出了必要的规定，以便正确地诊断和处理放射性口腔炎。本标准第4、5章是(具有)强制性。

本标准的附录A、附录B是资料性附录。

本标准由中华人民共和国卫生部提出并归口。

本标准起草单位：中国医学科学院协和医科大学放射医学研究所

天津医科大学总医院

天津民族医院

本标准起草人：姜恩海、曹永珍、吕仲虹、江波、邢志伟、王晓光、赵文正、贾德林。

本标准由中华人民共和国卫生部负责解释。

放射性口腔炎诊断标准

（GBZ162-2004）

1. 范 围

本标准规定了电离辐射所致急、慢性口腔炎的诊断标准及处理原则。

本标准适用于辐射事故中大剂量意外全身照射或局部照射、造血干细胞移植预处理中全身照射（TBI）及头颈部肿瘤放射治疗所致的口腔黏膜反应及口腔黏膜损伤人员。

2. 规范性引用文件

下列文件中的条款通过本标准的引用而成为本标准的条款。凡是注日期的引用文件，其随后所有的修改单（不包括勘误的内容）或修订版均不适用于本标准，然而，鼓励根据本标准达成协议的各方研究是否使用这些文件的最新版本。凡是不注日期的引用文件，其最新版本适用于本标准。

GBZ104-2002 外照射急性放射病诊断标准

GBZ106-2002 放射性皮肤疾病诊断标准

3. 术语和定义

下列术语和定义适用于本标准。

3.1 急性放射性口腔炎（acute radiation oral mucositis）

指口腔黏膜受到电离辐射（X、γ、中子及电子束辐射等）超过其该器官阈剂量6个月内引起的急性口腔黏膜反应。

3.2 慢性放射性口腔炎（chronic radiation oral mucositis）

由急性放射性口腔炎迁延而来或受照6个月以后引起黏膜溃疡、坏死、黏膜下的软组织和骨显露。

4. 诊断原则

放射性口腔炎必须根据受照史、受照剂量（有个人剂量档案）、临床表现等进行综合分析，排除其他因素方能做出诊断。

5. 诊断标准及分度标准

5.1 急性放射性口腔炎

5.1.1 受照剂量 头颈部受分次照射吸收剂量20～30 Gy。

5.1.2 临床表现 照射中或照射后6个月内，出现黏膜充血、水肿、片状黏膜炎、炎性或血性分泌物、溃疡、伴疼痛等症状，病变累及咽喉时可引起呼吸困难和进食障碍，合并真菌感染时，脓性分泌物增多。

5.1.3 分度标准

表1 急性放射性口腔炎分度标准

症状和体征	Ⅰ度	Ⅱ度	Ⅲ度	Ⅳ度
症 状	轻度疼痛	中度疼痛、能进流质	重度疼痛、吞咽困难	重度疼痛，不能进食
体 征	黏膜充血、红斑	片状黏膜炎、炎性分泌物、水肿或溃疡	黏膜融合的纤维性黏膜炎、水肿、溃疡	黏膜溃疡、出血、坏死

5.2 慢性放射性口腔炎

5.2.1 受照剂量 头颈部受分次照射或一次照射累积吸收剂量50～60 Gy以上。

5.2.2 临床表现 由急性放射性口腔炎迁延而来或照射6个月后所出现口腔黏膜萎缩、深浅不等的溃疡、黏膜下软组织和骨显露。溃疡不易愈合，病情常反复发作，受照部位坏死组织脱落后可形成明显的组织缺损面，肉芽组织苍白，脓性分泌物多，病程长，伴剧痛和全身症状。

5.2.3　分度标准

表2　慢性放射性口腔炎分度标准

症状和体征	Ⅰ度	Ⅱ度	Ⅲ度	Ⅳ度
症　状	偶有疼痛症状，轻微进食固体食物困难	间断疼痛但可忍受，进食半流质困难	疼痛持续存在且症状明显，只能进食流质	疼痛难以忍受，基本不能吞咽
体　征	黏膜轻度萎缩和干燥	黏膜中度萎缩和毛细血管扩张、无黏液	黏膜重度萎缩伴干燥散在深度溃疡，重度毛细血管扩张	黏膜溃疡融合成片，溃疡面深，坏死

6. 处理原则

6.1　急性放射性口腔炎

6.1.1　根据患者情况减量放疗或停止放疗，加强营养给予高蛋白和富含维生素和微量元素饮食，进食、水困难时可由静脉补充营养。

6.1.2　口腔护理每日2~3次，复方喷喉液每日2次喷喉，口腔紫外线治疗仪每日1~2次有较好疗效。

6.1.3　保护创面，控制和预防感染，促进再生修复。局部可用口泰、0.5%普鲁卡因液、阿昔洛韦等溶液含漱，复方云南白药止血和中药滋阴清热合剂均有一定疗效。疼痛严重者给予非麻醉止痛药物。

6.1.4　对伴有放射性皮肤损伤者可参照GBZ106-2002进行诊治，伴有发热、造血功能损伤的参照GBZ104-2002给予相应处理。

6.1.5　必要时根据细菌学培养和药物敏感试验，局部或全身应用抗生素。

6.2　慢性放射性口腔炎

6.2.1　脱离射线，主要给予支持对症治疗。

6.2.2　Ⅰ度、Ⅱ度患者同6.1.1~6.1.4治疗。

6.2.3　Ⅲ度、Ⅳ度患者定期应用麻醉止痛药物，必要时可进行清创术或其他外科治疗。

附录A(资料性附录)

诊断标准参考指标及鉴别诊断

A1 淋巴细胞染色体畸变率可增高。

A2 局部照射可见照射区皮肤损伤应参照GBZ106-2002诊断。

A3 放射性口腔炎应与感染性口腔炎鉴别。

A4 复方喷喉液组成：0.9%生理盐水500 mL、庆大霉素64万U、维生素B_{12} 4 mg强的松龙(泼尼松龙)60 mL配制而成。

附录B(资料性附录)

正确使用本标准的说明

B1 阈剂量是电离辐射对口腔黏膜损伤的最低剂量值，因照射条件和个人敏感性不同，本标准提供的阈剂量主要是局部放射治疗导致的放射性口腔炎的参考值。

B2 放射性口腔炎的病理过程一般分为Ⅳ度即充血性炎症、糜烂性炎症、溃疡性炎症和坏死性炎症。急性多表现为充血、糜烂和溃疡。慢性多表现为溃疡面加深、出血和坏死。

口腔工艺技术专业设置标准

一、专业设置基本依据

1．专业设置和人才培养规格适应社会和卫生事业发展需求。

2．专业设置符合规模效益和布局合理的原则。

3．办学指导思想明确，有切实可行的专业建设规划和实施办法。

4．有省级以上教育和卫生行政部门认可的教学计划，有健全的专业组织和业务管理制度。

二、专业教学组织

1．设置口腔工艺技术专业学科，下设口腔基础、口腔临床和口腔修复等教研组，相近课程可以合并建组。

2．专业学科主任应具有高级职称和较高教研能力、专业实践能力及管理水平。

3．教研组组长应具有中级以上职称和一定教研能力、专业实践能力及管理水平。

三、专业师资配备

1．专业教师应具有中等职业学校以上教师任职资格。

2．专业课教师中，本校专、兼职教师不少于 80%。

3．外聘专业教师应具有中级以上职称和丰富的临床实践经验，有正式聘任手续，并相对稳定。

4．专业课教师数与本专业在校学生数（含毕业实习生）之比为 1∶25～1∶35。

5．以每年招收两个班为基础，各门课程的师资最低数量分别为：口腔解剖生理学、托牙学各 2 名，口腔修复材料学，口腔内科学、口腔外科学、口腔正畸学、冠桥学各 1 名。两个班以上按比例适当增加。

6．专业课教师中具有中级以上职称者不低于 60%，高级职称者不低于 15%。

7．专业课教师每 3 年应有 6 个月（可累计）的临床或专业实践时间。

四、专业设施

1．设置口腔修复学实验室、口腔临床实验室等。各实验室使用面积不少于 90 m^2，并有相应的准备室、仪器室。功能相近的实验室可综合使用。

2．专业课主要实验设备及模型见附表 1、2（略）。

3．专业课的实验开出率，应达到教学计划和大纲规定的 90% 以上。

4．有含核心期刊的三种以上专业杂志及专业课教学所需的挂图、视听教材。

五、毕业实习

1．有相对固定的县级以上实习单位。

2．有实习计划和实习大纲，实习大纲规定项目的完成率应达到 90% 以上，并有出科考试。

3．实习单位有专人负责实习工作，各科室均有带教老师。带教老师具有 5 年以上的实践经验和医（技）师以上技术职称。

4．学校有实习管理组织和完善的管理制度。

中华人民共和国卫生部

2004 年 6 月 3 日

口腔医学专业设置标准

一、专业设置基本依据

1. 专业设置和人才培养规格适应社会和卫生事业发展需求。

2. 专业设置符合规模效益和布局合理的原则。

3. 办学指导思想明确，有切实可行的专业建设规划和实施办法。

4. 有省级以上教育和卫生行政部门认可的教学计划，有健全的专业组织和业务管理制度。

二、专业教学组织

1. 设置口腔医学专业学科，下设口腔内科学、口腔外科学、口腔修复学等教研组，相近课程可以合并建组。

2. 专业学科主任应具有高级职称和较高教研能力、专业实践能力及管理水平。

3. 教研组组长应具有中级以上职称和一定教研能力、专业实践能力及管理水平。

三、专业师资配备

1. 专业教师应具有中等职业学校以上教师任职资格。

2. 专业课教师中，本校专、兼职教师不少于80%。

3. 外聘专业教师应具有中级以上职称和丰富的临床实践经验，有正式聘任手续并相对稳定。

4. 专业课教师数与本专业在校学生数(含毕业实习生)之比为1:25～1:35。

5. 以每年招收两个班为基数，各门课程的师资最低数量分别为：口腔解剖生理学、口腔内科学、口腔外科学、口腔修复学各2名，口腔组织学及病理学、口腔预防保健学各1名。两个班以上按比例适当增加。

6. 专业课教师中具有中级以上职称者不低于60%，高级职称者不低于15%。

7. 专业课教师每3年应有6个月(可累计)的临床或专业实践时间。

四、专业设施

1. 设置口腔临床实验室(含口腔颌面颈部解剖、口腔预防保健学、口腔内科学、口腔外科学)，其使用面积不少于90 m^2；口腔修复学实验室(含牙体解剖、包埋与热处理、焊接与铸造、打磨抛光、烤瓷等)，其使用面积不少于180 m^2；模拟临床示教室(含口腔颌面放射，如学校有附属口腔医院或口腔门诊部者可不设此室)，其使用面积不少于150 m^2；各实验室有相应的准备室、标本模型陈列室等。功能相近的实验室可综合使用。

2. 专业课主要实验设备见附表(略)。

3. 专业课的实验开出率，应达到教学计划和大纲规定的90%以上。

4. 有含核心期刊的三种以上专业杂志及专业课教学所需的挂图、标本、模型、视听教材。

五、毕业实习

1. 有相对固定的社区实习基地及县级以上实习单位。

2. 有实习计划和实习大纲，实习大纲规定项目的完成率应达90%以上，并有出科考试。

3. 实习单位有专人负责实习工作，各实习科室均有带教老师。带教老师应具有5年以上的实践经验和医(技)师以上技术职称。

4. 学校有实习管理组织和完善的实习管理制度。

中华人民共和国卫生部

2004年6月3日

(以上资料摘自中华人民共和国卫生部网站)

索 引

（按汉语拼音排序）

G

H

I

J

K